Predigtstudien

Predigtstudien

Herausgegeben
von Wilhelm Gräb (Geschäftsführung),
Johann Hinrich Claussen, Volker Drehsen (†),
Wilfried Engemann, Klaus Eulenberger,
Dietrich Rössler, Roman Roessler und
Birgit Weyel

Im Jahr erscheinen zwei Halbbände.

Predigtstudien

für das Kirchenjahr 2013/2014

Perikopenreihe VI – Erster Halbband

Herausgegeben
von Wilhelm Gräb (Geschäftsführung),
Johann Hinrich Claussen, Volker Drehsen (†),
Wilfried Engemann, Klaus Eulenberger,
Dietrich Rössler, Roman Roessler und
Birgit Weyel

Redaktion: Martin Kumlehn

KREUZ

Darstellungsschema

A-Teil: Texthermeneutik

I Eröffnung	II Erschließung des Textes	III Impulse
Was macht den Text für die Predigt interessant? Welche relevanten Erfahrungen und Lebensthemen sind im Lichte dieses Textes an diesem Tag anzusprechen?	Welche Überzeugung vertritt der Verfasser des Textes? Welche Erfahrungen bringt er mit diesem Text zur Sprache? Wie verstehe ich heute den Text?	Was folgt aus meiner Textinterpretation für das Thema und die Intention der Predigt? Vorschläge für Predigt und Gottesdienst!

B-Teil: Situationshermeneutik

IV Entgegnung	V Erschließung der Hörersituation	VI Predigtschritte
Wo ich A *nicht* folgen kann! Was leuchtet mir ein? Was sehe ich kritisch?	Welche Erfahrungen und Situationen habe ich bei meiner Predigt mit diesem Text im Blick? Mit welcher Sicht auf die Wirklichkeit trete ich mit den Hörern ins Gespräch?	Was folgt aus meiner Interpretation der Situation für das Thema und die Intention der Predigt? Vorschläge für Predigt und Gottesdienst!

FSC
www.fsc.org
MIX
Papier aus verantwortungsvollen Quellen
FSC® C106847

www.kreuz-verlag.de

Umschlaggestaltung: Bergmoser + Höller Agentur, Aachen
Satz: Rund ums Buch – Rudi Kern, Kirchheim / Teck
Herstellung: fgb · freiburger graphische betriebe
www.fgb.de

Printed in Germany

ISSN 0079-4961
ISBN 978-3-451-61223-7

Inhalt

† Volker Drehsen (1949–2013)

Volker Drehsen, langjähriger Mitherausgeber der Predigtstudien und Professor für Praktische Theologie in Tübingen, ist am Karsamstag im Alter von nur 64 Jahren gestorben.

Die Predigtstudien verdanken Volker Drehsen viel, gehörte er doch zu denjenigen Praktischen Theologen, die die homiletischen Intentionen Ernst Langes energisch festhielten und an ihrer fortwährenden Umsetzung arbeiteten. Vor Kurzem erst, im 1. Halbband der Predigtstudien 2011/12, hat Volker Drehsen den einleitenden homiletischen Essay geschrieben, in dem er erneut hervorhob, dass die »Predigtstudien programmatisch an das pointierte Predigtverständnis Ernst Langes anschließen, wonach primär die Lebenswirklichkeit des Hörers im Horizont evangelischer Verheißung den Gegenstand und das Thema der religiösen Rede bildet.«

Volker Drehsen ging es um die rhetorische Ausrichtung der Predigt auf die Situation des Hörers. In der »Erschließung der Situation« sah er eine der »Vergegenwärtigung biblischer Texte« gegenüber gleichgewichtige homiletische Aufgabe. Auf sie sollte die Praktische Theologie in erster Linie die Prediger und Predigerinnen vorbereiten. Wie kein anderer hat er, eben nicht zuletzt um einer die gegenwärtige Lebenswelt treffenden Predigt willen, sich überhaupt für die Durchsetzung eines Verständnisses der Praktischen Theologie eingesetzt, wonach diese in enger Verbindung mit der empirischen Religionsforschung der Theologie die lebensweltliche Orientierung zu vermitteln hat. Auf dem Wege umfänglicher, der neuzeitlichen Entstehungsgeschichte der Praktischen Theologie geltenden Studien, machte er dieses fortan auch die Predigtstudien inspirierende Konzept einer Praktischen Theologie verbindlich. Danach hat die Praktische Theologie für die Hinwendung der Theologie insgesamt (also auch in der Auslegung biblischer Texte) zur »je gegenwärtigen sozialkulturellen Lebenswelt christlicher Religion« einzustehen.

Um deutlich zu machen, dass die homiletische Erschließung der Situation neben der ebenfalls lebensweltbezogenen Interpretation des biblischen Textes eine eigenständige homiletische Aufgabe darstellt, führte Volker Drehsen die Rede von der »homiletischen Recherche« ein. Wer predigt, muss nicht nur in der Bibel, sondern ebenso in der gegenwärtigen Lebenswelt danach recherchieren, wo diese sich für ihre religiöse Deutung öffnet. Dann wird es gelingen, »die biblischen Texte so deutungsoffen und identifikationsfähig in gegenwärtige Denkmöglichkeiten zu übersetzen und umzuformen, dass der Hörer darin seine lebensweltlichen Erfahrungen plausibel in biblisch bezeugten transzendenten Verstehenshorizonten erschlossen findet«.

Wie Volker Drehsen selbst sich dieser Aufgabe als Prediger gestellt hat, zeigt sein 2002 unter dem Titel »Rechtfertigungsgeschichten« erschienener Predigtband. Seine Predigten führen sein homiletisches Konzept mit großer Klarheit aus. Einerseits zielen sie durchgängig auf die Vergegenwärtigung des reformatorisch verstandenen Evangeliums, der Zusage unbedingter göttlicher Anerkennung und Identitätsvergewisserung. Andererseits führen sie den Nachweis, dass genau in der Suche nach einer letzten, unbedingten, das eigene Leisten transzendierenden und das eigene Scheitern überwindenden Selbst- und Sinngewissheit sich die religiöse Offenheit und Ansprechbarkeit des modernen Menschen zeigt.

Es bleibt Volker Drehsens Vermächtnis für die Predigtstudien, dass es die Aufgabe einer die öffentliche Relevanz des Christlichen zur Sprache bringenden Predigt ist, für die humane Evidenz des Glaubens einzutreten. Im Vorwort zu seinem Predigtband hat Volker Drehsen dies so ausgedrückt: »Jede protestantische Predigt soll darum immer auch eine geistliche Anregung sein, die elementaren, in den biblischen Texten formulierten Aussagen des christlichen Glaubens als heilsames und hilfreiches Angebot lebensweltlicher und lebensgeschichtlicher Sinnerschließung aufzunehmen. Sie erzählt die biblische Rechtfertigungsgeschichte, damit sich darin Menschen von heute mit ihren vielfältigen Rechtfertigungsgeschichten wiederzufinden vermögen.«

Wilhelm Gräb

Wilfried Engemann

»Es sei denn, du predigst in einem Diakonissen-Mutterhaus.« – Rhetorische und theologische Gesichtspunkte für die Anrede der Gemeinde in der Predigt

Dass die Frage nach der Anrede der Gemeinde im Gottesdienst in der homiletischen Literatur eine so spärliche bzw. fast keine Spur hinterlassen hat, könnte als ein Indiz dafür angesehen werden, dass es in dieser Sache – in der Regel – keine größeren Probleme gibt.

Wenige Hinweise finden sich zum Beispiel bei Wolfgang Trillhaas (vgl. Trillhaas, 52–55). Exegetische Erörterungen als Basis für den Lektorendienst im katholischen Gottesdienst, die durchaus auf den evangelischen übertragen werden können, hat Abraham Roelofsen angestellt (vgl. Roelofsen, 23–26). Eine in der Argumentation zwar abstruse, aber für biblizistische Begründungsversuche beispielhafte »Auseinandersetzung« mit den homiletischen Verstößen gegen die »göttliche Ordnung« bietet Heinz Schumacher (vgl. Schumacher, 24–26). In dieser biblizistischen Betrachtung kommt Schumacher zu dem Ergebnis, dass mit dem Voranstellen der Schwestern in der Anrede »göttliche Ordnungen umgestoßen« werden sollen: »Die Köstlichkeit des Brudernamens, die besonderen Dienste und Verantwortungen innerhalb der Gemeinde, die nur Brüder übernehmen sollen – das alles scheint mir entwertet durch die Anrede ›Liebe Schwestern und Brüder‹. Deshalb sollten wir sie im Dienst der Verkündigung meiden (es sei denn, du predigst in einem Diakonissen-Mutterhaus vor 50 Schwestern, zu denen sich zwei Brüder als Zuhörer gesellt haben).« (Schumacher, 24)

Eine solche kleine Spurensicherung zu der oben aufgeworfenen Frage lässt einerseits ahnen, dass dieses Thema doch ein paar Untiefen zu haben scheint. Andererseits sind Hörerinnen und Hörer eine gewisse Bandbreite an Anreden und entsprechenden Umgangsformen gewohnt, die zumindest als tolerabel empfunden werden. Durch die Rede, die der Anrede folgt, können zudem unpassende (oder als unpassend empfundene) Formen der Kontaktaufnahme »wettgemacht«, vergessen gemacht, in gewisser Weise »verziehen« werden. Dass es im Großen und Ganzen irgendwie klappt (oder dass es eben gar nicht klappt, weil eine schlechte Predigt auch nicht durch eine gelungene Anrede und Begrüßung der Gemeinde zu kompensieren ist), hängt in starkem Maße mit der Erfahrung zusammen, dass »der Ton die Musik macht«, dass der Ton die Noten – in diesem Fall: den Wortlaut der Begrüßung – interpretiert.

Gleichwohl ist es eine Überlegung wert, welche Anrede dem Predigtgeschehen angemessen ist, welche Kon-Texte jeweils zitiert, welche

Umgangsformen mit bestimmten Arten der Anrede assoziiert werden – kurz, was man aus fachlicher Sicht »richtig« und »falsch« machen kann.

I. Zur Frage nach einem beziehungsgerechten Kommunikationsverhalten in der Predigt

Die Redewendung, »der Ton macht die Musik,« erinnert daran, dass die Anwendung einzelner Regeln bzw. der Gebrauch der »richtigen« Formulierung nicht ausreicht, um sich in einer bestimmten Kommunikationssituation beziehungsgerecht zu verhalten. Die »Musik« – das ist bei jener Lebensweisheit z. B. auch die Art der Gemeinschaft, die am »Umgangston« erkannt werden kann bzw. durch ihn geprägt wird. Es ist also für die Qualität bzw. die Eigenart einer Kommunikationsgemeinschaft nicht nur entscheidend, was im Einzelnen gesagt wird oder in welcher Form sich die Beteiligten anreden, sondern auf welche Weise, in welcher Absicht, mit welcher Erwartung und aus welchem Selbstverständnis man das tut.

Man kann sich das etwa an der Anrede »Mein lieber Freund« vergegenwärtigen: Diese Anrede kann – je nachdem, wie und in welchem Zusammenhang sie ausgesprochen wird – Herzlichkeit, Solidarität und Wertschätzung signalisieren. Sie kann aber auch ironisch benutzt werden und sogar eine Warnung beinhalten. An der Art und Weise, wie zwei Menschen überhaupt miteinander kommunizieren (wobei Gesichtsausdruck, Körperhaltung, Abstand zum Angesprochenen, Tonlage und vieles andere mehr eine Rolle spielen), kann man schnell erkennen, wie sie zueinander stehen – ganz gleich, ob sie gerade übers Wetter oder über die Vergebung der Sünden sprechen. Das ist auch im Gottesdienst so: Die Gemeinde erkennt an der Art und Weise der Kommunikation sehr schnell, wie der oder die Liturg(in) bzw. der oder die Prediger(in) sich im Gegenüber zur Gemeinde versteht, ob er oder sie z. B. solidarisch »auf ihrer Seite« steht oder sich eher auf die Seite Gottes geschlagen hat und von sich glaubt, einer verstockten Gemeinde jeden Sonntag »die Leviten lesen« zu müssen, weil es ja sonst keiner macht.

Von daher gehört es zu den Voraussetzungen jeder glücklichen, gelingenden liturgischen und homiletischen Kommunikation, dass sich die gottesdienstlich Handelnden darüber im Klaren sind, in welcher Funktion sie sich vor und mit der Gemeinde agieren sehen, welches Bild sie von der Gemeinde haben, wie sie sich und ihr Amt prinzipiell verstehen – und wie sie dementsprechend überhaupt mit der Gemeinde umgehen. Dies hat unmittelbare Auswirkungen auf die Wahrnehmung des Gottesdienstes bzw. auf die Erfahrung, die die Gemeinde im Mitvollzug der Liturgie und im Hören der Predigt macht.

Wenn das Verhältnis des Liturgen bzw. der Liturgin oder der Predigerin bzw. des Predigers zu seiner/ihrer Gemeinde »stimmt« (vgl. Engemann, 455–485), sind zunächst einmal alle üblichen liturgischen und homiletischen Anredeformen grundsätzlich möglich und »verträglich«, keine ist generell zu tabuieren. Keine der Anredeformen (»Du«, »Ihr«, »Sie«, »Gemeinde«, »Schwestern und Brüder«, »Freunde« u. a. m.) ist von sich aus für ein prinzipiell besseres oder schlechteres Beziehungsverhältnis zur Gemeinde prädestiniert. Wenn es doch so wäre, würde eine bestimmte Art der Anrede immer dieselben positiven oder negativen Wirkungen zur Folge haben. Aber so ist es nicht. Wenn ein Prediger seine Gemeinde – Paulus imitierend – zum Beispiel mit »ihr Lieben« oder mit »liebe Brüder und Schwestern« anredet, gleichzeitig aber in oberlehrerhafter Weise nur dogmengeschichtliche Themen ventiliert, ohne ansatzweise an der Lebenswelt seiner Hörer anzuknüpfen, verlieren sowohl das Wort »Liebe« in der Anrede als auch die scheinbare Zugewandtheit an Glaubwürdigkeit. Es kann also zu großen Widersprüchen zwischen dem Inhalt der Anrede und dem wirklichen Beziehungsverhältnis zwischen Liturg(in) bzw. Prediger(in) und Gemeinde kommen.

Trotz der angesprochenen Offenheit in der Frage der Anrede haben deren verschiedene Formen spezifische Vor- und Nachteile, über die man sich im Klaren sein sollte. Außerdem haftet ihnen eine Reihe von Klischees bzw. positiven und negativen Vorurteilen an, was dazu führt, dass sich Prediger und Liturgen manchmal vor falschen Alternativen sehen. Gerade diejenigen, die sich in Liturgie und Predigt um eine theologisch und kommunikativ stimmige Beziehung zu ihrer Gemeinde bemühen, sollten daher ein paar Argumente kennen, anhand derer von Fall zu Fall entschieden werden kann, wie die Gemeinde anzusprechen ist.

2. Argumente

2.1 »Theologisch richtig« und »kommunikativ angemessen«

Es sind zwei verschiedene Dinge, etwas zum einen als »theologisch richtig« zu erkennen und im sachkundigen Streit mit Kolleginnen und Kollegen entsprechend zu vertreten, und zum anderen darüber zu urteilen, wie das als richtig Erkannte am besten kommunikativ umgesetzt werden kann. So wäre es zum Beispiel absurd, von der theologisch richtigen Grundidee, dass wir alle »Kinder Gottes« sind, abzuleiten, dass sich alle Christen – zumal im Gottesdienst – korrekt nur als »Brüder und Schwestern« anzureden hätten. Nicht einmal in richtigen Familien reden Geschwister vorzugsweise auf diese Weise miteinander. Vertrautheit stellt sich auf vielfältige Weise her. Sie wird keineswegs durch bestimmte Formen der Anrede erzwungen.

Dass im Neuen Testament das (allein aufgrund ihrer Gottesbeziehung) faktisch bestehende »geschwisterliche« Verhältnis der Christen untereinander auch explizit so bezeichnet wird, bedeutet nicht, dass wir heute etwas falsch machen, wenn wir mit dieser Formulierung sparsamer umgehen. Nicht, weil sie theologisch bedenklich wäre, sondern weil sie empirisch in vielen Gemeinden nicht mehr nachvollzogen werden und dadurch kommunikativ irritierend wirken kann. Während sich in den frühen Gemeinden – u. a aufgrund ihrer Entstehung und familialen Organisation (Treffen in eigenen Häusern) – fast alle persönlich kannten, ist das »Familienmodell« in vielen Gemeinden seit mehr als hundert Jahren keineswegs mehr das angestrebte Leitmodell. (Zu Beginn des 20. Jahrhunderts reorganisierten sich viele Gemeinden nach dem Vorbild von Vereinen und hatten dadurch wesentlich mehr und intensiver miteinander zu tun als vorher, als allein der Gottesdienst Ort ihrer Begegnungen war.) Wer im Jahr fünfmal zum Gottesdienst geht, wird die Gemeinde nicht als Quasi-Familie empfinden – und muss das auch nicht. Er wird sich unter vermeintlichen »Brüdern und Schwestern« eher als Außenseiter vorkommen und statt Nähe Distanz erfahren, wenn er so angesprochen wird.

2.2 *Zur Gefahr der idealistischen Verengung des Blicks auf die Gemeinde*

Aus der Tatsache, dass für viele Christen das Hören einer Sonntagspredigt nicht zu den favorisierten Praxisformen ihrer Religiosität gehört, sollte man wiederum nicht folgern, dass »die Gemeindepredigt in ihrem reinen Begriff immer mehr zur Illusion« werde (Trillhaas, 9). Wer das tut, geht stillschweigend davon aus, dass die »eigentliche« Gemeinde nur durch die Sonntags-Gottesdienst-Gemeinde repräsentiert werde. So postuliert Wolfgang Trillhaas, dass die normale Gemeindepredigt von ihrem Selbstverständnis her Menschen im Blick haben müsse, die sich »im Unterschied von anderen zur christlichen Gemeinde halten, in ihrer Tradition leben [und] das biblische Wort als Grund ihres Glaubens und Lebens verstehen« (Trillhaas, 10). Dementsprechend hält er die seiner Ansicht nach noch weithin anzutreffende Predigtpraxis für idealtypisch, wonach die Predigt und ihr Text »kirchlichen Bibelgebrauch«, »kirchliche Sprache und Mentalität« voraussetzen müssten, was der »Gemeindepredigt geradezu einen exklusiven Charakter« gebe (ebd.). Man sollte jedoch – im Sprachgebrauch Trillhaas' – »skeptischen« oder »kritischen« Gemeindegliedern, die eher selten zum Gottesdienst kommen, nicht unterstellen, nur im uneigentlichen Sinn Gemeinde zu sein. Ganz abgesehen davon, dass eine Gemeinde, die »das biblische Wort als Grund ihres Lebens und Glaubens versteht«, zu allen Zeiten der Predigtgeschichte ein ebenso unerreichter wie verkürzender Idealtypus war, und dass Skepsis und Kritik in der Gemeinde keinen uneigentlichen Ort haben, gilt es nicht erst seit der empirischen Wende als homiletischer Fauxpas, in einer Predigt ausgerechnet mit kirchlichen Milieumerkmalen punkten zu wollen.

2.3 »Sie« oder »Du« – Fremdheit und Vertrautheit

Landläufig gilt das »Du« als vertraut und das »Sie« als distanziert. Das ist freilich ein sehr verallgemeinerndes Urteil, das in vielen konkreten Fällen nicht standhält. So trifft es z. B. keineswegs zu, dass das »Du« Vertrautheit herstellen könnte oder dass das »Sie« zwangsläufig ein Distanzgefühl auslöste (Besch, 66). Auch hier spielen Kontext, Erwartung und Kommunikationsabsicht eine entscheidende Rolle. Das »Du« kann Vertrautheit vorgeben oder heucheln, es kann vereinnahmend und anbiedernd wirken. Es kann einem aber auch als Folge wirklicher Sympathie und Vertrautheit anstelle des »Sie« herausrutschen. Umgekehrt kann das »Sie« Ausdruck von Respekt und Wertschätzung sein. Biografisch impliziert der Gebrauch des »Sie« u. a. die Anerkennung der Mündigkeit und Autonomie eines Menschen – wie etwa in der Anrede gegenüber Schülern der Oberstufe.

Der »Rückfall« zur Du-Anrede – zum Beispiel beim Wehrdienst oder in einer Lehre, wobei im »Du« ein Gehorsamsgebot mitschwingt – kann demgegenüber auch als Geringschätzung der eigenen Person erlebt werden, zumal, wenn das »Du« mit dem Nachnamen verbunden wird. Prediger und Liturgen müssen jedenfalls in Rechnung stellen, dass in den Bedeutungen, die in der Du-Anrede mitschwingen, soziale Beziehungen konnotiert und »zitiert« werden, die außerhalb des Gottesdienstes bestehen. Alles, was durch persönliche Erfahrungen im Bedeutungsraum der Du-Anrede »abgespeichert« ist, kann abgerufen werden, wenn jemand in einem bestimmten Tonfall – zumal im Kontext der Predigt – »Du« sagt. Das »Du« ist z. B. oft mit einem Autoritätsgefälle verbunden: Es kommt häufig vor, dass Pfarrer Konfirmanden duzen – auch über den Konfirmandenunterricht hinaus –, ohne dass sie sich später von allen ehemaligen Jugendlichen duzen lassen. In der Predigtgeschichte – diese Praxis ist noch gar nicht so lange aus der Mode – begegnet auch immer wieder das inquisitorische Du, mit dem das »Gemeindekind« vor sich selbst und vor Gott bloßgestellt werden soll.

Zur soziologischen Komplexität der Anrede mit »Du« oder »Sie« kommt hinzu, dass beide Formen im Laufe der Geschichte starken Bedeutungsschwankungen unterworfen waren, weshalb es immer falsch ist, vom bloßen Sie- oder Du-Gebrauch bestimmte kommunikative Effekte zu erwarten. Während bis in die 1960er-Jahre hinein die Sie-Anrede als Standardanrede galt und auf alle Kommunikationspartner mit Ausnahme intimer Bekannter und Freunde angewendet wurde, entwickelte sich in den 1960er/70er-Jahren an Universitäten, Schulen und z. T. auch in Gemeinden die Du-Anrede als neuer Standard. Das »Sie« wurde Inhabern besonderer sozialer Positionen und Gruppen mit anderen Interessen vorbehalten, drückte also soziale Distanz aus, während das »Du« nicht Intimität, sondern Solidarität, Gruppenzugehörigkeit und Meinungsübereinstimmung signalisierte (Bayer, 213). Vor diesem Hintergrund ist damit zu rechnen, dass das »Du« auch als anbiedernd empfunden werden kann, zumal, wenn die Hörer anderer Meinung als der Prediger sind.

2.4 Alltagskommunikation – Gottesdienstkommunikation

Die gottesdienstliche Kommunikation zwischen Pfarrer(in) bzw. Liturg(in) und Gemeinde steht in einem untrennbaren Zusammenhang mit seiner/ihrer sonstigen Kommunikationspraxis. Das bedeutet vor allem, dass die Art und Weise, wie ein kirchlich Beauftragter sein Verhältnis zur Gemeinde sieht bzw. wie er sich in dieser Funktion versteht, Anhaltspunkte am Leben in und mit der Gemeinde hat. Es bedeutet sicher nicht, dass es nur noch eine Kommunikationssituation gäbe oder dass sich die gottesdienstliche Anrede und die Alltagskommunikation aus einer falsch verstandenen »Authentizität« oder aus einem verkürzten Egalitätsprinzip heraus angleichen müssten – kurz: dass man sich entscheiden müsse, wie man sich künftig immer anreden wolle. Es kommt vor, dass Pfarrer oder Pfarrerinnen und Gemeindeglieder (das gilt analog auch für andere Orte institutioneller Kommunikation, also für Tagungen, Diskussionen an Akademien, Sitzungen an Universitäten usw.) sich privat das »Du« anbieten, sich aber in der öffentlichen bzw. institutionellen Kommunikation – zu der auch der Gottesdienst gehört – siezen.

Eine solche Unterscheidung hat in der Regel nichts mit Amts- oder Titel-Dünkel zu tun, sondern entspricht dem Respekt jenen Anwesenden gegenüber, zu denen kein besonders intimes oder freundschaftliches Verhältnis besteht, da sie neu in der Gemeinde sind, vielleicht zum ersten (oder einzigen) Mal anwesend – oder die spirituelle Eigenart des Pfarrers persönlich nicht sonderlich schätzen, sich aber dennoch nicht davon abhalten lassen, »seinen« Gottesdienst zu besuchen. Es könnte sie brüskieren oder doch unangenehm berühren, wenn die Nähe des Pfarrers zu bestimmten Gemeindegliedern im Gottesdienst offensichtlich würde oder als Selbstverständlichkeit vorausgesetzt würde. Viele Pfarrerinnen und Pfarrer verzichten deshalb auf Duz-Verhältnisse, weil ihnen klar ist, dass sie – möglicherweise – ein Leben lang in dieser Gemeinde leben werden, und zu viele Dus sie »im eigenen Lebensbereich eingrenzen« können. Werner Besch zitiert einen Pfarrer, der lieber beim Sie bleibe, »weil diese Anrede eine Neutralität bewahre, die es ihm ermögliche, allen Gemeindegliedern auf gleiche Weise zu begegnen.« (Besch, 66) Dies heißt wiederum nicht, das »Du« prinzipiell aus der Gottesdienstkommunikation zu eliminieren (vgl. dazu 3.3).

3. Empfehlungen

3.1 »Liebe Gemeinde« – oder: An alle!

Die Anrede »Liebe Gemeinde« ist nicht ohne Grund zum Standard in allen Gemeindegottesdiensten geworden. Diese Anrede ist gleichermaßen neutral wie spezifisch: Wer auch immer da ist, will, kann und »muss« damit rechnen, als Teil einer Gemeinde angesprochen zu werden, die mindestens durch den Gottesdienst, der jetzt und hier gefeiert wird, Gemeinde ist bzw. wird. Da spielt es keine Rolle, wie oft oder »zuverlässig« jemand im Gottesdienst erscheint, wie viel er zum äußeren Erhalt der Gemeinde beisteuert, wie stark oder schwach die Sympathien sind, die sein Erscheinen auslöst.

Wer bei dieser Anrede insgeheim Herrn A. oder Frau B. ausklammert, weil sie sich sonst an keinen Veranstaltungen beteiligen oder nur selten erscheinen oder nach ihrem Kirchenaustritt nicht wieder »richtige« Gemeindeglieder geworden sind, hat die theologische Tiefe dieser Anrede noch nicht ausreichend verstanden. Diese Anrede ist nicht das Privileg der Starken im Glauben – wer immer sich in einer normalen Gottesdienstgemeinde dazu rechnen mag. Zur Gemeinde gehören die Suchenden ebenso wie die Zweifler, die »am Zaun« Stehenden ebenso wie die Übereifrigen, die danach drängen, an Heilig Abend in voller Kirche das Weihnachtsevangelium zu lesen, diejenigen, die ihren Glauben für zu schwach und sich für ziemlich gottlos halten ebenso wie für die Bekenner unter den Frommen.

Trillhaas problematisiert den Gemeinde-Titel in der Anrede mit dem Hinweis, dass die Gemeinde »kein Kollektiv« sei, »in dem der Einzelne seine Identität verliert und das man wie einen Block anreden dürfte: ›Du, liebe Gemeinde …‹ […] Die Predigt darf nicht über den Einzelnen hinweggehen; der Einzelne muss sich in der Predigt wiedererkennen, er muss […], vielleicht sogar im Widerspruch, anerkennen, dass diese Predigt ihn angeht. […] Diese Regel wird dann aber verletzt, wenn der Prediger für die Versammelten einfach eine ›stimmige Gruppenidentität voraussetzt‹ (Bastian).« (Trillhaas, 15) Dabei handelt es sich um eine zu naive Gleichsetzung von Sprache und Wirkung einerseits und um falsche Alternativen (Souveränität des Einzelnen hier und Gleichmacherei da). Kontext, Stimme, Mimik – und last but not least der Inhalt der Predigt, ihre Prämissen, Appelle und Identifikationsangebote – sind wichtige Interpretationshilfen des Hörers, um wahrzunehmen, was der Prediger bzw. die Predigerin ihm »zurechnet«, wenn er ihn – unter anderem – kollektiv anspricht. Die Frage nach der Gemeinde-Anrede ist also »substanziell«, d. h. als Frage nach dem Gemeinde-*Begriff* zu stellen, der in der Anrede zur Geltung kommt. Diese Anrede kann seitens des Einzelnen bald als eine gute Empfehlung, bald als Wertschätzung, aber auch als Drohung und peinliche Berührung verstanden und empfunden werden.

Bei dieser Anrede ist zu überlegen, ob man – in Anlehnung an die paulinische Praxis, sich meist ganz konkret an die »Heiligen in …« Rom, Korinth, Ephesus zu wenden – dann und wann den Ortsnamen der Gemeinde mitnennt, um damit die Relevanz bzw. Dringlichkeit oder den Anspruch der Predigt zu unterstreichen (zum Befund vgl. Roelofsen, 24). Statt des Ortsnamens ist es natürlich auch möglich, in der Anrede den kirchlichen Titel der Gemeinde, also den Weihe-Namen der Ortskirche zu verwenden (Trinitatis-Gemeinde, Emmaus-Gemeinde). Wenn die Gemeinde bei diesem Namen genannt wird, wird sie gewissermaßen auf ihre Identität angesprochen und u. a. dazu ermuntert, sich – im Hören auf die Predigt – auch selbst ernst zu nehmen.

3.2 »Sie« – Zutrauen und Respekt gegenüber souveränen Subjekten

Wer die Anwesenden mit »Liebe Gemeinde« begrüßt, kommt ohne weitere Pronomen gleichwohl nicht aus. Wie in Abschnitt 2 schon erläutert, hat das »Sie« vieles für sich. Da der Gottesdienst aufgrund verschiedener gesellschaftlicher und kirchlicher Regelungen (wozu auch eine Reihe von Gesetzen und Verträgen gehört) eine öffentliche Angelegenheit ist, zu der jeder kommen kann, ist es naheliegend, die in der Öffentlichkeit übliche Anredeform zu wählen. Das entspricht auch dem Anliegen der »Veranstaltung« Gottesdienst: Souveräne Subjekte, vernünftige Menschen – theologisch als Geschöpfe, Sünder, Kinder Gottes, Geliebte Gottes, sein Gegenüber usw. näher bestimmbar – lassen sich freiwillig und (hoffentlich) ohne Druck auf eine Unterredung über ihr Leben im Lichte des Evangeliums ein.

Gottesdienstbesucher sind nicht Objekt einer Belehrung. Im Idealfall kann der Gottesdienst dazu beitragen, dass Menschen selbst Schritte in die Freiheit gehen, dass sie ihr Leben vor Gott bzw. in der Welt in einer neuen Weise sehen, dass sie in ihrer Selbsterkenntnis weiterkommen und sich über die Schulter zu sehen lernen, dass ihnen die Erfahrung der Liebe Gottes Anlass ist, sich selbst neu annehmen zu können, dass sie in ihrer Willensbildung und Entscheidungsfindung – falls dies ansteht – vorankommen. Für alles das ist das »Sie« als (im Deutschen) etablierter Ausdruck des Respekts und eines grundsätzlichen Zutrauens angemessen.

3.3 »Du« – Offenheit und Solidarität ohne geistlichen Vorsprung

Wie mit jedem Pronomen kann man auch mit dem »Du« rhetorisch eine ganze Menge bewerkstelligen, wenn es überlegt und dosiert eingesetzt wird. Durch den Kontext, in dem das »Du« zur Sprache kommt, kann abgesichert werden, dass sich der Prediger über die Hörer erhebt oder ihnen droht usw. Dabei kann wiederum auf soziale Erfahrungen zurückgegriffen werden.

Beispiel: Ein Prediger knüpft in einer Karfreitagspredigt an eine Erfahrung im Krankenhaus an: Dort kommt es in den Krankenzimmern zwischen einzelnen Patienten sehr schnell bzw. leicht zum »Du«, was u. a. damit zusammenhängen mag, dass man »im gleichen Boot sitzt«, dass »schichtenspezifische« Differenzen in den Hintergrund treten, dass man dasselbe Los teilt und daher Solidarität empfindet. Unvermittelt lenkt der Prediger dann auf die Situation des Menschen vor Gott, auf seine Abhängigkeit von Gott, auf gemeinsame Erfahrungen von Verletzungen usw. – und bittet die Gemeinde zum Beginn der Predigt darum, heute einmal »Du« sagen zu dürfen. Dieses »Du« ist in diesem Fall ein »solidarisches« Du, kein sich den anderen vorknöpfendes, kein zu belehrendes, kein gescholtenes. Bei dieser Gratwanderung hängt freilich viel davon ab, ob sich der Prediger tatsächlich so persönlich ins Spiel zu bringen vermag, dass das »Du« gerechtfertigt und glaubwürdig ist, dass der Prediger tatsächlich der Überzeugung ist, den anderen geistlich oder menschlich nichts »voraus« zu haben.

Vom »pastoralen Du«, das den Einzelnen sozusagen gewohnheitsmäßig aus der Warte Gottes in den Blick nimmt und immer etwas wahrzunehmen glaubt, was dem Betreffenden selbst nicht bewusst ist, ist in jedem Fall abzuraten. Diese Position kommt der Predigerin bzw. dem Prediger oder der Liturgin bzw. dem Liturgen nicht zu, denn er bzw. sie leitet den Gottesdienst nicht aufgrund eines geistlichen Vorsprungs oder eines unmittelbareren Kontakts zu Gott, sondern allein aufgrund einer entsprechenden (Berufs-)Ausbildung und einer darauf gründenden Prüfung und Beauftragung.

Das nicht pastorale, sondern solidarische »Du« kann die Ausrichtung der Predigt auf den je konkreten einzelnen Hörer bei wohldosiertem Einsatz fördern und rhetorisch plausibilisieren. Zum Charakter einer den Einzelnen wahrnehmenden Predigt schreibt Trillhaas treffend (ohne jedoch für das »Du« zu plädieren): »Sie entdeckt inmitten der ›Gemeinde‹ den säkularen Menschen und Zweifler, und sie entdeckt inmitten der säkularen Zeitgenossen den heimlichen Christen, der von seiner Christlichkeit nichts weiß oder sie sich jedenfalls nicht eingesteht. Für diese seelsorgerische Predigt gilt aber ein seltsames Gesetz: Wer zu einem spricht, spricht damit immer zu vielen. Wer freilich immer nur zu vielen spricht, spricht oft nicht einmal zu einem Einzelnen.« (Trillhaas, 14f.)

3.4 »Brüder und Schwestern« – gegenseitige Verantwortung ohne Familienzwang

Bereits oben wurde erläutert, inwiefern theologische Verantwortung und kommunikative Kompetenz verschiedene, sich ergänzende Annäherungen an dieselbe Liturgie bzw. dieselbe Predigt sind.

Die explizite Unterstellung von Quasi-Familienbanden unter den Anwesenden (was durch eine solche Anrede als Norm missverstanden werden kann) würde das Verstehen und den Mitvollzug eines Gottesdienstes nur dann erleichtern, wenn dies in bestimmter Hinsicht der Erfahrung der Gemeindeglieder entspräche – auch wenn man dafür heute eher andere Anredeformen wählen würde.

Die Gemeindeglieder bleiben sich jedoch nichts schuldig, wenn sie nicht den für Brüder und Schwestern (manchmal) üblichen Grad an Vertrautheit erreichen, der vielleicht den Jüngern Jesu eigen war, die den ganzen Tag miteinander verbracht und alle Mahlzeiten gemeinsam eingenommen haben, eine persönliche Nähe, die vielleicht in den frühen Gemeinden anzutreffen war und heute in vielen Kommunitäten noch zu finden sein mag. Viel wichtiger ist es, dass den einzelnen Gottesdienstbesuchern im Vollzug von Liturgie und Predigt ein Identifikationsangebot erschlossen wird, das dazu taugt, ein eigenes Leben aus Glauben zu führen, d. h., ihr Leben leidenschaftlich zu leben. Predigt und Liturgie sollten daher das Empfangen und Gewähren von Liebe ebenso im Blick haben wie die Erfahrung von Freiheit als grundlegende Existenzerfahrung der Gemeindeglieder. Ob diese Erfahrungen im Verbund mit den zufällig anwesenden Gottesdienstbesuchern gemacht werden oder mit Menschen, die möglicherweise nie zu einem Gottesdienst gehen, ist sekundär.

Ähnlich wie die Du-Anrede ist die Anrede mit »Liebe Schwestern und Brüder« im Einzelfall durchaus legitim, z. B. dann, wenn ein Prediger die Basis gegenseitiger Verantwortung thematisieren möchte (und bei der Anrede – zur Erleichterung der Anwesenden – schmunzeln kann), oder wenn die Universalität der Kirche ins Blickfeld rückt, um dem Eindruck der Vereinsamung oder Isolation einer Gemeinde entgegenzuwirken usw.

Für jemanden, der nicht biblizistisch argumentiert, dürfte es natürlich zweitrangig sein, ob die »Brüder« oder die »Schwestern« zuerst genannt werden. Entscheidend für diese Anrede ist – soweit man sie »biblisch« verstehen will, dass die Angesprochenen von Paulus auf eine schon bestehende Identität behaftet werden. Im Sinne von: »Ihr seid schließlich Menschen, die sich als Christen verstehen, also hört endlich her.« Anscheinend will sich Paulus, wenn er die Anrede »Brüder« benutzt, »der Aufmerksamkeit aller« vergewissern. »Das heißt, die [heute zu Recht vorgenommene] Einfügung der Schwestern ist keine Verfälschung des inhaltlichen Anliegens, sondern eine Verstärkung.« (Roelofsen, 24)

Wer diese Anrede benutzt, sollte wissen, dass sie im kirchlichen Raum fast ausschließlich mit dem »Sie« gekoppelt ist, sowohl in den katholischen als auch in den evangelischen Organisationen, Gemeinden und Kommunitäten (Bruder/Schwester mit Vornamen oder Nachnamen und »Sie«), woraus zu ersehen ist, dass nicht ein kommunikatives Interesse (z. B. Vertrautheit, Intimität), sondern ein theologisches Leitbild bei dieser Form der gottesdienstlichen Anrede Pate stand. Das Gelingen der Kommunikation des Evangeliums hängt jedoch nicht von der internen Plausibilität eines theologischen Leitbilds ab, sondern letztlich vom Gelingen des Kommunikationsprozesses insgesamt, weshalb auch hier theologisches Wissen nicht zum alleinigen Kriterium für die Gestaltung kommunikativer Praxis werden kann.

3.5 »Wir« – Menschen wie du und ich

Es ist interessant zu beobachten, wie beziehungsreich das »Wir« gebraucht werden kann. Am »Wir« lässt sich besonders gut verdeutlichen, dass Wörter, zumal Pronomen, ihre Bedeutung im je konkreten Gebrauch gewinnen – genau wie das Ich oder das Du oder der »liebe Freund«. Wer »wir« sagt, kann sich z. B. hinter einer angeblichen allgemeinen Meinung verstecken, um seinen Worten eine Autorität zu geben, die sie an und für sich nicht haben. Hinter einem »Wir« kann ein ängstliches Ich stecken, das sich grundsätzlich scheut, auf einer eigenen Meinung zu bestehen oder gar sich eine Gegenmeinung zu leisten. Mit dem »Wir« in der Predigt wird viel unterstellt, gescholten, harmonisiert, behauptet und gefordert. (vgl. Engemann, 19–21)

Man kann der Gemeinde mit der »Wir-Anrede« aber auch signalisieren, dass es jetzt – in der Sache, von der gerade in der Predigt die Rede ist – allein um die Haltung der Anwesenden geht, »dass wir uns in dieser Sache einfach nicht vertreten lassen können«. Das »Wir« – vorgebracht als glaubwürdige Inklusion der eigenen Person und der Angesprochenen – kann somit auch Bestandteil einer respektvollen, verbindlichen Kommunikation sein. Es ist unverzichtbar bei der (dankbaren oder kritischen) Thematisierung gemeinsamer Vergangenheit, beim ›lauten Nachdenken‹ über eine gemeinsame Zukunft. Das »Wir« kann markieren, in welcher Hinsicht (z. B. Alltagserfahrungen) der Prediger bzw. die Predigerin mit seinen/ihren Hörern zusammengehört und mit ihnen dem Evangelium gegenübersteht. Schließlich taugt das »Wir« als bewusst gesetztes Zeichen für die »geistliche Gleichrangigkeit« von Prediger(in) und Hörer, es kann Ausdruck eines solidarischen Beziehungsverhältnisses sein.

Freilich erscheint das »Wir« niemals allein. Es steht zumindest am Beginn der Predigt immer im Zusammenhang einer »adressierenden« Anrede, wie zum Beispiel: »Liebe Gemeinde, wir …« Ohne »Sie«, »du«, »ich« usw. kommt man nicht aus. Schon deswegen ist es kurzsichtig, ausschließlich das »Wir« zu fordern und alle anderen Varianten der Anrede als »von oben herab« geführte Ansprache zu verurteilen. »Im einen wie im anderen Falle redet der Prediger seine Zuhörer von oben herab an, als einer, der weiß, was die anderen nicht oder noch nicht wissen. Wenn sein Kontakt mit den Hörern nicht gestört wäre, würde er per ›Wir‹ predigen; denn was die anderen angeht, geht ihn auch an.« (Trillhaas, 54)

Wie schon bei der Anrede »Liebe Gemeinde« erläutert und am Beginn dieses Abschnitts 3.4 gezeigt, generieren sprachliche Zeichen – wozu eben auch jegliche Formen der Anrede gehören – von Fall zu Fall unterschiedliche Bedeutungen; sie gehen keine feste Verbindung mit stereotypen kommunikativen Wirkungen ein. Umso wichtiger ist es, über die eigene Beziehung zum Gegenstand der Predigt einerseits und zur Gemeinde andererseits nachzudenken. Woraufhin will, kann, »muss« man sie mit der Predigt ansprechen? An welche gemeinsamen Erfahrungen kann man anknüpfen und »wir« sagen? Und wo ist der Punkt, an dem ich »Ich« sagen muss, weil ich das Risiko eingehen muss, der Gemeinde zu verstehen zu geben, wie und was ich in einer bestimmten Angelegenheit aus welchen Gründen denke und glaube?

3.6 »Freunde«, »Gottesdienstbesucher« und andere Formen der Anrede

Bei Gottesdiensten zu besonderen Anlässen oder in besonderem Rahmen sind natürlich konkretere Anreden möglich. Es würde sehr distanziert, vielleicht sogar lieblos wirken, wenn der leitende Liturg z. B. in einem Vespergottesdienst zur Verabschiedung der Gäste, die zu einem Familienfest angereist sind, die 10–15 Familienangehörigen mit »Liebe Gemeinde« begrüßen würde. Hier ist ein »Liebe Familie« keineswegs »unliturgisch«. Das gilt analog auch für Tagungen mit Kollegen, die dann durchaus als »Freunde« angesprochen werden können, ohne damit den Gemeindegedanken aufzugeben oder bei jedem einzelnen Anwesenden über Echtheit oder Tiefe der Freundschaft nachsinnen zu müssen.

Unter kirchlichen Mitarbeitern wie Lektoren und Pfarrern ist es üblich, den kirchlichen »Kollegen-Gruß« (Bruder, Schwester) aufzunehmen und sich ohne ironischen Unterton (auch) im Gottesdienst als »Brüder und Schwestern« anzusprechen. Das bedeutet – wie aus der Kommunikationssituation klar hervorgeht – keine Bevorzugung gegenüber der Normalgemeinde, sondern entspricht einer ritualisierten Konvention, die (wie alle gut bedachten Rituale und Konventionen) davon entbindet, immer wieder nach neuen Anredeformen zu suchen und dabei womöglich die tatsächlichen Beziehungskonstellationen unter den Kollegen abbilden zu wollen.

In diesem Zusammenhang ist von zu vielen Variationen in der Begrüßung abzuraten, vor allem von dem Bemühen, mit der jeweiligen Anrede immer genau diejenigen treffen zu wollen, die da sind – und sie entsprechend aufzuzählen. Das führt leicht zu deplatzierten Einzelbegrüßungen verschiedener Personen und Gruppen nach Showmaster-Art (wobei immer einige Anwesende durchs Netz fallen) oder zu anderen Peinlichkeiten: Ein Pfarrer ärgerte sich zu Heilig Abend über die angeblich mit lauter »Heiden« gefüllte Kirche, die seines Erachtens die Anrede

»Gemeinde« nicht verdienten, und entschied sich für: »Sehr geehrte Gottesdienstbesucher!« Damit ist er auf ein sehr hohes Ross gestiegen, weil er stillschweigend unterstellt, dass er nur dann von Gemeinde sprechen könnte, wenn mehr Menschen von seinem Schlage anwesend wären.

Die Anrede an die Gemeinde ist – wie auch sonst bei Begrüßungen zwischen Menschen – eine wichtige Vorgabe bzw. Vorlage für das, was dann im Einzelnen folgt. Sie entscheidet mit über die Bereitschaft und das Interesse der Anwesenden, weiter zuzuhören, sich vielleicht infrage stellen und anregen zu lassen, gedanklich mitzugehen usw. Daher lohnt es sich, sich von Fall zu Fall zu vergegenwärtigen, mit welchen Worten und in welcher Absicht man mit der Gemeinde einen faktischen (inneren) Dialog eröffnen will – auch wenn dieser in der Regel die Form eines Monologs hat.

Für eine sichere, liturgisch wie homiletisch angemessene Begrüßungskultur ist es, wie eingangs erwähnt, unerlässlich, sich irgendwann einmal mit der eigenen Funktion als Liturg(in) und/oder Prediger(in) einer Gemeinde auseinandergesetzt zu haben, wozu auch ein Nachdenken über die eigene Beziehung zur Gemeinde gehört. Davon nämlich hängt die Kommunikationskultur zwischen Prediger(in) und Gemeinde bzw. der »richtige Ton« als quasi ununterbrochener Kommentar zu Liturgie und Predigt in starkem Maße ab. Für Verstehen und Missverstehen bestimmter Formen der Anrede, liturgischer Texte und der Predigt werden hier wichtige Weichen gestellt. Was das im Einzelnen heißt, kann in diesem Rahmen nicht erörtert werden (vgl. Engemann, 14–87). Aber vielleicht können die aufgeführten Beobachtungen, Argumente und Empfehlungen auch für sich genommen eine Anregung für den wichtigen Dienst sein, den Lektorinnen und Lektoren, Pfarrerinnen und Pfarrer an den Sonn- und Festtagen des Kirchenjahres zu leisten haben.

Literatur: *Klaus Bayer*, Die Anredepronomina Du und Sie. Thesen zu einem semantischen Konflikt im Hochschulbereich, in: Deutsche Sprache 7 (1979), 212–219; *Werner Besch*, Duzen, Siezen, Titulieren. Zur Anrede im Deutschen heute und gestern, Göttingen 1996; *Wilfried Engemann*, Einführung in die Homiletik, Tübingen/Basel ²2011; *Abraham Roelofsen*, Brüder und/oder Schwestern? Eine Problemskizze, in: Pastoralblatt für die Diözesen Aachen, Berlin, Essen, Hamburg, Hildesheim, Köln und Osnabrück 56 (2004), 23–26; *Heinz Schumacher*, Liebe Schwestern und Brüder?, in: Gnade und Herrlichkeit. Zweimonatsschrift für gläubige Schriftforscher 22/2 (1970), 24–26; *Wolfgang Trillhaas*, Einführung in die Predigtlehre, Darmstadt ²1980.

A Hebräer 10,(19–22)23–25: »Ich hatte Geburt gesehn und Tod«

Christian Stäblein

I Eröffnung: »Vorhang auf!«

Hebr 10 hält einige adventliche Schlüsselworte bereit, allerdings nicht die so eingängigen »Ankunft« oder »(die) Tor (macht weit)«. »*Eingang*«, »*Vorhang*« und »*Hinzutreten*« sind die Sprachbilder, mit denen hier das Nahen Gottes beschrieben wird.

Eingang – in einer Welt der Passwörter ist das eine (Über-)Lebensfrage für alle, die am Daten- und Kommunikationsfluss teilhaben: Wie komme ich rein – ins Netz, in die Community; aber auch: Wie kann ich mich schützen, wie kann ich Eingang und Hinzukommen kontrollieren – all das sind Fragen des Alltags geworden. Ebenso zentral heute die Herausforderung der »Inklusion«, eines Umgangs miteinander, der Menschen mit Handicap nicht ausschließt. Barrierefrei, niedrigschwellig, Kommunikation in leichter, einfacher Sprache – das ist einer Gesellschaft aufgegeben, die oft so segmentiert daherkommt, dass ein gemeinsamer Grund unkenntlich, Austausch untereinander kaum möglich scheint. Wie wirkt vor diesem Hintergrund das Bild vom »Weg durch den Vorhang«, das fast schon altertümlich anmutet und mich doch besonders anspricht?

Es gehört zu den schönsten Kindheitserinnerungen, wenn sich im Theater der Vorhang hebt. Oder wenn die Schauspielerin nur den Kopf durch den Vorhang steckt, der Sänger seine letzte Zugabe – da ist der Vorhang längst gefallen – davor singt, ganz nah. Bei den Kanzelaltären ist oft ein kleiner Vorhang oben, da, wo der Prediger nach kurzem Aufstieg hervorkommt. Durch den Vorhang hindurch muss er oder sie – wie das Wort, das Eingang finden soll. Der Vorhang ist ein Sicht-, kein Hörschutz, durch Vorhang Getrennte stehen im selben Raum, sind schon beieinander, können den Atem des anderen vernehmen, seine Schritte. Der Hebräerbrief erzählt davon. Vorhang auf! Ein seltener, sinnbildlicher Adventsruf für Menschen, die dort Zugang suchen, wo der Erwartete längst Eingang gefunden hat.

Der Gottesdienst am 1. Advent versammelt eine Gemeinde voller Sehnsucht nach einem Blick auf das, was das Leben ausmacht. So »treten herzu« viele an diesem Tag am Eingang des religiösen, gemeindlichen Betriebs: die Krippenhändler und die Basar-Engagierten, der Chor und die Bläser, die mit dem Fastenaufruf, die mit der Brot-für-die-Welt-Dose und die mit Schokoladenadventskalender für den guten Zweck der (Gemeinde-)Stiftung. Jeder hat seinen Zugang zur Feier am 1. Advent – jeder hofft auf seine Weise, dass sich etwas von der Freiheit auftut, in der wir Eingang haben zu ihm, der kommt.

Zugang – Die Bilder des norddeutschen Künstlers Hermann Buß, die seit fast einem Jahr die Johanneskapelle im Kloster Loccum ausfüllen, entdecken das Thema als Mitte menschlicher Existenz heute. Auf dem ersten der vier Bilder ist ein Eingang des Klosters zu sehen, davor – surreal, und doch wie echt – ein Mauerstück, das den Zugang versperrt. Der Maler spielt mit der religiösen Tradition des Ortes, die so gerne vom »porta patet cor magis« erzählt. Woher das Betonstück, das wie ein Rest der Berliner Mauer aussieht? Wieso geht der Mensch, der da dran lehnt, nach vorne gebeugt, warum geht er nicht einfach um die Mauer herum? Drinnen hinter der Öffnung ist es dunkel, einem schwarzen Vorhang gleich, durch den nur wenige Lichter zu ahnen sind. Ist da noch wer? Oder ist der Ort draußen, an der Mauer, an der sich gut klagen lässt, der Ort, an dem wir warten? Dass jemand kommt – durch den Vorhang, durch die Mauer hindurch? Zugang zu meinem Leben in seiner Tiefe und Fraglichkeit, das ist das Thema dieser Bilder und das Thema des Glaubens heute.

II Erschließung des Textes: »Auf geht's!«

Ob die Hebräerworte den Vorhang zur Seite schieben (können)? Leichten Eintritt bieten sie nicht. Umso mehr lohnt, in ihre dichte Bild- und Begriffswelt einzusteigen. Im Urtext bilden die VV. 19–25 einen Satz, mit dem der dritte große Teil des Hebräerbriefes, seine Schlussparänese, eingeleitet wird. Kenntlich wird der Neueinsatz durch die im Brief seltene direkte Anrede (vgl. Hebr 3,12). In der ersten Hälfte des Satzes (VV. 19–21) wird in wenigen Worten der Heilsgrund entfaltet, »eine knappe Zusammenfassung dessen, was die Gemeinde als soteriologischen Gewinn aus dem Christusereignis verbuchen kann: ungehinderten Zugang zum himmlischen Sanctissimum« (Grässer, 12). Klassisch steht hier der Indikativ der Heilszusage voran, bevor in dreifacher Weise aufgefordert wird. Diese Trias ist mit den nicht minder klassischen Tugenden Glaube (V. 22: lasst uns hinzutreten), Hoffnung (V. 23: lasst uns festhalten) und Liebe (V. 24f.: lasst uns acht haben und nicht verlassen) verbunden.

Eine Abtrennung der im Perikopenvorschlag in Klammern gesetzten VV. 19–21 ist also weder grammatikalisch noch inhaltlich sinnvoll. Die »kultische[n] und ethische[n] Spitzenaussagen« (Karrer, 230) gehören untrennbar zusammen, ja sie sind die unterschiedlichen Aussageformen der einen Botschaft, deren Vorgängigkeit ebenso gewiss ist wie ihre Realisierung im Ereignis des Vollzugs wirklich. Der Adhortativ ist als

»evangelische Selbstaufforderung« zu verstehen, die »Bedingungen ihrer Möglichkeit« sind durch den himmlischen Hohepriester erfüllt (Grässer 21), sodass das Verhältnis von Glaube und Werk ohne die Modalverben ›sollen‹, ›wollen‹ oder ›müssen‹ auskommt. Was zusammengehört und in einem Satz ausgesprochen ist, versteht sich in seiner Abfolge von selbst. Ein umgangssprachliches »Auf geht's« wäre eine passende Wiedergabe.

Der Hebräerbrief formuliert den Heilsgrund in den Verstehenszusammenhängen des alten, des ersten Bundes. Ob hierdurch Kontinuität oder Diskontinuität von christlicher und jüdischer Tradition betont werden, ist eine am Hebräerbrief immer wieder aufkeimende Fragestellung, die unabhängig von ihrer historischen Einordnung für die Gegenwart im Sinne der Kontinuität zu beantworten ist, schon deshalb, weil die Kontinuität die Verstehensvoraussetzung für die Diskontinuität ist und jene diese umgreift.

»Eisodos« als terminus technicus für das »Hineingehen« in den Tempel, der Hohepriester – hier wörtlich der »große Priester« –, besonders natürlich die Rede vom »Weg durch den Vorhang« setzen das Geschehen im Tempel am Jom Kippur ins Bild und verbinden es mit den Berichten vom Tod Jesu am Kreuz: »Und der Vorhang zerriss.« (Mk 15,38) Inwieweit der Verstehenskontext Tempel durch den Zusatz »das ist sein Fleisch« sinnvoll ergänzt (vgl. Karrer, 217f.) oder durch antignostische Hermeneutik überlappt wird, ist umstritten.

Jedenfalls geht es hier um die Formen ritueller, religiöser Annäherung, deren Ziel die innige, wie Haberer zu Recht sagt: »intime«, weil den anderen durch und durch offenbarende Begegnung ist. (Haberer, 18) Dass dabei das Ansichtige, das Gesicht ein besondere Rolle spielt (Vorhang), ist eine ebenso alte biblische Einsicht (Ex 34) wie die Frage, ob die Materie, das Fleischliche der menschlichen Existenz ein Hindernis ist. Der Hebräerbrief fällt hier zwei für heute zentrale Aussagen: Der Vorhang wird von der anderen Seite, von Christus gehoben (1). Hierfür hat er unsere Gestalt angenommen, ganz und gar, auch im Fleisch (2). Kurz: Weil er sich aufgemacht und den Vorhang aufgezogen hat, geht es für uns auf auf diesem Weg.

Bei den VV. 22–25 wird es darauf ankommen, sie nicht allzu schnell in kerngemeindlich oder milieuverengte Perspektiven aufzulösen und etwa über den realen Gottesdienst(besuch) zu räsonieren. Für den Gottesdienst gilt immer auch die Einsicht, die Manfred Josuttis in einer Predigt am 1. Advent formuliert hat: »Menschen, die um die Kirche einen großen Bogen machen, haben ja manchmal viel besser verstanden, worum es hier geht, als wir, die wir hier einigermaßen unbeschwert eingetreten sind, oder wir, die wir hier gar zu reden wagen. Der Eintritt ist leicht. Aber die Gotteserfahrung ist hart. Und die Flucht ist naheliegend.« (Josuttis, 111)

Die kultischen und ethischen Spitzensätze der VV. 22–25 zielen auf eine Versammlung, die in Ort und Zeit weit zu denken ist: Es geht nicht um Stunden oder Tage, »die Versammlung erfasst das ganze Leben«, sodass nicht so sehr Lauheit oder Ermüdung, vielmehr die problematische Tendenz zu einem individualisierenden, kultfernen Christentum insgesamt in den Fokus rückt (Karrer, 223). Dem zu wehren kann auch eine gewisse Würze oder Schärfe dienen, die zur Liebe reizen soll. Provokation (paroxysmos, V. 24) um der Gemeinschaftlichkeit und des offenen, öffentlichen Weges willen mahnt der Hebräerbrief an – mit dem offenen Vorhang im Rücken und den Blick auf den gerichtet, der sich naht (V. 25).

III Impulse: »Himmel auf!«

Die Botschaft »der Vorhang ist zerrissen – tretet herzu« möchte ich in die Mitte der Predigt stellen, die Sehnsucht nach der offenen Tür, dem offenen Himmel ist der Grundton, in den Zuspruch und Zuruf eingezeichnet werden. Welche Bilder bieten sich an?

In einer Zeit, in der jeder Fußballverein und jeder dritte Serviceklub einen eigenen Adventskalender anbietet – dieser für gute Zwecke, jener zur Mehrung des Profits –, ist diese alte Form der Einübung in Tür und Vorhang aufziehen ein Signum übergroßer, oft unerfüllter Sehnsucht nach Zugang und ebenso Zeichen der Hoffnung, dass an irgendeiner Stelle von der anderen Seite der Vorhang weggezogen wird. Im gemeindlichen Umfeld hat sich vielfach die Idee des »lebendigen Adventskalenders« durchgesetzt. Menschen begegnen und erleben einander vor und hinter ihren Türen, öffnen ihr Haus für einen Moment, besingen und begreifen gemeinsam ihren Glauben – verbunden mit der Hoffnung, dass unter diesem Geschehen ein Vorhang durchschnitten wird, der uns oft ebenso unsichtbar wie allgegenwärtig trennt. So ein lebendiger Adventskalender, die Geschichten, die sich dabei abspielen, könnte ein Impuls für die Predigt sein – in Analogie und Differenz (!) zu dem, was der Hebräertext schildert. Denn wenn es gut geht, ereignen sich in diesem vermeintlich harmonischen Geschehen klärende Provokationen – etwa, weil in einem Haus statt der Kerzen Brot-für-die-Welt-Dosen auf dem Adventskranz zu finden sind. Zugang öffnet sich dort, wo wir aufeinander achthaben, nicht nur auf die lieben Nahen, auch auf die anvertrauten Fernen. Insofern geht es nicht nur um einen parochialen, sondern immer auch um einen weltweiten »lebendigen Adventskalender«. Adventsfasten ist oft einfach Geben, Loslassen. Mein Anliegen in der Predigt wäre es, nicht falsch auseinanderzureißen: Zugang ist möglich, weil er – ohne unser Zutun – frei und offen ist.

So gilt es, frei und offen die Sehnsucht heraus zu rufen – wie die Gruppe Silbermond, die der adventlichen Gespanntheit in ihrem Lied »Himmel auf« eine moderne Pop-Stimme gegeben hat – gegen Alltagsgrau und falsche Drogenspritze immer wieder die Frage: »Wann reißt der Himmel auf?« Da klingt Silbermond nicht weit weg von Friedrich Spees Adventsklassiker »O Heiland, reiß die Himmel auf«.

Literatur: *Erich Grässer*, An die Hebräer III (Hebr 10,19–13,25), Zürich 1997; *Johanna Haberer*, Intimität mit Gott, in: GPM 2007/2008, 18–22; 1990; *Manfred Josuttis*, Über alle Engel. Politische Predigten zum Hebräerbrief, München; *Martin Karrer*, Der Brief an die Hebräer II (Kap. 5,11–13,25), Gütersloh 2008.

IV Entgegnung: Fremdheitserfahrungen

Die Bilder, die A skizziert, sprechen mich an: Aus dem zerrissenen Vorhang wird die Sehnsucht nach der offenen Tür, die Sehnsucht nach dem offenen Himmel. »Wann reißt der Himmel auf?« – Diese Frage erzeugt Resonanzen. Adventliche Vorfreude stellt sich ein.

Doch wo bleibt die Fremdheit, die ich beim Lesen des Textes hatte? Der ganze Text – und ich stimme A zu, dass er ganz gepredigt werden muss – atmet eine andere Luft. Von Advent, Lebkuchen und Kerzenschein ist wenig zu spüren. Da ist die Rede vom Heiligtum, vom Hohepriester, vom Blut Christi, vom Opfer, vom Besprengen, vom Vorhang – in starken und vollständig fremden Bildern wird die »kulttheologische Konzeption« (Schnelle, 598) des Hebräerbriefes ausgebreitet, die unserer protestantisch geprägten Erfahrungswelt kaum zugänglich ist. Die ganze Welt des alten Tempels, die hier sprachlich aufgerufen wird, ist ein weit entferntes religiöses Kultmodell, scheinbar ohne Zugangsmöglichkeiten für aktuelle Interpretationen. Das zeigen auch die von A gewählten Beispiele (vgl. I). Die »Eingänge«, von denen da die Rede ist bis hin zum »lebendigen Adventskalender«, sind von ganz anderer Art als der verstörend fremde Eingang, von dem der Predigttext spricht.

Das ändern auch die Brot-für-die-Welt-Dosen auf dem Adventskranz nicht. Die aktualisierenden Beispiele von A zeigen, wie fern (!) uns die Welt des Predigttextes gerückt ist. Diese Perikope könnte vielleicht sogar »leichter« am Karfreitag oder zum Osterfest gepredigt werden, weil der Zugang über die Opferthematik auf die Wandlungen der Todesthematik und ihrer Interpretation verweist, eine Thematik, die den 1. Advent-Erwartungen völlig fremd ist. Wenn die Predigt diesem sperrigen Text gerecht werden will, dann darf sie nicht vom volkskirchlich geprägten Kasus »1. Advent« gedacht werden. Es braucht Mut, den Text als ›theologisches Schwarzbrot‹ gegen die adventlichen Süßigkeiten zu predigen und ihm seine Fremdheit zu belassen.

V Erschließung der Hörersituation: Dem Befremden Sprache geben

Die Bedeutung der kulttheologischen Interpretation der Christologie des Hebräerbriefs würdigt Peter Stuhlmacher: »Für alle (Juden-)Christen, die aus den Heiligen Schriften und vielleicht auch noch aus eigener Erfahrung […] die überragende Bedeutung des Kultes auf dem Zion kannten, mußte diese argumentative Vertiefung der Christologie faszinierend sein.« (Stuhlmacher, 94) Genau diese Faszination, die aus eigener

Erfahrung herrührt, wird für die gegenwärtigen Gottesdienstbesucher – auch die sogenannte Kerngemeinde – nicht mehr ohne Weiteres vorauszusetzen sein. Ganz zu schweigen von den sogenannten Distanzierten, die am 1. Advent vielleicht den Weg in die Kirchen finden. Verstehen könnte man die voraussetzungsreichen Sprachbilder der Perikope nur, wenn man den Tempelkult in seiner ganzen Pracht noch kennen würde. Dann könnte der Text auch seine fraglos intendierte befreiende Wirkung entfalten.

Ich vermute aber, dass der Text die Gottesdienstbesucher eher mit Befremden zurücklassen wird – sowohl hinsichtlich dessen, was sie hören, als auch hinsichtlich ihrer adventlichen Gestimmtheit, die bei diesem Text in die Leere zu laufen scheint. Dieses Befremden gilt es, selbst Sprache werden zu lassen. Dabei bietet diese Perikope eine nicht unerhebliche Chance: Sie bringt zur Sprache, dass die Geburt dieses Menschen den Menschen zur Welt bringt, der aus Liebe zu Gott und den Menschen ans Kreuz geht. Es wird eine Adventspredigt, die vom Kreuz spricht und nicht in der Gefangenschaft der seichten Adventsbilder bleibt. »Da war Geburt, gewiß, uns wurde Augenschein, zweifelsohne. Ich hatte Geburt gesehn und Tod, doch immer geglaubt, sie seien verschieden; diese Geburt war harter und bitterer Schmerz für uns, wie Tod, unser Tod.« So räsoniert bei T.S. Eliot der heimkehrende König auf der Reise von der Krippe nach Hause (siehe: www.berlinerdom.de/component/option,com_docman/task,doc_download/Itemid,99999999/gid,699/lang,de).

In der Darstellung auf dem Dreikönigsaltar von Roger van der Weyden (gemalt um 1460, Pinakothek München) erkennt man die gleiche Verbindung. Dort ist eine große Weihnachtsszene dargestellt mit allem, was zu so einem Bild dazugehört: Maria, Joseph, Kind, Hirten, Ochs und Esel, Könige aus dem Morgenland, alle in einer zerfallenen Hütte, den Stern über dem Giebel des Daches. An der Rückwand des Stalles am Mittelpfeiler aber hängt schon ein Kruzifix. Der Gekreuzigte ist schon in der Heiligen Nacht gegenwärtig. Er gehört schon in der Geburtsszene zum Geheimnis des Glaubens. In den Worten des Hebräerbriefs: »Schrecklich ist's, in die Hände des lebendigen Gottes zu fallen.« (10,31)

Die Advents- und Weihnachtszeit steht immer in Gefahr, süßliche Bilder vom Christkind und der – bürgerlichen – heilen Familie zu generieren. Was für das sogenannte Weihnachtschristentum gilt, gilt als dessen Präludium auch für das »Adventschristentum«: »Empirische Untersuchungen belegen, daß sich das Wissen um den spirituellen Gehalt des Weihnachtsfests umgekehrt proportional zu seiner wirtschaftlichen Bedeutung verhält: […] immer weniger Menschen [kennen] den spirituellen Grund des Weihnachtsfestes […] und [machen] ihn allein an Liebe und Mitmenschlichkeit fest.« (Zimmerling, 28)

Der alte Gedanke, dass die Adventszeit eine Zeit der Buße und Einkehr ist, scheint ferner denn je. Hier gilt es in gewisser Weise Martin Luthers Spiritualität wieder zu entdecken. Luther wird von Zimmerling als der »erste neuzeitliche ›Weihnachtschrist‹« (Zimmerling, 26) bezeichnet, weil sein Glaube stark auf das Kind in der Krippe fokussiert ist. Dieses Kind ist aber für Luther zugleich immer schon der Gekreuzigte. Luthers Theologia crucis kann den Hintergrund abgeben, um wieder zum eigentlichen Sinn des Christfestes und seiner Vorbereitungszeit vorzudringen.

VI Predigtschritte: Vom Ende her den Anfang lesen

Warum Advent über Karfreitag predigen? Warum den Lebensanfang mit dem Lebensende verdunkeln? Weil es das ist, was zu predigen ist. Wir gehen in der Liturgie des Kirchenjahres auf den Anfang zu. Wir tun dies aber vom Ende her. Vom Ende her schauen wir auf den Anfang, auf den wir zugehen. Jedes Jahr immer wieder. Was passiert, wenn wir auf einen Anfang schauen, von dessen Ende her wir leben? Wir würden nicht auf diesen Anfang schauen, wenn wir sein Ende nicht in unserem Rücken hätten. Dann wäre es nur einer der millionenfachen Anfänge, die ein beliebiges Ende finden. Diesen Gedanken gilt es in der Spannung von Predigttext und volkskirchlicher Erwartung am 1. Advent zu predigen. Der Sonntag beginnt mit etwas Neuem, aber er ist zugleich eingefügt in die Logik des Kirchenjahres. Wenn auf dem Adventskranz ein Licht brennt, so brannten vor einer Woche in den meisten Kirchen auf dem Altar noch viele Kerzen für die verstorbenen Gemeindeglieder, derer am Ewigkeitssonntag gedacht wurde. Die Adventskerze müsste von der Osterkerze entzündet werden: Das Ende ist der Anfang.

Zwei Einstiegsbauteile fallen mir ein, deren Reihenfolge in der Predigt zweitrangig ist. Zum einen die anschauliche, bildreiche Welt des Tempelkultes. Mit Farbenpracht und Spannung der hinzureisenden Pilger an den hohen Festzeiten. Eine »adventliche« Szenerie in der Spannung, sich am Tempel dem Allerheiligsten in besonderer Weise zu nähern. Will man sich nicht allein assoziativ an die ansprechenden Bilder halten vom »Eingang in das Heiligtum« (V. 19), dem »neuen und lebendigen Weg« (V. 20), dem Anreiz »zur Liebe und zu guten Werken« (V. 24), so wird man kaum darum herumkommen, religionsgeschichtlich den kulttheologischen Hintergrund dieser Perikope zu erläutern.

Der zweite Einstiegsteil begänne mit der zu erwartenden Gestimmtheit: auf dem Weg zur Geburt des Kindes. Dabei können auch all die Bräuche und jahreszeitlichen Rituale aufgerufen werden. Und in beiden Szenarien wird in der folgenden Vertiefung die Frage nach dem Sinn der Adventszeit gestellt.

Es wird darum gehen, jene Gedankenbewegung existenziell nachvollziehbar zu machen, was diese adventliche Pilgerschaft heißt, die in Kenntnis des Endes auf den Anfang zugeht. Vom Kreuz zur Geburt. Vom Kirchenjahr aus gesehen lässt sich dieser Zusammenhang durch die Abfolge vom Totensonntag zum 1. Advent zur Darstellung bringen. Nach der Darstellung der Eingangsszenen könnte tatsächlich vom Licht der Osterkerze die Adventskerze während der Predigt entzündet werden. Dieser Beginn des Neuen stellt Fragen, die ausgelegt werden könnten mit den Bildern des Adventslieds »Wie soll ich dich empfangen« (EG 11) von Paul Gerhardt. Auf welchem Weg sind wir? Schon die Frage »Wie soll ich dich empfangen und wie begegn ich dir?« eröffnet einen Raum, der Pilgerschaft, Erwartung und Verheißung aufnimmt und mehr zeigt als die Geburt irgendeines Kindes. Dieses Kind, auf dessen Geburt ich hier zugehe, birgt ein Geheimnis. Wie kann ich mich ihm nähern? »Dein Zion streut dir Palmen« – der Einzug in Jerusalem wird mit einem knappen Bild aufgerufen. Es ist ein Triumphzug, der wenige Tage später ans Kreuz führt. In dem Triumphzug ist das Kreuz schon verborgen anwesend, sowie am Kreuz der Sieg über den Tod nur verborgen unter seinem Gegenteil anschaubar wird.

»Ich lag in schweren Banden, du kommst und machst mich los« – die Todesbanden löst nicht die Geburt dieses Kindes, sondern sein Tod. Der Tod sind die Verstrickungen meines Lebens, in die ich mich immer stärker verheddere, je mehr ich mich aus ihnen befreien will. Lösen kann sie nur ein anderer, von außen das Band zerreißen. Die Motivation dazu war nicht die Logik des Zorns, sondern die Logik der Liebe: »Nichts hat dich getrieben zu mir vom Himmelszelt als das geliebte Lieben.« Die Liebe ist die Bewegung Gottes. Schließlich auch der eschatologische Ausblick auf den nahenden Tag (vgl. Hebr 10,25): »Er kommt zum Weltgerichte: zum Fluch dem, der ihm flucht, mit Gnad und süßem Lichte dem, der ihn liebt und sucht.« Vom Ende her schauen wir auf den Anfang, der in seinem Ende einen vollständig neuen Beginn markiert.

Literatur: *Udo Schnelle*, Theologie des Neuen Testaments, Göttingen 2007; *Peter Stuhlmacher*, Biblische Theologie des Neuen Testaments. Band 2: Von der Paulusschule bis zur Johannisoffenbarung, Göttingen ^{2}2012; *Peter Zimmerling*, Die Spiritualität Martin Luthers als Herausforderung, in: Lutherjahrbuch 73 (2006), 15–40.

A

2. Advent

Offenbarung 3,7–13: Den Schwachen Kraft

Wiebke Köhler

I Eröffnung: In Erwartung der Dinge, die da kommen sollen

Das heimliche Thema des zweiten Advents ist, liturgisch gesehen, die Einsicht in die innere Ordnung, mit der sich das Heil bemerkbar macht. Die Texte thematisieren Geduld (Epistel) und Ungeduld (Altes Testament) als Erwartungshaltung von Mensch und Gott und die endzeitliche Zeichenabfolge, die das Kommen der Erlösung begleitet (Evangelium). Sehnsucht nach Sicherheit in Zeiten der Krise, das ist auch unser Thema. Vielleicht ist das Bedürfnis, Welt und Zeit als krisenhaft zu interpretieren, deshalb so groß, weil vor dieser Folie die Forderungen an die Zukunft umso deutlicher aufscheinen.

In einer Gesellschaft, die sich in dem Selbstbild spiegelt und wahrnimmt, das die Medien ihr bieten, wird nach den medialen und dramaturgischen Gesetzen von Spannungsaufbau, Krise und Lösungsperspektive mit unseren Hoffnungen und Sehnsüchten gespielt. Die Medien funktionieren nach Marktgesetzen. Unsere Aufmerksamkeit und unser Nutzerverhalten steuern die Quoten, also herrscht ein Wettbewerb, der auf die Erregbarkeit des Publikums zielt. Mir fällt auf, dass das Bewusstsein einer permanenten Krise durch Formulierungen wie »immer mehr« bzw. »immer weniger« oder »immer öfter«, »im Vergleich zu früher« und ähnlichen Steigerungsformeln geschürt werden. Gerade der Umgang mit Statistiken bedient gerne dieses Muster. Unter der Lupe dieses Steigerungsbedürfnisses verschwimmen die eigentlichen Relationen zugunsten eines Spannungsgewinns. Außerdem verliert sich unter dem ständigen Aktualitätsdruck so etwas wie ein historisches Bewusstsein. Es tut gut, am Ende eines langen Tages die »Tagesschau vor 25 Jahren« zu gucken und – leicht gelangweilt und amüsiert – eine ironische Perspektive auf die Neuigkeiten von früher zu kultivieren. Denn früher fanden die Leute auch schon, dass (noch) früher alles besser war. Diese Grundüberzeugung lässt sich nur sehr schwer vermitteln mit der gleichzeitig völlig ungebrochenen Fortschrittsperspektive, der Medien und Gesellschaft parallel zum eben beschriebenen Gegenteil ununterbrochen Ausdruck verleihen: Atemlosigkeit, Neu-Gier, Konkurrenzdruck, Abwertung von Bestehendem zugunsten von Objekten der Begierde.

Der Gottesdienst am zweiten Advent findet vor dem Hintergrund dieses Lebensgefühls statt. Archaische Medien wie Gebet, Lied, Lesung und Predigt fordern und bieten Entschleunigung und Konzentration für die Gemeinde. Der selbst inszenierte Zeitdruck (»In der Adventszeit haben Sie ja wahrscheinlich auch keine ruhige Minute, Frau Pastorin«) muss Pause machen. Gottesdienst wird *gefeiert*, das ist etwas, was man nur in

Gemeinschaft von Menschen tun kann, die einen Anlass sehen, sich zu treffen, und welche die Regeln einer Feier miteinander ins Recht setzen wollen.

Mir fällt der Titel eines Spielfilms immer wieder ein: »Waiting to exhale«. Es ist ein US-amerikanischer Frauenfilm der kitschigen Sorte von 1995. Besonders, dass eine der Hauptdarstellerinnen, Whitney Houston, beim Ausatmen unglaublich schönen, intensiven Soul singt, macht den Film durchaus genießenswert. Die Handlung habe ich vergessen, den Titel nicht. Manchmal muss man auf den Sonntag warten, um aufatmen zu dürfen.

Mitten im Advent ist die Frage erlaubt, worauf wir eigentlich warten? Wir schwanken vielleicht zwischen Erwartung und Geduld (vgl Apk 3,10). Das Aufatmen wird uns ermöglicht, weil die Regeln einer gottesdienstlichen Feier nach einem bekannten Formular, einer Liturgie des gemeinsamen Vorgehens funktionieren. Wir erwarten das Bekannte und Vertraute, wir finden Erdung und Innerlichkeit durch einen Ablauf, der uns an die Hand nimmt. Wenn sich auch die Liturgie dem Spannungsschema und den dauernden Neuigkeitshyperbeln verschriebe, mit dem wir es in unserem Alltag zu tun haben, dann würde sie den Sinnzusammenhang zerstören, in dem wir gemeinsam mit den Menschen stehen, die vor uns Gottesdienst gefeiert haben. Ein strenges eschatologisches Bild, wie das vom neuen Jerusalem (Apk 3,12), kann mit der Weihnachtsmarkteuphorie der jahreszeitlich gesteigerten Einzelhandelsbilanz nicht vermittelt werden. Gottesdienstbesucher sind vielleicht dankbar, weil sie aus der Lärmglocke dieses Treibens einfach heraustreten dürfen.

II Erschließung des Textes: Die offenen Türen Jerusalems

Dennoch wird mit Apk 3,7–13 kein vertrauter Text ausgelegt, im Gegenteil – einen Textabschnitt aus der Offenbarung des Johannes zu predigen, birgt homiletische Probleme. Die Gattung ist gegenwärtigen Hörern insgesamt nicht zugänglich. Ein populäres Verständnis von Apokalypse wird von Resten einer chiliastischen Deutung geprägt und von den abstrusen Unterhaltungsromanen Dan Browns. Mit Thomas Söding lässt sich das gegenwärtige wissenschaftliche Verständnis der literarischen Arbeit des Propheten so zusammenfassen: »Der Prophet Johannes ist weder politisch-theologischer Feuilletonist noch Pastoralpsychologe, weder rigoristischer Sektierer noch konservativer Revolutionär, er ist gewiss ein Tröster der Bedrängten, ein Kritiker der Lauen und ein scharfer Gegner der Opportunisten (die es aus seiner Sicht sind), aber vor allem ein Seher des eschatologischen Heilsdramas, das zur Aufrichtung der universalen Herrschaft Gottes gegen die Unheilsmacht des Bösen führt.« (Söding, 4)

Dass die Sendschreiben ein Teil der Vision sind und deshalb keine reale Korrespondenz, wie sie den Predigthörern aus der neutestamentlichen

Briefliteratur vertraut ist, wird am einleitenden Vers deutlich, in dem der Engel der Gemeinde als Adressat genannt wird. Man soll die sieben Gemeindeengel als himmlische Repräsentanten ihrer irdischen Gemeinden verstehen. Philadelphia ist eine historisch nachweisbare Stadt der Provinz Asia, deren christliche Gemeinde nach Meinung von Akira Satake unabhängig von der paulinischen Mission durch die Tätigkeit des Sehers Johannes entstanden ist, der als Wanderprophet nach dem jüdischen Krieg in der Asia gewirkt hat. Seine »Stützpunkte waren zunächst Synagogen. Um ihn sammelten sich Scharen von Synagogenbesuchern, Juden, Proselyten und Gottesfürchtige, die mit der Zeit zu den sieben Gemeinden wuchsen.« (Satake, 47) Gerade in Philadelphia gab es eine starke jüdische Gemeinde, wie auch aus dem Brief des Ignatius nach Philadelphia (IgnPhld 6,1) hervorgeht, der zu Anfang des zweiten Jahrhunderts entstand. Die schmerzhaften Ablösungsprozesse der neuen Gemeinden aus ihrer ursprünglichen geistlichen Heimat stehen im Hintergrund der Sendschreiben an Smyrna und Philadelphia.

Die Sendschreiben der Apokalypse sind nach einem einheitlichen Formular aufgebaut: Schreibbefehl an den Engel der Gemeinde, die Botenformel, Situationserläuterung im Zusammenhang von Ermunterung und Ermahnung, schließlich Weckruf, die Ohren zu spitzen und der Überwinderspruch; diese letzten beiden Elemente können, wie in dem Sendschreiben nach Philadelphia die Position wechseln.

Das Sendschreiben schockiert durch Vers 9. Die Vorstellung, auf der Kanzel die Worte »Synagoge des Satans« verlesen und erläutern zu müssen, irritiert weitere Überlegungen. Martin Leutzsch übersetzt »die aus der Versammlung des Satans« (BigS, 2258), eine Lösung, die etwas zur Entspannung der Höreraufmerksamkeit beitragen könnte. Die Frage, ob »Synagoge« nicht als Fachbegriff für den Versammlungsort der jüdischen Gemeinde zu übersetzen ist, sondern mit dem Allgemeinbegriff »Versammlung«, lässt sich nicht leicht klären. »›Synagoge des Satans‹ ist eine Analogiebildung zu ›Synagoge des Herrn‹, einem Ausdruck, der in der LXX mehrmals belegt ist.« (Satake, 160) Um die antijüdischen Ressentiments zu entschärfen, die durch solche Textstellen in der Offenbarung des Johannes wirkungsgeschichtlich ihren Ausgangspunkt genommen haben, gefällt mir allerdings diese Lösung der »Bibel in gerechter Sprache« gut.

In der Offenbarung geht es ums Sehen. In der sogenannten »Beauftragungsvision« zu Beginn (Apk 1,9–20) sieht Johannes Christus als leuchtenden Menschensohn mit den Insignien seiner endzeitlichen Würde. Dieser diktiert dem Seher, was er den Gemeinden zusprechen will: Für Philadelphia öffnet der sehnlich erwartete und kommende Christus mit dem Schlüssel Davids eine Tür, die in den Tempel Gottes führt und Zentrum des neuen Jerusalems sein wird. Philadelphia wird ermutigt, weiterhin trotz der schwierigen Gemeindesituation in der Auseinandersetzung mit der jüdischen Gruppe geduldig zu bleiben. Verheißen wird ihnen, dass in den endzeitlichen Vorgängen die Erwählung der Gemeinde durch eine Geste der Unterwerfung vonseiten der jüdischen Gruppe akzeptiert wird. So werden die standhaften Mitglieder der Gemeinde vom kommenden Christus als Säulen im Tempel des endzeitlichen Jerusalems geehrt und mit den Namen Gottes und Christi geschmückt.

Die Vision ermutigt eine kleine Gemeinde, in den Auseinandersetzungen mit den Ansprüchen einer rivalisierenden Gruppe standhaft, geduldig und hoffnungsvoll zu bleiben. Die eschatologische Perspektive wird verbildlicht durch einen Blick in den Tempel des himmlischen Jerusalems.

III Impulse: Dem Engel der Gemeinde ins Stammbuch geschrieben

»Jerusalem, du hochgebaute Stadt, wollt Gott, ich wär in dir! Mein sehnend Herz so groß Verlangen hat und ist nicht mehr bei mir. Weit über Berg und Tale, weit über Flur und Feld, schwingt es sich über alle und eilt aus dieser Welt.« (EG 150,1)

Geduld und Hoffnung müssen ein Ziel haben. Aber die überweltlichen, endzeitlichen Ziele der Offenbarung sind heute schwer zu kommunizieren. Von der Fülle der eschatologischen Bilder, die der inneren Konzentration, der Spiritualität vieler Generationen Nahrung gaben, haben uns die verschiedenen kritischen Bewegungen der Neuzeit nur eine tapfere Immanenz gelassen. Obwohl es in unserem Alltag mehr Bilder gibt als je in der Geschichte der Menschheit, sind die Bilder des Glaubens schwerer zu erkennen. Engel sind in der Adventszeit ein »Deko-Thema« oder eine »Geschenk-Idee«. Tempeltüren werden zu Türchen im Adventskalender, hinter denen entweder »nur« Schokolade oder ein Accessoire für eine Weihnachts-Barbie lauert bzw. – »gegendert« – ein Werkzeug von Bob dem Baumeister.

Was würde der Auferstandene unseren Gemeinden der Gegenwart ins Stammbuch schreiben? Was erreicht uns von diesen tief in anderen Welten verborgenen Worten des Sehers Johannes? Wie sehen denn eigentlich die Engel aus, die unsere Gemeinden personifizieren?

Walter Benjamin und Paul Klee haben gemeinsam eine »linke Ikone« produziert, den »Engel der Geschichte«, der mit weit aufgerissenen Augen der Vergangenheit entgegenstarrt und der Zukunft den Rücken zukehrt (vgl. http://de.wikipedia.org/wiki/Angelus_Novus, abgerufen am 31.5.13). So schreibt Benjamin: »Es gibt ein Bild von Klee, das Angelus Novus heißt. Ein Engel ist darauf dargestellt, der aussieht, als wäre er im Begriff, sich von etwas zu entfernen, worauf er starrt. Seine Augen sind aufgerissen, sein Mund steht offen und seine Flügel sind ausgespannt. Der Engel der Geschichte muß so aussehen. Er hat das Antlitz der Vergangenheit zugewendet. Wo eine Kette von Begebenheiten vor uns erscheint, da sieht er eine einzige Katastrophe, die unablässig Trümmer auf Trümmer häuft und sie ihm vor die Füße schleudert. Er möchte wohl verweilen, die Toten wecken und das Zerschlagene zusammenfügen. Aber ein Sturm weht vom Paradiese her, der sich in seinen Flügeln verfangen hat und so stark ist, daß der Engel sie nicht mehr schließen kann. Dieser Sturm treibt ihn unaufhaltsam in die Zukunft, der er den Rücken kehrt, während der Trümmerhaufen vor ihm zum Himmel wächst. Das, was wir den Fortschritt nennen, ist dieser Sturm.« (Ebd.)

Die starken Bilder dieses Textes von Walter Benjamin und der sprechende Ausdruck dieses Engels von Paul Klee waren Zeitdiagnose und Zeitansage, so wie es auch die Visionen des Sehers Johannes waren. Auch die Engel unserer Gemeinden haben noch etwas auszurichten zu Gunsten ihrer Gemeinde und der Welt.

Literatur: *Bibel in gerechter Sprache (BigS)*, hg. von Ulrike Bail u.a., Gütersloh/München 2006; *Akira Satake*, Die Offenbarung des Johannes (KEK 16), Göttingen, 2008; *Thomas Söding*, Die Offenbarung des Johannes: www.ruhr-uni-bochum.de/imperia/md/content/nt/nt/dieoffenbarungdesjohannes/deutung.pdf (abgerufen am 31.5.13).

B

Cornelia Coenen-Marx

IV Entgegnung: Das Fest der offenen Türen

Wenn am 24. Dezember auch das letzte Türchen am Adventskalender offensteht, wenn sich an Heiligabend endlich die Tür zum »Weihnachtszimmer« öffnet, wenn Christbaum und Gabentisch zur großen Tischgemeinschaft einladen, dann ist Weihnachten: das Fest der offenen Türen. Auch wenn unsere Traditionen längst kommerzialisiert sind und sich ändern: Der Traum vom Fest mit Freunden öffnet die Herzen und weist über den Tag hinaus auf das neue Jerusalem, die Stadt der zwölf Tore, zu der die Völker unterwegs sind. Und erinnert zugleich an den zugigen Stall von Bethlehem, in dem Hirten wie Könige ihren Platz fanden.

Wenn die Zukunft so verriegelt scheint wie jetzt, die Gegenwart vermauert, tut es gut, dass der Advent die Sehnsucht wachhält – nach der Stadt der offenen Türen. Euro- und Staatsschuldenkrise, die hohe Jugendarbeitslosigkeit in Europa, die Ausbeutung der natürlichen Ressourcen, das Auseinanderdriften von Staaten und Gesellschaften treiben viele auf die Straße oder in die Resignation. Von einer Krise der Demokratie ist inzwischen die Rede, die Fortschrittsidee überzeugt nicht mehr. Nicht nur die arbeitslosen Jugendlichen in Griechenland oder Spanien, auch die prekär Beschäftigen hierzulande fühlen sich von der Teilhabe ausgeschlossen. Diese Krise spielt nicht nur in Medien und Statistiken, wie A meint.

Wer kann Zukunft eröffnen? Wenn es um die Schlüsselgewalt geht, richten sich unsere Blicke zuerst auf die Mächtigen. Wir wünschen uns durchsetzungsstarke Politiker und Politikerinnen, Wirtschaftsbosse, die unsere Interessen vertreten in Europa und weltweit. Und sind enttäuscht, wenn sie ihr Fähnchen nach dem Wind richten und nicht halten, was sie versprechen. Hier aber meldet sich eine andere Autorität zu Wort: Es geht um die Macht des Wortes, um Wahrhaftigkeit und Treue. Dabei wissen wir doch: Die Wahrheit ist das erste Opfer in den Kriegen von Afghanistan bis Syrien, in den politischen Kämpfen um das Europa der Zukunft. Auf den Finanzmärkten wie in der Arbeitswelt sind Loyalitäten schnell vergessen. So sehr wir uns danach sehnen, dass einer hält, was er verspricht: Unsere Wirklichkeit sieht anders aus.

Die Offenbarung öffnet uns die Tür in jene Zukunft, die uns im Alltag verschlossen bleibt. Sie lässt uns einen Blick hinter die Bühne tun, in die Welt der Engel und der offenen Tempeltore (A). Aus der Perspektive dessen, der den Himmelsschlüssel hat, sehen wir durch die Mauern und hören Gottes Stimme, wie sonst nur die Engel. Hier spricht das zerbrechliche Kind in der Krippe, das von Engeln bewahrt wurde, der Auferstandene, der die Gewalt der Mächtigen erlitten hat, das leibhaftige Wort, das Herzenstüren öffnen kann – und wir lauschen seinem Gespräch mit den Engeln und dem Geist, der die Resignierten stärkt und den Schwachen Kraft gibt.

Und schwach ist die kleine Gemeinde in Philadelphia wirklich. Sie leidet unter den Angriffen des römischen Staats, aber auch unter der Verachtung der jüdischen Mehrheitsgemeinde. Da ist es gut, einen Engel zu haben, der Mut macht und Sicherheit gibt (A). Denn die Verunsicherung ist groß. Den »messianischen Juden« der damaligen Zeit – und die kleinen christlichen Gemeinden verstanden sich ja nach wie vor dem Judentum zugehörig – ging es nicht viel anders als denen von heute: Sie waren Abweichler, sie wurden verachtet. Die aggressive und irritierende Kritik an der »Synagoge des Satans« (V. 9) lässt sich nur so verstehen: als Abwehr gegen die Angriffe der jüdischen Gemeinden, die in Jesus nicht den Messias erkannten, als Selbstbehauptung gegenüber dem »orthodoxen« Judentum, das die eigene Position im römischen Staat gefährdet sah. Nach Kreuzzügen, Pogromen und Holocaust, nach der Geschichte des christlichen Antijudaismus haben sich die Mehrheitsverhältnisse grundlegend verändert; aber auch für die Kirchen gelten messianische Juden nun als Abweichler. Denn das ist geblieben: das Ringen um den rechten Weg – auch den rechten Umgang mit dem Judentum –, die Konkurrenz zwischen unterschiedlichen Frömmigkeitstypen – von Charismatikern und »Fundamentalisten« bis hin zu den Mainstreamkirchen – und die Abgrenzung der Mehrheit von den kleinen, oft gefährdeten Gruppen.

Zeigt sich darin auch eine neue Verunsicherung von Christen angesichts einer aufgewühlten Welt? Christen gehören weltweit zu den am meisten verfolgten Minderheiten. Walter Benjamins Engel der Geschichte (A) hätte nicht nur im Rückblick Anlass zu tiefem Erschrecken, der Wirbelsturm der Geschichte ist spürbar. Gleichwohl konzentriert sich die Offenbarung zunächst nicht auf die apokalyptische Situation der Welt, sondern auf die Kirche. Während Christus in der Menschheitsgeschichte als Opferlamm gegenwärtig ist, zeigt er sich in seiner Kirche »als der Menschensohn, der sich in seiner Herrlichkeit offenbart« (Ellul, 121) – auch und gerade da, wo die Gemeinden an die Grenzen der eigenen Kraft kommen.

V Erschließung der Hörersituation: Abschied von Macht und Einfluss

Die Kirchen in Deutschland sind immer noch reich an Einfluss, an Finanzen und Personal und an Mitgliedern. Gerade in jüngster Zeit allerdings hat sich – im Kontext der Säkularisierung und Pluralisierung – die öffentliche Debatte über die Frage verschärft, ob diese äußere Macht noch ihrer inneren Kraft entspricht. Von »Entweltlichung« ist in der katholischen Kirche die Rede, während in den evangelischen Landeskirchen über die Zielrichtung von Kirchenreform diskutiert wird. »Die Jahre einer ›Kirchenreform der Optative‹ … neigen sich wohl … ihrem Ende zu«, schrieb Wolf-Dieter Marsch schon 1970 (Marsch, 5). Er kam zu der Einsicht: »Die Kirche wird nicht mehr als eine dogmatische Macht einen lebens- und meinungsregulierenden Führungsanspruch durchsetzen können. (…) Sie wird sich nicht mehr als eine sakrale Macht im Gegenüber zur profanen Gesellschaft behaupten können. (…) Sie wird sich nicht mehr als paradigmatische Macht die Gesellschaft reformieren können.« (Marsch, 250ff.)

Zurzeit beobachte ich eine doppelte Bewegung: auf der einen Seite Gemeinden, die unter den vielfältigen Prozessen leiden, die mit der »Schrumpfung« der Kirche verbunden sind: Kirchenschließungen, größere Verwaltungsstrukturen, überforderte Ehrenamtliche, Hauptamtliche, die sich von Ehrenamtlichen verdrängt fühlen. Auf der anderen Seite inspirierende Aufbrüche: Ehrenamtliche, die Liturgien entwickeln, ganze Dörfer, die ihre Kirchen neu aufbauen, kleine Gemeinschaften, die Stadtklöster eröffnen, begeisterte Gospelchöre.

Was sich an der Gemeindebasis zeigt, findet sich genauso in der Gesellschaft: Neben Resignation und Entmutigung sind überall neue Formen des Engagements zu entdecken – in den Wohnquartieren wie im Internet. Von der Tafelbewegung bis zu den Mehrgenerationenhäusern, von neuen Dorfläden bis zu Initiativen wie »Arbeiterkind«. Man muss sich nur eine Plattform wie change.org ansehen, um wahrzunehmen, wie viel Wille zur Beteiligung unter der Frustration versteckt ist. Viele hätten endlich begriffen, dass »höher, schneller, weiter weder modern noch zukunftsfähig ist«, sagt Claudia Langer, die Gründerin der Internetplattform Utopia.de. »Small is beautiful« – das war schon 1973 der sprichwörtliche Titel eines Buches über die Schattenseiten von Wachstum und Fortschritt. (Schumacher) 40 Jahre später müsse endlich

Schluss sein mit dem »indifferente[n] Herumwurschteln«, meint Claudia Langer. Ihr sei wichtig, dass ihre Kinder wüssten, wofür sie stehe. (Langer, 59)

Es geht nicht darum, wie viel Macht wir haben, wie viele wir sind und was wir tun. Wenn im Brief an die Gemeinde in Philadelphia von »Werken« die Rede ist, geht es tatsächlich um Haltung: um Treue und Geduld, um Vertrauen in die Zukunft, um die Frage, wofür wir stehen. Es geht nicht darum, dass die Gemeinde sich in einem feindlichen oder indifferenten Umfeld behauptet, sondern dass sie nicht vergisst, worauf sie vertraut und was ihre Stärke ausmacht.

»Die Kirche ist … nichts anderes als ein Instrument in der Hand Gottes, ein instrumentum salutis, das eine Melodie zum Klingen bringen darf, die sie nicht selbst, sondern Gott erfunden hat«, schreibt Joachim Wanke in seinem Nachwort zu »Frei geben«, dem Bericht über pastoraltheologische Impulse der kleinen Gemeinden in Poitiers. Eine kleine Melodie, die den Raum erfüllt, das Licht einer Kerze, das die Dunkelheit erhält, die Salzkörner, die ein Gericht schmackhaft machen: Mit einer Fülle jesuanischer Bilder macht Wanke deutlich, welche Stärke in der »kleinen Kraft« liegt – nicht nur für die Kirche selbst, sondern auch für ihre Umwelt. (Wanke, 232)

VI Predigtschritte: Sich einstimmen auf die Zukunft

Wenn sich ein Orchester auf den A-Ton einstimmt, hört man zunächst nur Dissonanzen. Wenn aber schließlich alle auf den gleichen Ton eingestimmt sind, entsteht ein Moment der Konzentration, des gemeinsamen Ankommens. Genauso fühle es sich bei ihm an, wenn er sein inneres Orchester einstimme, sagt ein Krebspatient in Rachel Naomi Remens Buch: »My Grandfathers Blessings«: »Irgendwo tief in mir ist ein Ton, der allein mein Ton ist, und ich kämpfe täglich darum, diesen Ton zu hören und mein Leben darauf einzustimmen. (…) Nur wenn mein Leben auf meinen Ton eingestimmt ist, kann ich die geheimnisvolle und heilige Musik des Lebens spielen, ohne sie durch meine eigenen Dissonanzen zu verderben, durch meine Bitterkeit, meine Ablehnung, meine Pläne und meine Ängste.« – »Wenn das Leben uns … dazu bringt, auf diesen Ton zu hören«, meint die Autorin, »dann wird er uns den Weg nach Hause weisen.« (Remen, 55)

Nach Hause kommen, darum geht es auch in unserem Text: Hier ist der Tempel Gottes, dessen Türen am Ende offenstehen, die Heimat, aus der die Gemeinde nicht mehr vertrieben werden kann, die ewige Zuflucht, in der Philadelphia seinen festen Platz hat – so wie hier der Name auf der Säule steht, standen früher die Namen der Gemeindeglieder auf der Kirchenbank – jeder hatte seinen festen Platz. Mit dieser Gewissheit vor

Augen lassen sich auch große Unsicherheiten bestehen. Mitten im Chaos gibt es eine Spur, der wir folgen, einen Ton, auf den wir hören können; ein Wort, an das wir uns halten können. Vertrauen ist der Schlüssel zur Zukunft, wenn alles vermauert erscheint. Das üben wir im Advent: Mit Liedern, Gedichten und traditionellen Bräuchen – und vielleicht auch mit manchem Kitsch (A) – stimmen wir uns ein auf das Fest der offenen Türen und Herzen.

»Lass los / was Dich sorgt / halte ihm / Dein Herz entgegen / und vertraue / er wird es füllen / und Dich / mit seinem Segen / krönen«, heißt es auf der Innenseite einer Karte von »Andere Zeiten«. Vorn sehen wir ein kleines Mädchen, das den Kopf in die Hände stützt und damit ihre Ohren schließt – auch die Augen hält sie geschlossen; träumend, alle Aufmerksamkeit nach innen gerichtet. Wer so auf Gottes Verheißung hört, hat die nötige Kraft, den Versuchungen von außen standzuhalten. Das Mädchen trägt eine Krone – wie eine kleine Prinzessin. Diese Karte lässt sich bestellen bei www.anderezeiten.de – vielleicht eine Idee für den Gottesdienst.

Literatur: *Jacques Ellul,* Die Offenbarung des Johannes. Enthüllung der Wirklichkeit, Neukirchen-Vluyn 1981; *Claudia Langer*, Wir können nur gewinnen. Interview, in: Brigitte-Woman 05/2013, 58–59; *Wolf-Dieter Marsch*, Institution im Übergang. Evangelische Kirche zwischen Tradition und Reform, Göttingen 1970; *Rachel Naomi Remen*, Dem Leben dienen. Geschichten, die der Seele gut tun, Freiamt 2002; *Ernst Friedrich Schumacher*, Small is beautiful, Berlin 1973; *Joachim Wanke*, Nachwort, in: Reinhard Feiter/Hadwig Müller, Frei geben, Pastoraltheologische Impulse aus Frankreich, Freiburg im Breisgau 2011, 221–232.

3. Advent

A

Offenbarung 3,1–6: Ein Weckruf

Barbara Schiffer

I Eröffnung: »Schneeröschen« im Todesschlaf

Es sind die Bilder, die diesen Text stark machen. Vor Augen stehen ein weißes Kleid und ein »Du«, das zu Tode erschöpft ist und schläft. Vor Augen sind Bilder, die Befremdung auslösen – so die Siebenzahl. Wer in biblischen Dingen nicht bewandert ist, mag sich an ein Märchen erinnert fühlen. Hingegen werden sich im Gedächtnis biblisch geschulter Predigthörer und -hörerinnen Erinnerungen an andere jesuanische Überlieferungen zu Worte melden: das Wort vom Menschensohn, der unerwartet wie ein Dieb in der Nacht in das Haus einbricht (V. 3b), erinnert an Mt 24,43f. Nur wer sehr bewandert ist, wird in dem Überwinderspruch V. 5b »Buch des Lebens«) Anklänge an andere Traditionen (Dan 12,1ff; Lk 10,20; Phil 4,3) hören (Ritt, 32). So wird sich im Ohr der Predigthörenden ein Flickenteppich verschiedener Traditionen abbilden, und es wird vor Augen eine Gemengelage aus unterschiedlichen Bildern aufleuchten.

Eindrücklich ist mir der Bilderpfad »schlafen – wachen – weißes Kleid«. Ich erinnere mich an den Jahrhundertschlaf Dornröschens und an den gläsernen Sarg, in dem das Schneewittchen ruhte. Dessen Name allein ist schon Inbegriff für das weiße Kleid der Unschuld. Und so verdichtet sich in mir das Gehörte zum Bild einer Gemeinde, die, einem »Schneeröschen« gleich, im Todesschlaf vor sich hin dämmert. Die »Schneeröschen«-Bilder neigen zur Starrheit und Unbeweglichkeit. Es liegt sich anscheinend bequem und schön im Todesschlaf – und gerade dagegen setzt der Predigttext ein Ausrufezeichen. Der Lähmung tritt ein Appell zur Bewegung entgegen, die Schlafenden werden wachgerufen. Der Todesstarre wird das Wandeln im weißen Kleid (V. 4), der Regression die Ermunterung zur Progression entgegengesetzt. Der Weckruf verdichtet sich in V. 3a: Du – Gemeinde: Gedenke! Bewahre! Kehre um!

Der Begriff der Umkehr *(metanoeite)* ist besonders stark, weil er so deutlich Bewegung zum Ausdruck bringt. Erst im Kontrast zu diesen Imperativen gewinnen die starren »Schneeröschen«-Bilder an Leben und kommen ins Laufen. In der Predigtgemeinde werden Erwartungen buchstäblich geweckt: Wir kommt man aus dem Schlaf ins Wachen? Wie kommen wir aus der Erfahrung der Depression in die Aggression? Wie aus der Starre in die Bewegung? Das ist spannend. Allerdings ist zu bedenken, dass am dritten Advent die Erwartungen meist ohnehin schon gespannt sind. Der »Tag X-mas« rückt näher und mit ihm ebenfalls eine Gemengelage an Gefühlen. Es fragt sich also, worauf diejenigen, die am dritten Advent in den Gottesdienst kommen, gespannt sind. Wohl eher nicht auf eine Predigt nach dem Motto: Seid lebendig! Die Aufgabe wird sein, die schon vorhandene vorweihnachtliche Spannung auszurichten, Erwartungen im Sinne des »Weckrufs« zu fokussieren und zu stärken, was den Glauben an das Leben in Bewegung bringt.

II Erschließung des Textes: Lebt größer

Es war einmal eine berühmte, reiche Stadt mit glanzvoller Geschichte: Sardes. Sie war Handelsmetropole entlang der Römerstraße, berühmt für die Herstellung von Wolle und Kleidung (Ritt, 31). Sardes war eine der sieben Städte Kleinasiens. Und in jeder dieser sieben lebte eine christliche Gemeinde, an die sich die Sendschreiben (Apk 2,1–3,21) richten. Ebenso gab es dort sieben Gerichtsplätze, sieben Sitze staatlicher Behörden und darum auch sieben Stätten, in denen in besonderer Weise der Kaiserkult gefördert wurde (vgl. Busch, 31f.). Also hatte dort eine christliche Gemeinde wahrlich keinen leichten Stand (Sutter-Rehmann, 729). »Sieben hat in der Apokalyptik Eingang gefunden, sodass sie die Vollkommenheit des göttlichen Waltens und die umfassende Fülle bezeichnet.« (Lohse, 24) Sieben auf einen Streich – das ist die Fülle der Möglichkeiten, wie Kirche sein kann. Nun ist an der Gemeinde in Sardes nichts Gutes zu finden, rein gar nichts. An ihren Werken ist nichts zu loben. Sie ist nur dem Namen nach lebendig, in Wirklichkeit aber tot. Sie schläft den »Schneeröschen«-Todesschlaf. So kann Kirche sein.

»Mit scharfer Drohung soll sie wachgerüttelt werden, weil die schwere Zeit der letzten Versuchung nur wachend bestanden werden kann.« (Lohse, 33). Aber was hilft schon der Appell »Sei wach!« einem Sterbensmüden? Und was nützt es, wenn der Seher der Gemeinde nachweist, wo sie fehlgegangen ist und dass sie ihr Leid zum Teil selbst verschuldet hat? (Sutter-Rehmann, 729) Vorwürfe greifen nicht, auch wenn sie den Buchstaben des Textes auf ihrer Seite haben. Dieses kollektive »Du« der Gemeinde in Sardes scheint Inbegriff eines in kollektiver Depression erstarrten Systems zu sein: Müd' an allen Gliedern. Alles geschieht in dumpfer Resignation, und so geschieht bald gar nichts mehr. Kein Leben in der Bude. Kein Glied rührt sich. Ausgebrannte Kirche könnte man dazu auch sagen. Im Burn-out der Kirche gibt es aus psychoanalytischer Sicht keine Antriebskräfte mehr. Sexualität, Aggression und Neugierde – Zeichen von Lebendigkeit – weichen einer allgemeinen Antriebslosigkeit (so hat es Wolfgang Wiedemann vor einigen Jahren in einem unpublizierten Vortrag mit dem Titel »Burn-out: Brennen ohne auszubrennen« formuliert). Es folgt der Stillstand des Systems. Es brennt kein Glaubensfeuer mehr, keine Lebensgeister stören die Friedhofsruhe der *ecclesia*. Und auch moralische Appelle zünden nicht mehr.

Die seelsorgerlich-homiletische Frage könnte darum lauten: Was bringt die Lebensgeister wieder in Schwung? Der Text selbst benennt in V. 3 den Weg hinaus aus der Depression. Zum Ersten: Gedenke und erkenne, was dich einst zum Brennen gebracht hat! Die Erinnerung an den Zauber des Anfangs kann die Lust auf das Leben und die Lust am anderen wieder erwecken. Zum Zweiten: Bewahre dies und halte es fest! Nimm es in die Hand! Greif zu und greif hin! Damit ist im besten Sinne ein aggressives und kreatives Handanlegen angesagt. Und zum Dritten: Kehre um – *metanóeson*. Da steckt das griechische *meta* drin – und also der Blick aus der Höhe, der Schritt über das Bekannte hinaus. Nimm Abstand, sieh über dich hinaus, sei gierig nach Neuem und Fremden. Und geh auf Distanz zu dem, was dich klein hält.

Metanoeite

denkt größer / von Gott, / von einander, / von euch selbst, / vom Leben, / von allem … // Denkt größer / – über alles bisher Gedachte hinaus / (…) // Und lebt größer / – über alles bisher Gelebte hinaus!

(Reinhard Körner)

Sexualität, Aggression und Neugierde sind drei Lebensenergien, die in Kirche und in Kirchengemeinden leider nur selten bewusst zum Zuge kommen dürfen. Oft flüchtet sich das Gemeinde-Ich vor lauter Angst in den regressiven Schlaf eines Schneewittchens oder eines Dornröschens. Man tut dann so, als ob man noch lebendig wäre, ohne es wirklich zu sein. Man bleibt unerwachsen und stets bei sich. Das Gemeindeleben ist schön, aber schal. In der Wiederholung des Altbekannten herrscht ein netter, aber depressiver Kleingeist. Man fühlt sich wohl, aber etwas fehlt. Nett allein reicht nicht. Etwas Anstößiges fehlt. Das ist zu spüren. Manchmal. In besonderen Momenten.

Die Flucht in den inneren Tod der vertrauten vier Kirchenwände geschieht ja ungewollt, meist aus Angst vor dem, was von außen Kirche und Gemeinde bedrängt: die im übertragenen Sinne »siebenfachen« Versuchungen der Welt. Dennoch ist das dreifache Feuer immer noch da – diesen Blick schärft uns der Predigttext. Denn ohne eine erste Liebe, ohne den ersten Handschlag, ohne den ersten Blick über den eigenen Tellerrand säße man nicht dort in den Kirchenbänken. Dann würde keiner den Worten des Sehers Johannes am dritten Advent 2013 lauschen. Sie sind ja gekommen: die, die da sind. Also hat dieser Geist auch in ihnen immer noch eine Kraft. Es schlummert in uns eine Sehnsucht, die »das übrige, das im Begriff war zu sterben« (Apk 3,2), wach küssen kann.

III Impulse: Damals war es gut

Menschen lassen sich auf ihre erste Liebe »in der Kirche« ansprechen: Ein junger Mann, Mitte 20, neu zugezogen, kommt nach dem Gottesdienst, die Pastorin spricht ihn an. Er sagt, er will sich in die Jugendarbeit einbringen. Mehr nicht. Gut. Kontakt zum Jugenddiakon wird vermittelt. Der bleibt dran. Aber nicht drängeln, denke ich. Irgendwann später die Frage: »Warum bist du eigentlich zu uns gekommen?« – »Ich weiß nicht, das hat sich so ergeben …« Und dann die Erinnerung: Damals war es gut in der Kirche, als er noch Konfirmand war. Jetzt will er etwas davon wiederfinden, wiederbeleben und weitergeben. Liebe ergibt sich. Oder auch so: »Tanz in den Advent – für Menschen ab 70«. Ein Mann. Ein unbekanntes Gesicht. Nicht viele sind gekommen. Aber er wollte mal schauen. Sucht eine neue Frau. Ob er sie gefunden hat? Liebe braucht

Gelegenheit. Gemeinde kann Gelegenheit geben fürs L(i)eben und die Suche danach.

Literatur: *Christiane Busch,* Gemeinde gemeinsam entdecken. Bilder, Texte, Gedanken zur Offenbarung des Johannes, Stuttgart 1980; *Traugott Holtz,* Die Offenbarung des Johannes. Neubearbeitung (NTD 11), Göttingen 2008; *Reinhard Körner,* Metanoiete!, in: Karmelimpulse. Quartalsschrift zur Vertiefung des geistlichen Lebens 23 (2013), 13; *Eduard Lohse,* Die Offenbarung des Johannes (NTD 11), Göttingen [15]1993; *Hubert Ritt,* Offenbarung des Johannes (NEB 21), Würzburg [6]2010; *Luzia Sutter-Rehmann,* Die Offenbarung des Johannes, in: Kompendium feministische Bibelauslegung, Gütersloh 1998, 725–741.

B Christof Jaeger

IV Entgegnung: Todesstarre statt bequemer Todesschlaf

Beim Nachdenken über den Predigttext will sich bei mir das Bild eines »bequemen und schönen Todesschlafs« der Gemeinde in Sardes nicht recht einstellen. Ohne Zweifel, es gibt in Gemeinden den Rückzug in das Gewohnte und Bewährte aus Bequemlichkeit. Doch so bekannt das aus manchem gemeindlichen Zusammenhang heute erscheinen mag, die Situation der Gemeinde in Sardes trifft es wohl eher nicht. Überzeugender empfinde ich die von A ebenfalls angedeutete Angst vor der feindlichen Umwelt, die in Lähmung und Todesstarre führt.

Denn auch für die Gemeinden in der Provinz Asia dürfte der allgegenwärtige Kaiserkult den Alltag stark bestimmt haben. Er »manifestierte sich vor allem in den Festen, die das städtische Leben bestimmten und sich als attraktiv für die ganze Bevölkerung gaben, letzteres vor allem auch durch ergänzende Wettbewerbe im Theater, durch Athletenspiele und Tierkämpfe, durch Spenden und Festmahlzeiten.« (Wengst, 62) Aus Sardes stammt eine Inschrift, nach der der Landtag der Griechen in der Provinz Asia sowie das Volk und die Gerusie von Sardes beschlossen hatten, den Tag, an dem der älteste Sohn des Augustus, Gaius Julius Caesar, erwachsen geworden war, jährlich mit Opfern und Gebeten zu begehen und dessen Standbild im Tempel seines Vaters aufzustellen und zu weihen. (Wengst, 63) »Von vielem, was der Mehrheit selbstverständlich ist, weichen die Mitglieder der Gemeinde in ihrem Verhalten ab. Bei keinem Tempelfest trifft man sie; sie machen nicht mit, wenn der Geburtstag und der Regierungsantritt des Kaisers gefeiert werden, und auch von anderen öffentlichen Feiern halten sie sich fern. Da sie ihre Versammlungen zudem noch während der Dunkelheit abhalten – dazu zwingt der von Sonnenaufgang bis Sonnenuntergang reichende Arbeitstag – nimmt es nicht wunder, dass sie mit Argwohn betrachtet, ja aller bösen Taten verdächtigt und kriminalisiert werden.« (ebd.) Das alles klingt wenig gemütlich und zeigt, dass die Christen dieser Zeit unter Druck standen. Von den drei Verhaltensweisen, die Menschen in so einer Situation reflexartig zur Verfügung stehen, nämlich Angriff, Flucht oder Totstellen, hat sich die Gemeinde in Sardes offenbar für die dritte Variante entschieden. Der Rückzug in das eigene Schneckenhaus entspringt weniger der eigenen Bequemlichkeit, als der Angst vor der feindseligen Fremdartigkeit der Nachbarn.

V Erschließung der Hörersituation: Angst vor dem Fremden

Angst vor der unübersichtlichen, fremden gesellschaftlichen Realität ist auch heutigen Christen vertraut. Der französische Politikwissenschaftler Olivier Roy entfaltet in seinem Buch »Heilige Einfalt« die These einer Dekulturation des Religiösen. Demnach wächst der Graben zwischen denjenigen, die sich bewusst für eine religiöse Überzeugung entschieden haben und denen, die sich bewusst dagegen entschieden haben. Die damit einhergehende Radikalisierung beider Seiten führt zu fortschreitender Entfremdung. »Die Dekulturation ist der Verlust der sozialen Selbstverständlichkeit des Religiösen.« (Roy, 28) Der Rückzug in das eigene Milieu, die Selbstvergewisserung durch Abgrenzung liegt da nahe. Denn Angst lähmt. Angst formt aus der Wahrnehmung einer fremden Situation eine bedrohliche Situation. Angst untergräbt das Vertrauen in die eigenen Kräfte und verhindert neue Erfahrungen mit allem, was furchteinflößend ist. Doch so wächst die Angst wie ein Krebsgeschwür. Ohne den Abgleich mit der Realität, ohne die Konfrontation mit der eigenen Angst kann sie nicht überwunden werden.

Dazu braucht es Mut – Mut, der sich aus der befreienden Kraft des Glaubens speisen kann. Den verängstigten Christen in Sardes schreibt der Autor des Sendschreibens: Werdet wach! Besinnt euch auf das, was ihr empfangen habt! Tut Buße und lebt! Verpasst nicht euren Messias, wenn er wiederkommen wird! Doch ihr werdet ihn nicht dort finden, wo ihr ihn erwartet. Er kommt wie ein Dieb in der Nacht, ihr wisst nicht Ort noch Stunde.

Mich erinnert das an die Szene vom Weltgericht Mt 25,31–46. Selbst am Ende der Zeiten sind die Menschen noch verblüfft, dass sie im Leben Jesus begegnet sind. Sie haben es gar nicht bemerkt: »Ich bin hungrig gewesen, und ihr habt mir zu essen gegeben. Ich bin durstig gewesen, und ihr habt mir zu trinken gegeben. Ich bin ein Fremder gewesen, und ihr habt mich aufgenommen.« (Mt 25,35) Hier schwingt neben dem ethischen Imperativ noch ein weiterer Ton mit: erst in der offenen Begegnung mit dem anderen, dem Fremden, der vermeintlich heidnischen Umwelt liegt die Chance, sich von Gott überraschen zu lassen. Das passt mit einem

Rückzug in die sichere gemeindliche Umgebung nicht zusammen. Das Gegenteil ist gefordert: Teilnahme am Alltag der Welt, offene Augen für die Gegenwart Gottes in der vermeintlich säkularen Umgebung, liebevolle Zuwendung zu den Menschen, die einem begegnen, Bereitschaft, seine vorgefassten Meinungen über Gott und den Glauben durch persönliche Erfahrung erweitern zu lassen.

VI Predigtschritte: Mit Gott die Angst überwinden

Früher war alles besser. Damals gab es noch keine Weihnachtsmänner im August. Die stille Zeit am Ende des Kirchenjahres bedeutete den Menschen etwas. Niemand wäre auf die Idee gekommen, schon vor der Adventszeit an Weihnachten zu denken (weitere Beispiele aus der Gemeindeerfahrung lassen sich leicht einfügen). Nicht wenige Kirchgänger empfinden so – zumindest heimlich, häufig aber auch offen wehmütig. Das Christentum hatte in früherer Zeit tatsächlich in weiteren Gesellschaftsschichten prägende Kraft. Die kirchlichen Feste waren die Höhepunkte des Jahres. Die damit verbundenen Riten und Gebräuche wurzelten tief in den Familien und Häusern. Der Glaube beheimatete nicht nur Einzelne, sondern verband die Menschen miteinander. Trotz offenkundiger Romantisierungen steckt in dieser Verlusterfahrung Wahrheit. Besonders in der Advents- bzw. Weihnachtszeit wird die Verwandlung christlicher Ursprünge durch andere säkulare Kräfte spürbar (vgl. Morgenroth, 130ff.).

Gleichzeitig fordert die heutige, unübersichtlichere Wirklichkeit den Einzelnen viel stärker heraus, sich religiös zu positionieren. Nichts ist selbstverständlich. Besonders an den wichtigen Wendepunkten des Lebens – Geburt, Adoleszenz, Hochzeit, Tod – nutzen viele die Deutungsangebote der Kirche. Doch diese Angebote stehen in der Wahrnehmung gleichberechtigt neben vielen anderen Deutungsangeboten.

Die Situation der ersten Christen kommt damit wieder näher. Die Gemeinden in der Provinz Asia, an die die Briefe in der Offenbarung des Johannes gesendet wurden, kannten keine christliche Tradition, die wegbrechen konnte. Sie bildeten eine kleine Randgruppe zwischen den vielen unterschiedlichen religiösen Angeboten des Weltreichs Rom. An dieser Stelle könnte eine Geschichte aus der damaligen Umwelt der Christen erzählt werden (s.o.).

Die Christen in Sardes reagierten, indem sie sich in die eigene vertraute Gemeinschaft zurückzogen. Begegnungen mit der fremden kultischen Wirklichkeit empfanden sie als doppelt gefährlich: Entweder konnte es zu Konflikten durch zu starke Absetzung von der öffentlich geforderten Loyalität mit dem Kaiser kommen, oder die eigene Identität konnte durch zu starke Anpassung verloren gehen. In diesem Dilemma erscheint

Rückzug als logische Konsequenz. Lieber mit ängstlicher Vorsicht die eigene Wahrheit bewahren, als sich den fremden Einflüssen und Gefahren der Welt aussetzen.

Diese Versuchung wird heute für die Kirche insgesamt, aber auch für jeden einzelnen Christen wieder größer. Es ist leichter, die komplizierte gesellschaftliche Wirklichkeit abzulehnen und ihr eine klare, in sich geschlossene vermeintlich biblisch gebotene Weltordnung entgegenzustellen, als in ihr Gott zu suchen. Doch damit stellt sich das Christentum und jeder einzelne Christ selbst ins Abseits und überhört den Weckruf des Briefes aus der Offenbarung: Die Aufgabe besteht eben nicht in der Abkapselung von der Welt, sondern in der konstruktiven Auseinandersetzung mit ihr. Denn Gott wird nirgendwo anders gefunden als in dieser widersprüchlichen, schrecklichen, aber auch geheimnisvollen und geheiligten Welt. Im Advent erwarten wir die Geburt Gottes mitten hinein in diese Wirklichkeit.

Ein Schüler fragt seinen Rabbi: »Sag mir, wo Gott ist!« Darauf antwortet der Rabbi: »Sag mir, wo er nicht ist!« – Die Ignatius v. Loyola zugeschriebene Sentenz: Gott in allen Dingen suchen und finden, beinhaltet gerade auch die vermiedenen, angstbesetzten und fremden Teile der eigenen Wirklichkeit – sowohl um mich herum wie auch in mir selbst. Gottes Liebe ist so groß, dass sie mich auch in der tastenden, angstvollen Annäherung an diese Teile meiner Wirklichkeit trägt. Wer weiß, wo ich dann Gott begegnen werde und es ganz anders Weihnachten wird?

Lieder: neben dem Graduallied EG 10 »Mit Ernst, o Menschenkinder«, EG 441 »Du höchstes Licht, du ewger Schein«, EG 16 »Die Nacht ist vorgedrungen«, EG 19 »O komm, o komm, du Morgenstern«; als Psalmgebet wären Verse aus Psalm 139 gut geeignet.

Literatur: *Matthias Morgenroth,* Weihnachts-Christentum. Moderner Religiosität auf der Spur, Gütersloh 2002; *Olivier Roy,* Heilige Einfalt. Über politische Gefahren entwurzelter Religionen, München 2010; *Klaus Wengst,* »Wie lange noch?« Schreien nach Recht und Gerechtigkeit – eine Deutung der Apokalypse des Johannes, Stuttgart 2010.

A

Jesaja 52,7–10:

Die gute Zeit ist nah

Doris Hiller

I Eröffnung: Ein gewagter Sprung

Jesaja – »JHWH rettet«: Am 4. Advent, in diesem Jahr gerade einmal zwei Tage vor Heiligabend, ermutigt der verheißungsvolle Prophetenname, zu einem gewagten Sprung anzusetzen. Der Zeitsprung in die alte Geschichte des Gottesvolkes hilft, neu anzusetzen und zu übersetzen, was der Gottesbote durch die Zeiten erwartungsvoll ruft. Erwartet wird, so kurz vor dem Fest, ein Evangelium, Trost- und Hoffnungswort zugleich. Ein alter Prophetenname steht für diese Erwartung. Was mit ihm feststeht, will Menschen in Bewegung bringen: Gottes Kommen in die Welt.

II Erschließung des Textes: Springende Punkte

1. »JHWH rettet« – ein namentlicher Quantensprung

Der programmatische Name des Prophetenbuches hat in vielfältiger Weise Eingang in die Perikopenordnung gefunden. Derzeit finden sich allein in der Adventszeit und im Weihnachtsfestkreis vierzehn Texte aus dem Jesajabuch. In der Passions- und Osterzeit sind es noch einmal acht Texte. Es scheint, wie es die ursprüngliche (physikalische) Bedeutung des Quantensprungs meint, in Gottes geschichtlichem Handeln eben nur eine Winzigkeit zu sein von jener Gottesbotschaft aus prophetischem Munde zu Gottes Wort in Person: Jesus – »Gott rettet«.

Die Auslegungsgeschichte des Prophetenbuches mit dem Überschriftennamen »Jesaja« ist dagegen weitschweifig. Es handelt sich um eine vielschichtige, mindestens dreiphasige Großkomposition, die weder als ganze, noch in ihren jeweiligen Phasen einer Person zugeschrieben werden kann. Unstrittig ist, dass die Perikope Jes 52,7–10 einem Textkomplex angehört, für den sich der Name Deuterojesaja in der alttestamentlichen Forschung ebenso wie in theologisch orientierten Gemeindekreisen eingebürgert hat. Innerhalb des Textkorpus Jes 40–55 bemüht sich die Forschung um »die Abgrenzung eines einheitlichen Verkündigungskonzeptes der Grundschicht und ihrer Bearbeitungen« (van Oorschot, 21). Die gehäuften hymnischen Verskompositionen verleihen diesen Kapiteln den Charakter eines »literarischen Oratorium[s] der Hoffnung« (Berges, 39). In ihm bildet Jes 52,7–10 gewissermaßen den furiosen Schlusschor. Manchem mag die Bezeichnung als »eschatologisches Thronbesteigungslied« (Joachim Begrich) noch im Ohr klingen.

Im Hintergrund sollte aber bedacht werden, dass danach geradezu ein Sprung ins Bodenlose folgt. Nach zwei in der Perikope nicht berücksichtigten Zwischenversen (52,11f.), die einen Nachklang zum Exodusgeschehen des dort vorangehenden, nun den Zug beschließenden Gottes bilden, folgt das sogenannte vierte Gottesknechtslied, das den Blick nach »aller Welt Enden« (52,10) vom Zion nach Golgatha wendet: Jes 52,13–53,12 ist die alttestamentliche Lesung an Karfreitag.

Die Fragilität des noch nicht vollendeten Lobgesangs scheint jedoch schon in den Versen der Perikope durch. Noch ist JHWH nicht auf dem Zion angekommen, noch ist er unterwegs. Es ist Advent, Zeit der Erwartung und dennoch: Der Refrain der Gottesgeschichte, oder um im in dieser Meditation vorgeschlagenen Bild des Sprungs zu bleiben: Der springende Punkt ist das Evangelium. Nicht umsonst überschreibt die Lutherbibel gemäß 52,7 den ganzen Abschnitt mit »Die frohe Botschaft«.

2. Zerspringende Hoffnungen

Noch kann nicht einfach so zur Weihnachtsbotschaft hinübergesprungen werden. Zwar nähern sich die Freudenboten, und in Erwartung ihrer Schritte mag jenes kindliche Hüpfen von einem Bein auf das andere die weihnachtliche Vorfreude markieren. Wer allerdings nur bei V. 7 bleibt, tritt gewissermaßen auf der Stelle. Zur Fröhlichkeit aufgerufen sind nämlich nicht erwartungsfrohe, unschuldige Kinderaugen. Der Freudenchor gleicht vielmehr einem Trümmerhaufen. Die Zeichen der Zerstörung Jerusalems werden von den »lieblichen Füßen« nicht eingeebnet. Mitten durch die zersprungenen Hoffnungen, mit denen die Abwesenheit JHWHs vom Zion während des Exils einhergeht, bahnen sich die Vorboten des Friedens ihren Weg. Nicht jenseits des, sondern aus dem Scherbenhaufen heraus keimt das Heil. Es wird sich zeigen, dass der Gott, der seinen heiligen Arm vor allen Völkern offenbart (V. 10), selbst durchgreift, die Trümmer beiseiteschafft und seinen Weg zum Zion mit Trost und Erlösung pflastert.

Eine mit dem Verweis auf die Trümmer Jerusalems gezogene Parallele zu einer durch konsumorientierte Seitensprünge in Scherben liegenden Weihnachtshoffnung, mag der Textwelt des Jesajabuches nicht angemessen sein. Aber mindestens die nachhaltige globale Krisenstimmung führt an die immer wieder zerspringenden Hoffnungen heran, mit denen das Gottesvolk beispielgebend die Schattenseiten vor Augen stellt: Aller Welt Enden sehen das Unheil der Menschheitsgeschichte. Das sind keine Seitensprünge, die nichts zu bedeuten haben, sondern Sprünge, die nicht einfach geglättet werden können, sondern mehr oder weniger konkrete Trümmerfelder des Unfriedens hinterlassen. Die Erfahrung der Abwesenheit Gottes, die nach Trost und Erlösung verlangt, ist nicht auf die Zeit des babylonischen Exils beschränkt. Sprünge und Risse machen das von Gott abgekehrte menschliche Wesen aus. Ihm kann nur der tröstende und erlösende Gott beispringen.

3. Ein heilsgeschichtlicher Dreisprung

»Hört mir zu« (Jes 51,1) – »Werde wach« (Jes 51,17) – »Wach auf« (Jes 52,1): Das »Imperativgedicht« (Berges, 121) kulminiert in dem Bekenntnis: Dein Gott ist König. In der eschatologischen Hoffnung über irdische Regentschaften hinaus wird das alleinige Königtum Gottes proklamiert.

Das Lied der Freudenboten ist nicht herauszulösen aus der gesamten Bewegung des prophetischen Rufens, das den Weg von Babel zum Zion begleitet. Damit führt es zugleich hinein in eine Bewegung, die hier versuchsweise als heilsgeschichtlicher Dreisprung bezeichnet werden soll. Im adventlichen Anlauf darf dabei keiner der springenden Punkte übersprungen werden. Weder die Trümmer, noch der Zion können ausgelassen werden. Die frohe Botschaft lässt zwar aufspringen, aber sie hebt nicht ab. Vielmehr ruft sie hinein in jene Geschichte, die Gott für die Menschen als Weg des Friedens schreibt. Den aus dem Exil nach Jerusalem Zurückgekehrten, die noch nicht recht Fuß gefasst haben; den nach und durch alle Zeiten hindurch physisch und psychisch Exilierten, denen der Boden unter den Füßen weggezogen wurde, gelten die Weckrufe.

Im Hören auf das prophetische Gotteswort in Jes 52,7–10 wird das Präsens des Heils – die präsentische Verbformen sind zu beachten – wachgehalten, so sehr, dass dann auch die Hirten auf dem Felde wachgerüttelt werden. Hören, Geweckt-Werden, Wach-Sein – so durchspringt das Gotteswort die Zeiten und vergegenwärtigt das Rettungshandeln Gottes im Advent.

III Impulse: Hineingenommen in die Sprungkraft des Textes

Die Füße der Freudenboten besteigen den Zion. Der heilige Berg wird zum Sprungbrett nach Bethlehem. Angekommen sind sie noch nicht. Aber sie werden zur Triebfeder der Weihnachtstrott-Füße, die sich alle Jahre wieder abgelaufen haben, noch bevor sie am Ziel sind. Wo die Feiertagsfreude darin besteht, endlich die Füße hochlegen zu können, macht uns das prophetische Wort Beine. Mag sein, dass sich kurz vor den Festgottesdiensten nur wenige Füße auf den Weg des Friedens setzen lassen. Sie sollen so willkommen sein, wie die Füße der Freudenboten. Der überschwängliche Jubel des Textes lässt ganze Heerscharen vermuten. Aber diese kommen erst in jener Heiligen Nacht zum Einsatz. Vorboten dazu braucht es nicht viele, und vielleicht sprangen auch damals nur wenige den Zion hinauf. Ihr Ruf jedenfalls lässt aufhorchen und ermuntert die Wachenden und Wachgewordenen, die Wächter der Stadt (V. 8), in den Ruf einzustimmen.

Kriegsgeschrei und Kaufhausmusik werden gleichermaßen umgestimmt und dort, wo unheilvolle Sprünge die große Weltgeschichte und die kleinen Menschengeschichten in Trümmern liegen lässt, werden neue Töne angeschlagen. Tröstendes und Erlösendes werden zur Triebfeder und beinahe zeichnet sich das Bild aus zu jener Völkerwallfahrt zum Zion, von der der namentliche Quantensprung nun doch raumgreifender erscheint (Jes 2; Jes 60). Die Vorboten des rettenden Gottes sind unterwegs, wie viele oder wie wenige es auch immer sind. Wo sie aufspringen, da verliert das Prophetenwort allerdings nicht die Bodenhaftung. Ihre lieblichen Füße schweben nicht. Sie treten bestimmt auf und tragen jenes Evangelium weiter, das an Weihnachten in das »Christ, der Retter ist da« einstimmen lässt. Die Königsherrschaft Gottes hat ihren Ort in einer trostbedürftigen Welt, die im Alten Bund auf Jerusalem fokussiert ist. Dort bringt der Prophet Gottes Heilshandeln auf den Punkt: Dein Gott ist König … JHWH hat sein Volk getröstet und Jerusalem erlöst.

Am höchsten Punkt der Gottesgeschichte, auf dem Berg Zion, wagt die Welt den Blick über sich hinaus zu den Enden der Erde und erfasst das Heil, das in Gottes ausgestrecktem Arm seine Richtung findet: die Geburt des Gottessohnes. Darin liegt die Sprungkraft des Textes, denn: Alle Augen werden es sehen.

Literatur: *Ulrich Berges*, Jesaja. Der Prophet und das Buch, Leipzig 2010; *Hans-Jürgen Hermisson*, Deuterojesaja (BK XI/14), Neukirchen-Vluyn 2010; *Jürgen van Oorschot*, Von Babel zum Zion, Berlin/New York 1993; *Burkard M. Zapff*, Jesaja III 40–55 (NEB AT 36), Würzburg 2001.

Wiebke Bähnk

B

IV Anknüpfung: »Zersprungene Hoffnungen« und das »Präsens des Heils«

Ein vollmundig tönender Lobgesang, so klingt der Predigttext zunächst, die Freudenboten überbringen leichten Fußes »gute Nachricht« von Frieden und Heil. Paul Gerhardts Verse, die den Westfälischen Frieden preisen, kommen mir in den Sinn: »Gott lob! Nun ist erschollen / Das edle Fried- und Freudenwort, / dass nunmehr ruhen sollen / Die Spieß' und Schwerter und ihr Mord.« (EKG 392,1)

Der Dichter weiß, dass die Friedensworte in eine Welt ausgerichtet werden, in der »zerstörte Schlösser und Städte voller Schutt und Stein« (EKG 392,4) das Bild bestimmen, »dürre, wüste Heid« und »Gräber voller Leichen«. Auch der Prophet sieht, dass die Freudenboten ihre Botschaft in eine zerstörte Welt hineinrufen, in ein Zion, das in Trümmern liegt, in die Ohren von Menschen, deren Welt im Exil zerbrochen ist (vgl. Ps 137). Wie hören diese die »gute Nachricht«? Ist denn überhaupt schon etwas von dem, was die Freudenboten ankündigen, zu ahnen oder zu sehen? Treffend bemerkt A die Vorläufigkeit, den auf Erfüllung noch angewiesenen Charakter des »Hymnus« in Jes 52,7–10, die »Fragilität des noch nicht vollendeten Lobgesangs«, die schon in der Perikope selbst durchscheine. Die »gute Botschaft« von Shalom, Tov und Jeschua, die mit Gottes Königsherrschaft und Gegenwart einhergehen, werden, wie A es nennt, in »zersprungene Hoffnungen«, in die »Sprünge der Weltgeschichte und der kleinen Menschengeschichten« hinein ausgerichtet – im Babylonischen Exil, in den zahlreichen Exilen Israels seit damals, in den politischen, sozialen und persönlichen Exilen derer, die dieses Wort vom Frieden hören bis heute. Dass es die »Trümmer« sind, die auf die Freudenboten-Botschaft hin fröhlich sein und rühmen sollen, trägt dieser Realität Rechnung.

Zugleich ist damit gesagt, dass es genau diese Realität ist, der die Verheißung auf Veränderung durch Gottes Herrschaft gilt, durch den, »der Heil und Frieden mit sich bringt« (EG 1,1). In ihm, auf dessen Kommen wir am 4. Advent zugehen, ist der Shalom gekommen (Lk 2,14) und bleibt zugleich als Verwirklichung des Heils im vollen Sinne Ziel der Erwartung. Worin besteht dann aber das von A so genannte »Präsens des Heils«, worin ist, was kommen wird, vielleicht doch schon gekommen und von uns als Epigonen der Freudenboten am 4. Advent aufzuspüren?

V Erschließung der Hörersituation: »Frieden« und »Heil«?

4. Advent: Die adventliche Großwetterlage der Gottesdienstgemeinde zwei Tage vor Heiligabend ist vermutlich differenziert, variiert in hinlänglich bekannter Weise zwischen Erschöpfung, eventuell schon vorweggenommener Enttäuschung und freudiger Erwartung. Eines mag allerdings gemeinsam sein: Dass Differenzerfahrungen in dieser Zeit besonders spürbar sind. Der dem ehemaligen Bundespräsidenten Gustav Heinemann zugeschriebene Satz »Weihnachten macht bewusster als jeder andere Tag, wer im Licht und wer im Schatten steht«, lässt sich ohne Weiteres in die Zeit der unmittelbaren Weihnachtserwartung »verlängern«. Der Blick auf Weihnachten lässt die eigenen »Trümmerlandschaften« noch deutlicher hervortreten, die schon anklingende Verkündigung des »Friedens auf Erden bei den Menschen seines Wohlgefallens« schärft den Blick auf den Unfrieden in der Welt, auf die schweren Soldatenstiefel, die statt der lieblichen Füße der Freudenboten in den Krisenregionen unterwegs sind. Während ich dies schreibe, erlebt Syrien im schon zwei Jahre währenden Bürgerkrieg den Monat mit den meisten Opfern, droht Nordkorea mit einem Atomkrieg.

Ob die Gottesdienstgemeinde eher die großen Themen der Weltgeschichte oder die kleinen Menschengeschichten als Realität im Blick hat, in deren Sprünge und Risse hinein die Botschaft der Freudenboten trifft, wird je nach aktueller Lage und persönlicher Lebenssituation verschieden, möglicherweise auch eine Gemengelage sein, wie es Peter Henning in »Die Ängstlichen« seiner Protagonistin in den Mund legt:

»Nein, das Weltgeschehen bot ihr im Moment nicht den geringsten Anlaß zu Hoffnungen. Wohin ihr Auge reichte, befanden sich Menschen im Krieg. Selbst bei den Caspars, die das zweite Obergeschoß bewohnten, herrschte seit einigen Tagen Krisenstimmung.« (Henning, 11)

Ohne das erkennbare Ernstnehmen dieser Realität(en) bleibt die Verheißung von Shalom, Tov und Jeschua abständig, wird als erwartbare Botschaft »alle Jahre wieder« abgehakt. Zu fragen ist, was die Verheißung und die zumeist in der Differenz befindliche Realität so verknüpft, dass auch ohne die Trümmer einfach unterzupflügen dennoch ein »Präsens des Heils« durchscheinen kann – auf dass die »Trümmer« nicht mutlos machen.

VI Predigtschritte: Aus dem »Extratopf Hoffnung« geschöpft

Auf die Verkündigung der Freudenboten in die »Trümmerlandschaften« des Zions und der Exilsgemeinde hin erfolgt der Aufruf an die »Trümmer«, sich zu freuen und Gott zu rühmen. Noch ist nicht erschienen, was verkündigt ist, dennoch soll Freude herrschen. Eine Zumutung? Oder eine Weise, an dem Verkündeten schon jetzt teilzuhaben? Wer die »gute Botschaft« der Freudenboten, die Nachricht vom Shalom hört und sich auch gegen allen Augenschein darüber freut, vor-freut, hat prospektiv schon an ihm teil. Wer aufgrund der Freudenbotschaft Gott rühmt, hat schon jetzt daran teil, weil er vertraut, dass das Verkündete auch eintreten wird: Dass Gott kommen und es in und aus allen Trümmern der Welt und unseres Lebens verwirklichen wird. Vor-Freude, vielleicht ein bisschen trotzig und widerständig, und das Rühmen Gottes auf Hoffnung auch gegen den Augenschein hin sind die in Jes 52,7–10 anklingenden Weisen, in denen auch über Trümmern ein »Präsens des Heils« aufscheinen kann. In der Hoffnung auf das Verheißene hat der Hoffende bereits Anteil am Zukünftigen, nimmt es vorweg, bezeugt seine bei Gott schon vorhandene Realität gegenüber den scheinbar übermächtigen Realitäten der Welt und die Erwartung der letztendlichen Durchsetzung dieser göttlichen Realität von Frieden und Heil. In diesem Sinne Hoffnung als Modus der Vergegenwärtigung des noch zukünftigen Heils zu beschreiben, von ihr in Bildern und Geschichten zu erzählen, wäre ein Weg zur adventlichen Predigt.

Was wäre, wenn es nur die Trümmer gäbe? Die Hoffnung ist die Haltung, in der wir über sie hinaus sehen können, ein Bild entwickeln können, was jenseits oder aus den Trümmern heraus erwartet werden darf. Diese Macht der Hoffnung ist poetisch ausgedrückt in Rose Ausländers Gedicht »Hoffnung II« oder in Hilde Domins »Vorsichtige Hoffnung«, die eindringlich der Realität der Trümmer, über denen Hoffnung wächst, Rechnung trägt. Max Frisch hat in seinem »Fragebogen« gefragt: »Können Sie ohne Hoffnung denken?« – auch das ein möglicher Ansatz für eine Predigt über die Haltung der Hoffnung. Sie ist die Haltung, die darauf vertraut, dass das, was ist vor aller Augen, nicht das ist, was bleibt; sondern dass vor aller Augen erscheinen wird, was Gott mehr für die Welt will und die Freudenboten schon verkünden: Shalom als Verwirklichung des Heils im vollen Sinne, politisch, sozial und damit auch für jeden und jede persönlich. Und dass inzwischen in allem, was von dieser Hoffnung kündet, schon etwas von dem Verheißenen gegenwärtig ist, in allem, was von Frieden, Gutem und Heil – gerade auch aus und in Trümmern – erzählt. Was ließe sich da erzählen, wenn es um Hoffnungsgeschichten in »Trümmerlandschaften« geht?

Vier Jahre lang wurde Sarajewo belagert. Nachdem 22 Zivilisten, die Brot kaufen wollten, von serbischen Soldaten erschossen worden waren, spielte ein Cellist 22 Tage lang mitten in den Trümmern der Stadt zum Gedenken an die Opfer. In seinem Roman »Der Cellist von Sarajewo« hat der Kanadier Steven Galloway die Bedeutung eines solchen Moments ausgemalt: »Was versprach sich der Mann davon, wenn er auf der Straße musizierte? Davon wurde niemand wieder lebendig, niemand satt, kein Stein wieder auf den anderen gesetzt … Doch mit einem Mal gilt das alles nicht mehr … Die Häuser hinter dem Cellisten erstehen wieder zu alter Pracht … Die Menschen rundum straffen sich, ihre Gesichter werden fülliger, rosiger. Die zerschlissenen Kleidungsstücke erneuern sich, werden farbiger, glatter. Kenan sieht, wie die Wunden der Stadt rundum verheilen.« (Galloway, 195)

Das Cello in den Trümmern, widersinnig und doch voller Kraft zur Hoffnung, dass das, was ist, nicht bleibt, dass es etwas anderes geben kann: Frieden und die Möglichkeit zum Leben. Der Cellist Vedran Smaijlovic spielte übrigens jeden Tag das gleiche Stück: Albinonis Adagio in g-Moll, dessen Fragmente nach der Zerstörung Dresdens in den Trümmern weitgehend verbrannt aufgefunden und von einem italienischen Musikwissenschaftler rekonstruiert worden waren.

Äthiopien zählt zu den ärmsten Ländern der Welt, militärische Konflikte zwischen verschiedenen Ethnien und der Hunger prägen das Leben; die Bevölkerung lebt seit Jahrzehnten auf politischen und sozialen »Trümmern«. 1984 komponierte der Musiker Bob Geldof das Lied »Do they know it's Christmas time?« Die Einnahmen des Songs, der eine Friedensbotschaft mitten in dieses Leid hinein sein sollte, sollten der äthiopischen Bevölkerung zugutekommen ebenso wie die »Band Aid« Benefizkonzerte. Etliche Nachfolgeprojekte entstanden mit gleichem Ziel; Hoffnungszeichen – mit der Kraft über das hinauszuweisen, was ist, auf die Möglichkeit des Friedens, und damit auch Mut zu machen zu eigenen Schritten zum Frieden.

Zweimal fiel im 20. Jahrhundert ein Großteil der Welt in Trümmern. Soldaten erlebten, wie Frieden dennoch in einem kurzen Moment für sie zur Realität wurde. Wenn die letzten Vorräte mit dem »Feind« im Schützengraben gegenüber geteilt, eine Kerze angezündet, ein Lied angestimmt wurde über den Trümmern der Menschlichkeit. Von diesen Momenten gibt es viele Erzählungen, aufgeschriebene und mündlich weitergegebene. Früher waren sie mir fremd; was sollte so eine Situation, wenn danach doch das Schießen und Morden weiterging? Mittlerweile ahne ich, dass in solchen Momenten für die, die sie erleben, aufscheint, was sein könnte, ja, darin gegenwärtig ist. Unfriede und Gewalt behalten dann nicht das letzte Wort, es kann etwas anderes geben. Und deshalb bleibt Grund zur Hoffnung. Als ich das einmal so in einer Predigt äußerte, sagte ein mir unbekannter Mann beim Hinausgehen: »Danke, dass Sie das gesagt haben. Genau so war es für mich.«

Dorothee Sölle spricht von einem »Extratopf Hoffnung«, in dem die Geschichten, Traditionen und Lieder aufbewahrt sind, die von Gottes Willen zum Frieden und Heil künden – wie Jes 52,7–10. Wenn wir daraus schöpfen und unsere Hoffnungsgeschichten hinzutun, kann das Verheißene schon hier aufscheinen. Und wir dürfen – auch mit den Trümmern im Blick – anstimmen:

Seht, die gute Zeit ist nah,
Gott kommt auf die Erde,
kommt und ist für alle da,
kommt, dass Frieden werde.

(EG 18)

Literatur: *Rose Ausländer*, Im Atemhaus wohnen. Gedichte, Frankfurt am Main 1992; *Hilde Domin*, Sämtliche Gedichte, Frankfurt am Main 2009; *Steven Galloway*, Der Cellist von Sarajewo, München 2008; *Peter Henning*, Die Ängstlichen, Berlin 2009; *Dorothee Sölle*, Erinnert euch an den Regenbogen. Texte, die den Himmel auf Erden suchen, Freiburg/Basel/Wien 2000.

A

I Timotheus 3,16: Da berühren sich Himmel und Erde

Martin Vetter

I Eröffnung: Alle Jahre wieder

Empirische Untersuchungen zum Gottesdienstbesuch am Heiligabend belegen, dass dieser Kasus einer eigenen Logik folgt: Von allen Gottesdiensten im Kirchenjahr sind die Gottesdienste am Heiligabend am besten besucht. Dabei orientiert sich die Gemeinde nicht allein am Zyklus des Kirchenjahres, sondern nimmt zugleich Maß am bürgerlichen Kalender: »Die kalendarische Verlässlichkeit des Festes und die nicht individuelle, sondern gesellschaftliche Bedeutung seines Themas unterscheidet den weihnachtlichen vom lebensgeschichtlichen Kasus.« (Merzyn, 7) Außerdem spricht die Christvesper weite Kreise an und hebt Milieuunterschiede zwischen den Besucherinnen und Besuchern praktisch auf. Verbunden mit dieser breiten Akzeptanz sind allerdings konservative Erwartungen an die liturgische Gestaltung des Gottesdienstes und nicht zuletzt an die Predigt. Qualitative Interviews zum Besuch des Gottesdienstes am Heiligabend zeigen, dass die Mehrheit der Teilnehmenden ihre geprägten Bilder und Vorstellungen bestätigt wissen möchten. Mögen Lieder wie »Stille Nacht« oder »O du fröhliche« auch alle Jahre gesungen werden, so ermüdet diese Wiederkehr des Gleichen doch keineswegs das Gros der Gottesdienstgemeinde. Im Gegenteil: »Eine auffallend originelle Predigt, die Auswahl ungewöhnlicher Lieder oder die Verfremdung der Weihnachtsgeschichte sorgen mit hoher Wahrscheinlichkeit für enttäuschte Irritationen.« (Merzyn, 16)

Predigerinnen und Prediger gehen also ein gewisses Risiko ein, wenn sie mit ihrer Predigt gewohnte Szenen wie die Hirten oder das Kind im Stall verlassen und anderen Vorstellungen folgen, wie sie der diesjährige Predigttext aus dem ersten Timotheusbrief entfaltet. Dieser Predigttext weiß freilich selbst ein Lied von der prägenden Kraft überkommener Bilder zu singen. Denn 1 Tim 3,16 zitiert wohl einen tradierten Christus-Hymnus. In dichten, jeweils dual gefassten Strophen meditiert er das »Geheimnis des Glaubens«: Christus, der geistlich der göttlichen Sphäre angehört, kommt den Menschen nahe, wird offenbart im Fleisch. Er, dessen Gestalt die Engel schauen, wird auch den Völkern der Erde verkündigt. Christus Jesus, der bei Gott aufgenommen wurde in Herrlichkeit, wird auch in dieser irdischen Welt geglaubt.

Weihnachten feiern wir, dass Gott mit uns Menschen neu beginnt. Dass Christus sich »im Fleisch« offenbart, beschreibt der Predigttext auf ungewohnte Weise. Die hymnische Sprache lädt dazu ein, Alternativen zum klassischen Paradigma der »Heiligen Familie« vorzustellen. Es mag wohl sein, dass diese ungewohnten Perspektiven die Festgemeinde irritieren. Allerdings befinden sich die Bilder von der Familie und anderen Lebensformen gesellschaftlich im Wandel. Warum sollten die Besucherinnen und Besucher der Christvesper daher nicht aufgeschlossen sein für eine Predigt, die auf ungewohnte Weise davon spricht, dass die Begegnung mit Gott unser Leben erfüllen und unsere Vorstellungen vom Verhältnis göttlicher zu irdischen Sphären erneuern kann?

II Erschließung des Textes: Wie im Himmel, so auf Erden

Im Kontext des ersten Timotheusbriefs ist der für die Predigt ausgewählte Vers Teil eines Briefabschnitts, der die Gemeinde ermahnt (1 Tim 2,1–3,16). Vom gottesdienstlichen Gebet ist dort die Rede, vom Verhalten der Männer und Frauen im Gottesdienst, dem Amt der Episkopen und Diakone und abschließend von der Bedeutung der ekklesia, der »Kirche« (1 Tim 3,14–16). Die »Kirche« bzw. die »Gemeinde« wird in Vers 15 metaphorisch als »Haus Gottes« vorgestellt, ein »Pfeiler und Fundament der Wahrheit«. Damit fließen sprachliche Elemente ein, die der Brief der Tempelmetaphorik und dem frühchristlichen Modell der Hausgemeinde entlehnt. Die Baumetaphern implizieren eine klare, geordnete Struktur der Gemeinde, die darzustellen den ekklesiologisch und ethisch zur Norm tendierenden Pastoralbriefen insgesamt angelegen ist: Verzögert sich auch die Ankunft des fiktiven Schreibers Paulus in der Gemeinde (vgl. 1 Tim 1,1; 3,14), weiß Timotheus als Adressat des Briefes doch, wie sich die Gemeinde im »Hause Gottes« verhalten soll. Exegetische Untersuchungen zu den Pastoralbriefen zeigen allerdings, dass die Metapher vom »Haus Gottes« zugleich die patriarchalen Strukturen des Haushaltes auf die Gemeindestrukturen übertragen (vgl. Wagener). Auch wenn die Perikopenordnung den hier skizzierten Rahmen des Christusliedes ausspart, kann die Beschäftigung mit den zentralen ekklesiologischen Anliegen des Abschnitts die Predigerin bzw. den Prediger dazu anregen, die Beziehung der weihnachtlichen Gottesdienstbesucherinnen und -besucher zur Ortsgemeinde und umgekehrt zu bedenken.

Die ekklesiologischen Metaphern eröffnen darüber hinaus den Raum für das Verständnis des Christus-Hymnus. Haus Gottes, Pfeiler und eine Grundfeste der Wahrheit nämlich ist die »ekklesia«, weil sie das »große Geheimnis der Frömmigkeit« bewahrt. Das Geheimnis der Frömmigkeit aber ist die Wahrheit der christlichen Botschaft, die der Christushymnus vorstellt. Von Gott beauftragt, tradiert die Kirche dieses Geheimnis und enthüllt es in ihrer Verkündigung zugleich. Der bei Luther mit »Glaube« übersetzte Begriff »eusebeia« (V. 16a) ist allerdings – abgrenzend zu pistis – ethisch akzentuiert und bezeichnet die Ehrfurcht vor Gott und der Schöpfung: Der Glaube will auch gelebt sein. Diese in der Gemeindeordnung abgebildete Wahrheit (V. 15b) entfaltet der Hymnus (Luther 1984):

Und groß ist, wie jedermann bekennen muss, das Geheimnis des Glaubens:

1. Er ist offenbart im Fleisch,
   gerechtfertigt im Geist,
2. erschienen den Engeln,
   gepredigt den Heiden,
3. geglaubt in der Welt,
   aufgenommen in die Herrlichkeit.

Exegetische Beiträge kommentieren den Aufbau des Liedes unterschiedlich. Ich skizziere, worin die Auslegungen konvergieren: Rhetorisch verknüpft der Hymnus kunstvoll Aussagen zur irdischen und zur göttlichen Sphäre. Sechs syntaktisch parallele Verbalsätze, jeweils mit vorangestelltem Verb im Aorist passiv, beschreiben, wie Gott durch Jesus Christus an der Welt handelt. Christus als Subjekt der Verben erschließt sich aus dem Kontext des Briefes. Je zwei der sechs Strophen bilden Paare, die oppositionelle Motive miteinander verbinden: Fleisch und Geist, Engel und Völker, Welt und Herrlichkeit (gefügt nach dem Schema a–b / b–a / a–b). Die Abfolge der Strophen folgt keinem linearen Muster (etwa dem Lebensweg Jesu), sondern beschreibt in einem chiastisch verschränkten Duktus Christi Erscheinen in der irdischen und in einer transzendenten Welt (mit Oberlinner, 163). Wie diese poetische Verknüpfung näher zu verstehen ist, lädt in der Kürze der Darstellung ein zur individuellen Deutung. Strophe 1 stellt der durch Vergänglichkeit und Tod bestimmten Sphäre des Fleisches den Bereich des Geistes gegenüber (vgl. Röm 1,3f.). Die Wendung »gerechtfertigt im Geist« nimmt nicht das paulinische Verständnis von Rechtfertigung auf, sondern verweist im Kontext des 1 Tim darauf, dass der von Menschen Verworfene ins Recht und damit »in die himmlische Welt« gesetzt wird. In beiden »Existenzweisen« offenbart Gott sich in Christus (vgl. Oberlinner, 165). Als der von Gott Gerechtfertigte wurde Christus sodann von den Engeln geschaut und auch den Völkern verkündigt (Strophe 2). Denn ebenso, wie Christus im Himmel den Engeln präsentiert wird, erreicht das Kerygma die Völker auf Erden. Infolgedessen durchdringt der Glaube die Welt, wobei dieser irdischen Akklamation wiederum Christi Aufnahme in die göttliche Herrlichkeit korrespondiert (Strophe 3). »Der zu Gott erhöhte Christus ist letztlich der, an den sich die christliche Gemeinde im Gebet richtet.« (Oberlinner, 169)

Die allumfassende Weite, in der der Christus-Hymnus das Geheimnis der Frömmigkeit entfaltet, geht über das in der Welt Geglaubte hinaus. In gewisser Weise klingt darin das Paradox der Christnacht an: »In solcher doxologischen Prolepse kann nur ein Hymnus reden, der nicht das faktisch Gegebene analysiert, sondern das, was der Glaube Gott und seinem Handeln zutraut, zur Sprache bringt.« (Roloff, 209) Auch der Gesang von Frieden auf Erden auf den Feldern bei Bethlehem weist auf die im Evangelium narrativ entfaltete Offenbarung Gottes in Jesus Christus voraus.

III Impulse: Das Geheimnis des Glaubens

Aus den Beobachtungen zum Text leite ich zwei Vorschläge zur Gestaltung der Predigt und des Gottesdienstes ab. Beide Skizzen haben das Ziel, der lukanisch geprägten Vorstellung der Besucherinnen und Besucher der Christvesper (vgl. Lesung des Evangeliums) alternative Facetten des 1 Tim zur Seite zu stellen:

1. Nach einer eröffnenden Passage, deren Funktion darin besteht, die aktuellen Stimmungen und Gefühle aufzunehmen, mit denen Menschen die Christvesper besuchen, verlese ich den Predigttext. Er wirft die Frage auf, wie wir »Irdischen« von dem lebendigen Gott reden können. Wie können wir die Ewige erfahren, die in allem größer ist als wir, hoch, erhaben? Wir können von dem Geheimnis des Glaubens verneinend sprechen: Unbegreiflich, unerkennbar, unfassbar, unaussprechlich, unendlich ist Gott. »Den aller Weltkreis nie beschloss«, dichtet Luther im Weihnachtslied (EG 23, Strophe 3). Gottes Größe ahnend, begreifen wir unser Nicht-Wissen. Zugleich ermutigen uns die biblischen Texte, Gottes Selbstoffenbarung in unterschiedlicher Weise in Worte zu fassen. Indem der Hymnus die göttliche Offenbarung universalisiert, schlägt 1 Tim 3,16 einen ähnlichen Weg ein wie der der Christvesper zugeordnete Königspsalm, worin es heißt: »Der Himmel freue sich, und die Erde sei fröhlich, das Meer brause und was darinnen ist.« (Ps 96,11) Der Psalm kann eingangs mit wechselnden Stimmen entfaltet werden (vgl. Arnold/Baltruweit, 34).

2. Die Predigt über das Christuslied kann die Predigthörerinnen und -hörer dazu einladen, nicht allein das anzuschauen, was klar vor Augen steht, sondern auf Gott zu vertrauen, der sich im unscheinbaren Stall zu Bethlehem auf unsere irdische Existenz einlässt. Seit alters vertrauen Menschen auf die allumfassende Güte und Liebe Gottes. Ausdruck dessen sind auch die Strophen jenes im 1 Tim tradierten Liedes. Diese Lesart kann zugleich die aus qualitativen Interviews zum Gottesdienstbesuch am 24.12. abgeleitete These homiletisch erproben, dass die Predigt am

Heiligabend für viele der Befragten eine Gelegenheit bietet »zum Jahresrückblick im Sinne einer autobiographischen Bilanzierung« (Merzyn, 11). Den Besucherinnen und Besuchern erschließen sich ihre Lebenswege im Rückblick grundsätzlich fragmentarisch. In Christus Jesus aber begegnen sich die irdische und die göttliche Existenzweise. In ihm ist sowohl dasjenige angesehen, was unser Leben leicht macht, als auch die Erfahrungen, die es beschweren. »Weil Gott in tiefster Nacht erschienen, kann unsere Nacht nicht traurig sein! Er sieht dein Leben unverhüllt, zeigt dir zugleich dein neues Bild.« (EG 56, Strophe 3)

Literatur: *Jochen Arnold/Fritz Baltruweit,* Lesungen und Psalmen lebendig gestalten. Dialogische Inszenierungen der biblischen Lesungen und Psalmgebete im Gottesdienst (gemeinsam gottesdienst gestalten 2), Hannover 2004; *Konrad Merzyn,* Alle Jahre wieder. Praktisch-theologische Erwägungen zur Predigt am Heiligabend, in: EvTheol 73 (2013), 6–17; *Lorenz Oberlinner,* Die Pastoralbriefe. Erste Folge: Kommentar zum Ersten Timotheusbrief (HThK XI/2), Freiburg/Basel/Wien 1994; *Jürgen Roloff,* Der erste Brief an Timotheus (EKK XV), Zürich/Neukirchen-Vluyn 1988; *Ulrike Wagener,* Die Ordnung des »Hauses Gottes«. Der Ort von Frauen in der Ekklesiologie und Ethik der Pastoralbriefe (WUNT II 65), Tübingen 1994.

B

Susanne Wolf-Withöft

IV Entgegnung: Paradoxes Geheimnis

Gerne teile ich mit A das Risiko einer Predigt, die *gewohnte Szenen* verlässt und anderen Spuren folgt, allerdings nicht unter der Annahme von ent-täuschten *konservativen Erwartungen.* Die vielschichtigen Motive für den Besuch des Gottesdienstes am Heiligabend sind geprägt von Sehnsucht. In dieser Kasualie rückt darum für mich das ekklesiologische Anliegen des Abschnitts hinter die zu predigende Botschaft des heilbringenden Christusereignisses im Himmel und auf Erden. Die Menschen machen sich mit der Hoffnung auf den Weg, ein Stück ihrer Lebensgeschichte könnte heilsam zur Sprache kommen. Diese Hoffnung ist größer als die Festlegung auf gewohnte Vorstellungen. Sie halten der Christvesper die Treue, in intimer Nähe oder gebotener Distanz, angeregt durch die Ahnung, hier, in der weihnachtlichen Botschaft, könne Wendendes aufleuchten. Es ist die Sehnsucht, dass sich zu Weihnachten fügt, was oft nicht zusammenpasst, ihr Wunsch nach gelingendem Leben und die brüchige, fragmentarische Wirklichkeit, ihre Hoffnung auf neue Blickrichtungen. Es ist eine Sehnsucht nach Heil in aller Unvollkommenheit.

Der Hymnus spricht hinein in diese Kluft. Mit seinem unerhörten Geheimnis, dass Gott im Fleische Mensch wird, tönt er gnadenreich in den Heiligen Abend. Er fügt das irdische Leben und die himmlische Wirklichkeit Gottes zusammen, nicht Disparates, sondern elementar Zusammengehörendes und zugleich elementar in seiner Beziehung Gestörtes. Das Lied besingt nicht die heile Welt des Menschen, sondern den Vorgang der Heilung der Welt. In ihm erklingt die Möglichkeit eines neuen Anfangs, eines von Gott geschaffenen Anfangs. *Weihnachten feiern wir, dass Gott mit uns Menschen neu beginnt.* Amen! Erwidere ich A und folge seiner zweiten Predigtfacette. Die Hörerinnen und Hörer werden eingeladen, nicht zur *autobiografischen Bilanzierung* (A mit Merzyn), *sondern zu einem zart mutigen Blick auf den Anfang nach vorn*, wie ihn die Philosophin Hannah Arendt beschreibt: »Das ›Wunder‹ besteht darin, dass überhaupt Menschen geboren werden, und mit ihnen der Neuanfang, den sie handelnd verwirklichen können kraft ihres Geborenseins … Dass man in der Welt Vertrauen haben und dass man für die Welt hoffen darf, ist vielleicht nirgends knapper und schöner ausgedrückt als in den Worten …: ›Uns ist ein Kind geboren.‹« (Arendt, 317) Das Leben auf Erden klingt als neuer Möglichkeitsraum an.

Denn der Predigttext lässt uns teilhaben am großen Geheimnis. Mit Peter Brunner übersetze ich »eusebeia« als die »durch den Glauben bestimmte Lebensführung der Christen«. (Brunner, 43) Das Geheimnis des christlichen Lebens wird enthüllt und ist »dynamischer heilsgeschichtlicher Prozess« (vgl. Roloff, 202). Die Gottesdienstbesucher sind Teil dessen, und ihr Glaube (Hebr 11,1) *will gelebt sein*, wie A zu Recht betont. Sie machen sich mit dem paradoxen Geheimnis auf den Weg. Es lebt in der Gemeinschaft der Versammelten des Abends, ist dort daheim, geht dann aber aus seiner verborgenen Heimlichkeit hinaus auf die Dächer (Mt 10,27) und die Straßen (Lk 14,21ff.) und bleibt doch immer Geheimnis.

Das altchristliche Lied will hineingesungen werden in die Ohren der Gottesdienstbesucherinnen, damit es nicht unverstanden bleibt, sondern weiterklingt in ihrem Leben und sie es weitertragen.

V Erschließung der Hörersituation: Wende der Welt in Jesus Christus

Wie kann es mit den dichten theologischen Formeln des Textes gelingen, die Menschen einzustimmen auf das Wunder der Weihnacht? Indem etwas durchschimmert vom Himmel und sich verbindet mit dem Gottesdienst und den Feiern im Anschluss. Denn unser Lied besingt das Neue, dass von Gott her geschieht, theologisch dicht entfaltet in zwei Doppelaussagen einer polaren Christusepiphanie. Die Zweischichtigkeit (Himmel-Erde) darf nicht aufgehoben werden. Der himmlischen Präsentation entspricht eine irdische. Alles Heilshandeln Gottes in der Bundesgeschichte auf Erden kommt aus dem Himmel. Der christliche Glaube schließt diesen kreatürlichen Himmel ein, was der dritten Bitte des Vaterunsers entspricht. Gottes Wille hat auch im Himmel einen kreatürlichen Empfänger, an dem, in dem und durch den er verwirklicht werden soll. Die Engel sehen ihn, ihr Schauen ist die Botschaft. In diesem Schauen werden sie zu Urzeugen des Geschehens, das in Jesu irdischem Weg von der Krippe zum Kreuz verwirklicht wurde.

Dem Schauen im Himmel entspricht das Hören und Erzählen auf Erden. So werden die Gottesdienstbesucherinnen in der Predigt ins Bild erzählt, hineingeholt in die besungene Verklammerung von Himmel und Erde, ermutigt, neu gefunden zu werden von einem heim-suchenden Gott (Jer 31,3).

Ich erzähle von *Menschwerdung*. Gott wird ganz und gar menschliches Wesen. Niemand zwingt ihn zu kommen, und vielleicht findet er sogar, dass es genug Götter gibt. Gott zieht sich in den äußersten Winkel zurück, in einen Stall, an ein Holz und spielt seitdem eine untergeordnete Rolle, eine menschliche (nach Bruners, 44). Gott setzt sich der Welt aus. So steht Gott inmitten unserer Geschichte, deiner und meiner. Unsere Erfahrungen von Menschwerdung bilden die Menschwerdung Gottes ab und verheißen menschliches Leben. Unsere Erfahrungen von Liebe, gegenseitiger Fürsorge, Vergebung und Versöhnung, von brüchigem und dennoch gesegnetem Leben, von Scheitern, von Vergänglichkeit – sie sind hineingestellt in Gottes Selbstmitteilung. Gott ist sich für nichts zu schade, weil wir es ihr wert sind. Der vergängliche Körper ist Gott nicht zu gering, um gerade darin den offenbar zu machen, der alles, alles wenden kann und wenden wird.

So erzähle ich von der *Wende* der Welt in Jesus Christus (Gogarten). Von ihm, der die am Rand beachtet, die Schwachen gestärkt hat, von ihm, dem der Mensch mehr wert war als das Gesetz, der in die Herzen hinein erzählen konnte. Es ist sein Kommen, seine Präsenz, welche die Welt erschüttert und alles erneuert. In ihm ist es möglich, neu anzufangen in den verstrickten, festgefahrenen Familienstrukturen, an diesem Abend, indem wir ein Gespräch suchen und intensiv führen. Es ist möglich, sich ansprechen zu lassen von diesem Gottesdienst, ihn nicht nur als Rahmenprogramm mitzunehmen, sondern sich zu öffnen und ihn nachklingen zu lassen in der kommenden Zeit. Denn die in Christus anwesende Wahrheit ist die bestimmende Kraft, und in seiner Geburt leuchtet die Schöpfermacht auf, die sogar die irdische Macht des Todes außer Kraft setzt und ins ewige Leben ruft. Unser Weihnachtsglaube lebt von Ostern her. Neues Leben ist mitten im Leben möglich. Auch wenn die Worte im Zusammenleben mit den pubertierenden Kindern ihre Wirkkraft scheinbar verloren haben, kann Nähe gelingen. Auch wenn eine Verletzung grausam tief ist, kann Heilung sich zart ereignen. Denn in Christus schenkt uns Gott den Möglichkeitsraum. Das feiern wir Weihnachten, immer wieder neu. Dieses alte Lied kennt inmitten der unheilen Welt die große Alternative und knüpft an die Geburt Jesu die größten Hoffnungen.

Auch jene auf einen neuen Anfang inmitten des Lebens. So erzähle ich von Weihnachten als Fest, an dem Gott mit uns neu beginnt. Von der Ermutigung, uns ändern, verwandeln zu lassen von der Botschaft. »Indem wir die Menschwerdung unseres Erlösers anbeten, feiern wir den Beginn unseres eigenen Lebens.« (Leo der Große, 6. Predigt auf Weihnachten: unifr.ch/bkv/kapitel322-1htm, abgerufen am 31.5.13) Sind am Anfang der Geschichte mit Gott in der Schöpfung die Würde und die Möglichkeit des Menschen beschrieben, ist es der weihnachtliche Anfang, an dem Gott die Richtung ändert. Gott nähert sich den Menschen, die sich entfernt haben, an. Gott wird wie sie, wendet sich ihnen zu. Das Leben wird in Gottes Licht getaucht und darf die Perspektive wechseln.

VI Predigtschritte: Sich hineinleben in Gottes Gegenwart

Der Hymnus in 1 Tim diente dem lobpreisenden Bekennen und hatte seinen Sitz im gemeindlichen Gottesdienst (Roloff, 192). Mit seinen Worten lässt sich bezeugen, dass es keine christusunabhängige Wirklichkeit gibt. »Gott wird Mensch, dir Mensch, zugute.« (EG 36,2) Ein Segen, wenn die Menschen etwas von seiner Wortmelodie mitnehmen wie einen cantus firmus, der sich im Alltag erweist. Wenn sie sich an dem Klang der Botschaft festmachen und die Fugen ihres Lebens danach variieren, einen Anfang wagen hier oder dort und ihn weiter tragen. Denn sie kommen ja mit dem Wunsch, sich hineinzuglauben in das Wunder der Weihnacht. Die Bitte um Ausrichtung soll im Vorbereitungsgebet zum Ausdruck kommen:

»Mit uns, großer Gott,
du mit uns, du wie wir, Mensch wie wir,
das ist das Wunder dieser Nacht.
Mit uns, kleiner Gott,
ein Kind, ohnmächtig, verletzlich, hilfsbedürftig,
das ist das Wunder dieser Nacht.
Mit uns, heiliger Gott,
rufst uns heraus aus dem Alltagstrott,
ziehst uns in deinen Bann,
das ist das Wunder dieser Nacht.
Mit dir, Gott,
wir sind gekommen, uns hineinzufinden
in das Wunder dieser Nacht,
uns hineinzuglauben in deine Gegenwart
in dem Kind Jesus, deinem Christus,
uns hineinzuleben in deine Wirklichkeit der Versöhnung.«

(Ilka Werner in: Evang, 19)

Die Weihnachtsbotschaft aber ist der Beginn einer Geschichte, die sich erst erweisen muss. Offen ist, ob sich der Zwiespalt schließt zwischen der Werbung Gottes, menschliches Leben zu gestalten, und der Lebensrealität, die diese Werbung ausschlägt. Es wird sich daran entscheiden, ob und wie wir einander zum Christus werden. Die werbende Lebensführung der Christinnen als Form für andere, Evangelium als Diakonie. »Man kann das Geheimnis des Glaubens nicht verstehen«, schreibt Dorothee Sölle, »wenn man nichts von den Schmerzen der Welt weiß, und solange man sie nicht als die eigenen übernimmt (…) Das Lamm Gottes trägt die Sünde der Welt ja nicht, damit wir sie übersehen könnten oder aufhören könnten, an ihr zu leiden, sondern es will uns in den gleichen Prozeß des Tragens, des Für-andere-Daseins hineinziehen.« (Sölle, 50f.) Anfänge wagen, auch mit anderen und für andere, wird Himmel und Erde einander näherbringen. »Da berühren sich Himmel und Erde, dass Friede werde unter uns.« (HerzTöne, 33. DEKT, 89)

Literatur: *Hannah Arendt,* Vita activa, München [12]2001; *Wilhelm Bruners*, Verabschiede die Nacht. Gedichte, Erzählungen, Meditationen, Biblisches, Düsseldorf 1999; *Peter Brunner*, 1. Weihnachtstag 1. Timotheus 3,16, in: Hören und Fragen. Meditationen in neuer Folge, Band 4,1, hg. von Arnold Falkenroth und Heinz J. Held, Neukirchen-Vluyn 1975, 43–57; *Martin Evang u.a. (Hg.)*, Nimm an unser Gebet. Gebete im Gottesdienst an Sonn- und Feiertagen im Kirchenjahr, Neukirchen-Vluyn 2011; *Friedrich Gogarten,* Jesus Christus Wende der Welt. Grundfragen der Christologie, Tübingen 1966; *Leo der Große*, Predigt 26,1–2, in: Alfons Heilmann/Heinrich Kraft (Hg.), Texte der Kirchenväter Bd. 2, München 1963, 164–181; *Jürgen Roloff,* Der erste Brief an Timotheus (EKK XV), Zürich/Neukirchen-Vluyn 1988; *Dorothee Sölle,* Erinnert euch an den Regenbogen. Texte, die den Himmel auf Erden suchen, hg. von Britta Hertel und Birte Petersen, Freiburg im Breisgau [5]1999.

Heiligabend (Christnacht)

A

Kolosser 2,3–10: Lebens Schatz

Friedrich W. Horn

I Eröffnung: In Christus wohnt Gott leibhaftig

Der Gottesdienst zur Christnacht (Christmette) atmet nicht mehr die Unruhe und Hektik der Gottesdienste am Nachmittag und frühen Abend des Heiligen Abend und schon gar nicht der Vorweihnachtstage. Wer zur Christnacht um 22 Uhr oder noch später zur Kirche geht, hat Bescherung, Familienfeier, ein gutes Essen und vielleicht auch ein Glas Wein hinter sich und geht entspannt, vielleicht sogar etwas angeheitert zum

Gottesdienst. Der selbstgemachte Druck des Vorfelds des Weihnachtsfestes ist abgefallen. Der Gottesdienst und vor allem die Predigt sollten jetzt nicht versuchen, hier nochmals gegensteuern zu wollen, etwa durch intellektuelle Kraftakte oder ethische Forderungen. Es ist der Heilige Abend, die Zeit der Weihnachtsfeier, bestimmt durch Geschenke, durch Musik und festliche Stimmung. Aber auch die Zeit der Besinnung auf den Kern der Weihnachtsbotschaft: Ich steh an Deiner Krippen hier.

Drei Aussagen des Predigttextes sprechen mich sofort an, weil sie theologisch und metaphorisch hoch aufgeladen sind: a) in Christus liegen verborgen alle Schätze der Weisheit und der Erkenntnis (Kol 2,3); b) seid in Christus verwurzelt (Kol 2,7); c) denn in Christus wohnt die ganze Fülle der Gottheit leibhaftig (Kol 2,9).

Vermutlich liegt in dem letzten Satz die direkte Brücke zu Weihnachten: Gott ist in Jesus Christus Mensch geworden, denn in Christus wohnt die ganze Fülle der Gottheit leibhaftig. Die theologischen und christologischen Schwierigkeiten, dieses *leibhaftig* zu interpretieren, sind allerdings nicht gering. Beschreibt der Satz zunächst (wie in Kol 1,19) die Identität des Erhöhten, der in vollem Umfang an Gott Anteil hat, so führt die Interpretation des *leibhaftig* in Probleme (vgl. dazu Wolter 126, der mit Blick auf Kol 2,17 eine Interpretation im Sinne von *wirklich* vorschlägt). Eine Eingrenzung auf den Irdischen ist ebenso auszuschließen wie auf den Erhöhten, dessen Auferstehungsleib ja nicht mehr substanzhaft ist. Die anderen Sätze aber bringen wunderbare Metaphern ins Spiel: Verborgene Schätze der Weisheit und Erkenntnis befinden sich an einem konkreten Ort und es gilt, diese dort zu suchen und zu finden (Schatzsuche); der Glaube ist vergleichbar mit den Wurzeln eines Baumes (Lebensgeschichten: verwurzelte und entwurzelte Menschen) oder mit dem Fundament eines Gebäudes. Die Predigerin und der Prediger müssen sich entscheiden; alle drei Themen zusammen und der Predigttext insgesamt wären eine Überfrachtung. Gegenwärtige Gottesdiensthilfen leiten ohnehin eher dazu an, eine thematisch und musikalisch ausgerichtete Christnacht zu feiern (vgl. z. B. Freudenberg) – statt Predigt Meditation und neben dem Wort viel Musik.

II Erschließung des Textes: Kosmisch und zugleich Wurzelboden

Der Predigttext hat zu beiden Seiten hin eine merkwürdige Abgrenzung. Um den Zusammenhang zum vorhergehenden Text zu verstehen, wird man zunächst den partizipialen Anschluss in V. 3 (in dem …) auflösen und dann lesen müssen: In Christus sind verborgen alle Schätze der Weisheit und Erkenntnis. Mit V. 6 beginnt ein neuer Abschnitt (das eigentliche Briefkorpus Kol 2,6–4,6), in dem es um die Auseinandersetzung mit Philosophie und menschlicher Lehre geht.

Die Christologie des Kolosserbriefs hat eine kosmische und geschichtliche Ausrichtung. Die Präpositionen in Kol 1,19f. bestimmen das Verhältnis Christi zum kosmischen Raum: in ihm – durch ihn – auf ihn hin. Christus ist der Schöpfungsmittler und daher *ist er vor allem. In* Christus hat die Schöpfung *gegenwärtig* Bestand, *auf ihn hin* lebt sie mit dem *Ziel*, Frieden und Versöhnung zu gewinnen (Kol 1,15–20). Der theologische Spitzensatz lautet daher zum einen, dass in Christus die Fülle der Gottheit leibhaftig wohnt und dass die Attribute Gottes, nämlich Weisheit, Fülle und Erkenntnis, in Christus in vollem Umfang präsent sind (vgl. im Text die Allprädikationen und plerophorischen Termini: jeder, alle, ganze Fülle, Reichtum). Deren Ansage kann nicht anders als in der Form eines Hymnus ausgesprochen werden. Die in der alttestamentlichen Weisheitsliteratur oft gestellte Frage nach dem Ort aller Schätze der Weisheit (z. B. Hiob 28) findet hier eine Antwort: von Christus wird wie von einem Behältnis gesprochen, in dem alle Schätze der Weisheit und Erkenntnis verborgen versammelt sind. Es gehört zur Metaphorik der Schätze, dass diese verborgen sind und gesucht werden müssen. Nach Kol 2,3 kennen die Glaubenden den Aufbewahrungsort: Christus.

Zum anderen aber besteht die Möglichkeit, in diesem Jesus Christus, dem Repräsentanten und Ebenbild des unsichtbaren Gottes, zu leben und in ihm verwurzelt zu sein, an seiner Fülle Anteil zu haben. Diese Christusgemeinschaft lebt im Glauben, und sie ist bezogen auf Erkenntnis, die auch durch Lehre vermittelt worden ist. Kol 2,7 reiht vier Partizipien aneinander, in der zunächst botanische und architektonische Metaphorik verbunden sind und die auf den abschließenden Dank zulaufen: verwurzelt, aufgebaut und befestigt sein, überströmend in Dank. Diese Partizipien explizieren, was es heißen kann, in Christus zu wandeln (Kol 2,6), und sie stellen daher »ideale Merkmale einer solchen Existenzweise« dar (Wolter 119).

Die christliche Gemeinde befindet sich zu jeder Zeit in Konkurrenzsituationen um die Plausibilität ihrer Lebensdeutung. Der Kolosserbrief, der in Kol 2,6–3,4 explizit auf andere religiöse und philosophische Deutungssysteme eingeht, stellt sich dieser Herausforderung durch eine sich im Glauben vollziehende Denkarbeit. Von den Verfassern des pseudepigraphischen Briefs wird Paulus dafür trotz körperlicher Abwesenheit mithilfe dieses Schreibens als maßgeblicher Lehrer vergegenwärtigt.

Die schroffe Antithese gegen eine an menschlicher Überlieferung und an den Weltelementen (Feuer, Wasser, Luft, Erde) orientierte Philosophie (Kol 2,8), hier deklariert als wertlose, ja betrügerische Täuschung, muss im Blick behalten, dass Christus deren Gegensatz ist, nicht aber ein anderes menschliches Deutungssystem. Auch wenn die gegenwärtige lebensweltliche Kultur durchaus ähnliche Orientierungen an diesen Weltelementen oder an anderen Formen religiöser Vergewisserung kennt, kann es nicht Aufgabe der Weihnachtspredigt sein, diese in einem Rundumschlag abzuwerten.

III Impulse: In den Hymnus mit einsteigen

Völlig unterschiedliche Motivationen und Beweggründe führen viele Menschen zum Weihnachtsgottesdienst in der Christnacht zusammen. Was verbindet sie? Um einmal im Bild des Predigttextes zu bleiben: Vermutlich werden die meisten Gottesdienstbesucher eigene Wurzeln ansprechen können, genauer ihre persönliche Verwurzelung in diesem Weihnachtsfest. Dazu gehören weit zurückreichende Kindheitserinnerungen, aber neben allem individuell unterschiedlich Ausgeprägten eben auch Gemeinsames: Lieder, die Weihnachtsgeschichte, das Zuhause-Sein an diesem Abend in meiner Kirche, in meiner Stadt oder in meiner Dorfkirche. Es gehört aber auch zur Eigenart von Wurzeln, dass ihr größter Teil für uns unsichtbar bleibt und wir nicht einmal genau sagen können, wie sie verlaufen und woher sie ihre Nahrung beziehen, obwohl sie uns halten und nähren. Die Metapher nimmt mich gefangen: Alt wie ein Baum möchte ich werden, mit Wurzeln, die nie ein Sturm bezwingt (Puhdys).

Jedoch wird in der Christnacht die zentrale Botschaft des Tages vom Text her aufzunehmen und anzusprechen sein: In Christus begegnet Gott wirklich. Auch wenn ich mich schon vielmals mit dieser Aussage beschäftigt habe, so erschrecke ich doch immer wieder über den Mut und die Konsequenz urchristlicher Theologie, Jesus Christus als das einzige Ebenbild Gottes zu verstehen und gleichzeitig vor jeglicher davon abweichender Orientierung zu warnen.

Natürlich lenken alle Krippenspiele, Lieder und Requisiten der Weihnachtsgottesdienste den Blick auf die Krippe. Doch muss deutlich werden, dass sich in dieser Begegnung mit dem Kind in der Krippe eine Perspektive auf Gott hin eröffnet. In Christus wohnt die ganze Fülle der Gottheit leibhaftig (Kol 2,9). Die Reaktion auf dieses Ereignis hat seit alter Zeit angemessen nur in der Form des Hymnus der Gemeinde einen Ausdruck gefunden. Angefangen von dem Einstimmen in den Gesang der himmlischen Heerscharen, die das *Gloria in excelsis Deo* sangen (Lk 2,14), über Martin Luthers *Gelobet seist du Jesu Christ* (EG 23) bis hin zu Johann Sebastian Bachs Eingangschor *Jauchzet, frohlocket* im Weihnachtsoratorium (BWV 248). Die Predigt und die Musik der Christnacht sollten in diesen Hymnus einstimmen und ihn gemeinsam sagen, singen und mit Instrumenten zu Gehör bringen.

Literatur: *Lukas Bormann*, Der Brief des Paulus an die Kolosser (ThHK X/1), Leipzig 2012; *Hans Freudenberg*, Christnacht feiern (DAW 140), Göttingen 2011; *Michael Wolter*, Der Brief an die Kolosser. Der Brief an Philemon (ÖTK 12), Gütersloh/Würzburg 1993.

IV Anknüpfung: Die Schätze der Christnacht

Irgendwann ist es das erste Mal. Nächtlicher Gang in die Kirche. Man ist der Tradition der Christvesper in übervoller Kirche entwachsen, vielleicht ihrer auch müde. Oder man wagt überhaupt einen ersten Schritt in eine Kirche. In der Heiligen Nacht sind viele Erwartungen unterwegs. Das macht die Gemeinde so interessant. Junge Gesichter sind zu sehen, kaum Kinder, weniger Alte. Viele kommen gemeinsam mit Freunden. Und dann sind da alle, die bis in den Abend hinein gereist sind und endlich ankommen wollen; nicht nur bei der Familie, auch in diesem Fest.

Es ist eine Gemeinde, wie man sie sich das ganze Jahr über wünscht. Keine Mühen würden wir bei den Vorbereitungen scheuen. Aber jetzt, am Ende des intensiven Gottesdienst-Marathons durch den Advent? Gerade jetzt braucht es noch ausreichend Kraft für die Vorbereitung der Christnacht, gerade jetzt wollen noch Reserven mobilisiert und gute Gedanken geboren werden! Alles andere wäre eine vertane Gelegenheit mit Langzeitwirkung. Die vielen (jungen) Leute in der Kirche geben uns nicht sofort wieder eine zweite Chance. Sie nutzen aber selbst alle Möglichkeiten, ihre Erfahrungen aus der Heiligen Nacht das ganze Jahr über weiterzusagen. Wir haben nicht nur etwas zu verkündigen. Wir haben auch etwas zu verlieren. Deshalb: Die langfristige Vorbereitung der Christnacht ist unumgänglich. Gemeinsam mit denen, die musizieren und die Lesungen übernehmen. Denn die Botschaft der Christnacht ist nur im guten Zusammenklang aller Mitwirkenden überzeugend zu verkünden. Der Hymnus der Heiligen Nacht, in den A uns so treffend einstimmt, beginnt bereits in diesem Zusammenspiel zu erklingen. Und die Gemeinde hört darauf. Deshalb ist sie gekommen. Um gestimmt zu werden. Um den Grundton des Christus-Hymnus abzunehmen.

Ich empfehle, Lk 2 als Evangelium zu lesen. Gerade vor dem Hintergrund des für viele völlig fremden Textes Kol 2 vermittelt die vertraute Geburtsgeschichte Sicherheit. Aber gerade weil diese Geschichte bekannt ist, muss ihre Lesung so gestaltet sein, als hörten alle sie erstmalig. Der Lektorendienst in dieser Nacht muss intensiv vorbereitet werden. Auch dadurch, dass die Lektoren sowohl mit Kol 2 als auch mit der Auslegung in der Predigt vorab vertraut sind. So besteht die Chance, dass mit der Lesung bereits umgesetzt wird, was die Predigt vermitteln wird: In Christus liegen verborgen alle Schätze der Weisheit und der Erkenntnis.

Kol 2,3–10 kann dann (ggf. in Auswahl) die zweite Lesung sein. Zum besseren Verständnis mit einem ganz kurzen Präfamen, das den Abschnitt in seiner Zeit und der Gemeinschaft von Kolossä verortet. Das ist ausreichend Einordnung, um in der Predigt darauf getrost verzichten zu können.

Christi Schätze sind auch im Liedgut der Heiligen Nacht verborgen. Lange vor dem ersten Wort der Predigt beginnt die Gemeinde, diesem Reichtum nachzuspüren. Die Gemeinde möchte singen und sie möchte sich singen hören. Das ist die große Sehnsucht, die mit den Menschen in der Heiligen Nacht in die Kirche kommt: sich angenommen und geborgen zu fühlen in einer vertrauten Gemeinschaft. Weil viele kommen, komme ich auch. Weil viele singen, singe ich auch. Die alten Weisen, die mich meine Verwurzlung in dieser christlichen Tradition erfahren lassen.

V Erschließung der Hörersituation: Der Schatz der Geschenke

Dem Hinweis von A, sich im Blick auf den Text und die Themen in der Predigt drastisch zu beschränken, ist nur zuzustimmen. Ich empfehle in der Konsequenz, ausschließlich die Verse 2 und 9 in der Predigt aufzugreifen.

In Christus liegen verborgen alle Schätze der Weisheit und der Erkenntnis.

Nach wie vor liegen bei vielen die weihnachtlichen Schätze unter dem Christbaum. Wir müssen uns bücken, wollen wir die Krippe und den Stall sehen. Wir gehen in die Knie, um Geschenke unter den Baum zu legen. Oder, um sie dort als Gabe zu finden und aus ihrer Verborgenheit zu heben. Eingewickelt, wie das Kind in der Krippe, sind unsere Geschenke. Kein anderes Fest im Jahreskreis lässt uns Gaben so verbergen, wie wir es zum Christfest tun.
Weihnachten und Geschenke gehören zusammen. Die Feier der Geburt Christi hat diesen kulturellen Reichtum hervorgebracht, und er ist wohl auch nicht mehr wegzudenken. Je jünger die Beschenkten sind, umso größer sind ihr Staunen und ihre Freude. Wird man älter, können die Geschenke und das Schenken zum Problem werden. Was kann ich Altgewordenen schenken, die sagen, dass sie alles haben, nichts brauchen? Die Tatsache, dass immer mehr Eltern oder Großeltern der jüngeren Generation auch zu Weihnachten nur noch Geld schenken, ist ein alarmierendes Signal. Wir haben es zunehmend schwerer herauszufinden, was wir schenken sollen.

Hier hilft die biblische Botschaft. Danach waren es die Weisen, die Geschenke brachten: Gold, Weihrauch und Myrrhe. Aber nicht die Beschenkten, das Kind, Maria und Joseph sind darüber hoch erfreut. Die Weisen wurden hoch erfreut. Die Schenkenden werden selbst zu Beschenkten. In dem Kind im Stall, in Christus haben sie ihr Geschenk, ihren Schatz gefunden. Christus ist der wahre Schatz. Ein Schatz, dessen

Reichtum und Wert in einem Kind – und damit in ganz menschlichen, alltäglichen Gegebenheiten verborgen liegt. Die ganze Fülle, alles, was Gott für uns sein kann, ist in Christus leibhaftig geworden.

Was für ein unverdientes Geschenk! Aber sagt uns nicht die eigene Erfahrung und so manche Lebensweisheit unserer Altvorderen: »Im Leben wird dir nichts geschenkt. Du musst dir alles erarbeiten und verdienen.« Bis in die vorweihnachtlichen Erziehungsmethoden hinein reichte diese Haltung. Wie viele Kinder wurden oder werden noch angehalten, sich entsprechend zu verhalten, soll denn das Christkind (oder der Weihnachtsmann) am Heiligen Abend nicht einen großen Bogen um das Haus machen? Und wer hat sich nicht auch schon einmal bei dem Gedanken ertappt: Wenn ich von jemandem nicht selbst einmal beschenkt werde, warum sollte ich dann etwas schenken? Schnell wird das Schenken zum Handel, zum Austausch von Leistung und Gegenleistung.

Beim Anblick des Kindes in der Krippe vermittelt sich uns ein völlig anderes Bild. Hier wird das Leben geschenkt. Das ganze Leben. Christus ist das Geschenk des Lebens. Daran knüpft die Predigt an und feiert das Leben als Geschenk Gottes. Wann, wenn nicht zu Weihnachten! Die Ohren vieler junger Leute mit ihrer Sehnsucht nach Geborgenheit und Harmonie in einer Familie, nach zwei, vielleicht gar wieder nach drei Kindern, sind weit geöffnet. Sie sind empfänglich, der Quelle des Lebens auf die Spur zu kommen, ihr Sehnen in Gott zu verankern.

Leben wird uns geschenkt. Das ganze Leben. Und mit diesem Leben wird uns Zeit geschenkt. Auch das ist ein unbezahlbarer Schatz, der in Christus verborgen liegt. Zeit, von Gott geschenkte Lebenszeit. Sie gewinnt, je älter wir werden, zunehmend an Wert. Denn dann erkennen wir sie als wirkliche Gabe, als Gottes Geschenk für uns: unsere Lebenszeit.

Leben wird uns geschenkt. Das ganze Leben. Und mit diesem Leben erreichen uns Liebe, Hoffnung und Vertrauen. Weitere unschätzbare Werte, Tugenden, die das Leben reich und voll machen. So offenbart sich uns die Fülle.

VI Predigtschritte: Geschenke im Wandel

Die Predigt beginnt bei den Geschenken unter dem Christbaum. Sie erzählt ihre Geschichte, und zwar im Licht, das vom Christbaum ausgeht und das alle Geschenke erst zu Weihnachts-Geschenken werden lässt. Der göttliche Glanz gibt den Geschenken ihre Einzigartigkeit. Kleines, Unbedeutendes, Alltägliches erhält so eine Bedeutung, die ein Leben lang andauern kann.

Die in ihrer Dauer überschaubar gehaltene Predigt tief in der Christnacht greift die Frage nach der *Art* der Geschenke auf, etwa die Bescheidenheit und die Zurückhaltung, die nicht nur vom wahren Schatz in der Krippe, sondern auch vom spürbaren Zeitgeist des Jahres 2013 ausgehen. Das eröffnet die Möglichkeit, das Wesentliche, die wahren Werte und Schätze hervorzuheben und dazu zu ermutigen, die eigenen Ansprüche in dieser Hinsicht nicht kleiner, sondern größer werden zu lassen. Der Wandel der Wertigkeit geht einher mit einem Wandel der Geschenke. Das kann eine Erkenntnis angesichts des Schatzes in der Krippe, angesichts des Schatzes Jesus Christus sein: anders zu schenken. Anderes zu schenken: Zeit für die Älteren, die sonst alles haben. Liebe für die Jüngsten und Jüngeren, die davon leben. Vertrauen in die Partner und Glauben an das Getragenwerden im Leben.

Wenn diese Geschenke mit der Predigt in der Christnacht in göttliches Licht gestellt werden, beginnen sie zu leuchten – so hell und klar, dass alle in den Hymnus einstimmen, der uns Gott erkennen lässt. In seiner ganzen Fülle.

Lieder: EG 23 »Gelobet seist du, Jesu Christ«; EG 27 »Lobt Gott, ihr Christen alle gleich«; EG 30 »Es ist ein Ros entsprungen«.

Literatur: *Wilfried Engemann/Karl Heinrich Bieritz*, Predigtstudien VI/1 (2001–2002), Stuttgart 2001, 63–73; *Klaus-Peter Hertzsch*, Alle Jahre neu. Weihnachtsmeditationen, hg. von Christine Lässig, Weimar 2000; *Ulrich Luz*, Der Brief an die Kolosser (NTD 8/1), Göttingen 1998.

I. Weihnachtstag

Galater 4,4–7:

Viele Wege führen nach Bethlehem

A

Antje Eddelbüttel

I Eröffnung: Göttliche Zeitrechnung

»*Als aber die Zeit erfüllt war*«, beginnt der Predigttext für den Morgen danach, für den Morgen nach der »stillen Nacht«. »*Als aber die Zeit erfüllt war*« evoziert den vertrauten Klang des »*Es begab sich aber zu der Zeit*« der lukanischen Weihnachtsgeschichte. Doch diese Reminiszenz an den vergangenen Abend führt bald ins Leere. Die paulinische Version der Weihnachtsgeschichte kommt ohne die vertrauten Bilder, ohne Engel, Hirten und den gutmütigen Josef aus. Es fehlt jedes schmückende Beiwerk, jeder weihnachtliche Glanz. Paulus entfaltet im Galaterbrief die

Weihnachtsgeschichte nicht narrativ, sondern dogmatisch. Er will überzeugen, nicht überwältigen. So bleibt Gal 4,4–7 auf das Wesentliche konzentriert, einem Brühwürfel gleich, in dem alles Notwendige enthalten ist, der aber der Verdünnung bedarf, um genießbar zu werden.

Mit seinem argumentativen Charakter spricht der Predigttext weniger die Gefühle als vielmehr den Verstand an. Die kurze Textpassage Gal 4,4–7 passt damit gut zum ersten Weihnachtsmorgen. Das, was im sanften Licht des Kerzenscheins erzählt worden ist, wird nun im klaren Licht eines Wintermorgens genau betrachtet und durchdacht. Diese theologische Herausforderung kommt der Aufgabe des ersten Weihnachtstages entgegen, versammelt sich an diesem Tag doch in der Regel eine kleine, aber anspruchsvolle Gemeinde, die im Licht des Morgens etwas sucht, was in der Nacht vielleicht nur schwer zu finden ist.

Der paulinische Weihnachtstext führt die Menschen nicht in die Regression, sondern in die Mündigkeit eines erwachsenen Glaubens. Das »*Es begab sich aber zu der Zeit*« der heiligen Nacht führt die Menschen weg von sich selbst zu einem anderen Ort und in eine andere Zeit; es führt sie nach Bethlehem, in die Zeit, als Quirinius Statthalter in Syrien war. Das »*Als aber die Zeit erfüllt war*« des ersten Weihnachtsmorgens führt die Menschen zu sich; führt sie zur Reflexion über die Bedeutung der Weihnachtsgeschichte in ihrem eigenen Leben.

Mit der Geburt des Christuskindes sind wir, so Paulus, in eine neue Zeit hineingestellt worden; in die Zeit eines mündig machenden Glaubens. Unsere Zeitrechnung, die eine Zeit vor und eine Zeit nach Christus unterscheidet, trägt dem Rechnung: Mit der Geburt des Gottessohnes beginnt eine neue Zeit in der Zeit.

II Erschließung des Textes: Göttliches Erbrecht

Krisenkommunikation: Mit der theologischen Argumentation des Galaterbriefes reagiert Paulus auf eine krisenhafte Situation. Eine konkurrierende christliche Mission ist in Galatien aufgetaucht und propagiert die Praxis der Beschneidung und damit die formale Konversion zur jüdischen Gemeinschaft als Konsequenz aus dem Bekenntnis zu Christus. Dieses Identitätsangebot, nämlich die auch äußerlich erkennbare Zugehörigkeit zum Volk Israel, ist für die galatischen Christen offensichtlich überzeugend. In diesem Konflikt entwickelt Paulus ein alternatives Modell christlicher Identität, in dem die Vorstellung der gemeinsamen Gotteskindschaft von Juden und Nicht-Juden eine zentrale Rolle einnimmt (vgl. Gal 3,26–29).

Kontexte: Der Textabschnitt Gal 4,4–7 ist recht rücksichtslos aus seinem Kontext herausgelöst worden, wohl um der Analogie zum Beginn der lukanischen Weihnachtsgeschichte willen. Um die Perikope exegetisch erschließen zu können, wird aber zumindest Gal 4,1–3 in die Überlegungen hineinzunehmen sein. Paulus setzt Gal 4,1f. mit einem Beispiel aus dem Rechtswesen ein. Hier werden die zentralen Begriffe der Mündigkeit und des Erbes eingeführt. In VV. 3ff. wird das Beispiel dann auf die Situation der Adressatinnen und Adressaten angewendet (»*so auch wir*«). Dabei werden zwei Zeitphasen einander gegenübergestellt: die Zeit der Unmündigkeit und die der Mündigkeit. Den Zeitenwechsel bewirkt die Sendung des Sohnes durch Gott. Zweck der Sendung ist der Freikauf zuerst der Juden (»*die, die unter dem Gesetz waren*«) und dann aller Menschen (»*wir*«). Im Sendungsgedanken ist die Vorstellung von Präexistenz enthalten, wird jedoch nicht weiter ausgeführt.

Endzeitliche Anklänge: Die Rede von der »*Fülle der Zeit*« *(pleroma tou chronou)* nimmt einen geprägten Sprachgebrauch auf, der die Vorstellung von einem eschatologischen Maß hervorruft. Der entscheidende Einschnitt in die Zeit geschieht hier durch göttliche Aktion, nämlich die Sendung des Sohnes in die Welt und die des Geistes in die Herzen. Ein solcher Einschnitt in die Zeit wurde bereits durch das Beispiel aus dem Rechtswesen vorbereitet, wonach nicht wie üblich die Volljährigkeit die Zeit der Unmündigkeit beendet, sondern ein vom Vater festgesetzter Termin. Die Geburt Jesu ist somit nicht nur ein historisches Ereignis in der Zeit, sondern wird zum Beginn der durch das Heilshandeln Gottes bestimmten eschatologischen Zeit. Die Glaubenden haben gegenwärtig Anteil an dieser Heilszeit, indem sie, durch den Sohn vermittelt, als Erben der Verheißung eingesetzt sind. »Anders als viele apokalyptische Texte hält Paulus die Gegenwart also nicht für heilsleer. […] Die Gegenwart ist für Paulus vielmehr gerade darum Endzeit, weil das eschatische Eingreifen Gottes *bereits erfolgt* ist.« (Wolter, 187)

Knechte und Kinder: Das strukturierende Element von Gal 4,1–7 ist die Gegenüberstellung von Unmündigkeit und Freiheit. Die Unmündigkeit vor der zeitenwendenden Sendung des Gottessohnes hat dabei verschiedene Erscheinungsformen. Sie ist entweder Knechtschaft unter den Elementarmächten (*stoicheia tou kosmou*) oder Unmündigkeit unter dem Gesetz. Gemeinsam ist beiden Formen, dass die Menschen keine Möglichkeit der Selbstbestimmung haben. Die Befreiung aus den verschiedenen Erscheinungsformen der Unmündigkeit erfolgt gleichermaßen durch die Sendung des Gottessohnes als Mensch (»*geboren von einer Frau*«) und genauer als Jude (»*geboren unter das Gesetz*«). Der Sohn wird somit derselben Existenzweise unterworfen wie diejenigen, um derentwillen er gesandt ist (vgl. Osten-Sacken, 120). Die Sendung des Sohnes in die Unmündigkeit unter dem Gesetz bewirkt dabei paradoxerweise den Loskauf von unmündig haltenden Mächten, seien es die Elementarmachte oder die Thora.

Sendungs-Zeit: Das Handeln Gottes, das die Zeitenwende auslöst, besteht in einer zweifachen Sendung, zuerst der des Gottessohnes, dann der des Geistes. Folge des zweifachen Sendungsgeschehens ist die Adoption der Glaubenden als Kinder Gottes und damit deren Teilhabe am göttlichen Erbe. Der Geistempfang setzt die Einsetzung in die Kindschaft voraus (»*Weil ihr Kinder seid…*«). Diese behauptete Reihenfolge der göttlichen Geschenke mochte für die Adressatinnen und Adressaten befremdlich sein. Der Geistempfang nämlich ist eine offensichtlich unumstrittene Erfahrung, an die Paulus Gal 3,2–5 sogar appellieren kann, während der Erhalt der vollgültigen Gotteskindschaft zumindest infrage steht (vgl. Betz, 366), wie die Auseinandersetzung um die Beschneidung zeigt. Paulus verwendet zur Begründung seiner Behauptung die gottesdienstliche Erfahrung des *Abba*-Rufs, den er als Manifestation des empfangenen Geistes deutet. Die Anrede Gottes als Vater kommt dabei seiner Argumentation entgegen, mit der er Adressatinnen und Adressaten von ihrer Kindschaft überzeugen will. Allerdings steht das kindlich anmutende *Abba* durchaus quer zu seiner Betonung der Mündigkeit der Glaubenden.

III Impulse: Göttliche Weihnachtsgeschenke

Gal 4,4–7 gibt Gelegenheit, das Weihnachtsgeschehen auf seine Bedeutung für die gegenwärtigen Menschen hin abzuklopfen. Das Weihnachtsgeschenk Gottes ist die mündige Kindschaft. Das ist bei aller Knappheit und kühler Sachlichkeit eine Sensation, die Paulus hier in nüchterne, aus dem Rechtswesen entlehnte Begriffe kleidet: Die Geburt des Christuskindes ist nichts weniger als die Befreiung aus unfrei machenden Umständen, ist der Beginn der Heilszeit, der uns der Spannung zwischen dem »schon jetzt« und dem »noch nicht« aussetzt.

Ermöglicht wird Freiheit durch das vorgängige Handeln Gottes. Freiheit ist folglich nicht das Ergebnis menschlichen Handelns und daher letztlich menschlicher Verfügung entzogen. Der Geschenkcharakter von Freiheit wird in *Brechts »Das Paket des lieben Gottes«* eindrucksvoll erzählt:

Die Geschichte spielt in schlechten Zeiten. Am Heiligen Abend treffen sich die Verlierer der Gesellschaft in einer heruntergekommenen Kneipe. Die Besucher fangen an, einander Geschenke zu machen. Sie schenken sich, was gerade zur Hand ist. Sie wollen einander mit diesen Geschenken keine Freude machen, sondern das Gegenteil ist der Zweck: Der andere soll möglichst an einem wunden Punkt getroffen werden. Einer der Anwesenden sieht so aus, als ob er etwas auf dem Kerbholz haben müsste. Deswegen schenkt man ihm die Seiten aus dem Telefonbuch, die die Nummern der Polizeikommissariate zum Inhalt haben. Wenig liebevoll werden die herausgerissenen Telefonbuchseiten in Zeitungspapier eingewickelt und dem Mann überreicht. Das Geschenk verfehlt sein Ziel. In den Zeitungsfetzen liest der Mann, dass er nicht länger eines Verbrechens verdächtigt wird. Der alte Schuldvorwurf ist gegenstandslos geworden. Der Mann ist frei.

Zu den Bildern der Nacht gehört das schwache Kind in Windeln. Am Weihnachtsmorgen dagegen werden Bilder einer erwachsenen Kindschaft hervorgerufen. Den Menschen wird die Freiheit geschenkt, aber auch zugemutet. Nicht das Schwache und Kleine steht im Vordergrund, sondern der mündige Mensch, der in Freiheit Verantwortung übernehmen kann und soll.

Literatur: *Hans-Dieter Betz*, Der Galaterbrief, München 1988; *Bertolt Brecht*, Das Paket des lieben Gottes, in: Walter Jens (Hg.), Es begab sich aber zu der Zeit, Stuttgart [4]2007, 68–70; *Peter von der Osten-Sacken*, Ein künftiger Kommentar zum Galaterbrief, in: FS Bertold Klappert, Hören und Lernen in der Schule des NAMENS, Neukirchen-Vluyn 1999; *Michael Wolter*, Paulus, Neukirchen-Vluyn 2011.

Holger Treutmann

B

IV Entgegnung: O Gott, die Familie

Der erste Feiertag gehört der Familie. Heiligabend feiern alle für sich daheim mit Kirchgang und Bescherung. Am 1. Feiertag laden die Eltern ein zum Gänsebraten. Noch einmal Kind sein wie früher. Und doch reisen die Geschwister inzwischen mit ihren eigenen Familien an. Zweite Bescherung. Festliche Kleidung, Wiedersehen, Erzählen. Unbefangen nur die Kinder. Sie jagen durch die Weihnachtsstube, entfesselt vom Bewegungsdrang an Tagen des Müßiggangs. Erste rollende Augen und Seufzer der Entrüstung. Nach dem Essen kommen auch die schwierigen Themen auf den Tisch. Was wird mal mit dem Haus, wenn wir nicht mehr sind? Wer kümmert sich um uns im Alter?

Verschiedene Kulturen in unterschiedlichen Familien treffen aufeinander. Klassische Modelle stehen neben Patchworkkonstruktionen. Bis zum Kaffeetrinken hält die Toleranz. Dann erlösender Abschied und geheuchelte Sorge über den Straßenzustand. Man weiß nie, ob es glatt wird.

Da möchte man eine schöne Festtagspredigt zum 1. Weihnachtstag halten, und alle Zutaten scheinen bereitzustehen, aber eine eigentümliche Kühle geht von den Worten aus, die Paulus im Galaterbrief zur Grundlage legt. Da stimme ich A voll zu. Nicht Maria im Kerzenlicht des Stalls, sondern eine »Frau«, unter das Gesetz getan. Nicht märchengleich »Es begab sich zu der Zeit«, sondern »Als die Zeit erfüllt war«, oder weniger euphemistisch formuliert: »Als es höchste Zeit war« oder »Als das Maß voll war«. Nicht ein historisch bedingtes »Gebot, das von dem Kaiser Augustus ausging«, sondern ein alle Menschen knechtendes Gesetz stellt Paulus in den weihnachtlich geschmückten Kirchraum. Nochmals werden Familienbilder bemüht. Söhne und die gebärende Frau, Abba, lieber Vati und Kinder, die zu Erben avancieren.

Mag sein, dass die kleine Gemeinde am 1. Weihnachtsfeiertag anspruchsvoller ist als die Gemeinde der Christvesper und der Heiligen Nacht. Es gibt aber auch so etwas wie eine Regression derer, die sich selbstbewusst in den Zirkel der Elite zurücksehnen, nachdem die Weihnachtschristen mit ihrer Anwesenheit gestern den Staub von Stufen und Sitzen auch der letzten Empore entfernt haben. Gerade im Galaterbrief kämpft Paulus für die Integration derer, die in Distanz zum religiösen Establishment stehen. Die Predigt muss in der Lage sein, nicht nur den Gebildeten unter ihren Freunden zu genügen, sondern auch den kindlich Glaubenden unter ihren Verächtern. Wir predigen immer auch für die, die nicht da sind. Nur so verkommt die Gemeinde nicht zu einem frommen Zirkel.

»Ich habe alles versucht. Bin Heiligabend zu Freunden gegangen, wir haben gelästert über die Idioten in ihren Kirchen. Bin in die Ferne geflüchtet. Oder ins Nachtleben. Jetzt bleibe ich allein daheim und bilde mir ein, dass das großartig ist. … nichts hilft in dieser verdammten Nacht. Verstehst du mich? Die Glocken, jetzt gehen die Glocken los. Die Katholiken greifen an, ich möchte verächtlich den Mund verziehen. Die Idioten belächeln, die in die Kirche gehen, sich ein Märchen anhören in schlecht beheiztem Gemäuer. Aber ich schließe nur die Augen und höre den Glocken zu. (…) Dann ist Ruhe, und ich weiß, was jetzt passiert in tausend Wohnungen. Was soll passieren? Kinder fallen über die Geschenke her, reißen das Papier auf, die Geschenke auf, kaputt. Das Essen ist angebrannt. Vielleicht brennt später auch noch die Gardine. Lüg nicht, lüg dich nicht an. Was passiert ist Heimat. Zu wissen, wo man hingehört. (…) Morgen ist der erste Weihnachtstag und alles schläft, satt von Liebe, vom Braten, von der Erschöpfung. Egal warum, kein Mensch ist morgen auf der Straße. Allein werde ich sein und denken, irgendwas denken. Und es wird vorübergehen.« (Berg)

V Erschließung der Hörersituation: Erfüllende Vielfalt

An keiner Stelle zeigt sich Paulus so kämpferisch wie im Galaterbrief. Machtkämpfe auf unterschiedlichen Ebenen werden geführt. In Opposition zu anderen Verkündigern ringt Paulus um Anerkennung. Sein Apostolat hat nur dann Gültigkeit, wenn der gefundene Kompromiss beim Apostelkonzil nicht durch die Praxis unterlaufen wird, dass Heiden sich nun doch noch den jüdischen Riten unterwerfen müssen, bevor sie zur christlichen Gemeinde gehören dürfen. »Ich muss mich doch sehr wundern!« Das erste Wort schon (1,6) bringt den um Contenance bemühten polemischen Charakter des Briefes deutlich zum Ausdruck.

Paulus bricht eine Lanze für die in der Gemeinde, die nicht herkömmlich sozialisiert sind. Die Gabe des Geistes in der Taufe ist der Schlüssel zur Kirche. Zur Freiheit hat euch Christus befreit. Lasst euch nicht wieder das Joch der Knechtschaft auflegen (Gal 5,1). Solche Freiheit erfordert Toleranz. In dieser Hinsicht würde ich gern zuspitzen, was erwachsene Kindschaft (A) bedeutet.

Das Themenjahr der Lutherdekade »Reformation und Toleranz« ist zwar schon zu Ende gegangen, seine Inhalte führen aber auf direktem Wege zu politischen und gesellschaftlichen Fragen, die das neue Jahresthema vorgibt. Wie lebt eine christliche Kirche mit Unterschieden? Die Arbeit am eigenen Profil führt zuweilen zu massiven Ausgrenzungen. Ohne zu wissen, wie eine Kirche aussieht, in der unterschiedliche Lebensmodelle Raum haben, glauben wir die Einheit der Kirche. Ohne zu wissen, wie die christliche Religion in einer pluralen Gesellschaft künftig ihren Platz findet, erzwingen wir keine Bekenntnisse, sondern glauben, dass das Kind im Stall für alle geboren wurde. Die kindliche Gottesanrede ist nicht regressiv. Der Geist, der Abba ruft, ist ein Freigeist, der Gott zum unbedingten und unverbrüchlichen Komplizen hat.

»Wie viel anders ist normal?«, fragt Dorit Kowitz in der ZEIT im Blick auf Behinderungen von Kindern im schulischen Alltag. Sie erörtert den Wandel von der Separation der Menschen mit Behinderung zu ihrer Integration ins schulische Leben. Und auch der Begriff der Integration wird von dem der Inklusion bereits wieder überboten. Fremde werden nicht in das »Normale« integriert, sondern alle Menschen gehören einer Gesellschaft als Normale an.

Halten wir aus, dass wir an der Weihnachtskrippe nicht nur mit unseresgleichen stehen? Wagen wir, wesentliche Gespräche zu führen am Essenstisch mit fleckiger Tischdecke nach dem Dessert und bei noch einem Glas von dem guten Wein, der die Zunge löst und zur Wahrheit ermutigt? Oder bleiben wir im Reden-wir-nicht-Darüber stecken? Eine Kultur des Interesses ist gefragt, die Fremdartiges erträgt und bereit ist, auf gute Argumente zu hören.

Im Zentrum könnte die theologische Erkenntnis stehen, dass wir alle »unter das Gesetz getan« sind. Dass Paulus den Gesetzesbegriff so deutlich in die allgemein menschliche Sphäre erweitert, lässt alle gleichwertig die Früchte der soteriologischen Tat Gottes empfangen. Mit jeder Geburt von einer Frau geraten Menschen unter die Bedingungen des Gesetzes. Darin liegt der Schlüssel zur Inklusion Fremdartiger und zum Wagnis von Pluralität.

Gerade am 1. Weihnachtsfeiertag werde ich darum eine Predigt halten, die die Tür weit öffnet für die Fragen derer, die in Distanz und Halbdistanz zur Kirche stehen. Ich vertraue darauf, dass damit auch Themen der Etablierten berührt werden. Von der Zumutung der Verschiedenheit möchte ich reden, ohne den Kern christlichen Glaubens und Bekennens zu verraten.

VI Predigtschritte: Göttliches und menschliches Rufen

Die Weihnachtsgeschichte aus der Perspektive Gottes deutet Paulus an und lässt uns wie durchs Schlüsselloch kurz in den Ratschluss Gottes blicken. *Er sprach zu seinem lieben Sohn: »Die Zeit ist hier zu erbarmen; fahr hin, meins Herzens werte Kron, und sei das Heil dem Armen«*, dichtet Martin Luther (EG 341,5). Eine Predigt am 1. Feiertag muss sich nicht zwingend der gleichen argumentativen Sprache bedienen wie Paulus. Luther wagt die narrative Form auch über die Vorgänge im Himmel und verbindet sie mit seiner eigenen Lebensgeschichte.

Ich könnte mir vorstellen, exemplarisch von Menschen zu erzählen, die nicht ganz zu Hause sind in dieser Welt oder in unserer Kirche. Wann ist der Punkt erreicht, dass Gott eingreift und sie neue Erfüllung erfahren? Wann ist das Maß voll, wann ergießt sich aus vorsichtiger Rücksicht in der Familie ein Redefluss der Wahrheit, die schon lange einmal ausgesprochen sein sollte? Wie finden Menschen eine Sprache für ihren Glauben an einen Vater, der befreit, sodass vermeintliche Defizite als Reichtum erlebt werden?

In seinem Roman »Das Kind, das nicht fragte« erzählt Hanns-Joseph Ortheil über einen Mann, Benjamin, der als jüngster von fünf Brüdern unter den geheimen Grausamkeiten der Geschwister immer schweigsamer wurde. Als erwachsener Ethnologe geht Benjamin eigene Wege und entwickelt eine Fragetechnik, die Menschen in ein selbstvergessenes Erzählen kommen lässt. Das, was er für sich nie in Anspruch nehmen durfte, ermöglicht er anderen. Sein Forschungsprojekt in einem kleinen sizilianischen Dorf wird für ihn zur Befreiung. Nicht nur, dass er wie selbstverständlich mit den einflussreichen und gebildeten Menschen parliert, Frauen die Herzen öffnet, und die Anerkennung erfährt, die ihm seine Brüder als krankem Sonderling nie haben zukommen lassen, er findet auch die Liebe seines Lebens und mit ihr ein Kloster auf Korfu, in dem die Gesänge der Mönche ihn verzaubern und Dämme des Schweigens endlich brechen.

»Manchmal hören wir in den Klöstern die Gesänge der Mönche zu Ehren des griechischen Gottes. Der griechische Gott hat Italien niemals betreten, dort wohnen der Papst und die anderen westlichen Priester, die sich als späte Jünger Jesu bezeichnen und mit ihm noch in halbwegs direktem Kontakt stehen. Der griechische Gott aber ist sich dieses halbwegs direkten Kontakts keineswegs sicher, er ist Gottvater, der weiter nach seinem verlorenen Sohn ruft, so wie der Sohn am Kreuz nach seinem Vater gerufen hat. … *Da aber kommt etwas in mir zurück*, und ich spüre es, als ich eine fremde Musik höre, es ist ein ritueller Gesang von den Mönchen des Klosters, und er kommt aus einem Gebäude direkt neben der Kirche. Er dringt durch die Ritzen der geschlossenen Fenster, als hätte sich dort nebenan eine Gruppe von Mönchen versammelt, *um für mich zu singen.* (Ja, ich habe dieses aberwitzige, schräge Gefühl: *Sie singen und beten für dich! Sie haben sich dort versammelt, um den griechischen Gott anzurufen, zu dem du nicht in direktem Kontakt stehst. Du kennst den griechischen Gott nicht, Du hattest nie Kontakt mit ihm, jetzt aber hörst du, wie die Mönche für dich beten und dafür, dass er dich als einen Gast bei sich aufnimmt.)*« (Ortheil, 381f.)

Die Entfremdung heutiger Menschen vom christlichen Glauben verhindert nicht, dass der Abba-Ruf in ihnen zum Klingen kommt. Die Wege zu solchen Erfahrungen der Zugehörigkeit sind vielfältig und schwer planbar. Hier ängstlich die reine Lehre zu fordern, verhinderte eine Annäherung und ersehnte Beheimatung von Menschen mit ihrer eigenen Glaubens- und Lebensgeschichte.

Literatur: *Sybille Berg*, www.spiegel.de/kultur/gesellschaft/sybille-berg-ueber-weihnachten-a-873783.html (abgerufen am 31.5.13); *Dorit Kowitz*, Wie viel anders ist normal?, in: DIE ZEIT, Nr. 13, 21. März 2013, 17f.; *Hanns-Joseph Ortheil*, Das Kind, das nicht fragte, München 2012.

2. Weihnachtstag

2 Korinther 8,9:

Gottes Armut – unser Reichtum

A

Peter Martins

I Eröffnung: Konkurs für uns

Angesprochen werden Kenner der Gnade Gottes. Wahrscheinlich ist vor allem mit ihnen am zweiten Morgen nach dem Heiligen Abend zu rechnen. Leute, für die der zeitlich erfahrene Abstand zur Krippenlegende keine Distanzierung von der Wirklichkeit der Weihnachtsgeschichte bedeutet. 2 Kor 8,9 darum als »Überbrückungshilfe«? Dass ein Reicher verarmt, klingt aber eher nach Konkurs und Verlustgeschäft. Doch das Engagement dieses Reichen reicht mehr als genug. Hier hat sich jemand für andere völlig verausgabt, aus Gnade. Wenn diese Gnadengeschichte (*charis*) der Grund weihnachtlicher Freude (*chara*) ist, haben wir eine schöne Bescherung: »Er wird ein Knecht und ich ein Herr; / das mag ein Wechsel sein! / Wie könnt es doch sein freundlicher, / das herze Jesulein.« (EG 27,5). Dieses Kind tilgt die Schulden derer, die auf Kosten anderer leben (vgl. EG 37,5). Ihm wird nichts geschenkt, sondern was man ihm geben könnte, hat man selbst von ihm empfangen (vgl. EG 37,1). Wie kann die Gemeinde diesen Wechsel einlösen?

II Erschließung des Textes: Christus auf Kredit

Die Antwort des Paulus auf diese Frage lautet: Die reichen Korinther (1 Kor 1,5; 2 Kor 8,7) haben etwas von ihrem Reichtum, wenn sie ihn teilen. In 2 Kor 8–9 heißt das: Beteiligt euch reichlich an der Kollekte für die Mutter aller Gemeinden. Die Gabe aus der Völkerwelt zum »Gedenken der Armen« in Jerusalem soll materiell zum Ausdruck bringen, was die paulinische Rechtfertigungsbotschaft geistlich beinhaltet (vgl. Georgi, 77). Doch sieben Jahre lang, von der Gründung der Gemeinde durch Paulus bis zu seinem letzten Aufenthalt in Korinth, war die Kollekte ein umstrittenes Projekt. Wozu Paulus sich auf dem Apostelkonvent (Gal 2,10) verpflichtet hatte, sollte für die Gemeinden freiwillig sein. Der Vorwurf aus Korinth: Paulus instrumentalisiere die Höhe der Kollekte als Legitimation für die eigene Missionsstrategie im Konflikt mit seinen Konkurrenten (vgl. Georgi, 41–45).

Es war den Vermittlungsbemühungen des Titus zu verdanken, dass die Kollekte nicht völlig zum Erliegen kam. In diese Situation hinein schreibt Paulus den in 2 Kor 8–9 erhaltenen Brief. Um das Projekt nicht wieder zu gefährden, verzichtet er auf den autoritären Gestus (V. 8), beteuert die Subjektivität seiner Meinung (V. 10) und verweist die reichen Korinther ganz auf die sichtbare Spendenfreudigkeit der selbst in abgrundtiefer Armut lebenden Mazedonier (V. 1–6). Die Kollekte als Ausdruck der Liebe der Korinther – nicht zum Apostel, sondern zu dem, dem sie ihren Reichtum verdanken. Wieder verzichtet Paulus auf ein eigenes Wort und zitiert in V. 9 besser, was in den Gemeinden wie im Christushymnus (Phil 2,6–8) bekannt wird (vgl. Wolff, 171 u. Georgi, 61). Die Verknüpfung zum Makrokontext leistet dabei der Begriff *charis,* der in 2 Kor 8–9 drei Bedeutungen hat: Gnade Gottes (als Vor-Gabe 8,9; 9,8.14), Kollekte (als Weiter-Gabe, 8,4.6.7.19) und einfach (Gaben-)Dank (8,16, 9,15). Dies ist im Übrigen ein wichtiges Argument für die literarische Einheit von 2 Kor 8–9 (vgl. Wolff, 162–166; für die Eigenständigkeit von 2 Kor 8 vgl. Mitchell, 1691).

Es gibt keinen gemeinschaftlichen Gabenwechsel ohne die Vorgabe Gottes und dieses »Geben und Empfangen« steht im Dienste der »Gleichheit« (8,13). Im Unterschied zum ökonomisch motivierten »austauschenden Geben« als Ausgleich eines Mangels, ist das »antwortende Geben« eine biblisch zitierbare Erfahrung des Ausgleichs von Überfluss (Ex 16 in V. 13–15), weil es einen freiwilligen Verzicht gibt, diesen Überfluss für sich zu horten (V. 11–12). Geben geschieht nicht *als einmaliger* Austausch, sondern *im ständigen* Austausch (vgl. Frettlöh, 131–133.142).

Paulus erinnert die Korinther daran, dass sie Teil einer Geschichte sind, die mit dem Tod eines verarmten Reichen in Jerusalem verbunden bleibt. Seine ersten Zeugen sind jene Armen der Tochter Zions, an deren Leben sichtbar wird, dass dieser Tod kein Verlust, sondern ein Gewinn für alle ist (2 Kor 5,11–21). Im Christushymnus ist die Dramatik der Verausgabung Christi für andere die erste Antwort auf die Frage nach der Erkennbarkeit christlichen Lebens (Phil 2,5). Christi Reichtum ist seine Gottgleichheit (Ev. und Ep.-Lesung: Joh 1,14; Hebr 1,2.3). Er hat sie aber »nicht behandelt wie ein Räuber seine Beute; er ist nicht an sie gebunden gewesen, wie einer, an seinen Privatbesitz gebunden, ein Knecht des ungerechten Mammons ist.« (Barth 1953, 196) Der Reichtum der Gottgleichheit wird in der Selbsthingabe als Armer unsichtbar und als Freiheit Gottes wirksam (vgl. Barth 1940, 581).

Dass Gott in Christus arm wird, beginnt an Weihnachten, und die Inkarnation ist unter ökonomischen Gesichtspunkten ein Herabwirtschaften des himmlischen Reichtums auf Erden. Seitdem lebt Christus auf Kredit – im Glauben derer, die in diesem Verarmten Gottes Reichtum, in diesem Kind den Kyrios erkennen.

II Impulse: »Dies alles zum Zeichen …«

1. Dass ein Reicher verarmt, wird angesichts der gegenwärtigen Finanz-, Fiskal- und Wirtschaftskrise kaum mit besonderem Bedauern kommentiert werden. Aber wer ist reich und wann ist jemand arm? Was sind die Hintergründe und Motive des sozialen Abstiegs?

Robert Kiepert (84) führte bis 2002 in dritter Generation die größte Buchhandlung Berlins. Die großen Buchhandelsketten und der Online-Handel führten zur Insolvenz. Aber Kiepert hielt den Kontakt zu den alten Kunden. »Er hat an ihren Bürotüren geklopft und ihnen gesagt, dass sie ihre Bücher noch immer bei ihm bekommen können. Aber jetzt würde er sie ihnen eben bringen. Aus dem Chef der einst größten Buchhandlung Berlins ist ein fahrender Händler geworden.« (Internetlink Deutschlandradio Kultur) Nach der Pleite seiner Drogeriemarktkette stehen Anton Schlecker monatlich pfändungssichere 1000 € zur Verfügung. Die nicht zur Insolvenzmasse zählenden Vermögenswerte seiner Familienangehörigen werden ihm jedoch weiterhin monatlich 70.000 € zufließen lassen. (Internetlink Manager-Magazin) Beide Unternehmer haben bessere Zeiten hinter sich. Der eine versucht auf niedrigerem Niveau im hohen Alter sein Geschäft weiterzuführen und hält den Kontakt zu seinen treuen Kunden. Der andere wird sich in seiner Villa isolieren.

2. Die Auseinandersetzungen um den Vierten Reichtums- und Armutsbericht 2012 haben die Diskussion um eine Vermögenssteuer für Wohlhabende neu entfacht. Deren Anteil an der Finanzierung öffentlicher Aufgaben sinkt weiter, während die Vermögenskonzentration zunimmt. Besonders Leidtragende dieser Entwicklung sind Kinder. Der 2. Weihnachtstag böte die Möglichkeit, sich auf das Phänomen der Kinderarmut zu konzentrieren. Zwischen der nüchternen Diktion von 2 Kor 8,9 und den eher emotional ansprechenden Chorälen zu diesem Thema (vgl. EG 8,4.5; EG 27,3.4; EG 23,3.5.6; EG 38,1.2; EG 36,2.5.9; EG 37) kann die chronologische Distanz zum Heiligen Abend dazu verhelfen, ein anderes Verhältnis zur Botschaft vom »armen Kind« in der Krippe zu gewinnen. Von diesem Kind geht eine Anziehungskraft um der Armen willen aus. Die O-Töne der Kinder aus einem Weihnachtsprojekt der »Arche e.V.« machen das konkret (vgl. den Internetlink Kinderarmut; zur Arche e.V. vgl. www.kinderprojekt-arche.de, abgerufen am 31.5.13).

3. Über den zentralen Begriff *charis* kann das Spezifische des gemeinschaftlichen Dankopfers im Unterschied zum Fundraising oder zur Spende erkennbar werden. Die Kollekte erweist sich als eine materielle Form der Fürbitte. Wer sich an einer Kollekte beteiligt, verzichtet für andere darauf, die Gabe mit dem eigenen Namen (und der steuerlichen Absetzbarkeit) zu verbinden. Die gegenwärtige Praxis geht auf die Zeit des Kirchenkampfes zurück:

Helmut Gollwitzer erinnerte sich, wie 1937 der Streit um die Kollekten eskalierte, als das Kollektieren für die Bekennende Kirche verboten werden sollte. So wurde das Dankopfer eine Bekenntnisfrage mit der Folge, dass das damals gewöhnlich am Ausgang stattfindende Sammeln nun integraler Teil der Liturgie wurde. Die »gesammelte Kollekte wurde vorn an den Altar gebracht, auf den Altar gestellt, dies alles zum Zeichen: auch unser Geld und unser Geldbeutel gehört dem Herrn der Kirche.« (Gollwitzer, 110f.)

Literatur: *Karl Barth*, Kirchliche Dogmatik Bd. II/1, Zürich 1940; *ders.*, Kirchliche Dogmatik Bd. IV/1, Zürich 1953; *Magdalene L. Frettlöh*, Der Charme der gerechten Gabe: Motive einer Theologie und Ethik der Gabe am Beispiel der paulinischen Kollekte für Jerusalem, in: Jabboq I (2001), 105–161; *Dieter Georgi*, Der Armen zu gedenken. Die Geschichte der Kollekte des Paulus für Jerusalem, Neukirchen-Vluyn ^{2}1994; *Helmut Gollwitzer*, Skizzen eines Lebens. Aus verstreuten Selbstzeugnissen gefunden und verbunden von Friedrich-Wilhelm Marquardt, Wolfgang Brinkel und Manfred Weber, Gütersloh 1998; *Margaret M. Mitchell*, Art. Korintherbriefe, in: RGG^4 IV (2001), 1688–1694; *Christian Wolff*, Der zweite Brief des Paulus an die Korinther, Berlin 1989.

Internet: *Deutschlandradio Kultur*, Reportage: »Der alte Mann und das Buch« vom 12.3.2013 (http://alturl.com/tvyar); *Kinderarmut* in Deutschland, auf YouTube (http://alturl.com/fbsha); *Manager-Magazin (22.3.12)*, »Anton Schlecker fällt weich« (http://alturl.com/ndpzt) alle abgerufen am 31.5.13.

B

Peter Schaal-Ahlers

IV Entgegnung: Gnade bleibt immer schwebend

Vertraut ist mir der Werbespruch: »Kenner trinken Württemberger«, den Richard Kenner aus Esslingen für die Weingärtnergenossenschaften ersann. Die Formulierung »Kenner der Gnade« hingegen, obwohl wörtlich dem Bibeltext entnommen ist, befremdet mich. Die Erfahrung der Gnade bleibt immer schwebend. »Seine Gerechtigkeit gegen mich hätte ich begriffen, seine übermäßige Liebe ist unbegreiflich«, schreibt Stefan Andres (EG Wü, 195). Der Zuspruch der Gnade ist im Leben immer wieder schwer zu fassen. Eine Witwe sagt mir beim Seelsorgebesuch: »Jahrelang bin ich zur Kirche gegangen. In meinem Leben war alles so klar, aber seit mein Mann gestorben ist, muss ich mit dem Glauben ganz neu anfangen.«

Bezweifeln möchte ich, ob die Diskussion um eine Vermögensteuer für Wohlhabende (Arme wären von dieser Steuer höchstwahrscheinlich nicht betroffen!) auf der Kanzel an Weihnachten zu führen ist. Weil die Inkarnation Gottes ein globales Ereignis ist, müssten, wenn das Thema Kinderarmut in der Predigt aufgegriffen werden sollte, auch die Kinder in Bangladesch, Kiew oder Odessa in den Blick kommen.

Der Rekurs auf die Lebensläufe der Unternehmer Anton Schlecker und Robert Kiepert weckt bei den Hörern große Aufmerksamkeit, hinterlässt aber auch viele Fragen. Sind die Medienberichte über die alten Männer wahr, halb wahr oder gar nur stilisierte Klischees? Muss man mit 84 Jahren immer noch Klinken putzen und Bücher frei Haus liefern? Kann man hinter den Mauern einer schönen Villa nicht auch herrlich und in Freuden leben?

Gut gefällt mir hingegen die Formulierung »Konkurs für uns«. In der Tat steckt in jedem Bankrott auch positive Energie. Davon erzählt folgender Witz: »Zwei Herren sitzen im Zug von Krakau nach Warschau: ein Geschäftsmann und ein Handleser. ›Ich werd Eich die Gedanken aus der Hand lesen! Wenn ich richtig lese, kostet's zwanzig Mark.‹ Der Geschäftsmann ist einverstanden. Der Mann beginnt nun die Hand des anderen zu kneten und zu betrachten, schließlich sagt er: ›Ihr fahrt nach Hause, um Bankrott anzumelden!‹ Der Geschäftsmann zieht seine Brieftasche und überreicht dem Handleser 20 Mark. ›Also, hob ich richtig gelesen?!‹ ›Dos nicht, ober oif ne gute Idee hobt ihr mich gebracht!‹« (Für jeden neuen Tag. Heft 35 AMD, Stuttgart 2006) Gottes Verarmung ist keine Insolvenz wider Willen, nicht das Ergebnis einer verschlamperten Misswirtschaft der Himmlischen, sondern Gottes bewusst geplantes Projekt, »damit ihr reich würdet.«

V Erschließung der Hörersituation: Die Endlichkeit des Lebens

Am zweiten Christtag sind die Kirchen wieder voller. Nach dem Massenansturm des Heiligabend und dem sehr spärlichen Besuch am ersten Christtag machen sich nun wieder mehr Menschen auf. Das Fest in der Familie hat seinen Zenit bereits überschritten. Nun erwarten die Hörer gute Musik und eine gute Predigt, die ohne Lametta und dem Duft von Zimtständen dem Wunder der Weihnacht nachgeht. Der Predigttext in der Länge einer SMS besticht durch Klarheit und Fokussierung auf das Thema arm und reich.

Die Stärke des Textes sehe ich darin, dass der »fröhliche Wechsel« seltsam leicht daherkommt. Einer, der reich war, wurde arm. Und dieser fröhliche Wechsel ist bereits geschehen. Er muss durch die Gottesdienstgemeinde nicht erjagt, erzwungen und sonst wie herbeigeführt werden. Am 2. Weihnachtsfeiertag gilt es, diese gnadenvolle Bewegung zu feiern und auf vielerlei Weise zu erfassen. Bliebe es dabei nur beim Hören und Nachsinnen, würde das eine sehr trübe Feier werden. Was wäre Weihnachten ohne die Kirchenmusik und das Singen? So z. B. Martin Luthers wunderbare Nachdichtung des Predigttextes: »Er ist auf Erden kommen arm, dass er unser sich erbarm und in dem Himmel mache reich und seinen lieben Engeln gleich.« Am Ende wartet eine schöne Bescherung.

Sorgfältig ist bei der Vorbereitung der Kanzelrede zu bedenken, inwiefern die Hörenden arm sind. Bei Jesus ist dies ziemlich klar. Luxuriös war seine Jugend nicht. Als Säugling lag er in einer Krippe. Als Erwachsener lässt er allen Reichtum hinter sich: Haus und Hof, Tisch und Bett, den Betrieb des Vaters, den er eigentlich übernehmen sollte, Freunde und Verwandte. Fortan sitzt der Wanderprediger an den Tischen anderer. Er fährt auf Booten anderer. Tausende speist er mit Fischen und Brot, das andere gebracht haben. Als das Wort Fundraising noch gar nicht erfunden war, lässt er sich und sein Projekt von Frauen, die er zuvor geheilt hat, finanzieren. (Lk 8,1ff.) Den Esel, auf dem er unter lautem Jubel in die Stadt Davids einzieht, stellt ein Fremder. Selbst sein Grab muss von einem seiner Sympathisanten bezahlt werden.

Materiell arm werden die wenigsten der Gottesdienstbesucher sein. Obwohl auch hier Vorsicht geboten ist. Als ich einer Mitarbeiterin jüngst Fahrtgeld anbot, antwortete sie: »Das kommt mir sehr gelegen: Mein Sohn und ich leben nämlich von Hartz IV.« Armut ist immer mit Scham verbunden. In einer Mittelstandskirche ist hier große Sensibilität gefragt. Und gleichzeitig ist festzustellen, dass im übertragenen Sinn alle arm sind. Luther dichtet: »In unser armes Fleisch und Blut verkleidet sich das ewig Gut. Kyrieleis!« (EG 23,2) Armut ist eine anthropologische Kategorie, die zuallererst in der Endlichkeit des Lebens besteht. Schon das langsame Altern macht vielen sehr zu schaffen. Gerade an Weihnachten mit den hohen Erwartungen, die an das Fest herangetragen werden, tritt die Endlichkeit des Lebens oft schonungslos hervor. Präsent sind diejenigen, die dieses Jahr das Fest nicht mitgefeiert haben, weil sie gestorben sind. Armut wird manchmal auch an der Leere, die mitten in allem Feiern offenbar wird, deutlich. Das Gespräch zwischen Eltern und Kindern ist mühsam geworden. Manch trauriger Mensch wird im Kreis der Feiernden noch trauriger. Manche Gabe in den Klingelbeutel bleibt weit unter den eigenen Möglichkeiten. Wer keine Freunde hat, wird dies an Weihnachten hart spüren. Alkohol und Essen lassen die Leere beim Feiern (und später alles andere) vergessen.

Doch bei der Armut soll es an Weihnachten nicht bleiben. Der fröhliche Wechsel ist versprochen. Zugesagt ist uns, dass wir armen Menschen reich gemacht werden, dass wir »Erben in seinem Saal« (EG 23,5) werden. In diesem Festsaal geht es lustig zu. Alle Christenheit freut sich mit (vgl. EG 23,7). Der Tod hat ausgespielt, die Christen versammeln sich beim nie endenden Chorgesang (vgl. EG 23,7). Beim gemeinsamen Singen der Weihnachtslieder wird deutlich, dass wir nicht allein sind. Zugleich blitzt unser Reichtum auf, weil wir erspüren, wo unsere Heimat ist. Für Licht ist gesorgt, denn er »gibt der Welt ein neuen Schein« (EG 23,4).

VI Predigtschritte: Gott segne uns

Der Predigttext hat viele Liederdichter inspiriert; welch ein Glück für den Gottesdienst am 2. Christtag! Die Lieder: Gelobet seist du Jesus Christ (EG 23); Ich steh an deiner Krippen hier (EG 37); Komm in unsre stolze Welt (EG 428) sollten auf der Liedertafel nicht fehlen.

An der Figur von Ebenezer Scrooge, einem alten, schrulligen Geizkragen, kann der Predigttext entfaltet werden. Charles Dickens erzählt in dem kleinen Buch »Weihnachtsmärchen« die Geschichte des Kaufmannes und Misanthropen Scrooge. Wie Onkel Dagobert lebt er selbst spartanisch, geht früh zu Bett, um nicht unnötig Geld für Kerzen ausgeben zu müssen. In mehreren Nächten erhält er Besuch, erst von seinem verstorbenen Teilhaber Jacob Marley, dann von drei weiteren Geistern. Die nächtlichen Besucher konfrontieren Scrooge mit Situationen aus seinem Leben, in denen er Menschen unglücklich gemacht hat. So sieht er, in welch ärmlichen Verhältnissen sein Angestellter lebt. Auch sein jüngster Sohn Tiny Tim, der schwer krank war, wird ihm vor Augen geführt. Auch Bilder seiner möglichen Zukunft werden Scrooge hart vor Augen gemalt. Ein verbitterter Scrooge stirbt einen einsamen Tod. Die nächtlichen Begegnungen helfen Scrooge dabei, sein Leben zu ändern. Es ist ein hartes Ringen wie einst am Jabbok, das der alte Scrooge durchmacht. »›Ich weiß nicht, was ich tun soll!‹, rief Scooge, der in einem Atem lachte und weinte und mithilfe seiner Strümpfe einen wahren Laokoon aus sich machte. ›Ich fühle mich so leicht wie eine Feder, so glücklich wie ein Engel, so lustig wie ein Schuljunge, so schwindlig wie ein Betrunkener! Fröhliche Weihnachten jedermann! Ein glückliches neues Jahr aller Welt. Hallo! Hopp! Hallo!‹« Selbstkritisch sagt er über sein Leben im Rückblick: »Warum ging ich mit zur Erde gehefteten Augen durch die Schar meiner Mitmenschen und wendete meinen Blick nie zu dem gesegneten Stern empor, der die Weisen zur Wohnung der Armut führte?« Seinen Angestellten besucht Scrooge an Weihnachten und sagt: »Ein fröhlicheres Weihnachten, guter Bob, als ich Ihnen jahrelang bereitet habe! Ich will Ihr Gehalt erhöhen und mich bemühen, Ihrer schwer ringenden Familie beizustehen.« Wenig später heißt es: »Scrooge war noch besser als sein Wort. Er tat, was er sagte, und noch unendlich viel mehr.« Der letzte Satz des Märchens heißt: »Gott segne uns und alle und jeden besonders!«

Literatur: *Charles Dickens*, Ein Weihnachtsmärchen, München 1990.

A

Jesaja 49,13–16:
Geistliches Antidepressivum

Alexander Höner

1 Eröffnung: Könige, nehmt uns mit – der Weg zur Krippe ist lang

»›Könnten wir doch, liebe Gemeinde, das Wort … so neu und lebendig hören wie einst, als es der Prophet zum ersten Mal sprach, so aktuell umwerfend, mitreißend‹, beginnt G. v. Rad eine Predigt über Jes 40,1–11 und fährt fort: ›Dem Volk Israel muß es nahegegangen sein.‹ Wie nahe geht es uns, Deuterojesajas Wort?« (Grimm/Dittert, Deuterojesaja, 44)

Weihnachten – vom Gefühl her eigentlich schon vorbei. Wir befinden uns, wie man so schön sagt, zwischen den Jahren. Die meisten Gedanken sind bereits Richtung Jahresresümee, Silvesterfeier und Neujahr unterwegs. »Wann schmücken wir dieses Jahr den Weihnachtsbaum ab?« Die erste nackte Tanne habe ich einmal am zweiten Weihnachtstag auf der Straße liegen sehen – endlich vorbei. Und doch stecken wir immer noch mittendrin. Merken, dass es mehr ist, als die statische Krippenpostkarte, die mit Magnet am Kühlschrank hängt. Mehr als drei Tage im Ausnahmezustand. Mehr als unerträgliche Familienfülle oder Einsamkeit. Was klingt nach? Die heiligen Drei kommen erst viel später. Gut machen die das. Die brauchen länger, um anzukommen. Wir sind auch unterwegs. Spüren nach, was in der geheimnisvollen Nacht behauptet wird. Gott wird Mensch. Für diese Botschaft braucht man länger als einen überfüllten Gottesdienst.

»Kleines Mädchen verhungert: Fünf Jahre Haft für Mutter« (Internetlink Spiegel Online 23.04.2013). Eine Bindung kann nicht stärker erfahren werden als die zwischen Mutter und Kind. Und doch gibt es Lebensumstände, die auch diese Bindung brechen lassen. Ist Gott nie überfordert? Vielleicht ist seine Allmacht das größte Missverständnis. Auch Gott ist manchmal mit dem Leben überfordert, ansonsten hätte es Golgatha nicht gegeben, diese Szene, in der aller Schmerz zusammenkommt. Da schreien die verhungernden Mayas dieser Welt. Gott verlässt sie nicht, er verhungert mit. Er feiert mit uns das Leben und er verzweifelt mit uns am Leben. Gott wird Mensch. Es braucht länger als eine einzige stille Nacht. Könige, nehmt uns mit – der Weg zur Krippe ist lang.

II Erschließung des Textes: »Das Trostbuch Gottes«

Werner Grimm nennt seine Übersetzung von Deuterojesaja »Das Trostbuch Gottes«, und auch in unserer Perikope ist dieser Aspekt zu finden: »Denn der Herr hat sein Volk getröstet (...).« Trost als zentrales Motiv. Sagen die ersten 39 Kapitel im Jesajabuch Unheil über das Volk Israel voraus, schließen die folgenden sechzehn Kapitel mit Heilsankündigungen an. Deuterojesajas Worte wollen trösten, wollen den Menschen sagen: Seid zuversichtlich, ihr habt eine Zukunft, nach der durchlebten Katastrophe erwartet euch eine gute Zeit, Gott hat euch nicht verlassen. Brauchen wir heute diesen Trost? Welche Katastrophe haben wir durchlebt oder in welcher aktuellen Krise stecken wir? Können wir die Prophetenworte »neu und lebendig« hören?

»Die mögliche Bedeutung Dtjes.s in den Krisen der Gegenwart und für den einzelnen Menschen in typischen Nöten von heute läßt sich nicht zu einem Satz bündeln. Wären wir dazu gezwungen, würden wir so formulieren: In den Worten Deuterojesajas ist gesammelte Seelsorgeerfahrung bewahrt, ein erprobtes geistliches Antidepressivum zur Verfügung gestellt, welches seine Wirkung tut durch die Sprache der elementaren Beziehungen, durch Bilder, die Tiefenschichten der Seele erreichen, und durch den Einsatz des göttlichen Ich.« (Grimm/Dittert, Deuterojesaja, 45)

Warum muss Deuterojesaja seine Zuhörenden bzw. Lesenden trösten und seelsorgerlich begleiten? Er schreibt in einer Umbruchszeit zwischen 550 und 539. Jerusalem wird 587 von den babylonischen Soldaten eingenommen und verwüstet. Auch der salomonische Tempel wird zerstört, die obere Hälfte der Bevölkerung wird ins Exil gebracht. Das Großreich Babylon verliert in den Jahrzehnten danach an Macht und die Perser erstarken. In dieser Phase des Machtwechsels vergrößern sich die Spielräume der besiegten Völker. Auch die Israeliten hoffen, in ihr Land zurückkehren zu können und wieder eigenständig zu werden. In diese Situation ruft Deuterojesaja hinein: »Jauchzet, ihr Himmel; freue dich, Erde! Lobet, ihr Berge, mit Jauchzen!« Gott hat euch nicht vergessen, er erbarmt sich euer. Auch wenn Zion zerstört wurde, ihr Bauplan ist in die Hände Gottes gezeichnet, ihre Mauern sind ewig bei ihm.

Wie hören wir die Worte des Trostpropheten zu Weihnachten 2013? Über uns ist in den vergangenen Jahrzehnten kein anderes Volk kriegerisch hinweggerollt. Aber es sind Krisen an anderen Stellen auszumachen. Zum Zeitpunkt der Abfassung dieser Studie wird intensiv darüber diskutiert, ob der Wohlstand in unserer Gesellschaft gerecht verteilt ist. Besonders angeheizt wird die Debatte durch die kürzlich aufgedeckte Causa des FC-Bayern-Präsidenten Ulrich Hoeneß. Wie sollen diejenigen geahndet werden, die (halb-)illegal versuchen, die Gemeinschaft nicht an ihrem Reichtum teilhaben zu lassen, z. B. durch Steuerflucht? Wir leben in einem System, in dem es Einzelnen ermöglicht wird, ungeheuren Reichtum anzuhäufen, und in dem Möglichkeiten eingebaut sind, sich der Verantwortung für das Zusammenleben aller zu entziehen. Die Ungleichheit drückt sich auch in der Arbeitslosenquote vieler südeuropäischer Staaten aus. Besonders unter jungen Arbeitnehmern erreicht sie eine Höhe, die eine destabilisierende Wirkung auf die ganze Gemeinschaft haben könnte (vgl. Internetlink Süddeutsche Zeitung).

Damit in Zusammenhang steht für viele die Frage, wie sie selber unter dem hohen Konkurrenzdruck und der steigenden Komplexität des Lebens überleben können. Das Thema Überforderung taucht regelmäßig in den Medien auf – ob am Arbeitsplatz, in der Schule oder bezüglich des gesamten Lebenswandels. Es ist ein Lebensgefühl, das immer mehr Menschen erreicht. Viele haben Angst, sich und ihre Familie nicht gut genug für die Zukunft »aufzustellen«. In der Kirche drückt sich diese Krise meines Erachtens in der Form aus, dass die Anfragen und die Bedürfnisse der Menschen immer mehr werden, aber immer weniger Hauptamtliche und Ehrenamtliche für die Begleitung zur Verfügung stehen. Auch hier macht sich ein Gefühl der Überforderung und Ängstlichkeit breit. Die meisten sind froh, wenn sie das Alltagsgeschäft halbwegs gut über die Bühne bekommen. Da bleibt wenig Kraft, neue Impulse mutig auszuprobieren, oder sich einem öffentlichen Diskurs mit klaren, aufrüttelnden Standpunkten auszusetzen. Hat uns Gott verlassen?

III Impulse: Den Bauplan Zions aus der Hand Gottes abpausen

Dieser Frage setzt Deuterojesaja starke Bilder entgegen: Noch weniger, als eine Mutter ihre Kinder nicht vergessen kann, wird Gott uns nicht im Stich lassen. Die Grundstruktur eines gerechten Gemeinwesens, in dem alle am Wohlstand teilhaben können und niemand um sein Leben fürchten muss, in dem niemand mehr in einer Futterkrippe zur Welt kommt, ist in die Hände Gottes eingezeichnet. Eine schöne Weihnachtsbotschaft, die uns der Prophet mit auf den Weg gibt, auf den Weg, der nicht mit dem zweiten Weihnachtstag endet.

Mich fasziniert, den Gedanken weiterzuführen, inwieweit die Situation der Israeliten damals, ihren Gott anders zu denken, anders zu verehren, als sie in der Heimat gewohnt waren, auch heute Impuls für einen neuen Weg ist, Kirche zu sein. »Tatsächlich wird Israel in dieser Zeit unter schmerzlichen Wehen neu geboren, freilich nicht mehr als das Israel, das es war, sondern als das Judentum, das noch 600 Jahre später Umgebung und Bezugspunkt Jesu sein wird. Mit B. Lang (…) wird man es als ›Kreatur des prophetischen Wortes‹ bezeichnen, denn Hesekiels und Deuterojesajas Verkündigungen sind es gewesen, die nicht nur die Hoffnungsflamme entzündeten, sondern auch Ohren und Augen für einen viel größeren Gott Israels öffneten.« (Grimm/Dittert, Deuterojesaja, 20)

Was heißt das für uns als Kirche? Ist eine solche Transformation zu einem umfassenderen Verständnis von Gott auch heute möglich, ja notwendig? Ein Gott, der mit uns an den Traurigkeiten des Lebens verzweifelt, und der nicht eindeutig, sondern in der Widersprüchlichkeit der Mystik – Meister Eckardts Wendung »stilles Geschrei« bringt es auf den Punkt – erfahrbar ist. Ein Gott, der nicht nur bestätigt und hinnimmt, sondern der beunruhigt und einen aufbrechen lässt – nach Zion, diesem verheißenen Ort in Gottes Händen, den wir abpausen für unsere Welt.

Dorothee Sölle, derem zehnten Todestag wir in diesem Jahr gedacht haben, hat in ihren Texten und Gedichten Gott in diesem Spannungsfeld von Mitleiden-Mystik-Widerstand zum Ausdruck gebracht – im Fahrwasser der biblischen Propheten/innen. »Ich glaube an jesus christus / der recht hatte als er /›ein einzelner der nichts machen kann‹ / genau wie wir / an der veränderung aller zustände arbeitete / und darüber zugrunde ging / an ihm messend erkenne ich / wie unsere intelligenz verkrüppelt / unsere fantasie erstickt / unsere anstrengung vertan ist / weil wir nicht leben wie er lebte / jeden Tag habe ich angst / dass er umsonst gestorben ist / weil er in unseren kirchen verscharrt ist / weil wir seine revolution verraten haben / in gehorsam und angst / vor den behörden / ich glaube an jesus christus / der aufsteht in unser leben / dass wir frei werden / von vorurteilen und anmaßung / von angst und hass / und seine revolution weitertreiben / auf sein reich hin.« (Gutmann/Höner/Luthe, 95f.)

Die Predigt könnte mit einer Fantasie beginnen: Unsere Kirchen sind zerstört, wir sind aus unserer Heimat vertrieben. Welche Geschichten des Trostes, der Veränderung und der Hoffnung erzählen wir uns? Wie vergewissern wir uns, dass Gott uns nicht verlassen hat, dass wir auf dem Weg nach Zion sind?

Liedvorschlag: EG 361 »Befiehl du deine Wege«, vor allem Strophe 6. Die dort angesprochene Zeit ist jetzt, Gott wird Mensch, er hat uns nicht vergessen, und den Bauplan für unsere gerechte Gemeinschaft lesen wir in seinen Händen ab.

Literatur: *Werner Grimm/Kurt Dittert*, Deuterojesaja. Deutung – Wirkung – Gegenwart, Stuttgart 1990; *Werner Grimm/Kurt Dittert*, Das Trostbuch Gottes. Jesaja 40–55, Stuttgart 1990; *Hans-Martin Gutmann/Alexander Höner/Swantje Luthe*, Poesie, Prophetie, Power. Dorothee Sölle – die bleibende Provokation, Berlin 2013.

Internet:www.spiegel.de/panorama/justiz/kleines-maedchen-in-aldingen-verhungert-fuenf-jahre-haft-fuer-mutter-a-896089.html; www.sueddeutsche.de/wirtschaft/arbeitslosigkeit-in-europa-ploetzlich-gibt-es-einen-knall-1.1655394 (beide abgerufen am 31.05.13).

Christoph Vogel

B

IV Entgegnung: Jubelnder Trost

Zum Hören und Sacken-Lassen der Weihnachtsbotschaft »braucht man länger«, schreibt A. Das trifft meiner Wahrnehmung nach den Wunsch der Gemeinde, die am Sonntag nach Weihnachten in den Gottesdienst kommt: Es ist eine Gemeinde, die Weihnachten auskosten möchte, seinem Geheimnis nachspüren und die Lieder der Weihnacht singen will – nach Neujahr geschieht dies ja kaum noch –, die länger brauchen möchte.

Sie hört einen Text, dessen trostvollen Charakter A völlig zu Recht betont. Etwas zu kurz kommt mir dabei der »Ruf zur Freude« (Grimm/Dittert, 339), der der Trostverheißung voransteht – und sie damit prägt. Zwar ist es exegetisch nicht recht nachvollziehbar, weshalb 49,13 von seinem Grund (49,1–6) abgeschnitten ist. Der Jubelruf bildet (wie auch 44,23 oder 54,1) im Deuterojesajabuch je »einen markanten Einschnitt« (Hermisson). Hier scheint nun der Trost im Vollzug begriffen, zu dem 40,1 aufrief. Der Jubelruf ist wie eine Fanfare zur Wende von der Depression zu hoffnungsvoller Zuversicht. Wie das Weihnachtsfest dem Weihnachtsgefühl Raum und Rahmen bietet, so bei Deuterojesaja der in der bevorstehenden Erlösung aus dem Exil gründende Jubelruf dem Trost. Der hebräischen Wurzel von ›trösten‹ – ›nhm‹– »liegt ›die Idee einer Erleichterung zugrunde, die aus einem tiefen Atemzug genommen wird und der eine Gemütserregung vorangeht, die als (seelische) Atemnot erfahren wird‹ (Jörg Jeremias)« (Grimm/Dittert, 50). Es darf im Gottesdienst erleichtert aufgeatmet werden.

Diesen mit Jubel eingeleiteten Trost ordne ich aber nicht allein einer gesellschaftlich-kollektiven »Katastrophe« oder »Krise« zu, deren Überwindung sich durch das Abpausen eines gerechten Gemeinwesens nach Zions Vorbild vollzieht; so reizvoll der Gedanke des Abpausens ist, hier gehe ich mit A nicht überein. Trostbedürftig war zur Zeit Deuterojesajas ein verängstigtes, äußerlich und in seinem Wohlstand zerstörtes Volk: Für diesen Gottesdienst steht mir der einzelne Gottesdienstbesucher, die einzelne Gottesdienstbesucherin vor Augen, der bzw. die nach Trost fragt und ihn gerade in der Weihnacht erhofft.

V Erschließung der Hörersituation: Wider die Kränkung des Vergessens

Dem Trost korrespondiert in der Perikope das »Vergessen«. In die Finsternis der kollektiven Angst Zions, verlassen und – eben noch stärker als dies gar – vergessen zu werden, wird durch Deuterojesajas Worte ein Licht gestellt. Seine Botschaft strotzt vor Gewissheit, dass Gott seines Volkes gedenkt; der Bauplan des neuen Zions ist bereits Gravur in Gottes Hand. Trost erfährt, wer weiß, dass er, dass sie nicht verlassen und nicht vergessen ist.

»Ich werde übergangen.« – »Auf mich wird keine Rücksicht genommen.« – »Wer fragt schon nach mir?« – »Ich bin vergessen.« Es sind diffuse Gefühlslagen, die sich in diesen alltäglichen und allgegenwärtigen Sätzen artikulieren. Sie mögen in der familiären Ausgestaltung der Zeit

»zwischen den Jahren« oder durch die Wahrnehmung sozial-, gesundheits- oder sonstiger politischer Entscheidungen neue Nahrung erhalten haben. Das infrage gestellte Ich sucht nach einem Halt. Die erlebte Kränkung soll Tröstung erfahren.

Für die Gemeinde mag genau dies mit ein Grund sein, diesen Weihnachtsgottesdienst zu besuchen: um zu hören, dass Gott sein Volk – und gerade deshalb auch mich persönlich – »besucht und erlöst« (Lk 1,68). Gott vergisst nicht die Welt, sondern er kommt zur Welt. Gott vergisst den Einzelnen nicht, sondern tritt ihm nahe in Wort und Sakrament.

Dass Jesaja als Bild für Gottes Verhältnis zum Menschen auf das Verhältnis einer Mutter zu ihrem Kind zurückgreift, erweist sich heute als ambivalent; A hat einen aktuellen Fall genannt. Der Text scheint mit der Gebrochenheit menschlicher Erfahrung zu rechnen, wenn durch Übersteigerung menschlicher Erfahrung Gottes Handeln skizziert wird, um über ihn gerade das Beständige aussagen zu können: Gottes Erinnerungsvermögen an »dich«, Zion, an »dich«, Predigthörerin und Predigthörer, ist unverbrüchlich und bleibt unverbrüchlich. Gott verlässt nicht und vergisst nicht (vgl. Ps 9,11). Wie Deuterojesajas Verheißung, so ist auch die Weihnachtsbotschaft dafür Zeugnis und Beleg (vgl. Joh 3,16).

Die Predigt muss dabei dem Umstand Rechnung tragen, dass die Perikope nicht unmittelbar weihnachtlich anschlussfähig ist. Im Gegenteil, sie bricht die weihnachtliche Bildwelt sogar mehrfach. Zentral läuft die Perikope auf ihren letzten Satz zu: »Ich will deiner nicht vergessen.« Nicht auf das Kind »in Windeln gewickelt und in einer Krippe liegend« wird die Aufmerksamkeit gerichtet, sondern auf ein »Du«. Das Hören des Textes führt zu der Frage: Was bedeutet Weihnachten für »mich«? – Im Zentrum der Perikope steht nicht eine »Männerwelt« der Hirten und Könige, sondern in den Fokus rückt Maria: »Gottes Gottheit ist mütterliches Erbarmen« (Grimm/Dittert, 344). Wer den Text hört und dabei eine Krippe vor Augen hat, wird unwillkürlich den Blick auf Maria richten. – Und schließlich wird auch die gewohnte weihnachtliche Denkrichtung umgekehrt. Der Text wendet den Inkarnationsgedanken. Nicht Gott kommt zum »Du«, sondern dieses »Du« des Textes wird eingezeichnet in Gottes Hand, geht ein in Gottes Fleisch und Blut. Es ist ein sakramentales Bild.

»Gottheit und Menschheit vereinen sich beide« (EG 66,1) im Inkarnationsgeschehen. Gott gibt sich in Jesus Christus in die Hände der Menschen; die Menschen sind in Christus eingezeichnet in Gottes Hand. ›Gottes Sohn wird Mensch, damit der Mensch Heimat habe in Gott‹ – so formuliert es Hildegard von Bingen. Untrennbar verbunden zu sein, so dicht wie möglich dran zu sein an Gott, lautet die Sehnsucht hinter dem Text.

Die Verunsicherung und Kränkung des Ich soll in Liturgie und Predigt Tröstung erfahren, »süßen Trost genießen« (EG 450,2), ohne in einem regressiv stimmenden Sinne zu vertrösten. Deuterojesaja wollte die Exilierten in ihrem Glauben vergewissern, damit sie handlungsfähig werden bzw. bleiben.

Auf Jahrmärkten, in Schwimmbädern oder Freizeitparks sieht man immer wieder jüngere Kinder, die auf ihren Unterarm oder in ihre Hand die Nummer des Handys ihrer Eltern notiert bekommen haben, für den Fall, dass sie sich verlaufen: Ein Vergessen ist unmöglich, weil die Telefonnummer in die Hand eingezeichnet ist. Durch diese Gewissheit ist Freiheit möglich und lässt sich die Welt gestalten (von hier aus wäre auch eine Brücke zum Predigtimpuls von A denkbar). ›Gut und glücklich ist die Seele, welche Gott zum Wächter bat, welche in seinen Händen ruht, welche allezeit vor seinem Blicke ist‹, notiert Ambrosius von Mailand zu Jesaja 49,16.

Übergangen und vergessen worden zu sein, ist der Grund für den Protest, den der chinesische Fotokünstler Liu Bolin mit seiner Kunst artikuliert. Er wendet sich gegen das Vorgehen der chinesischen Regierung, die das Künstlerdorf Suo Jia Cum 2005 niederreißen ließ. Der Künstler protestiert dagegen, indem er sich als für das Handeln seiner Regierung überflüssigen, »unsichtbaren Menschen« inszeniert. Dazu zeichnet er sich im Wortsinne in eine bestimmte Umgebung ein. Mit einem speziellen Anzug stellt er sich vor unterschiedlichsten Hintergründen auf, vor einer Mauer ebenso nahezu unsichtbar wie in einem Kinosaal oder vor einem Säulengang. Ein erstes Foto entsteht, das dazu dient, den durch seine Person verdeckten Hintergrund in seinem Atelier auf den Anzug zu übertragen. Dann tritt der Künstler wieder in der gleichen Position vor den Hintergrund, auch Gesicht und Hände werden entsprechend bemalt. Nun wird das Foto gemacht. Liu Bolin ist »eingezeichnet« in seine Umgebung. Er ist nahezu unsichtbar (vgl. über die Links des Wikipediaeintrags zu Liu Bolin hinaus den Bericht www.prosieben.de/tv/galileo/videos/clip/2031367-top-fotokuenstler-1.3448046, abgerufen am 31.5.13).

Weihnachten geht Gott genau diesen Weg mit. In Christus zeichnet sich Gott in die Welt ein – freilich in aller Sichtbarkeit. Damit erhalten die Unsichtbar-Gemachten, die Vergessenen und die Übergangenen Gesicht und Stimme und Hoffnung. Die Verheißung Deuterojesajas lässt sich in dieser Perspektive als noch weitergehender verstehen: Von Gott nicht vergessen zu sein, heißt, nicht nur nicht gottverlassen in diese Welt, sondern gar unverlierbar in Gottes Hand eingezeichnet zu sein.

Die in der Verheißung Deuterojesajas mitschwingende eschatologische Perspektive hat Theresia von Lisieux fröhlich und keck »geerdet«: »Ich sehe nicht ein, dass ich nach dem Tod mehr besitzen werde, als ich in diesem Leben schon habe. Ich werde Gott schauen; das ist wahr! Aber was das Mit-ihm-Sein anbelangt, so bin ich es schon ganz und gar auf

Erden.« (Zitiert bei Stertenbrink, 91) In der Menschwerdung Gottes ist unverbrüchlich sein Mit-uns-Sein verheißen.

Weitere Liedanregungen mit direktem Bezug auf den Text: EG 243,3–4 »Lob Gott getrost mit Singen«; EG 58,4–5 »Nun lasst uns gehen und treten«). Ein ausbaufähiges Gebet findet sich EG Berlin-Brandenburg 926.

Literatur: *Werner Grimm/Kurt Dittert*, Deuterojesaja. Deutung – Wirkung – Gegenwart, Stuttgart 1990; *Hans-Jürgen Hermisson*, Deuterojesaja 2. Teilband (45,8–49,13), Neukirchen-Vluyn 2003; *Christoph Schneider-Harpprecht*, Trost in der Seelsorge, Stuttgart 1989; *Rudolf Stertenbrink*, Allein die Liebe, Freiburg im Breisgau 1980.

Silvester

A

Hebräer 13,8–9b:

Gnade im Wandel

Martin Zerrath

I Eröffnung: Eine Steilvorlage?

Die ersten Böller krachen, die Partygänger machen sich allmählich auf den Weg. Doch während es draußen im Laufe des Silvesternachmittags unruhiger und lauter wird, fungieren die Kirchenräume an diesem Tag als Rückzugsorte. Die Unruhe derer, die heute in den Gottesdienst gehen, ist eine innere. Sie verbindet sich mit dem Blick zurück und nach vorne, der sich angesichts des bevorstehenden Jahreswechsels einstellen kann. Bei manch einem verbindet sich dieser Blick mit der Frage nach dem Sinn (des Gewesenen und des Kommenden) oder nach dem, was trägt (getragen hat und tragen wird). So stelle ich mir die zum Gottesdienst Versammelten als eine Gruppe vor, die Verschiedenes erwartet: eine Zeit der Besinnung; eine erschließende Perspektive auf das eigene Leben im Wandel der Zeit; einen guten Gedanken zum Mitnehmen in das neue Jahr.

»Jesus Christus gestern und heute und derselbe in Ewigkeit« – beim ersten Hören klingen die Worte von Hebr 13,8 für mich wie eine Steilvorlage für eine jede Silvesterpredigt; gerade deshalb, weil es gegenüber dem hier Skandierten in christlicher Hinsicht doch kaum etwas zu ergänzen gibt: Im Strom der Zeit, der so vieles hervorbringt und dann wieder versinken lässt, habe ich in Jesus Christus meinen ewigen Grund. Ist damit nicht eigentlich alles gesagt?

Beim zweiten Hören denke ich: Nein. Anfragen ergeben sich für mich in dreierlei Hinsicht: *Erstens*: Was ist eigentlich das Frohmachende an der Vorstellung von der Ewigkeit Jesu Christi? Was habe ich (als vergänglicher Mensch in meinen vergänglichen Lebenszusammenhängen) davon, dass von einem anderen berichtet wird, er sei in Ewigkeit derselbe? *Zweitens* (und unbeschadet dessen, dass wir es oft im Gottesdienst hören): Kann ich das überhaupt glauben, dass Jesus in Ewigkeit derselbe ist – und falls nicht: Welcher vermittelnde Gedanke hilft mir hier auf die Sprünge? *Drittens* bleibe ich auch an dem »festen Herz« (V. 9b) hängen, von dem im weiteren die Rede ist. Ist dieses tatsächlich »ein köstlich Ding«, wie es heißt? Ich persönlich assoziiere mit dieser Metapher eher Steinernes, Schweres und auch (nach dem Motto: hart, aber gerecht) Ungnädiges. So stellt sich mir die Frage, ob ich den HörerInnen tatsächlich die Aussicht auf ein »festes Herz« mit auf den Weg in das neue Jahr geben möchte.

II Erschließung des Textes: Gebote oder Gnade?

Nachlassende Gottesdienstbesuche – Abwanderungstendenzen – eine Gemeinde, der die Luft ausgeht: Wer meint, hierbei handele sich um Erscheinungen bloß des neuzeitlichen Christentums, wird vom Hebräerbrief eines Besseren belehrt (vgl. nur Hebr 5,11; 10,15; 12,12). Die »Mahnrede« (Weiß, 35), als der sich der gesamte Brief in seiner Intention begreifen lässt, zielt hingegen darauf, neue Kraft in »die erschlafften Hände und die wankenden Knie« (Hebr 12,12) zu bringen.

Auch der Predigttext folgt erkennbar dieser Absicht. Er ist in einem paränetischen Kontext eingebunden (13,1–19), dessen zentrales Motiv das Festhalten am einst empfangenen Glauben ist (vgl. Schnelle, 385). Worauf dieser Glaube ausgerichtet ist, wird zunächst in der kurzen und griffigen Bekenntnisformel benannt (V. 8). Sie erinnert an die Worte des Auferstandenen (Mt 28,20): »Ich bin bei euch alle Tage bis an der Welt Ende.« Auf das Bekenntnis folgt der Aufruf zur Aneignung desselben (V. 9). Der Hebräerbrief versteht diese Aneignung als einen Akt der Abkehr von »fremden Lehren« (V. 9a), die in der Gemeinde umgehen. Worum es sich bei ihnen handelt, wird nur angedeutet. Der Gegensatz von Gnade und Speisegeboten (V. 9), den der Brief hier geltend macht, klingt abstrakt-formelhaft. Immerhin gibt er zu erkennen, welche Weggabelung sich für die Gemeinde an dieser Stelle auftut: Während der einst empfangene Christusglaube sich seines unverfügbaren Grundes bewusst ist, steht im Vordergrund der gegnerischen Lehre die Befolgung bestimmter Gebote. Die Gläubigen stehen somit vor einer Alternative, die an paulinische Debatten erinnert (vgl. Gal 2,16–21; Röm 3,21–31): Findet euren Grund in eurem Glauben an die göttliche Gnade – oder gründet euch in euren Versuchen, ›gebotskonform‹ zu leben.

Der Verfasser des Hebräerbriefes macht deutlich, welche Option er für praktikabel hält: Nur jene, die auf die Gnade setzen, gewinnen ein »festes Herz« (V. 9). Doch was ist hiermit gemeint: Bedarf der Glaube der Härte oder gar der Scheuklappen nach links und nach rechts, um sich in dieser Welt behaupten zu können? In dem Kontext, in dem der Text seine prägnante Metapher setzt, verstehe ich ihren Sinn anders: Demnach verdankt sich die innere Konsistenz des gläubigen Herzens nicht diesem selbst, sondern dem Grund, auf dem es steht; denn dieser ist ja unverbrüchlich (da ewig – V. 8) und unverfügbar (da gnadenhaft – V. 9). Und mit diesen Eigenschaften ausgestattet, verleiht er dem Herzen Festigkeit – im Sinne einer inneren Orientierung: Das auf Gnade gebaute Herz steht und fällt nicht mit dem, was es an Gutem oder Schlechtem getan oder erlebt hat. Es ist gut geerdet – in einem Grund, den es nicht selbst gesetzt hat; und der es wetterfest macht.

Doch Vorsicht: Die Predigt sollte an dieser Stelle keiner Glaubensidealisierung das Wort reden! Vielmehr ist Hebr 13,9 beim Wort zu nehmen: Das feste Herz ist nicht das Resultat irgendwelcher Leistungen, sondern eine Gnadengabe.

III Impulse: Mercy forever!

Ich stelle mir die Predigt als eine Meditation über V. 8 vor: »Jesus Christus gestern und heute und derselbe in Ewigkeit.« Drei Variationen schlage ich vor:

1. Am Ende des Jahres können uns die Worte nachdenklich stimmen; denn der Jahreswechsel versinnbildlicht uns ja nicht nur Beständigkeit, sondern auch die Veränderungen in unserem Leben. Wie sich das Jahr ändert, so auch andere Begebenheiten und Konstellationen, die uns betreffen: Menschen kommen und gehen, Träume und Hoffnungen werden geboren und erlöschen wieder; manches rückt in Vergessenheit und anderes rückt in den Vordergrund. Was auch immer von Christus und seiner Ewigkeit gelten mag: Was uns betrifft, so gleichen wir doch eher der »Blume auf dem Felde, über die der Wind hinübergeht« (Ps 103,15).

2. *Winona forever* – diese Worte ließ sich der Schauspieler Johnny Depp einst auf dem Oberarm eintätowieren. Als wenig später Schluss mit ihr war (übrigens mit der Schauspielkollegin Winona Ryder), ließ er sein Tattoo unter Schmerzen umändern (in *wino forever* – womit er einer anderen persönlichen Leidenschaft den Vorrang gab). – Zugegeben: Die Formel in Hebr 13,8 mag gehaltvoller sein und auf ein verlässlicheres Bündnis abzielen; aber prinzipiell (wenn wir ernst nehmen, dass es sich auch bei meinem Verhältnis zu Jesus um ein *Verhältnis* handelt) ist auch meine Beziehung zu Jesus kontingenten Faktoren unterworfen. Auch sie kann sich verflüchtigen, enttäuscht werden oder in Bedeutungslosigkeit auflösen.

Auch das flüchtige Leben Jesu trägt die Signatur der Vergänglichkeit. Zwar mögen andere von Jesus »Worte des ewigen Lebens« (Joh 6,68) vernommen haben – doch er selbst schwamm (wie wir) im Strom der Zeit und war dessen Wandel unterworfen.

3. Trotzdem sind Jesu Worte und sein Leben auch ein Spiegel des Ewigen, in Form der Gnade, die sie mir vermitteln. Zwar wird auch Gnade, wo sie einmal empfangen und gelebt wird, wohl wieder von anderem überschattet oder infrage gestellt werden. Gleichwohl: Unverbrüchlich und ewig ist die Gnade, mit der Gott auf uns und unser Leben schaut (auch diese Aussage ist freilich ein Glaubenssatz!). Und sein Blick kann uns inspirieren: Auf dass auch wir gnädig auf uns schauen können; auf dass auch wir von den Irrlehren ablassen können, die uns täglich (und in besonderer Weise am Anfang eines neuen Jahres) einflüstern: *Du musst dies und jenes tun. Du musst anders aussehen. Du musst dich ändern ...*

Am Ende ist es nicht viel, was wir in unseren Händen halten: unsichtbar ist die ewige Gnade, die zu uns kommt; und unbeweisbar ist sie auch. Der Ort, an dem sie dennoch gedeihen und wachsen will, ist unser Herz. Dort will sie Wohnung nehmen, auf dass wir den festen Grund spüren, der uns Gott sein will; Gott, der auch zu uns spricht: »Du bist mein geliebtes Kind, an dir habe ich Wohlgefallen.« (Mk 1,11)

Liedvorschläge: Ideal als Rahmen der Predigt ist das Lied »Meine Zeit steht in deinen Händen« (z. B. in: Glaubenslieder, Nr. 568, Dillenburg 2006) – nicht zuletzt wegen des Refrains, der direkt auf den Predigttext Bezug nimmt: »Gib mir ein festes Herz, mach es fest in dir.« Außerdem: »Von guten Mächten« (EG 65).

Literatur: *Udo Schnelle*, Einleitung in das Neue Testament, München [7]2007; *Hans-Friedrich Weiß*, Der Brief an die Hebräer (KEK 13), Göttingen 1991.

B

Andreas Kubik

IV Entgegnung: Im Zweifel für den Wandel

A stellt den Predigttext so zum Kasus, dass er die Gnade als roten Faden des Lebens zum Thema machen möchte. So weit folge ich ihm gern, und darüber fallen mir ein paar kleinere Einwände nicht so sehr ins Gewicht. (Geht es im Text wirklich gegen Speisegebote und nicht vielmehr um das Technische von ethischen Glückslehren überhaupt? Ist die Assoziation des Steinernen beim ›festen Herz‹ nicht an den Haaren herbeigezogen?) Der Kontrast gegen die Einflüsterer, die an Silvester im Modus guter Vorsätze unbarmherzige Zeugnisse über Körpergewicht, Attraktivität und die bisherige Lebensbilanz ausstellen, leuchtet ein. Aber A schmeißt mir die verschiedenen Formen des Wandels zu sehr in einen Topf (darin an sich mit dem Predigttext einig): Wandel als Vergänglichkeit, als Unterworfensein dem Strom der Zeiten gegenüber, als bloßer Anspruch auf Selbstverbesserung ... da geht mir bei den Phänomenen zu viel verloren.

Deshalb ist zu überlegen, ob in dem Wunsch nach Veränderung nicht mehr drinsteckt, als A glauben macht. Hier eine gute Anknüpfung zu finden, scheint auch deshalb geboten, weil Silvester vermutlich mehr Gelegenheitsgäste im Gottesdienst sind als sonst.

V Erschließung der Hörersituation: Status Quo Vadis

Silvester ist nicht nur im Jahresrhythmus prominent positioniert, sondern es macht ihn auch selbst zum Thema (vgl. Fechtner). Rückblick und Vorblick halten sich die Waage, ohne ein gewisses Bilanzieren und banges Hoffen kann es kaum abgehen. *Change we can believe in* war eine der schlagkräftigeren Parolen der letzten Jahre (auch wenn dieser Glaube inzwischen wohl enttäuscht ist). Sie zielt auf einen Wandel der Zustände, der vielfach wirklich notwendig ist. Aber auch ich selbst möchte mich ändern: Ausdruck davon sind die guten Vorsätze. Sie gehen sicherlich nicht auf in nacktem Selbstoptimierungsterror. In dem Wunsch nach gesellschaftlichem und persönlichem Wandel möchte man von der Predigt erst einmal wahrgenommen sein.

Die kulturellen Reflexionsmedien (Werbung, Pop, Ratgeber usw.) bieten hier bereits eine breite Palette an. Die Vorschläge gehen dahin, gesünder, fairer und biologischer, mental stabiler, mit weniger Ballast, sorgenfreier, mit mehr Blick für das Wesentliche, den Mitmenschen zugewandter oder ganz einfach glücklicher zu leben. Vieles davon ist als Wunsch höchst plausibel und bedarf keines christlichen Überbietungsgestus. Im Gegenteil: Ein Christentum als weisheitliche Lebenskunst würde vermutlich zu ganz ähnlichen Vorschlägen kommen. Und dass es mit dem Ändern nicht immer so ganz einfach ist, ist kulturell auch gut bekannt. Daher dann die Empfehlung: »Ich bleib so scheiße wie ich bin.« (Niazi-Shahabi)

In welcher Hinsicht wird dies eigentlich *religiös* thematisierungsbedürftig? A schlägt vor, sich vom Blick Gottes inspirieren zu lassen, damit wir gnädig auf uns schauen können. Dagegen ist natürlich nichts zu sagen. Aber da fehlt in meinen Augen noch ein Zwischenglied, nämlich dies, den Wunsch nach Wandel auch noch religiös auszudeuten. Das führt auf den eher selten traktierten Topos der Erlösungsbedürftigkeit. Christopher Zarnow hat als Kern der Erlösungsbedürftigkeit den ›Willen, ein anderer zu sein‹ bestimmt. Das Gefühl der Erlösungsbedürftigkeit ist aber nach klassischer evangelischer Lehre selbst schon eine Wirkung von Gottes Ruf, der »eine dunkle Sehnsucht nach dem noch unbekannten Heil erweckt« (Schmid, 283).

In dem Wunsch nach gesellschaftlicher und persönlicher Änderung, in den guten Vorsätzen steckt das Eingeständnis drin: Mein Leben läuft nicht rund, es wäre vieles daran zu verbessern, ich wünsche mir, dass es anders, dass *ich* anders werden könnte. In der nur halb humoristischen Prophetie, dass es mit den Vorsätzen wahrscheinlich sowieso nichts wird, steckt die Ahnung, dass ich für das Gelingen meines Lebens, für mein Anderswerden nicht selbst aufkommen kann. Beides zusammengenommen heißt in religiöser Sprache: Ich sehne mich nach Erlösung. Wer an Silvester einen christlichen Gottesdienst besucht, dürfte wohl bereit sein, sich auf diese Deutung einzulassen. Zugleich aber möchte ein Ich, dass eine andere werden will, wohl auch noch als eben dieses Ich bewahrt bleiben. Ich suche nach einer Instanz, die es mir ermöglicht, mich von Grund auf zu ändern und zugleich ich selbst zu bleiben.

Der Songschreiber Jochen Distelmeyer hat mit seiner damaligen Band Blumfeld diese Dialektik von Konstanz und Veränderung in einen großartigen Song gebracht – *Status: Quo Vadis* (Songtext unter http://skyeyeliner.endorphin.ch/, abgerufen am 31.5.13). Der Wunsch nach Veränderung in einem Leben voller Angst wird verklammert mit der Stetigkeit des Unterwegsseins auf ein lohnenswertes Ziel zu.

VI Predigtschritte: Derselbe und doch nicht derselbe

Mercy forever: Gottes Gnade wird von A gleichsam wie ein Bogen über das ganze Leben geschlagen. Gott ist zugleich die Kraft der Veränderung wie die Basis meiner Identität – das ist ein tiefer und wichtiger Gedanke, an den sich eine Predigt wohl anknüpfen lässt. Indes stellt unser Bibeltext dieser Lösung ein wenig noch das Bein. Denn er will es ja nicht einfach nur als ohnehin klar voraussetzen, dass Gott eben immer mit dabei ist. Sondern das Ineinander von Wandel und Identität soll christologisch vermittelt sein, noch genauer: Jesus Christus soll als derselbe, als *ho autos* (sehr seltener Hoheitstitel) derjenige sein, der das feste Herz bringt.

Hier folge ich der Spur, die A gelegt hat: Jesus Christus erweist sich tatsächlich als derselbe gerade im Wandel unserer Bezugnahmen auf ihn. Gerade die Wandlungsfähigkeit unserer Bilder von ihm ermöglicht es uns, dass wir ein Leben lang bei ihm bleiben können. Wer auf bloß eine Anschauung Jesu verpflichtet wäre, der müsste ihn aufgeben, sobald diese Anschauung ihren Glanz verlöre. Aber weil er uns in vielerlei Gestalt begegnet – als Schmerzensmann, als Herzenskünder, als Lehrer, als Vorbild, als Himmelkönig, als ›neuer Mann‹, als Opfer für Sünden, als Mensch im wahren Sinne –, können wir an ihm und mit ihm mitwachsen. Denn etwas bleibt sich im Wandel der Bilder ja tatsächlich gleich: Immer ist da dieses Mehr, dieses Herausgehobene, eben das Göttliche an ihm, wie auch immer wir es in unserer jetzigen Lebenssituation fassen. Nur weil sich unsere Beziehung zu ihm wandeln kann, kann er uns tatsächlich *derselbe* bleiben: der Sohn Gottes. Und in seinem Bilde lässt sich auch noch das integrieren, was im Leben nicht mehr erlöst werden kann:

Nur wenige Verse nach unserer Predigtperikope erinnert uns der Hebräerbrief ja daran, dass wir hier keine »bleibende Stadt« (V. 14) haben.

Konkret könnte ich mir die Predigt als dreiteilige Meditation eines Sprecher-Ichs vorstellen, die mit einem Refrain beginnt: »Jesus Christus gestern und heute und derselbe auch in Ewigkeit.« Der *Refrain* kehrt dann, mit einer kleinen Sprechpause abgesetzt, nach jedem Teil wieder. Der *erste Teil* kreist um den Wunsch nach Veränderung: Meine Wünsche, ein anderer zu werden; meine Gefühle und Gedanken angesichts des Laufs der Dinge; meine Trauer darüber, dass ich gute Vorsätze nicht halte – meine Sehnsucht nach Erlösung. Der *zweite Teil* behandelt den Wunsch danach, derselbe zu bleiben; meine Identität, die im Wandel der Zeit erhalten bleiben soll: Alles ändert sich, allerorten Aufforderungen, nicht stehen zu bleiben, mich zu verbessern, mich weiter zu entwickeln – meine Sehnsucht nach einem roten Faden meiner Lebensgeschichte. Der *dritte Teil* ist nach Art einer Biografie des Jesus-Bezugs gebaut: wie mir Jesus vorkam, als ich ein Kind war, als Jugendlicher, als erwachsene Person, eventuell auch als Greisin; wie er sich vor meinen Augen wandelte und doch immer der Sohn Gottes blieb – in vielfacher Gestalt. Keine großen Zwischenreflexionen oder historischen Erläuterungen zum Bibeltext, das lenkt heute nur ab, wenn die Menschen schon mit einem nachdenklichen Herzen in den Gottesdienst kommen.

Wenn es von außen einigermaßen Ruhe gibt – leider fängt die Knallerei ja immer früher an –, könnten nach dem Refrain ein paar einfache Töne von einem Xylofon oder Metallofon die meditative Wirkung unterstützen. Einfach mit zwei Klöppeln gleichmäßig ein paar große Sekunden oder Septimen angeschlagen (am Schluss vielleicht auch Quinten), das gibt im Kirchenraum eine sehr dichte Wirkung.

Als Lieder würde ich ebenfalls für »Meine Zeit steht in deinen Händen« plädieren. Dazu EG 58 »Nun lasst uns gehen und treten«; EG 64 »Der du die Zeit in Händen hast«; EG 65 »Von guten Mächten«. Wer sich mit der Kantorin gut absprechen kann, kann auch eine zurückhaltende Version von EG 66 »Jesus ist kommen« (Strophen 1.5.8) als christologischen Kontrapunkt einbauen.

Literatur: *Kristian Fechtner*, Schwellenzeit. Erkundungen zur kulturellen und gottesdienstlichen Praxis des Jahreswechsels, Gütersloh 2001; *Heinrich Schmid*, Die Dogmatik der evangelisch-lutherischen Kirche, neu hg. von Horst-Georg Pöhlmann, Gütersloh [12]1998; *Rebecca Niazi-Shahabi*, Ich bleib so scheiße wie ich bin. Lockerlassen und mehr vom Leben haben, München 2013; *Christopher Zarnow*, Erlösung und Erlösungsbedürftigkeit in der Einleitung von Schleiermachers Glaubenslehre, in: Kerygma und Dogma 59 (2013), 2–20.

Musik: *Blumfeld*, Old Nobody, Big Cat Records 1999.

A Philipper 4,10–13(14–20): Gott und Glück

Christine Schlund

I Eröffnung: Zauber des Anfangs

Neujahrstag – kein kirchliches Fest, sondern ein säkularer Anlass, vorgegeben vom abendländischen Kalender, ein nicht individueller, sondern kollektiver Schwellenritus, kirchlich begleitet durch einen Gottesdienst. Das ist umgekehrt wie bei den meisten sonstigen Feiertagen, die ihre Wurzel in christlichen Festen haben und sich »säkular« entwickelten. Die katholische Kirche begeht den Neujahrstag als Hochfest der Gottesmutter Maria, und evangelischerseits gibt es immer wieder Bestrebungen, wie Luther auch am 1.1. das Fest der Beschneidung und Namensgebung Jesu zu begehen. Doch der Neujahrstag ist ein Anlass, Sorgen, Hoffnungen und Wünsche vor Gott zu bringen, und in diesem Sinne werden die Gottesdienste am 1. Januar gestaltet und auch aufgesucht.

Das Jahr ist frisch, ein unbeschriebenes Blatt, eine unberührte Schneefläche – welche Spuren werden wir darin ziehen, welche Furchen werden sich eingraben? Der Zauber des Anfangs liegt über diesem Tag, trotz Kater und Böllermüll. Die Menschen, die sich am Neujahrstag auf den Weg in die Kirche machen, wünschen sich einen Raum zum Nachdenken, hinein in die weiten Räume des offenstehenden Jahres. Wie kann ich mein Leben darin gestalten? Und darf ich mich getragen wissen von meinen Mitmenschen, von meinem Glauben, von Gott in diesem neuen Jahr?

Vielleicht erwarten die Gottesdienstbesucher Gedanken zur Jahreslosung aus Psalm 73 »Gott nahe zu sein ist mein Glück«. Nun aber werden sie mit dem gefangenen Paulus und seiner Beziehung zur Gemeinde in Philippi konfrontiert. Paulus dankt freudig für die empfangene Unterstützung durch die Philipper und betont gleichzeitig vehement, dass er diese nicht nötig habe, denn: »Ich habe gelernt, mir genügen zu lassen, wie's mir auch geht.« Taugt das als Neujahrsvorsatz? Sich genügen lassen in allen Situationen von Ungemach oder Glück, von Mangel oder Überfluss? Sollen wir mit dieser Maxime ins neue Jahr gehen? »Ich vermag alles durch den, der mich mächtig macht«, schreibt Paulus. »Der alte Angeber« möchte man sagen. So durchdrungen von Gottes Kraft möchte ich mich auch fühlen, dass ich mir so sicher bin, alles gut zu schaffen, was das neue Jahr mir vorsetzen und aufbürden wird. Und als was soll sich die Predigthörerin ansprechen lassen? Als Paulus in seinem Ringen zwischen Verbundenheit, Angewiesenheit auf andere und Unabhängigkeit im Herrn? Als Gemeinde, die wieder aufgeblüht ist durch ihre Fürsorge für Paulus und in ihr schon den »Reichtum in Herrlichkeit in Jesus Christus« (V. 19) spürt?

Mich springt etwas ganz anderes an: »Ihr wart zwar immer darauf bedacht« (für mich zu sorgen) schreibt Paulus, aber: »die Zeit hat's nicht zugelassen«. Ach ja. Kein größerer Wunsch für das neue Jahr als dieser: Die Zeit möge zulassen, was ich tun möchte. *Jetzt* ist die Zeit, so klingt es aus der Evangeliumslesung Lk 4 nach: *Jetzt* ist das Gnadenjahr, jetzt ist der Kairos. Warte nicht immer und denke, du hättest keine Zeit. Jetzt steht an, was zu tun ist, *jetzt* ist es da: das neue Jahr.

II Erschließung des Textes: Habe mich riesig gefreut!

Paulus dankt im Abschnitt 4,10–20 der Gemeinde in Philippi für eine Spende, die offensichtlich Epaphroditus ihm überbracht hat (V. 18). Ob es sich hier um ein ursprünglich eigenes Dankschreiben handelt oder die Passage die Schlussgrüße eines einheitlichen Briefes eröffnet, ist für die Auslegung im Predigtzusammenhang nicht von Bedeutung. Immerhin klingt das Motiv der Freude, das den ersten Teil des vierten Kapitels (freuet euch in dem Herrn allewege …) bestimmt (und auch den Briefeingang, vgl. 1,4), auch hier gleich wieder an: Ich habe mich »riesig« (*megalos*) gefreut, schreibt Paulus aus einer Situation der Bedrängnis (V. 14), wahrscheinlich einer Gefangenschaft (vgl. 1,7), die am ehesten in Ephesus zu vermuten ist, an die Gemeinde in Philippi.

Dass wir es hier tatsächlich mit dem Apostel als Autor zu tun haben und nicht mit einem späteren Vertreter der paulinischen Tradition, scheint derzeit unumstritten, und so kann die Korrespondenz nach Philippi wohl in die Mitte der 50er-Jahre verlegt werden. Die VV. 10–13 beschreiben den Umgang des Paulus mit seiner Situation. Diese wird in den VV. 14–20 noch näher geschildert, die Verwobenheit mit der philippischen Gemeinde im »Geben und Nehmen« (V. 15) wird deutlich. Damit die VV. 11 und 12 nicht als zeitlose Neujahrssentenzen im Raum stehen, sondern ihre Einbindung in ganz konkrete ökonomische und soziale Beziehungen und Bedingungen deutlich wird, sollten die VV. 14–20 bei der Predigt mitberücksichtigt werden. Auch die Predigthörer beginnen ihr neues Jahr nicht im luftleeren Raum, sondern möchten es im Rahmen ganz bestimmter Bezüge und Gegebenheiten möglichst gut gestalten.

Paulus freut sich, dass die Philipper wieder »aufgeblüht« sind in ihrer Sorge für ihn (*anathallo*) – Frühlingsmetaphorik begegnet uns hier am

Neujahrstag! Vorher hatten sie auch an ihn gedacht, aber es fehlte der rechte Moment, um dies in konkrete Taten umzusetzen (*akaireomai* – nur hier im NT). Bei diesem Vers fühle ich mich sofort ertappt (s.o.) – wie viel meiner Gedanken werden nicht zu einem Brief, einem Anruf, ja nicht einmal zu einer E-mail, geschweige denn zu einem Päckchen, einer Gabe … der *kairos* fehlt!

Paulus schreibt hier auf der Ebene seiner Beziehung zu den Philippern, die von Solidarität, von Geben und Nehmen (vgl. V. 15) gekennzeichnet ist. Das latent schlechte Gewissen, das V. 10b bei den Angesprochenen hervorrufen könnte, will Paulus gleich wieder relativieren, indem er betont, dass er nicht aus einem Mangel an Versorgung heraus, sondern aus Freude an der Beziehung zu den Philippern so schreibe. Wenn Paulus seine *Autarkie* hervorhebt, befindet er sich damit in der Gesellschaft der zeitgenössisch populären stoischen Ideale der inneren Freiheit und Unabhängigkeit von äußeren Gegebenheiten (Autarkie-Apathie-Ataraxie-Autonomie). An vielen anderen Stellen betont er ja, dass er sich nicht von den Gemeinden versorgen lassen möchte, obwohl er darauf Anspruch hätte, sondern durch seiner eigenen Hände Arbeit seinen Lebensunterhalt verdient (vgl. z.B. 1 Kor 9,12).

Die hier beschriebene Autarkie fließt aber nicht aus innerer stoischer Selbstdisziplin, sondern ist Paulus zugeeignet: »durch den, der mich mächtig macht – Christus«. V. 12 spielt mit dem Gegensatz zwischen Verzicht (*tapeinousthai*) und Überfluss vielleicht auch auf das im »Hymnus« 2,6–11 über den Weg Jesu Christi Gesagte an, der sich selbst erniedrigte (*etapeinosen*) und auf Status verzichtete, so wie es auch Paulus laut Phil 4,12 ohne Probleme tun kann. In all dies ist er eingeweiht – auch hier verwendet Paulus mit *mueomai* ein neutestamentliches Hapax Legomenon. Der Terminus findet sich sonst im Zusammenhang der Einweihung in Mysterienreligionen. Eingeweiht ist Paulus in die christliche (oder apostolische?) Existenz in der Nachfolge Jesu in Erniedrigung und Erhöhung – das ist Teilhabe am Schicksal der Gottheit, wie sie auch bei den zeitgenössischen Mysterienreligionen durch »Einweihung« ermöglicht wird.

In den VV. 14–20 schreibt Paulus einerseits in Geschäftssprache (Einnahme und Ausgabe V. 15 ist Buchhaltersprache, »ich habe alles erhalten« V. 18 als Quittungsformular) über seine auf Wechselseitigkeit beruhende »Geschäftsbeziehung« zu den Philippern und deren Entwicklung, andererseits verwendet er Opferterminologie der LXX, um die Wirkung der Gabe der Philipper auf Gott zu beschreiben. Seine Zeilen münden in einen Lobpreis dessen, der auch dem Mangel der Philipper aus seiner Fülle verwandeln wird in Herrlichkeit.

III Impulse: Freiheit kostet Kraft

Der ganze Text ist durchzogen vom Gegensatz zwischen Fülle, Überfluss, Reichtum einerseits und Mangel, Bedarf, Verzicht andererseits. Dabei sind leibliche und geistliche oder geistige Fülle und Mangel miteinander verquickt. Die eschatologische Fülle, die in der Schlussdoxologie beschrieben wird, ist schon da, wenn die Gemeindeglieder aneinander und an Paulus denken und sich umeinander kümmern. Diese Fürsorge und die Teilhabe an der Bedrängnis des anderen sind ein eminent theologisches Geschehen. Hier werden jeder Predigerin Personen in der Gemeinde vor Augen stehen, die beispielhaft sind im *phronein*, die nachfragen und anrufen und an der Bedrängnis der anderen teilhaben, die Kaffee kochen und Kuchen backen, damit ein Gespür für die »Fülle der Herrlichkeit« in der Gemeinde entstehen kann, die Benefizveranstaltungen organisieren oder selbst aus echter Betroffenheit oder eindeutigem Engagement heraus großzügig spenden. Über dieses (Wieder-)Aufblühen der Fürsorge kann man sich an diesem Neujahrstag herzlich freuen wie es der Apostel durch den ganzen Philipperbrief hindurch tut, und gleichzeitig alle zum Nachdenken ermuntern, an welchem Punkt gerade ihre eigene Fürsorge für die anderen – in der Familie, in der Gemeinde, in der Welt – steht: noch in der Knospe verborgen, schon verwelkt oder in voller Blüte stehend? Mangelt es am *kairos?* Jetzt, im neuen Jahr, ist er da!

Vor allem aber ermuntert der Predigttext an der Schwelle zum neuen Jahr zum Nachdenken über Fülle und Überfluss, über Mangel und Verzicht. Wovon habe ich mehr als genug, was empfinde ich als schmerzlichen Verlust, worauf verzichte ich freiwillig, worauf gezwungenermaßen? Wo sind in meinem Leben Überfluss und wo Defizite? Was wünsche ich mir eigentlich? Wovon bin ich abhängig, auf wen und was bin ich angewiesen? Worauf und auf wen möchte ich gerne angewiesen sein, wovon (und von wem) möchte ich lieber frei sein? Freiheit kostet Kraft. Paulus bezieht diese Kraft aus seiner Verbindung zu Christus. Woher beziehe ich meine Kraft zur Freiheit in diesem neuen Jahr? Wo sind meine Quellen?

Viele Fragen, die uns Paulus mit ins neue Jahr gibt.

Dirk Schulz

IV Anknüpfung: Schikane im Schwellenritus

Altjahrsabend 2013 – Neujahrstag 2014: Der Kasus ist gegeben, gestaltet muss er werden. Dafür ist die Kirche da, dafür ist der Gottesdienst da. Wunderbar! Eine »Chance des Alltags« (Ernst Lange) in einem eminen ten Sinne. Die Pastorin, der Pastor ist gefragt in einer der professionellen »Kernkompetenzen«; sie oder er als Liturgin/Liturg – endlich einmal, denke ich. Natürlich sind wir das irgendwie in jedem gottesdienstlichen Geschehen; aber jetzt ist der Fluss der Zeit für viele Menschen intuitiv erfahrbar. Und das Chaos der ambivalenten Gefühle von Melancholie und Sehnsucht, von Traurigkeit und Hoffnung, von erlittenen Enttäuschungen und neuen Wünschen ist mittendrin im gottesdienstlichen Raum.

Das neue Jahr – »ein unbeschriebenes Blatt, eine unberührte Schneefläche (oder undurchdringlicher Nebel?) – welche Spuren werden wir darin ziehen, welche Furchen werden sich eingraben?« Schön, die Bilder, die A anbietet!

Bevor das neue Jahr Fahrt aufnimmt, ist jetzt die Zeit für Andacht – für Einkehr mit Bedacht. Geführte Hinreise – bevor alle wieder (hoffentlich »erbaut!«) die Rückreise antreten hinein in den Alltag, in dem sich der Glaube kreativ entfalten kann und soll (Dorothee Sölle). Der Gottesdienst hat hier die Funktion einer Schikane – Verlangsamung also zwischen Schwellenangst und Schwellenzauber. Ich denke an die Schikane im Reitsport – und an den großartigen Moment kreatürlicher Freiheit, wenn das Pferd den Sprung über das Hindernis verweigert! Der Reiter muss abdrehen, eine Schleife ziehen, bevor er das Pferd dazu bringt, es erneut zu versuchen mit Schikane und Hindernis. Gewiss, das »kostet« Zeit, der Wettkampf droht verloren zu gehen. Aber: Wer will denn schon durch's Leben hecheln und sich dauerhaft die Zunge aus dem Leib rennen? Und wer hat denn schon Lust auf ständig »knappe Zeit« (Michael Weinrich)? Und wer weiß? Die von der Freiheit der Kreatur erzwungene Warteschleife führt ja möglicherweise dazu, dass das Hindernis mit dem notwendigen »timing« ohne Abwurf genommen werden kann? Eine Extra-Runde also, um nun konzentriert die Aufgabe anzugehen, die sich im Leben da vor mir aufgetürmt hat.

Oder ich denke an die Schwellen in den Straßen, die denjenigen aufhalten, der gewohnt ist, schnell seiner Straße zu ziehen und ans Ziel zu gelangen. Die Blumenkübel in Wohnstraßen, das erhöhte Pflaster: Sie zwingen, die Geschwindigkeit zu reduzieren. Wer zu schnell drüberfährt über die Schikanen, riskiert einen Achsbruch, der bleibt liegen. Schikanen, Schwellen – die in den Straßen und die im Leben – sie wollen vorsichtig angefahren werden. Sie zwingen uns abzubremsen, genau hinzusehen, die Beschaffenheit des Bodens wahrzunehmen, und vor allem auch diejenigen, die mit uns zusammen unterwegs sind. Die sollen ja nicht unter die Räder kommen! Solche Schikanen sind Gelegenheiten zur Entschleunigung: Innehalten ist jetzt dran – *kairos* hält auf den *chronos*!

V Erschließung der Hörersituation: Knappe Zeit – volle Zeit

Ich erlebe die Jahreswende für mich und bei vielen Menschen als Zäsur, als Zeit des Übergangs. Der Gottesdienst am Neujahrstag steht da in einem engen Bezug zum Gottesdienst am Altjahrsabend. Und bei allem Trubel am Abend oder in der Nacht des 31.12.: Für die Dramaturgie spricht, dass am Neujahrstag das neue Jahr nicht zu spät am Tage gottesdienstlich »angegangen« wird. Der Zauber des Anfangs – wie ihn auch A benennt – entfaltet sich stärker, wenn der erste Tag des neuen Jahres noch nicht allzu sehr verlebt und verbraucht ist. Wie oft auch wird die Jahreswende allzu voll gepackt mit allzu vielen Erwartungen und sogenannten guten Vorsätzen für das neue Jahr: höher, schneller, weiter … auch hier. Erwartungen kippen da nur allzu oft in Enttäuschungen um.

Auch moralische Aufrüstung wird ja im Gefolge von »Neujahrsbotschaften« prominenter Persönlichkeiten inner- und außerhalb der Kirche nur allzu gerne betrieben. Ich persönlich bin auch hier für Abrüstung! Es geht nicht darum, eine ohnehin aufgeladene Situation noch zusätzlich mit Lasten zu beschweren, sondern darum, die Schikane im Schwellenritus so zu feiern, dass wir bereit werden, uns von Gott »kreativ unterbrechen« zu lassen, wie Eberhard Jüngel es formuliert hat. Was für eine Verheißung ist da das biblische Leitwort für das neue Jahr 2014 aus Psalm 73,28: »Gott nahe zu sein, ist mein Glück!« Dieses Psalmwort bindet wunderbar zusammen Gott und Glück – Glück und Gott, also das, was ich (neben anderen Lebens-Mitteln natürlich auch!) auf jeden Fall brauchen werde: Gottesglück als Lebenselixier! Also: Gottesfreude und Lebensfreude so miteinander verwoben, dass keines gegen das andere ausgespielt wird! Und wenn schon moralisch Beherzigenswertes weitergegeben werden soll, dann auf keinen Fall nicht unter dem Niveau, wie es mir gerade beim Schlendern in der Mittagspause aus dem Schaufenster eines Juweliers entgegenleuchtete: »Mehr Zeit fürs Leben!« – So wirbt die Hilfsorganisation »Ärzte ohne Grenzen« in Verbindung mit einem bekannten deutschen Uhrenhersteller um Spenden für eine gute Sache!

Ja, gewiss: »Gott nahe zu sein, ist mein Glück!« (siehe auch die Psalmverse zuvor in Ps 73, 23ff.) – Diese Wahrheit finde ich ebenso in dem Textabschnitt des Briefes an die Philipper. Und das heißt dann auch – wie A es tut – kritisch zu hinterfragen, ob der Abschnitt in schlechter pädagogischer Absicht dahingehend ausgelegt wird, dass es »egal« sei, ob ich in Ungemach oder Glück, in Mangel oder Überfluss lebe – Hauptsache »ich habe gelernt, mir genügen zu lassen, wie's mir auch geht …« Das ist ein richtiger und wahrer Satz, wenn einer – in diesem Fall Paulus – es von sich selber so sagen kann. Der Satz wird aber unrichtig und unwahr, wenn er gleichsam mit erhobenem Zeigefinger jemandem anderen entgegengehalten wird im Sinne von »gib Dich zufrieden und sei stille!«

Gott neu nahe zu kommen, Gott nahe zu sein, Gott nahe zu bleiben – das ist der größte Wunsch für das neue Jahr! Genau diesen Wunsch in mir will ich auch als den größten Wunsch für das neue Jahr denjenigen unterstellen, die zum Neujahrstag in einen Gottesdienst kommen! Also nicht irgendwelche anderen Neujahrs-Wünsche will ich den Menschen unterstellen, sondern genau diesen einen! (vgl. Mt. 6,33: »Trachtet zuerst nach dem Reich Gottes und nach seiner Gerechtigkeit, so wird euch das alles zufallen.«) Und also ist meine Aufgabe als Liturg und Prediger bei diesem Anlass: Weggeleit zu geben für der Menschen Weg zu Gott, für ihren Weg zum Glück! Und das heißt: Gott bloß nicht im Wege stehen! Sondern einen Raum, eine Atmosphäre schaffen, die Gott nutzen kann, um den Gästen in seinem Haus in Zeiten knapper Zeit (einige) Momente (und sei es nur einer!) voller Zeit zu schenken. Zu verschenken also: Gottesnähe und Gottesglück!

VI Predigtschritte: Rein in die Schikane – raus aus der Schikane

Zunächst: In vielen Gemeinden gibt es die Tradition, dass um die Jahreswende um 00:00 Uhr die Kirchenglocken das neue Jahr einläuten für Dorf und Stadt. Wäre es nicht schön und stimmig, hierzu Menschen einzuladen zu einer kleinen Andacht zur Jahreswende – nicht lange, zusammen im Vorraum der Kirche zum Beispiel? Eine kleine Form des Gottesdienstes: Begrüßung – Gebet mit Psalm 73,28 (!) – Lesung des Evangeliums aus Lukas 4 – Stille (Glocken und Sylvesterknaller sind zu hören) – Lied: EG 171 »Bewahre uns Gott, behüte uns Gott« – Vaterunser – Segen und ein Glas Sekt oder Selters für jede und jeden.

Für die größere Form des Gottesdienstes bietet es sich an, das zu tun, was von A und von mir oben beschrieben worden ist. Also: Innehalten, sich unterbrechen lassen – und das kreativ, zum Beispiel singend. Für mich ist der Choral zur Jahreswende von Paul Gerhard »Nun lasst uns gehen und treten« (EG 58) hierfür besonders gut geeignet. Wundervolle Bilder sind da drin, homiletisch dicht und eminent seelsorgerlich: Ja, wir können zwar anhalten vor der Schwelle in das neue Jahr, aber gehen und treten müssen wir dann auch wieder; das Phänomen der dahinfließenden Zeit wird genannt (*chronos*), aber in Beziehung gesetzt zu den Augen Gottes, die »wachen« über allen und allem (der Augen-Blick Gottes, der allezeit da ist – *kairos*); die Wahrheit, dass wir nicht im luftleeren Raum in das neue Jahr gehen (siehe oben A), sondern in Geschichten verstrickt sind, wird nicht verschwiegen, das Schwere nicht ausgesperrt, aber alles wird verbunden mit der Treue Gottes; und das alles wird nicht verengt auf das eigene Ego und seine Beziehung zu Gott, sondern weitet sich in die Fülle der Lebensbezüge, in denen menschliches Leben nun einmal gelebt wird. Auch die im Dunkel stehen, werden gesehen und mit hineingestellt in die Beziehung Gottes zu allen seinen Kindern. Und schließlich: Für alles, was nun kommen wird, und für alles, das nun zu tun sein wird im neuen Jahr, wird Gottes Segenskraft singend (!) herbeigebetet. Denn auf Gottes Segen wird es ankommen – auch im Jahr 2014: »Ich vermag alles durch den, der mich mächtig macht« – so Paulus, Vers 13 unseres Textes.

Die Auslegung des Predigttextes wird so verschränkt mit dem Singen aller 15 Strophen des Chorals, immer zwischen 3 oder 4 thematisch zusammengehörenden Strophen. Und wenn in dem Gottesdienst das Abendmahl gefeiert wird, dann könnte die Feier des Sakraments sehr gut nach dem Singen der Strophe 10 erfolgen. Denn: Ab Strophe 11 ist der Text gleichsam ein Fürbittengebet. Mir persönlich jedenfalls bedeutet das viel – nicht nur, aber eben auch auf der Schwelle zu einem neuen Jahr: Ich weiß, da gibt es Menschen in verschiedenen Ländern dieser Erde, die für mich beten! Also tue ich es auch gerne für sie und andere! Der »Christen Schare« (Paul Gerhard, Vers 15) ist zusammen unterwegs. Wer glaubt, ist nie allein! Diese Gewissheit will ich gerne neu erleben in der Schikane zwischen den Jahren. Daran kann ich mir genügen lassen.

Literatur: *Erich Garhammer/Heinz-Günther Schöttler/Gerhard Ulrich (Hgg.)*, Zwischen Schwellenangst und Schwellenzauber. Kasualpredigt als Schwellenkunde, München 2002; *Harald Weinrich*, Knappe Zeit. Kunst und Ökonomie des befristeten Lebens, München [3]2005.

2. Sonntag nach dem Weihnachtsfest

Römer 16,25–27:

Wolken-Atlas

A

Birgit Weyel

I Eröffnung: Wolken-Atlas

Die beiden Schlussverse des Römerbriefes bilden eine Doxologie, die auf den Anfang des Briefes zurückgreifen und ihn damit insgesamt rahmen. Zwei Aspekte, die im Römerbrief ausführlich Thema sind, werden in dieser Rahmung besonders akzentuiert: die Inklusion aller Menschen, d.h. auch der Heiden, in die Liebe Gottes und das Offenbarwerden des Heilshandelns Gottes im Evangelium von Jesus Christus. Beide Aspekte, die eng miteinander verschränkt sind, zielen auf das Lob und den Dank als die angemessene Rezeptionshaltung der Hörer: Es ist eine *gute* Nachricht, die, sofern sie realisiert wird, Freude und Dankbarkeit auslöst.

Konkrete Erfahrungen werden in diesen Schlussversen nicht explizit angesprochen. Der Text klingt für unsere Ohren liturgisch-formelhaft und dogmatisch-abstrakt. Dennoch kann ich mir im Hintergrund stehende Erfahrungen vorstellen, die der Text implizit anspricht, indem er sie deutet. Ich stelle mir von Ambivalenzen geprägte Lebenserfahrungen vor. Die im Hintergrund dieser Erfahrungen stehende Gestimmtheit ist weniger die des einhelligen Lobes, sondern die des Zweifels angesichts der Mehrdeutigkeit der Lebenserfahrung und der Brüchigkeit unserer Lebensgeschichten.

Mit Begeisterung habe ich den Roman *Der Wolkenatlas* von David Mitchell gelesen, der 2012 spektakulär verfilmt wurde. Die Erzählstruktur des Romans ist eine besondere: Insgesamt werden sechs Episoden hintereinander erzählt, die über den weiten Zeitraum von ca. 1000 Jahren verteilt spielen. Die erste Episode ist das Schiffstagebuch eines Pazifik-Reisenden in den 1850er-Jahren. Die letzte Episode spielt in postapokalyptischer Zeit, die Sprache ist fragmentiert, die Überlebenden sind Teil von Stammeskulturen, die nur noch von wenigen zivilisatorischen Überbleibseln zehren. Die Episoden unterscheiden sich durch ihre Textgattungen (Tagebuch, Briefe, Krimi, Interview u.a.), ihren sprachlichen Duktus, sie brechen unvermittelt ab, lassen zunächst gar keine Bezüge erkennen. Erst nach und nach erschließen sich subtil die Verweise zwischen den Episoden, die Wiederaufnahme von Motiven, die Eingliederung der vorangegangenen Erzählungen, verfremdet und überhöht, in das kulturelle Gedächtnis der Nachlebenden. Erst nachdem die sechste Erzählung abgeschlossen ist, werden in umgekehrter Reihenfolge die fünf vorangegangenen Episoden wieder aufgenommen und Zug um Zug zu Ende erzählt. Der rote Faden, der durch die Geschichten hindurch gesponnen wird, ist die Frage nach dem, was zivilisiertes Leben ausmacht, wie man sich inmitten von Gut und Böse orientieren und dem Gewissen folgen kann. Diese Fragen stellen sich im Zeitalter des Kolonialismus ebenso wie in der fernen Zukunft, in der genomierte Lebewesen als Arbeitssklaven misshandelt werden. Was zunächst den Eindruck von Kontingenz und kaleidoskopartiger Zusammenhangslosigkeit weckt, stellt sich dem Leser, der die Geschichten durchlebt und die Frustrationen durch die Erzählabbrüche durchlitten hat, am Ende als ein geordnetes Ganzes dar, in das sowohl die Geschichte der Menschheit als ganze, als auch die Routen und Wege der einzelnen Menschen wie in einen Wolken-Atlas eingezeichnet werden, ohne dass ihre individuellen Lebenskatastrophen und Schicksalsschläge nivelliert würden.

Auch der Predigttext setzt an zu einem weiträumigen Geschichtsentwurf, der Kohärenz zu schaffen versucht. Der postapokalyptische geschichtliche Wendepunkt ist die Menschwerdung Gottes (Weihnachten). Von hier aus erschließt sich der Glaube, der in unseren einzelnen Lebensgeschichten, aber auch kosmologisch in der Geschichte der Menschheit als ein Muster (Evangelium) herausgelesen werden kann.

II Erschließung des Textes: Von Fragmenten leben

Der liturgisch-doxologisch formulierte Predigttext, der einen einzigen »überfüllt[en]« (Schlier, 455) Satz bildet, schließt den Römerbrief ab und fordert in einer gottesdienstlichen Situation die Leser bzw. Hörer dazu auf, in den Lobpreis Gottes einzustimmen. Hier wird also nicht die Mehrdeutigkeit des Lebens entfaltet, sondern auf diese reagiert. Das Leben des Jesus von Nazareth ist zwar ebenso mehrdeutig wie andere von Vertrauen und Enttäuschung, Liebe und Ohnmacht, Freundschaft und Verrat, Leben und Tod, Gemeinschaft und Einsamkeit bestimmte Lebensgeschichten auch. Indem die gelebte Barmherzigkeit und grenzenlose Gerechtigkeit des Jesus von Nazareth als Offenbarwerden des Geheimnisses Gottes und als Geschichte Gottes gedeutet werden kann, wird sie als die unser Leben bestimmende Wirklichkeit enthüllt und damit zugunsten der alles dominierenden Liebe vereindeutigt.

»Mit ›Geheimnis‹ ist eine Wirklichkeit gemeint, die, obwohl menschlichem Erkennen von sich aus verborgen, menschliches Leben und Geschick doch grundlegend und endgültig bestimmt, mit anderen Worten: etwas letztlich Lebensnotwendiges.« (Wilckens, 149) Das Geheimnis des Lebens besteht darin, dass sich Gott als liebender und alle Menschen in sein Rettungshandeln einschließender Gott gezeigt hat und damit ein Deutungsmuster in unsere Lebensgeschichten und die Menschheitsgeschichte einzeichnet. Die Fragmenthaftigkeit unseres Lebens, scheinbar sinnlose Episoden, kaleidoskopartig sich aneinanderreihende biografische Sequenzen, Erfahrungen der Trauer, der Enttäuschung, des Abbruchs ergeben nur so einen Sinn, dass man sie von der Liebe Gottes her neu interpretiert. Damit werden diese Erfahrungen nicht weggewischt oder in ihrer Dramatik beschönigt. Sie bleiben also geheimnisvoll, werden aber in einen integralen Deutungsrahmen gestellt, den Gott hat Wirklichkeit werden lassen. Die literarische Form des Predigttextes hat somit auch einen Charme. »Es ist seltsam, daß gerade der Röm mit einer interpretierenden Doxologie, die ein Anakoluth ist, endet. So wie es seltsam ist, daß er in ein Kapitel ausläuft, das eine Empfehlung, eine Flut von Grüßen, unterbrochen von einer heftigen Warnung, enthält und in den Lesern den mehr oder minder starken Zweifel an der Zugehörigkeit von Kap. 16 zum Röm erweckt. Es mag uns aber daran erinnern, 1. wie sehr man an ihm interessiert war, 2. wie gut man verstanden hat, daß dieser Brief als Schluß jedenfalls einen Lobpreis des einzig weisen Gottes fordert, 3. ganz allgemein, daß wir von Fragmenten leben.« (Schlier, 455)

III Impulse: Das Geheimnis des Glaubens

Es liegt eine produktive Spannung zwischen dem Geheimnischarakter des Evangeliums und seiner Offenbarung. Auf der einen Seite ist Gott der offenbare Gott, der aus seinem Wesen und seiner Beziehung zu den Menschen kein Geheimnis gemacht hat. Das Evangelium als die frohe Botschaft von der grenzenlosen und uneingeschränkten Liebe Gottes zu den Menschen ist öffentlich geworden und soll auch als solche weitergegeben werden. Auf der anderen Seite bleibt uns vieles rätselhaft, scheinbar zufällig. Zieht unser Leben nur so dahin, flüchtig, in wechselnden

Wolkenformationen, die sich mal so und mal so deuten lassen? Zur Jahreswende ziehen wir immer auch ein Stück Bilanz. Das dürfte auch am 2. Sonntag nach dem Christfest ein Thema sein: Einerseits greifen die alltäglichen Routinen wieder, andererseits liegen die Weihnachtszeit und der Jahreswechsel noch nicht lange zurück. Wie geht unsere Geschichte weiter? Wie weit reichen unsere Gestaltungsmöglichkeiten? Wo liegen unsere Grenzen?

Das Geheimnis des Glaubens liegt darin, dass wir darauf hoffen, dass am Ende unser Leben einen Sinn ergibt, den wir aber jetzt noch nicht durchschauen. Wir können darauf vertrauen, dass die kaleidoskopartigen Episoden unserer Lebensgeschichte von Gott zu einem sinnvollen Ganzen gefügt werden. Vielfältig ist unser Leben, wie die Episoden im Wolken-Atlas: Mal segeln wir als Abenteurer in fremde Kontinente, mal riskieren wir unser Leben bei der Aufdeckung krimineller Verschwörungen, finden die Muße zu selbstreflexiven Tagebuchaufzeichnungen, werden unverhofft in eine Liebensgeschichte verwickelt oder vom Gefühl der Sinnlosigkeit überwältigt. Mal finden wir für unsere Selbstbeschreibungen poetisch-kreativ neue Worte, mal bleibt uns die Sprache ganz weg, mal müssen wir uns mit basalen Codes minimal verständigen. Unsere Lebensgeschichte ist noch nicht zu Ende geschrieben, sie ist fragmenthaft, Zusammenhänge treten nicht immer offen zutage. Aber offenbar ist, dass unser Leben nicht banal ist, nicht sinnlos ist, nicht dem Zufall überlassen bleibt. Nicht immer haben wir freilich einen Zugang dazu, und Geschichtsdeutungen sind immer ein waghalsiges Unternehmen. Der Geheimnischarakter unserer Lebensgeschichten und der Menschheitsgeschichte nimmt diese in Schutz vor ihrer Banalisierung und ihrer Sakralisierung. »Die Sache, um die es im Evangelium des Paulus und im Kerygma des Christus geht, ist kein Produkt menschlicher Forschung oder Kunst, sondern eine Erfindung Gottes, die für Menschen nicht vorhersehbar und vom menschlichen Denken […] nie eingeholt werden kann.« (Haacker, 333) Der rote Faden unserer Lebensgeschichte aber ist die Liebe Gottes, auch wenn diese für uns nicht immer als Muster darin erkennbar ist.

Liedvorschläge: EG 337 »Lobet und preiset, ihr Völker, den Herrn« (Kanon); EG 408 »Meinem Gott gehört die Welt«.

Literatur: *Klaus Haacker*, Der Brief des Paulus an die Römer (ThHK 6), Leipzig 1999; *David Mitchell*, Der Wolkenatlas. Roman (orig.: Cloud Atlas, 2004), Reinbek bei Hamburg 2006; *Heinrich Schlier*, Der Römerbrief (HThKNT 6), Freiburg/Basel/Wien ³1987; *Ulrich Wilckens*, Der Brief an die Römer (EKK VI/3), Neukirchen-Vluyn 1982.

IV Anknüpfung: Der rote Faden zu den Wolkenformationen des Lebens

Das formuliert A freundlich, nüchtern und klar: Der Text aus dem Römerbrief klinge liturgisch-formelhaft und dogmatisch-abstrakt. Mir fiele auch noch anderes dazu ein. Doch A hält sich nicht lange dabei auf, sondern präsentiert ein fulminantes Wolkenpanorama mit den wechselnden, geheimnisvollen und letztlich niemals vorhersagbaren Wolkenformationen, die sich ewig verändernd durch unser Leben ziehen. Treffend werden damit die Zweifel und Fragen angesichts der Ambivalenzen des Lebens aufgenommen und Raum gelassen, diesen mit den eigenen Gedanken zu füllen und damit zu konkretisieren. Auf diese Weise wird ein fruchtbarer Zugang zu dem Predigttext eröffnet.

Der Schluss des Römerbriefes mit seinem Lobpreis kann als Antwort auf die himmelsstürmenden Wolkenmassen des Lebens verstanden werden. In der Doxologie spricht sich die Hoffnung und das Vertrauen aus, dass sich das Leben mit seinen Höhen, Tiefen und all den ambivalenten Bruchstücken nicht in ein Wolkenkuckucksheim verflüchtigt, sondern von Gott her als ein sinnvolles Ganzes zu begreifen und zu interpretieren ist. Seine Liebe bildet den roten Faden, die oft so geheimnisvollen Zusammenhänge des Lebens zu verstehen. Sie heilt das Zerrissene und fügt die Fragmente zu einer sinnvollen Einheit zusammen. Dieses Zutrauen in Gottes Liebe bildet die Basis für die Doxologie.

V Erschließung der Hörersituation: Lobpreis im Kehraus?

Allerdings: Sieht so der Lobpreis Gottes aus? Die Weihnachtsbäume liegen oder stehen lieblos entsorgt an den Straßenrändern. Die letzten Reste von Lametta wehen im Wind. Tannennadeln rieseln. »Kehraus«.

Eher »Kehraus« als »Lobpreis Gottes« scheint die Überschrift des 2. Sonntages nach dem Christfest zu sein. Das Fest der Feste ist nun endgültig vorbei. Pragmatisch betrachtet wird das Wochenende um Epiphanias genutzt, um Klarschiff zu machen und den letzten Rest von Weihnachtsdekoration zu entsorgen. Am Montag beginnen der Alltag, der Beruf und die Schule in dem noch andauernden Winter. Der 2. Sonntag nach dem Christfest markiert die Grenze.

Auch in den Menschen selbst stehen die Zeichen eher auf »Kehraus« als auf Lobpreis Gottes. Das große Auf- und Wegräumen legt nahe, auch innere Bilanz zu ziehen. Wie war diesmal Weihnachten, die Tage zwischen den Jahren und die vielen Feste, Feiern und Begegnungen? Neben beschwingtem Ausklang können auch Enttäuschung, Ernüchterung und Frustration inneres Gestimmtsein sein. Katerstimmung.

Der Predigttext wird von den letzten Versen des Römerbriefes gebildet. Auch dieser Briefschluss bildet eine Art »Kehraus«. Die letzten Zeilen des Briefes sollen das ganze Werk abrunden. Paulus – oder auch nicht – setzt die Doxologie ans Ende. Das hat seine eigene Logik. Nicht aus einer Laune heraus, sondern essenzielle Überlegungen haben zu dem jetzigen »Kehraus« geführt. Daher ist der Lobpreis argumentativ gestaltet und korrespondiert stark mit dem Anfang. Ist es aber der Lobpreis Gottes, der die Menschen am Ende des Christfestes beschäftigt? Ist das das Thema, das sie im »Kehraus« des Festes berührt? Oder weckt nicht gerade der Lobpreis ganz andere Assoziationen?

Lobpreis scheint eher eine Form der christlichen Frömmigkeit zu sein, die in einem bestimmten Winkel der kirchlichen Landschaft gepflegt wird und gewöhnlich nicht diejenigen anspricht, die üblicherweise die Kirchenbänke füllen. Das hat nicht allein mit Stil- und Geschmacksfragen zu tun, sondern ist durchaus inhaltlich begründet. Die programmatische gottesdienstliche Ausrichtung am Lobpreis lässt weder Raum für Fragen, noch für Zweifel oder inhaltliche Vorbehalte. Sie wird der Komplexität des Lebens mit all ihren Höhen und Tiefen, den widersprüchlichen Wolkenformationen, allein nicht gerecht.

Diese Vorbehalte treffen auch die Doxologie des Römerbriefes. Das ausschließliche Lob, mag es auch noch so argumentativ gestaltet und heilsgeschichtlich begründet vorgebracht werden, trifft zumeist am 2. Sonntag nach dem Christfest (und wohl nicht nur dann) auf einen äußeren und inneren »Kehraus«, der, je nachdem, deutlich von anderen Stimmungen, Gedanken und Fragen geprägt ist. Insofern kann es hier zu Irritationen oder Anfragen an den Predigttext kommen, der sich wenig offen für anders gefärbte Gedanken zeigt. Was also tun? Ist das das Rezept einer gelungenen Predigt: Immer schön schwarz und weiß zu malen und hübsch offen nach allen Seiten zu sein? Verbietet so ein »Lobpreis der Ausgewogenheit« die Thematisierung des Lobpreises Gottes, weil nicht alle (vermuteten) Stimmungen oder Problematiken aufgegriffen werden? – Sicher nicht.

Doch sind eben diese Einwände und Anfragen gegen einen unreflektierten Lobpreis Gottes ernst zu nehmen und mit in die Predigtüberlegungen einzubeziehen. Ein unvermitteltes einseitiges Loben Gottes klingt nicht nur pastoral angestrengt und aufgesetzt, sondern vermag es auch nicht, glaubhaft die Gottesdienstbesucherinnen und -besucher mit einstimmen zu lassen. Der Verdacht der wenig überzeugenden geistlichen Schönrednerei legt sich nahe.

Das bedeutet, die Herausforderung für die Predigt liegt darin, angesichts der Thematisierung des Lobpreises Gottes die ganze Wirklichkeit des Lebens mit in die Predigt hineinzunehmen, die auch in der besten aller möglichen Welten nicht zwangsläufig Anlass zum Loben gibt. Mit A gesprochen, muss der gesamte Wolkenatlas des Lebens anklingen, der neben den Schäfchen-, Feder- und Schönwetterwolken eben auch die Regen- und Gewitterwolken parat hält. Das muss nicht zu der epischen Wiedergabe von Nachrichten und aufrüttelnden Analysen führen. Die Fakten sind in unserer Informationsgesellschaft längst bekannt. Vielmehr ist gefordert, die Schattenseiten und die damit verbundenen Anfragen und Vorbehalte mit in die Predigt einzubeziehen und angesichts dessen plausibel zu machen, warum trotz allem dies nun einen Lobpreis Gottes nicht nur nicht ausschließt, sondern sogar zu einem solchen Lobpreis führen muss!?

VI Predigtschritte: Der Schellenengel

Als Predigtidee schlage ich vor, das kleine Bild von Paul Klee, »Schellenengel« in den Mittelpunkt zu stellen. Das Bild kann helfen, drei Schritte zu vollziehen, die die Punkte aus dem Vorhergehenden aufnehmen. Es bietet sich an, das Bild als Postkarte an die Gottesdienstgemeinde zu verteilen oder sehr unaufwendig, aus dem Internet eine Vorlage auf einen Gottesdienstablauf zu kopieren, da es sich um eine schlichte schwarzweiße Zeichnung handelt.

Eingang »*Wahrnehmung der Schattenseiten*«: Weihnachten stellt, sowohl kirchlich als auch weltlich betrachtet, die »Hauptsaison« für Engeldarstellungen jeglicher Art dar. So kann ein Predigteinstieg sein, den Bedeutungswandel, den Engel in unserer Zeit erfahren, zu thematisieren: vom Verkündigungsengel bei der Geburt Jesu bis zu den gelben Engeln vom ADAC. Sicherlich fällt es leicht, dabei anzusprechen, warum Engel wieder eine so bedeutende Rolle eben auch in säkularen Zusammenhängen in unseren Tagen spielen. Dabei kann der Frage nachgegangen werden, inwiefern dabei Ängste vor den Schattenseiten des Lebens oder Leiden unter den Unsicherheiten des Lebens von Bedeutung sind. Der dunklere Teil des Wolkenatlas kann hier angedeutet werden.

Mittelteil »*Gott macht das Leben heller*«: Die kleine Zeichnung von Klee vertieft nun die Gedanken mit einem ganz besonderen Engel. Er kann zunächst in seiner schlichten Art – nicht zu weitschweifig! – interpretiert werden. Etwa so: 1. Würde man angesichts der Zeichnung überhaupt auf die Idee kommen, ihn für einen Engel zu halten? 2. Warum schaut der Engel nach hinten und hat den Fuß nach vorne ausgestreckt? Verbindet er Vergangenheit und Zukunft? Oder tanzt er ganz einfach leichtfüßig auf seinem Weg? 3. Und warum trägt er eine Schelle/Glocke, noch dazu eine, die aussieht, als sei sie mit einem lachenden Gesicht bzw. Smiley verziert? Was bedeutet das?

Die letzte Frage kann zur Thematik der Vereinbarkeit von Gott und den Schattenseiten des Lebens erweitert werden. Beispielsweise kann der Gesichtspunkt genauer betrachtet werden: Wie kann ein Engel, der doch Gottes Begleitung in den dunklen Seiten des Lebens symbolisiert, zugleich mit einer Schelle mit Smiley dargestellt werden? Versteckt sich darin der Hinweis: Gottes Präsenz im Dunkeln macht das Leben heller?

Abschluss »*Irdischer und himmlischer Lobgesang!*«: Der Schellenengel kann als ein Hinweis auf Gottes Gegenwart in den schweren und dunklen Momenten des Lebens verstanden werden. Einen solchen Gott, der in den Schattenseiten des Lebens nahe ist und bei den Menschen ausharrt, den gilt es zu feiern: am Christfest und darüber hinaus. Mit allen Engeln und mit der Schar derer, die ihn feiern mit irdischem und himmlischem Lobgesang!

Liedvorschlag: Ungewöhnlich, aber beziehungsreich: das Leitlied des Nordelbischen Liederteils EG Nordelbien 536 »Gott ist mein Lied« von Christian Fürchtegott Gellert.

Epiphanias

A 2 Korinther 4,3–6: Erleuchtung statt Verblendung

Jan Hermelink

I Eröffnung: Irritationen vor der Erleuchtung

Ein Torso. Die vorgeschlagene Perikope (V. 3–6) sollte so weder gelesen noch gepredigt werden. Ihre sachlichen Bezüge blieben dann unklar; zudem setzt sie in V. 3f. mit hochproblematischen Abgrenzungen ein. *Im Gottesdienst sollten daher V. 1–6 zu hören sein.* Diese Verse nehmen zahlreiche Motive aus 2 Kor 2,14–17, auch aus 3,1–18 auf und sie verweisen auf 4,7–18 voraus: Sie bilden ein »Zwischenresümee« der paulinischen Argumentation (vgl. Schmeller, 235). Ohne den Blick auf diese Kontexte droht der Predigtvorbereitung der Rekurs auf ein missverständliches Textfragment.

Historische und sachliche Gräben. Wer diese Passagen einigermaßen unbefangen und unter gegenwärtigen Verstehensbedingungen liest, dürfte allerhand Irritation verspüren. Hier setzt sich der Gründer einer urchristlichen Gemeinde mit seinen religiösen Konkurrenten und dazu mit der eigenen Wirkungslosigkeit auseinander – von der gegenwärtigen Situation einer großkirchlichen Pfarrerin ist dies weit entfernt.

Dazu kommt: Paulus' »Argumentation trägt Züge einer Selbstimmunisierung. Verdunkelung, Verblendung kann es nur auf Seiten seiner Konkurrenten geben. Paulus scheut nicht davor zurück, sie zu dämonisieren.« (Bendemann, 102). Auf der Seite des Apostels hingegen wird äußerst vollmundig argumentiert – für sich reklamiert er die Offenbarung der Wahrheit, die Erkenntnis des Wortes Gottes, das Licht des Evangeliums, ja einen exklusiven Kontakt mit Christus.

Zwei Zugänge zum Predigttext. Predigt und Predigtarbeit sollten bei der eindrücklichen Charakterisierung dessen einsetzen, was den *Kern der christlichen Gotteserfahrung* ausmacht: die erleuchtende Konfrontation mit Jesus, die den ganzen Menschen erneuert und die Welt neu beginnen lässt (vgl. 5,17). Von hier aus kann man sich dem eigentlichen Thema der Perikope nähern: dem Versuch des Apostels, angesichts massiver Angriffe die Basis, die sachliche wie die persönliche *Legitimation seines »Dienstes«* (V. 1) zu explizieren.

II Erschließung des Textes: Reflexion der apostolischen Kompetenz

Entmutigende Erfahrungen

Die (erweiterte) Predigtperikope »ist durch Inklusion und Opposition strukturiert« (Schmeller, 235): Die Selbstauskünfte von V. 1f. und V. 5f. rahmen den Rekurs auf die »Verlorenen«; durchgehend begegnen ›nicht/sondern‹-Sätze und Verneinungen. Die klare Struktur verdeckt, dass Paulus in einem *sehr komplexen Beziehungsfeld* argumentiert: Sein Wirken steht nicht nur den Ungläubigen (V. 4, vgl. 2,15f.), sondern auch der Gemeinde (V. 5b, vgl. 3,2f.; 4,12), ja allen Menschen (V. 2) gegenüber; zugleich setzt er sich – in konventionellen Motiven zeitgenössischer Polemik – mit seinen Konkurrenten auseinander (V. 2 u. 5). Deren Anliegen genauer zu eruieren, scheint der gegenwärtigen Exegese allerdings nicht (mehr) möglich.

Geht man von den Erfahrungen aus, die Paulus selbst hier erkennen lässt, so sind vor allem drei Aspekte zu nennen. Erstens sieht der Apostel seine moralische Integrität bedroht, wenn ihm Heimlichtuerei, Betrug und Eigennutz nachgesagt werden (V. 2.5; vgl. 2,17). Sodann muss er *»Müdigkeit«* oder *»Mutlosigkeit«* abwehren (V. 1a; vgl. 4,16; Gal 6,9 – das Wort ist schwer zu übersetzen). Hier »klingt«, so lässt sich vermuten, »die andere, die dunkle Seite der Berufung an, die schon [...] in 2,14–17 angedeutet wurde« (Schmeller, 238) und in 4,7ff. entfaltet wird: Mit Paulus' Auftrag sind permanente Bedrängnis, wiederholte Verfolgung, ja *ein dauerndes Sterben* verbunden.

Im Mittelpunkt des Predigttextes steht jedoch (drittens) eine Erfahrung, die jener Bedrängnis zugrunde liegt: Obwohl Paulus das helle Licht des Evangeliums predigt, bleibt die Wahrheit für viele »verdeckt« (V. 3). Damit *scheint das Evangelium selbst wirkungslos zu bleiben*; ja es verkehrt sich – von einer Leben schaffenden zur *tödlichen Macht* (vgl. 2,16).

Die dunkle Seite der Macht?

Warum trifft das helle und klare, das befreiende Evangelium auf vehemente Ablehnung? Warum bleibt die Verkündigung so oft wirkungslos? Trotz aller historischen und sachlichen Differenz: Diese Frage dürfte auch heute die haupt- wie die ehrenamtlichen ›Diener des Evangeliums‹ umtreiben. Drei Antworten scheint mir die Perikope anzubieten.

Zunächst: Wenn Paulus die Ablehnung des »Evangeliums vom Glanz Christi« (V. 4) auf den »Gott dieses [vergehenden] Äons« zurückführt (V. 3), so betont er implizit: Es ist nicht etwa die Schwäche der Prediger/innen, es ist auch nicht ihr persönliches Versagen, das sie scheitern lässt, sondern *eine dunkle kosmische Macht*, die – ungeachtet der Äonenwende in Christus – noch immer ihr Unwesen treibt. So entlastend diese Deutung für die Diener des Evangeliums zunächst ist – sie steht doch in der Gefahr, diejenigen, die sich der christlichen Botschaft (aus welchen Gründen auch immer) verweigern, umstandslos für ›verloren‹, ja für ›besessen‹ zu halten und damit ihrerseits zu *dämonisieren*. – Gleichwohl bleibt festzuhalten: »Es geht in der Verkündigung des Paulus um Leben oder Tod – und zwar um ewiges Leben und ewigen Tod.« (Alkier, 92) Oder in der Metaphorik der Perikope: *Die Erleuchtung durch das Evangelium lässt allererst erkennen, wie finster ein Leben ohne das Evangelium ist.*

Das unvermeidliche Leiden der Knechte?

Eine zweite Deutung der Wirkungslosigkeit, die die Diener des Evangeliums bedrängt, ist in der Perikope nur angedeutet: »Wir verkündigen Jesus Christus [als] den Herrn, uns aber als eure Sklaven.« (V. 5) Entfaltet wird dies in 4,10–12 und 4,15: Das Leiden der Apostel kommt ihren Gemeinden zugute, weil sich darin *das Sterben Jesu*, sein Kreuz – und damit auch die Auferstehung abbildet. Die äußeren und inneren Bedrohungen, die den Dienst am Evangelium begleiten, zielen darauf, allein die »Kraft Christi« (2 Kor 12,9f.) herauszustellen – diese existenzielle Pointe des »Wortes vom Kreuz« (1 Kor 1,18ff.) prägt auch den Predigttext. Die Berufung hat »eine dunkle Seite« (Schmeller, 238) – wobei diese Seite nicht verheimlicht werden darf, weil sie wesentlich zum Evangelium *des Gekreuzigten* gehört. Auch diese Sichtweise, die das persönliche Leiden des

Apostels religiös überhöht, erscheint freilich – nicht erst heute – hochambivalent.

Erleuchtung durch und durch

Bleiben die bisher skizzierten Deutungen der apostolischen Kompetenz eher äußerlich und jedenfalls negativ-paradox, so nutzt die dritte, hier gewichtigste Begründungsfigur *die Metaphorik des Lichts*: Das Evangelium stellt einen Lichtglanz, eine Erleuchtung, eine innere Klärung (vgl. auch 4,16ff.) dar, die Gedanken wie Gefühle, Körper und Geist betrifft.

Exegetisch umstritten ist, ob Paulus in V. 6 nur von sich und seiner Bekehrung spricht (so Schmeller, 248f.) oder ob damit auch »the conversion of Christians in general« angesprochen ist (so Lambrecht, 69). Der Vergleich mit 3,18 scheint mir eher darauf zu deuten, dass hier eine Erfahrung beschrieben werden soll, die jeder Christin widerfahren kann.

Paulus verwendet hier (wie in 4,4 und 3,18) hymnisch-liturgische Sprache (Schmeller, 235): Im Gottesdienst vollzieht sich die Begegnung mit Christus; die Glaubenden begegnen dem lebendigen Jesus *face to face*, in direkter Konfrontation, von Angesicht zu Angesicht (nicht ›auf/in dem Angesicht‹, das ist eine irreführende Übersetzung). Diese Erfahrung stellt Paulus in den Kontext des Schöpfungsgeschehens (Gen 1,3f.); zugleich denkt er wohl auch an Gottesbegegnungen, wie Jes 9,2 sie schildert: »Das Volk, das im Finstern wandelt, sieht ein großes Licht …« In der Christusbegegnung erneuert sich das ganze Leben; die ganze Wirklichkeit erscheint wieder im ersten Licht.

III Impulse: Die Kraft des Morgenlichts

Heutige Relevanz kann die Perikope nur beanspruchen, wenn sie nicht gelesen wird als Auskunft über die spezifische Kompetenz hauptamtlicher ›Diener des Evangeliums‹, sondern als Beschreibung dessen, was den Christusglauben *prinzipiell und immer auszeichnet*. Diese fundamentale Erfahrung könnte die Predigt in drei Hinsichten entfalten:

- Der Grund des Glaubens besteht in einer Erleuchtung, die kognitive (›Aufklärung‹), emotionale (›Erhellung‹) und zugleich handlungsleitende Kraft (›Orientierung‹) besitzt. Im Gottesdienst könnte diese Erfahrung mittels des Liedes »Morgenlicht leuchtet« (EG 455), oder auch mit anderen Morgenliedern in Szene gesetzt werden.
- Die erleuchtende Konfrontation mit Jesus versetzt mich in eine bestimmte Bewegung; das zeigen je auf ihre Weise die alttestamentliche Lesung (Jes 60,1–6) und das Evangelium (Mt 2,1–12) zu Epiphanias: Jesus, der Herr nimmt die Glaubenden »in Dienst« (2 Kor 4,1), um die erleuchtende Einsicht auch anderen Menschen zugänglich zu machen.

- Ein vom Evangelium erhelltes Leben weckt zugleich die Kräfte der Finsternis (V. 3f.) – in mir und mitunter auch bei anderen, die mir begegnen. Zur Erleuchtung des Glaubens gehört, so hält Paulus fest, *eine ›dunkle Seite‹*: verstörende Erfahrungen der Verblendung, der Verfinsterung, vielleicht auch der Verzweiflung.

Literatur: *Stefan Alkier*, Gott leuchtet ein!, in: GPM 62 (2007/2008), 88–94; *Reinhard v. Bendemann/Christian Fuhrmann*, Auf dem Prüfstand, in: Predigtstudien VI/1 (2007/2008), Stuttgart 2007, 99–106; *Jan Lambrecht*, Second Corinthians (Sacra Pagina Series, Vol. 8), Collegeville (MN, USA) 2010; *Thomas Schmeller*, Der zweite Brief an die Korinther (EKK VIII/1), Neukirchen-Vluyn/Ostfildern 2010.

B

Hans Martin Dober

IV Entgegnung: Die Entschärfung der Probleme in der Metaphorik des Lichts

Die Bedenken von A teile ich. Die Frohbotschaft darf nicht unter der Hand zur Drohbotschaft an die verkommen, denen das Evangelium »verdeckt« bleibt. Weder sind sie »verloren« (V. 3) zu geben, noch als Anders-, oder Nicht-Gläubige zu »dämonisieren« (V. 4). Diesem Identifikationsangebot im Text für die eigene Erfahrung (scheinbar) vergeblicher Liebesmüh der Predigerin und des Predigers ist zu widerstehen. Und das kann in der Tat durch die Hinzuziehung der Verse 1 und 2 begünstigt werden. Das Evangelium betrifft das »Gewissen aller Menschen vor Gott« (V. 2). Diesen Wahrheitsanspruch gilt es, plausibel zu machen, auch durch Widerstände hindurch, mögen sie in Verständnisproblemen der Rezipienten oder in Enttäuschungen des Predigers liegen.

In der Metaphorik des Lichts lassen sich die problematischen Momente der »Inklusion« und »Opposition« kritisch beleuchten. Ob sich etwas in seiner »Unverborgenheit« (d.i. in seiner Wahrheit) zeigt, hängt nicht allein von der Intention dessen ab, der ein Amt innehat und der in seiner »Predigt« nicht müde wird. Die Wirkungen des eigenen Redens und Tuns bleiben relativ unverfügbar wie das Leben selbst. *Fraglich scheint mir*, ob die Berufung selbst eine »dunkle Seite« hat, oder sie nicht vielmehr die dunkle Seite der menschlichen Seele allererst offenbar macht. Entsprechend »weckt« das Evangelium nicht die Mächte der Finsternis, sondern es lässt sie als solche, die schon wirksam sind, erst in Erscheinung treten. So wird dann auch der Tod mitten im Leben erkennbar.

V Erschließung der Hörersituation: Das Bedürfnis nach Licht

Phänomene des Lichts können uns verzaubern, sei es das Abend- oder Morgenrot, die Klarheit im Gebirge nach einem Regentag, das gleißende

Licht auf dem Schnee beim Skilanglauf, sei es das matte, milde Licht des Mondes in der Nacht als ein Reflexionsphänomen. Maler gingen des Lichtes wegen hinaus in die Natur (wie van Gogh). Sie zeigten den Lichteinfall vom Fenster aus (wie Vermeer) oder von einer Laterne, einem Feuer aus mitten im Dunkel (wie Rembrandt). Jahrelang hat Monet daran gearbeitet, das auf Seerosen gebrochene Licht mit den Mitteln der Malerei einzufangen. Die Phänomene des Lichts sind differenziert und geheimnisvoll, vielfältig wie unsere Erfahrung der Welt, die sich im Licht zeigt. Es ist selbst ein Phänomen, das sich in Farben, im Kontrast von Hell und Dunkel, in »Lichtungen« vermittelt zu erkennen gibt. Zugleich ist es aber auch dasjenige, was die Phänomene erst wahrnehmbar macht: Quelle, ohne die wir nicht sehen könnten, Medium, in dem wir überhaupt etwas sehen und nicht nichts. So hat das Licht zur Metapher werden können für die geschaffenen Bedingungen menschlicher Orientierung in der Welt wie für deren Voraussetzung: Das Licht, in dem wir sehen, ist Licht vom »unerschaffnen Lichte« (EG 450,1). Im Rahmen menschlicher Erfahrung wurde es zur Metapher der Aufklärung und Erleuchtung.

Die Lichtmetaphorik leuchtet allgemein ein. Insbesondere in der dunklen Jahreszeit, wenn die Tage am kürzesten und die Nächte am längsten sind, sehnt sich die Seele aus Gründen, die im Biologischen wurzeln, ›eingetaucht zu sein in ein Haus aus Licht‹, wie Marie Luise Kaschnitz es ausgedrückt hat. Doch nur regelmäßigen Kirchgängern wird bewusst sein, dass das Fest der Erscheinung des Herrn aufs Engste mit der Metapher des Lichtes verbunden ist. Nach dem Fest der Geburt Jesu geht es theologisch nun darum zu erkennen, dass Christus der Herr ist. Wie aber ist die Wahrheit Christi zu erkennen? Durch Offenbarung (V. 2), antwortet Paulus. Aus dem Kontext lässt sich dieser Terminus im schon angedeuteten Sinn verstehen: Etwas bisher »Verdecktes« wird nun entdeckt, etwas Verborgenes liegt jetzt vor aller Augen offen da, das Licht hat die Dunkelheit vertrieben und lässt nun die Konturen der Phänomene deutlich werden.

Diese allgemeine Struktur der Erfahrung, wie sie in Gen 1,3 ausgesprochen ist, bildet den Hintergrund, auf dem die »Herrlichkeit Gottes in dem Angesicht Jesu Christi« (V. 6) soll erkannt werden können. Es ist *eine Erkenntnis, der selbst eine Illumination zuteil geworden ist.* Sie ist erleuchtet worden von einem Licht, das sie selbst sich nicht hat schaffen können. Man könnte auch sagen: Diese Erkenntnis lässt sich nicht ohne Weiteres hervorbringen, als käme es nur darauf an, den eigenen Wahrheitsanspruch zu verkündigen, und schon müsste sie sich in der Hörerschaft einstellen. Diese Erkenntnis *gibt sich wie die Wahrheit selbst*, deren Bedeutung für den Menschen darin besteht, dass er sie suchen muss. Und wer gefunden hat wie Paulus, muss nach Worten ringen, um eben dieses Gefundenhaben anderen mitzuteilen. In der Unverfügbarkeit der Wahrheitserkenntnis liegt der sachliche Grund, warum nicht als »verloren« gelten muss, wem das Evangelium »verdeckt« ist. Für einen Suchenden ist die Zeit seiner »Erleuchtung zur Erkenntnis« (V. 6) noch nicht gekommen – warum auch immer. Ob das Licht der »Herrlichkeit Gottes« zum *Morgenglanz der Ewigkeit* (EG 450,1) wird, bedarf einer »Erleuchtung«, der Paulus – und nach ihm jede Predigerin und jeder Prediger – nur den Weg bereiten kann.

Eben darauf käme es in der Predigt an: *die Sehnsucht der Seele nach dem Licht mit der »Herrlichkeit Gottes auf dem Angesicht Jesu Christi« zusammen zu denken und dann auch miteinander zu versprechen* (Ernst Lange). Hierbei geht es um die wechselseitige Einsicht, dass wir von dieser theologischen Wahrheit nur aus einer existenziellen (bzw. seelischen) Erfahrung überzeugend sprechen können. In diesem Sinne heißt es bei Franz Rosenzweig: »Gott sprach: Es werde Licht – und das Licht Gottes, was ist es? Des Menschen Seele.« (Rosenzweig, Stern, 123) Zugleich setzt die Rechenschaft von der inneren Erfahrung des Glaubens aber einen theologischen Deutungsrahmen voraus, wie er für das Christentum von Paulus erschlossen worden ist.

»Das Gotteslicht [ist] die Menschenseele« und »nur die Strahlen jenes Lichts [sind] sichtbar …, deren die Seele zur Erhellung ihres irdischen Wegs bedarf.« (Rosenzweig, Kleine Schriften, 289) Rosenzweig hat mit dieser Äußerung die Tür zu einer ›profanen Erleuchtung‹ (Walter Benjamin) aufgestoßen, die sich in der Spur von Splittern der Offenbarung auch in der modernen Kultur erfahren lässt: bei den Dichtern, Malern, Filmemachern. Nota bene spielt die Lichtmetaphorik im populären Film der Gegenwart wie etwa in »Der Herr der Ringe« eine zentrale Rolle. Um solch »profaner Erleuchtung« teilhaftig zu werden, bedarf es aber erkenntniskritischer Voraussetzungen, zu denen – verborgen und invers – die Theologie gehört.

VI Predigtschritte: »In mir ist alles aufgeräumt und heiter«

In einem *ersten* Schritt wäre die Erschaffung des Lichts einerseits auf die jahreszeitliche Erfahrung der Dunkelheit, andererseits auf das Phänomen des Lichts hin auszulegen. Die Perikope ist auf diese Weise von ihrem Ende her zu interpretieren. Die genannte Gesangbuchstrophe bekommt die Funktion eines hermeneutischen Schlüssels. Ein ganz normaler Morgen deutet hier die Ewigkeit an – mitten in der Zeit. Das ist möglich, weil das Licht, in dem wir zu sehen beginnen, von Gott geschaffen wurde. Für den Glauben ist das natürliche Licht aber nur ein Gleichnis. Um glauben zu können, und d.h. um die Emotionen, die uns den Tag über begleiten, auf ein Selbstgefühl des Gottvertrauens beziehen zu können, das uns als ganze Menschen trägt, müssen wir eigens bitten: *Schick uns diese Morgenzeit deine Strahlen zu Gesichte.* Die Strahlen des göttlichen Lichts sollen unsere Seele erreichen. In ihrer Tiefe gibt es das Helle und das Dunkle, das Schwarz-Sehen (die Melancholie) und die Kraft zum hoffnungsvollen Blick nach vorn. Weil das so ist, bittet dieses Lied um den göttlichen Beistand: *Vertreib durch deine Macht unsre Nacht.*

Ein *zweiter* Schritt wäre dann der Interpretation des Predigttextes vorbehalten – hier erst ist er auch zu lesen, und zwar dem Vorschlag von A gemäß in verlängerter Form. Auf den Spuren der Meditation von A ist die konkrete Konfliktsituation des Paulus von dem Anspruch zu unterscheiden, dass das Evangelium »das Gewissen aller Menschen vor Gott« ansprechen will. Das zu zeigen ist möglich in der Metaphorik des Lichts. Hierbei kann die zweite Strophe des zitierten Liedes hilfreich sein: *Deiner Güte Morgentau fall auf unser matt Gewissen.* Matt ist das angefochtene und manchmal auch das *schlechte* Gewissen. Es stellt infrage, es klagt an, es hält uns den Spiegel vor mit den Worten: »Meinst du etwa, dass es so gut war, wie du es gemacht hast?« So deutet das Gewissen als ein Mitwissen mit sich selbst auf die Kehrseite unseres Strebens hin: Oft wollen wir etwas erreichen, aber es will nicht recht gelingen. Gut mögen unsere Ideale sein, aber ob unser Handeln gut war, ist eine andere Frage. Das Gewissen ist die Instanz im Menschen, die uns auf die Vorläufigkeit unseres Tuns hinweist. Deshalb hat Jesus auch auf die Frage eines Gesprächspartners – des reichen Jünglings – geantwortet: *Was fragst du mich nach dem, was gut ist? Gut ist nur Einer.* (Mt 19,17) Gott ist gut, ja seine Güte macht vor allem anderen sein Wesen aus. Im Vertrauen darauf ist die Bitte möglich: *Lass die dürre Lebens-Au lauter süßen Trost genießen und erquick uns, deine Schar, immerdar.*

So ist *drittens* auf dem Hintergrund der allgemeinen Erfahrung zu zeigen, wie denn *Gottes Licht* in des *Menschen Seele* wirklich und wirksam werden kann. Die »Erleuchtung«, um die es hier geht, ist als Orientierung in der dreifachen Hinsicht zu verstehen, dass es um Erkenntnis (»ich weiß, woran ich glaube« [EG 357], Handlungsleitung (»so kann ich richtig laufen / den Weg deiner Gebot« [EG 295,3]) und Gewissheit im Selbstgefühl geht. Dieser letztgenannte Gesichtspunkt könnte anhand von Mascha Kalékos Gedicht »Sozusagen grundlos vergnügt« prägnant auf das Thema des Sonntags Epiphanias bezogen werden und zugleich auf die Schöpfungsthematik zurückverweisen, wenn man die ersten beiden Abschnitte des Gedichts mit hinzuzieht (vgl. www.literaturforum.de/forum/lieblingsverse-gedichte/1604-mascha-kaleko.html, abgerufen am 31.5.13).

Literatur: *Franz Rosenzweig*, Der Stern der Erlösung, Frankfurt am Main 1988; *ders.*, Kleinere Schriften, Berlin 1937.

A

Jesaja 42,1–4(5–9): »… das, was ist, nicht wichtiger nehmen als das, was noch nicht ist …«

Ralph Kunz

I Eröffnung: Es könnte wahrscheinlich auch anders sein

Kaum ein Politiker hat in den letzten Jahren so viele Erwartungen geweckt wie Barack Obama. Für viele ist der amerikanische Präsident immer noch ein Hoffnungsträger; andere sehen sich in ihren hohen Erwartungen in ihn bitter enttäuscht. Wie auch immer sein politischer Ausweis zu beurteilen ist, eines müssen ihm selbst seine Gegner zugestehen: Der Mann kann Massen mobilisieren. Er ist ein charismatischer Redner und begnadeter Kommunikator, der selbst dem ausgesprochen dümmlichen Slogan der ersten Kampagne »Yes, we can!« einen gewissen Glanz verliehen hat. Die Wiederwahl vor anderthalb Jahren war etwas weniger spektakulär. Man hat den Mann an seinen Worten gemessen. Das ist auch gut so. Schließlich soll man sich seinen Wirklichkeitssinn nicht mit den Illusionen von »Yes, we can«-Sprüchen vernebeln lassen.
Ist das wirklich so? Selbst in abgelöschten Realisten und geknickten Pessimisten schlummert doch ein Same, der zum kleinen Pflänzlein und dann zum großen Baum heranwachsen kann. Hoffnung ist das Wort dafür. Etwas davon lässt die Perikope am 1. Sonntag nach Epiphanias hören, »bevor es sprosst« (V. 9). Dazu reicht Wirklichkeitssinn nicht aus. Es braucht Möglichkeitssinn, wie Robert Musil ihn beschreibt:

> »Wenn es aber Wirklichkeitssinn gibt, und niemand wird bezweifeln, daß er seine Daseinsberechtigung hat, dann muß es auch etwas geben, das man Möglichkeitssinn nennen kann. Wer ihn besitzt, sagt beispielsweise nicht: Hier ist dies oder das geschehen, wird geschehen, muß geschehen; sondern er erfindet: Hier könnte, sollte oder müßte geschehn; und wenn man ihm von irgend etwas erklärt, daß es so sei, wie es sei, dann denkt er: Nun, es könnte wahrscheinlich auch anders sein. So ließe sich der Möglichkeitssinn geradezu als die Fähigkeit definieren, alles, was ebensogut sein könnte, zu denken und das, was ist, nicht wichtiger zu nehmen als das, was nicht ist.« (Musil, 16)

Wie kommt man zum Möglichkeitssinn? Wer weckt ihn und wer pflegt ihn? Die Antwort sollte Christen nicht schwerfallen. Haben sie nicht gerade mehr oder weniger lauthals gesungen: »Christ der Retter ist da«?

II Erschließung des Textes: Berufen, um das Recht durchzusetzen

Die Ausscheidung der Gottesknechtslieder (Jes 42,1–4; 49,1–6; 50,4–9; 52,13–53,12) als eigenständige Stücke geht auf den Jesajakommentar von Bernhard Duhm (1892) zurück. Die Frage, wer dieser Knecht sei, beschäftigt die Auslegung schon länger. Dass mit ihm der Christus gemeint ist, sollte man aus verschiedenen Gründen nicht in die Perikope hineinlesen. Denn vom Knecht Gottes reden zuerst einmal die umliegenden Texte, in denen eindeutig Israel gemeint ist. Der Knecht (ebed), der in den Liedern besungen wird, ist aber anders als das Volk nicht nur Empfänger göttlicher Verheißungen oder Mahnungen. Er bekommt einen Auftrag und erfährt dabei großen Widerstand. Es hindert die traditionelle jüdische Auslegung nicht daran, den Knecht dennoch kollektiv zu deuten und mit Israel zu identifizieren. Er ist das geistbegabte Israel, das den Auftrag hat, der Welt das Licht zu bringen, wie es auch seine Aufgabe ist, in der Rolle des Knechtes als Sündenbock herzuhalten. Der Knecht ist beides – das mögliche und wirkliche Israel zugleich! (vgl. Paul, 18)

Das ist nicht einfach zu denken. Nicht weniger schwierig ist die christologische Auslegung. Die individuelle Deutung der Knechtsfigur ist freilich – liest man Tritojesajas Bezug auf das erste Gottesknechtslied (Jes 61,1–3) – biblisch und so alt wie der Text. Andere Ausleger sehen im ersten Gottesknechtslied die Berufung des Propheten Deuterojesaja (vgl. Elliger, 207 und Hermisson, 24). Insgesamt tendiert die alttestamentliche Wissenschaft heute zu dieser Auslegung. Dazu passt die eingangs geschilderte Geistverleihung (V. 1b), die Propheten, Königen und Richtern zukommt und an 1 Sam 6,3 und Jes 11,1f. erinnert und in der Figur des Gottesknechts in eins verschmelzen. Klaus Baltzer verweist auf die Einsetzung des Mose in Ex 3,13–15 (vgl. Baltzer, 45).

Der »Knecht« wiederum ist ein Titel, mit dem Spannungsvolles verbunden wird. Er meint im Alten Testament einerseits den obersten Beamten im Staat, der den König bei Abwesenheit vertreten kann. Andererseits wird der Knecht am Hof zu einem Individuum, das ganz auf den Schutz seines Herrn angewiesen ist, weil es aus dem Verband der Sippe herausgelöst wurde und deshalb keinen anderen Schutz genießt. So verwenden auch die späten Psalmen den Begriff. Beide Aspekte tauchen hier auf. Zum Stellvertreter passt der universale Auftrag, den Entscheid, den Plan oder das Recht Jahwes bis ans Ende der (heidnischen) Welt zu den sagenhaften Inseln (V. 4), die schon in Jes 41,1 und 5 angerufen werden, zu tragen. Dass der Knecht aufgrund seines Auftrags schutzlos wird und sich exponiert, wird in seiner Passion deutlich (52,13–15).

Was aber ist mit dem Recht gemeint, das der Gottesknecht in die Welt tragen soll? Mišpat ist schwierig zu übersetzen. Deutlich ist der Bezug zu Jes 40,1–11. Eine Wende ist eingetreten und Neues bahnt sich an. »Das Frühere – siehe, es ist eingetroffen, und das Neue – ich tue es kund.« (V. 9) Mišpat taucht auch im Epilog des Buches auf (vgl. Jeremias, 31–33). Der göttliche Entscheid, Neues zu wirken, wird im Gegensatz zum menschlichen Entscheid gesehen (Jes 55,8f.). Man könnte auch an Macht und Ressourcen denken. Um diese steht es nicht gut. Das »geknickte Rohr« und der »glimmende Docht« sind Gegenbilder für den desolaten Zustand Israels, das wie andere unterjochten Völker unterzugehen droht.

Gott hat anders entschieden. Dazu will aber der »Regierungsantritt« seines Stellvertreters nicht recht passen. Wenn einer bis zu den Enden der Welt gehört werden will, müsste er schreien und laut werden oder in heutigen Verhältnissen Medienkompetenz beweisen und die Aufmerksamkeit der Öffentlichkeit so geschickt auf sich lenken wie ein Barack Obama. Das Kommunikationsverhalten des Knechtes ist in dieser Beziehung ziemlich paradox. Es wird zuerst gesagt, was er nicht macht: Er schreit nicht, wird nicht laut, zerbricht das geknickte Rohr nicht und löscht den glimmenden Docht nicht aus. Nur eine positive Aussage wird gemacht. Treu trägt er das Recht hinaus. Offensichtlich besteht dieses Recht darin, dass sich der Knecht der Rechtlosen annimmt und dafür sorgt, dass die Todgeweihten noch einmal davonkommen. Das geknickte Rohr und der glimmende Docht sind Bilder der individuellen Klage (vgl. Jeremias, 36). Mit der negativen Beschreibung werden Erwartungen, die durch die Präsentation des Geistgeweihten geweckt wurden, unterlaufen. Mit der Verbindung zum Geschick des Knechts in V. 4 kommt etwas Neues in den Blick. Die gleichen Verben, die den Knecht als Retter der Rechtlosen umschreiben, werden chiastisch vertauscht auf ihn angewendet (V. 4). Schon hier wird das Schicksal des Knechtes vorgezeichnet. Es wird ihn treffen. Zwar kann er seinen Auftrag erfüllen und er wird weder zerbrochen noch ausgelöscht, bis er das Recht in Kraft gesetzt hat. Was danach kommt? Man ahnt es schon.

III Impulse: Das, was noch nicht ist, im Blick behalten!

Inhaltlich lässt sich leicht ein Bogen zu Weihnachten spannen. Das Matthäusevangelium zeichnet die Gestalt Jesu von der Huldigung der Magier (Mt 2,1–12) über die Geistbegabung bei der Taufe (Mt 3,13–17) bis hin zum sogenannten Missionsbefehl im Licht der Gottesknechtslieder. In Jesus verschmelzen Prophet, König und Richter. Mit ihm kommen Recht, Befreiung und Heilung für alle Völker. Das neue Recht, das sind die Seligpreisungen, die zuerst den Armen (Mt 5,1) und dann allen Geknickten und Abgelöschten das Himmelreich verkünden. Er wird nicht ruhen, bis er das Recht durchgesetzt hat. Hat er es denn schon getan?

Wenn wir mit Nein antworten, lassen wir unseren Wirklichkeitssinn sprechen, wenn wir lauthals mit Ja antworten, rufen wir uns selbst in die Pflicht, im Alltag wie am Sonntag den Möglichkeitssinn zu pflegen. Es wäre illusorisch zu meinen, dass wir dabei keine Ablöscher erfahren und uns nicht als Geknickte gegenseitig wieder aufrichten müssten. In einer gnadenlos strukturdeterminierten Welt ist es recht schwierig, die Fähigkeit zu behalten, »das, was ist, nicht wichtiger zu nehmen als das, was nicht ist« – oder besser: noch nicht ist, um Musils Spross ein wenig wachsen zu lassen.

Literatur: *Klaus Baltzer*, Deutero-Jesaja (KAT X,2), Gütersloh 1999; *Bernhard Duhm*, Das Buch Jesaja übersetzt und erklärt (HK III/1), Göttingen (1892) ⁵1968; *Karl Elliger*, Deuterojesaja, I. Teilband, Jes 40,1 bis 45,7, Neukirchen-Vluyn 1978; *Hans-Jürgen Hermisson*, Israel und der Gottesknecht bei Deuterojesaja, in: ZThK 79 (1982), 1–24; *Jörg Jeremias*, mišpat im ersten Gottesknechtslied (Jes 42,1–4), in: VT 22 (1972), 31–42; *Robert Musil*, Der Mann ohne Eigenschaften. Roman [1930/32], Neuausgabe 1978 Bd. I, Reinbek bei Hamburg ²1987; *Schalom M. Paul*, Isaiah 40–66. Translation and Commentary, Grand Rapids/Cambridge 2011.

Thomas Schlag

IV Entgegnung: »Könnte wahrscheinlich?« – Ist das denn die Möglichkeit!?

Tatsächlich, diese göttliche Ankündigung des kommenden Knechts ist eine wunderbare Möglichkeitsgeschichte – nicht nur einstmals für das Volk Israel, sondern über die Zeiten hinweg mitten hinein in unsere Gegenwart mit seinen Normativitäten des Realistischen. Wie könnte doch alles anders sein, würde sich diese Hoffnung Jesajas endlich erfüllen!? Ich spüre das realitätsklar hoffnungsvolle Ringen von A, den Sinn des Jesajatextes über die Wirklichkeiten der Welt auf die Möglichkeiten neuen Lebens auszurichten.

Wir sind ja tatsächlich auf guter Spur: Die Zeit nach Weihnachten richtet sich auf neue Möglichkeiten aus. Die weihnachtliche Geburtsgeschichte, applaudiert von den profanen Weltdeutern, erfährt ihre Fortsetzung: Gott kündigt den Menschen seines Wohlgefallens den »messianischen Knecht« (so schon Eusebius) an, an dem er in besonderer Weise Gefallen hat. Durch ihn soll sich das Recht die Bahn brechen. So wird es den Menschen in Knechtsgestalt schon jetzt zugesagt. Das wäre doch etwas in diesen Zeiten – und allzumal ganz anderes als das plakativ-säkulare »Yes, we can«.

Und so folge ich A in seiner Lesart ganz uneingeschränkt … wäre da nicht dieses kleine »wahrscheinlich«. Beim erneuten Lesen des zitierten Musiltextes und in der Überschrift der Eröffnung von A sticht es mir ins Auge … und ins Herz. Beinahe unscheinbar liegt es am Wegesrand des

Möglichen. Das wirft bei mir Fragen auf: Warum denn »wahrscheinlich«? Weshalb überhaupt eine solche Einschränkung? Ist das nicht viel zu klein gedacht angesichts der ausgesprochenen Ankündigung des Neuen? Geht mit A am Ende doch die Wirklichkeit durch, sodass vom Möglichkeitssinn nur ein enttäuscht-enttäuschender Konjunktiv irrealis bleibt?

Der Einbruch Gottes in die gegenwärtige Welt geschieht doch auf sensationelle Weise. Da kommt einer ganz ohne Krach und Krawall. Nicht einmal seine Stimme muss er erheben. Ein Souverän der besonderen Art, das wird sofort deutlich, tritt auf den Plan der Welt. Gott erdet durch einen Menschen seinen Geist für die ganze seufzende Schöpfung. Die »Erdverbundenheit« Gottes zeigt sich eindrücklich im poetischen Hinweis auf die geschehene Schöpfung (V. 5). Und die folgenden Zeilen verbinden in kongenialer Weise dieses ursächliche Versprechen Gottes mit der Neuschöpfung von Recht, Befreiung und Erlösung.

Deshalb würde ich gerne das Außergewöhnliche der Ankunft noch einmal stärker zuspitzen als »nur« von der Pflege des Möglichkeitssinns zu sprechen. Denn hier werden ganz reale Optionen und Visionen manifest und präsent (vgl. Goldingay/Payne, 209 u. 232), die ein »wahrscheinlich« ganz unwahrscheinlich erscheinen lassen. Das Besondere des christlichen Möglichkeitssinns besteht doch wohl darin, dass wir mit Gewissheit erwarten dürfen: Die Verhältnisse werden sich durch diese Ankunft ändern. Das ist dann aber nicht nur im Modus des »könnte«, »sollte« oder müsste« zu formulieren, sondern schlicht im nahegehenden Futur des »es wird« und »er kommt«.

V Erschließung der Hörersituation: Schon wieder in die Realitäten verwickelt

Das neue Jahr, an dessen Anfang man fast noch steht, hat vielleicht schon wieder seine Frische verloren. Die ersten Tage und Wochen der beruflichen Anforderungen nehmen einen in Beschlag und von der erhofften Atempause zwischen den Jahren ist kaum noch etwas zu spüren. Der Wechsel ins neue Jahr ist häufig mit Vorsätzen und Absichten verbunden gewesen, die auch schon wieder eine Ewigkeit her scheinen. Wollten wir nicht etwas ändern? Das weihnachtliche »Fürchtet euch nicht« klingt kaum noch nach. Die Realitäten fordern ihren Tribut. Mancher mag sich gar durch eigene Gedanken und Erfahrungen, Nöte und Druck extrem belastet und gar geknechtet fühlen. Die Rede vom geknickten Rohr (V. 3) erinnert mich daran, dass früher in Todesanzeigen häufig die abgeknickten Ähren abgebildet waren – ob Menschen dieses Symbol heute noch als Hoffnungssignal lesen können?

Welche Bedeutung kann da der Hinweis auf die neuen Möglichkeiten des Lebens gewinnen? Was kann man sich von Gottes Versprechen »Ehe denn es aufgeht, lasse ich's euch hören« (V. 9) erwarten? Bedeutsam erscheint mir hier, dass Gottes Gegenwart ganz bescheiden und doch umso tiefgründiger daherkommt. Die christlich-jüdische Vorstellung von Autorität und Führung setzt nicht auf die pompöse oder mirakulöse Form. Wesentlich ist zugleich, dass dieses literarische Oratorium und Drama der Hoffnung (so Berges, 39 u. 41) mit seiner göttlichen Zusage unmittelbare Konsequenzen für die Weltverhältnisse hat: Recht, Gerechtigkeit und Befreiung gewinnen ihren Tiefensinn durch den Zusammenhang zu Gottes Schöpfung selbst (V. 5f. und vgl. auch Jes 41,4!). Gottes Aufmerksamkeit auf die Menschen ist nicht ohne seine Aufmerksamkeit auf alle Weltverhältnisse zu denken und zu beschreiben.

VI Predigtschritte: Am Anfang neuer Möglichkeiten

Man könnte, um den Charakter dieser verlässlichen Verheißung zu verdeutlichen, mit der folgenden sicherlich allen vertrauten Erinnerung beginnen: »Du hast's aber versprochen«, sagen Kinder, wenn wir hinter unseren ursprünglichen Zusagen und Ankündigungen zurückbleiben. Solche Enttäuschungen sind besonders schmerzhaft und einprägsam. Eltern wissen, dass nicht eingehaltene Versprechen erheblichen und nachhaltigen Vertrauensverlust bewirken können. Verlässlichkeit ist eine existenzielle Tugend des Zusammenlebens – und dies gilt für alle Verhältnisse zwischen Himmel und Erde. Wer Versprechungen macht, ist in der Pflicht. Das gilt umso mehr von Gottes Zusage für die Welt im Sinn seines »Es wird werden«. Das ist keine Ankündigung im Sinn des manchmal allzu vertröstenden »Es wird schon werden«, mit dem Kindern oder Kranken wieder Mut gemacht werden soll. Sondern hier wird uns durch Jesaja ein »Werden« versprochen, auf das wir uns schon jetzt vor Gott beziehen und auf ihn berufen können: Das ist die unbedingte Möglichkeit, die den Hörern mit Jesaja nahegebracht werden kann! Schon jetzt kann Gottes Aufmerksamkeit merklich mitvollzogen werden: »Siehe, das ist mein Knecht – ich halte ihn.« (V. 1) Von diesem reinen Präsens göttlicher Präsenz (in Jes 41,4, 43,10.13 u.ö. wird an die Zusage Ex 3,14 angeknüpft!) kann geredet und gesungen werden.

Von dieser unmittelbar anfangenden und anbrechenden Möglichkeit (vgl. Fohrer, 51) stellt sich die Frage, wie Möglichkeiten des Nachfolgens ganz konkret durch die Hörer in den Blick genommen werden können. Hier kann an die Jerusalemer Deportierten und Geknechteten erinnert werden, indem das doppelte Bild des Knechts als Beauftragter und als Bedrängter in den Blick kommt: Natürlich wurde dem Prophet und Volk Israel erst einmal gegen den Strich des Wirklichen verkündigt. Und doch haben sie dieses »Es wird« und »Er kommt« als Geschichte neuer Möglichkeiten verstanden. In die Gegenwart gesprochen: Der unbedingten Möglichkeit des »Es wird« kann vonseiten der Gemeinde durch eigenes Hoffen und Handeln entgegengekommen werden. Die Rede vom Möglichkeitssinn ist mit einem Richtungs- und Orientierungssinn verbunden: Der Weg ist von Gott her bereitet, aber zu gehen ist er vom einzelnen Hörenden und der Gemeinde her.

Das »wichtiger zu nehmen, was noch nicht ist«, stellt eine befreiende Möglichkeit gegen manche Realitäten und damit gerade keine unrealistische Realität dar. Um einen solchen möglichen individuellen Weg anschaulich zu machen, könnten die Hörenden dafür sensibilisiert werden, wohin sie tagtäglich ihre eigenen Wege gehen: Wer kommt in den Blick? Auf wen geht man zu und in welcher Haltung und mit welcher Aufmerksamkeit? Was dürfen sich andere von der Begegnung mit einem versprechen und erhoffen? Und ganz plastisch gesprochen: Gehe ich anders mit mir um und auf andere zu, wenn ich mich an dem orientiere, der zu mir kommt? Welche kleinen und größeren, gar prophetischen Schritte auf dem Weg der Gerechtigkeit traue ich mir selbst zu?

Denkbar erscheint mir in diesem Zusammenhang der Versuch, die Gemeinde durch eine Unterbrechung der Predigt solche Schritte des möglichen aufmerksamen Gehens auf den Nächsten für sich zu imaginieren oder gehend ausprobieren zu lassen. Dies könnte durch einen ruhigen musikalisch-meditativen Hintergrund erleichtert werden, die jeweilige Begegnung selbst könnte etwa für sich durch den Kirchenraum führen oder durch ein stilles Zeichen der wechselseitigen Wahrnehmung und des Friedens untereinander konkretisiert werden.

Zum Gottesdienst: Empfohlen sei der im EG leider nicht vorhandene Psalm 86, der die Not des Knechtes verdeutlicht. Hier wäre eine gemeinsame Lesung allerdings mit der Deutung des Knechtes als des bedingungslos von Gott gehaltenen und zur Gerechtigkeit ermutigten Menschen zu verbinden.

Lieder: EG 66 »Jesus ist kommen«; EG 658 Württemberg; EG 346 »Such, wer da will, ein ander Ziel« (v.a. wegen Strophe 2).

Literatur: *Ulrich Berges*, Jesaja. Der Prophet und das Buch, Leipzig 2010; *Georg Fohrer*, Jesaja 40–66. Deuterojesaja/Tritojesaja, Zürich 1986; *John Goldingay/David Payne*, A Critical and Exegetical Commentary on ISAIAH 40–55, London/New York 2006.

Hebräer 12,12–18(19–21)22–25a:

Ein Ratgeber, der ins Bild setzt

Christof Landmesser

I Eröffnung: Ein guter Rat

Unsere Welt ist voller Ratgeber. Das beginnt bei der morgendlichen Zeitungslektüre, in unseren Familien und Partnerschaften, im Beruf, an den Schulen und in den Universitäten bekommen wir zuweilen beste Empfehlungen zu hören. Die Ratgeberliteratur ist uferlos. Durch viele Ratschläge und Empfehlungen wird das Leben aber nicht unbedingt leichter. Auch die Predigten in unseren Gottesdiensten sind kaum frei von solchen Aufforderungen und gut gemeinten Vorschlägen, die sich häufig eher den Vorstellungen der Redenden verdanken, als dass sie das komplexe Leben der Hörenden kompetent entwirren, geschweige denn mit neuen Perspektiven bereichern könnten. Wer zu viel Rat erhält, bleibt oft ganz auf sich gestellt.

Aber unser Leben ist kompliziert, da sind klare Hilfestellungen erwünscht und segensreich. Der Gottesdienst kann im gelingenden Fall ein solcher Ort sein, an welchem, der liturgischen Zeit nach Epiphanias entsprechend, Licht ins Dunkel gebracht wird. Das wäre auch zu wünschen und eine rechte Erbauung in der Verworrenheit mancher unserer Tage. Ein erhellender Rat ist tatsächlich willkommen. – Und dann ein solcher Text aus dem Hebräerbrief, der den wenigsten Predigenden geläufig sein dürfte, und unsere Perikope lässt sich bei einem ersten Lesen auch nicht geradlinig nachvollziehen. Es ist nicht ausgemacht, was aus diesen Versen wirklich hilft. Wer sich selber in einer wenig klaren Lebenslage befindet, braucht jetzt dringend einen ersten Rat, wie denn der Predigttext zu verstehen wäre.

Mein erster Rat ist, den Text des uns unbekannten Autors in seiner Widerständigkeit nicht einfach beiseitezulegen. Wir sagen in unseren Gottesdiensten oft, dass wir uns mit Fremdem offen auseinandersetzen sollten. Hier ist, wie übrigens bei vielen biblischen Texten, die Gelegenheit, die Probe aufs Exempel zu machen, ob denn gerade das, was nicht offen zutage liegt, zumindest einen schwachen, aber doch erhellenden Schimmer in unsere Lebenswirklichkeit zu schaffen vermag. Und dann kommt gleich *mein zweiter Rat*, den Abschnitt von seinem zweiten Teil her zu verstehen und auch zu erklären, und das wären nach meiner Abgrenzung die Verse 18–24.

II Erschließung des Textes: Das Ziel in der Gegenwart

Ratschläge sollten, übrigens auch in der Predigt, begründet werden, um ihre Nachhaltigkeit und ihre eigene Kritikfähigkeit zu sichern. Warum also sollte der Predigttext von seinem zweiten Teil her verstanden werden? Der erste Teil der Perikope (VV. 12–17) enthält, wie es schon der Charakter der vorangehenden Zeilen mit ihrer an die Adressaten gerichteten Erziehungsmetaphorik war, die Aufforderung, die erschlafften Hände und die erlahmten Knie aufzurichten und mit den eigenen Füßen eine gerade Spur zu gehen. Wer da anfängt und sich wirklich schwach fühlt, der wird kaum die Kraft finden und den Mut aufbringen, von selbst aktiv zu werden, um sich wirklich wieder auf den Weg machen zu können. In verzweifelte Situationen hinein gesprochen, können solche Sätze zynisch wirken. Wer mit unserer Perikope erstmals konfrontiert wird, hat nicht gleich die ermutigende Wolke der Glaubenszeugen aus Kapitel 11 vor Augen, von denen diejenigen wissen, die den Brief von vorne an durchlesen.

Die Metaphern des Weges und des Wanderns durchziehen den Hebräerbrief. Er ist an eine kleine und bedrohte Minderheitengruppe von an Christus glaubenden Menschen gerichtet, vielleicht in Rom, was wir aber nicht so genau wissen. Wohin aber geht ihre beschwerliche Reise? Das genau ist die entscheidende Frage. Das Ziel des Weges rückt in unserem Text erst im zweiten Teil in den Blick (VV. 18–24). Es ist der Berg Zion, das himmlische Jerusalem, die Stadt des lebendigen Gottes, die voller Engel ist, dort befindet sich die Gemeinde der Erstgeborenen, also der Verheißungsempfänger, deren Namen bei Gott aufgeschrieben sind, und Gott ist mitten in dieser Stadt. Das Ziel des Weges wird weiter ausgemalt. Gott ist in dieser Stadt als der Richter der Welt und ebenso wohnen dort die zu Gott gehörenden Gerechten. Auch Jesus ist dort, an diesem Hoffnungs- und Lebensort; Jesus, der mit seiner Lebenshingabe jeden menschlichen Kult überflüssig gemacht und außer Kraft gesetzt hat, weshalb er im Hebräerbrief als der himmlische Hohepriester vorgestellt wird (Hebr 5–10). Das sind alles traditionsgesättigte Anspielungen und Bilder, wodurch viele Facetten der von den glaubenden Menschen angestrebten Hoffnungsortes eingespielt werden.

Fangen wir mit Jesus an. Seiner Lebenshingabe verdanken die Glaubenden ihr Leben. Und wie bereits in Hebr 1,1–4 deutlich wird, wendet sich Gott, der Schöpfer, selbst durch seinen Sohn an seine Menschen. Jesus eröffnet die Gottesgemeinschaft für die Menschen, die von sich aus in der Gottesferne leben. Mit dem Berg Zion und dem himmlischen Jerusalem wird der Ort benannt, wo der lebendige Gott wohnt. Gott ist eben nicht an einem irdischen kultischen Ort zu finden, auch nicht am Berg Sinai, der hier nur als ein Ort der Furcht beschrieben wird. Im himmlischen Jerusalem sind auch Myriaden von Engeln, die Gott im Fest- und Thronsaal loben, und zu ihnen gehören die im Himmel mit Namen bekannten Erstgeborenen, mit denen die Engel die Festfreude teilen. Wer in den himmlischen Büchern mit Namen verzeichnet ist, der hat dort jetzt schon sein Bürgerrecht. Damit werden die Glaubenden angesprochen. Wir haben in der Gegenwart dieses Bürgerrecht im Himmel. Und eine weitere Dimension gehört zum himmlischen Jerusalem, dem Hoffnungsort der Glaubenden. Gott wohnt auf dem Zion als der Richter und die Gerechten sind in seiner Gegenwart. Gott ist der Gott aller und das Unrecht ist auf dem Zion beseitigt. Darauf hoffen und davon leben die glaubenden Menschen jetzt schon in ihrer bedrohten Gegenwart.

Was in diesem zweiten Teil der Perikope in Bildern der biblischen Tradition beschrieben wird, ist nichts weniger als das Leben in der von Gott geschaffenen, gewollten und geschenkten Fülle. Auf solche Lebensfülle in purer Freude und vollendeter Gerechtigkeit richtet sich alles Hoffen und Streben, alles Laufen und jede Faser der Existenz derer, die in einer bedrohten und gefährdeten Gegenwart zuweilen müde und schlaff zu werden drohen. Und jetzt kommt noch einmal der erste Teil der Perikope mit seinen provokanten Ermahnungen in den Blick. Diese sind an Menschen gerichtet, die an ihre schon bestehende himmlische Bürgerschaft erinnert werden sollen. Erinnern meint, dass diese Hoffnungsbilder in die Gegenwart wirkungsvoll eingespielt werden. So bekommen die Aufforderungen eine Kraft, die sie als bloße Appelle niemals erhalten könnten. Und sie öffnen den Blick dafür, dass die Glaubenden in ihrer vielleicht schwierigen Lebenssituation niemals auf sich allein gestellt sind. So klein und bedroht ihre Gemeinde in einer feindlichen Umwelt auch sein mag, alle Glaubenden sind jetzt schon Teil einer großen Gemeinschaft, die bereits in der Gegenwart einen Heilsraum darstellt, in welchem der Gottesfriede erfahren und gelebt werden kann. Die Identität und das Handeln der Glaubenden in der Gegenwart bestimmen sich von diesem auf dem Zion in einer höheren Wirklichkeit existierenden Heilsraum her, der die gegenwärtige Wirklichkeit der Glaubenden erst real werden lässt.

Das Fremde des Textes bleibt. Mit dem Hinweis auf Esau warnt der Verfasser des Hebräerbriefes wie auch an anderen Stellen vor einem möglichen Abfall und einer dann nicht mehr erreichbaren Rückkehr zu dieser jetzt schon bestehenden großen Gottes- und Heilsgemeinschaft. Die Lage ist ernst, will der Verfasser des Hebräerbriefes mitteilen, es geht auf dem Lebensweg zum himmlischen Jerusalem tatsächlich um das Leben. Solche Warnung muss man wirken lassen und sollte sie nicht zu rasch beiseitelegen. Theologisch kritisch nachdenkend muss man dabei aber auch fragen, ob die wunderbaren Bilder vom himmlischen Jerusalem vom Verfasser des Hebräerbriefes an dieser Stelle in ihrer Tiefe wirklich ausgeschöpft sind.

III Impulse: Ein Rat in Bildern

Der Verfasser des Hebräerbriefes gibt einen guten Rat, der aber auch fremd und schwierig ist, er öffnet den Blick auf den Hoffnungsort, der in der Gegenwart der Glaubenden schon wirksam ist. Es geht um die Gestaltung des Lebens in der Gottesgegenwart und in der Gemeinschaft derer, die von ihrer bereits gültigen Himmelsbürgerschaft wissen. Seneca, der ungefähre Zeitgenosse des Verfassers des Hebräerbriefs, schreibt an seinen Bruder: »Leben, mein Bruder Gallio, wollen alle glücklich, aber zu erkennen, was es ist, was glücklich das Leben macht, fehlt der klare Blick«. Und wenige Sätze später folgt sein Rat: »Vor Augen muß man sich daher stellen – erstens: was es ist, was wir erreichen wollen; sodann ist ins Auge zu fassen, wie wir dorthin besonders schnell gelangen können ...« (Seneca, I,1) Die Predigt sollte sich nicht scheuen, das für die Glaubenden in der Gegenwart wirksame Ziel der Gottesgemeinschaft in all ihren Facetten fantasievoll, farbig und bilderreich zu beschreiben. Das macht dann wirklich Mut.

Literatur: *Knut Backhaus*, Der Hebräerbrief (RNT), Regensburg 2009; *L. Annaeus Seneca*, Über das glückliche Leben. Philosophische Schriften 2, übersetzt, eingeleitet und mit Anmerkungen versehen von Manfred Rosenbach, Darmstadt 1985.

B

Stephan Schaede

IV Entgegnung: Schon im Leben angekommen sein

Ich sehe drei Motive bei A, die ich modifiziert aufgreife. A liest den Predigttext erstens als eigenwilligen Ratgeber. Dieser Idee folge ich gerne, gerade weil mir Ratgeber auf die Nerven gehen und mich zugleich eigenwillig faszinieren. Dazu mehr unter Teil V.

Ratgeber müssen mit A zweitens als eine Art Wegeliteratur gelesen werden. Die Wegmetapher ist nun aber eine, die mich – zumal religiös – überhaupt nicht überzeugt. Soll denn im Ernst wahr sein, dass mein Leben einen bestimmten Weg entlanggeht, mal gerade, mal krumm, mal verschroben? Das sind doch zurechtgemalte Projektionen. Was auch immer die Erziehungsappelle der ersten Verse des Predigttextes glauben machen wollen: Keine noch so kluge religiöse Morgengymnastik wird je aus schwachen Glaubensknien jagdfreudige fromme Gelenke auf furiosem Weg der Heiligung erzeugen. Da überzeugt mich sehr viel eher, was Kurt Marti einmal zu Protokoll gab, dass ihn das Leben bei der Hand nahm und mit ihm auf und davon lief. Vielleicht ist das sogar die heimliche Achse des Predigttextes. Gott führt ins Leben jenseits der in unserem Kopf vorgezeichneten Wege.

A identifiziert ja als drittes Motiv die kräftigen Bilder vom himmlischen Jerusalem und der Gottesgemeinschaft im zweiten Teil des Predigttextes. Mich fasziniert die Spannung, dass müden Glaubenskriegerinnen und -kriegern zwar der Marsch geblasen wird, dies aber mit der Mitteilung im Gepäck, dass sie, wie der zweite Teil des Predigtextes einbläut, bereits am Ziel angekommen sind. Wir sind unterwegs und sind schon da. Wir werden von Gott so ins Leben geführt, dass wir schon in es hineingeführt sind. Welcher Blick auf das Leben setzt diese Gewissheit so frei, dass er zugleich in Bewegung setzt? Welcher Blick sieht zugleich die diffuse Suppe von Lebensproblemen, der tapfer standgehalten sein will, und deren Überwindung im klaren Licht bereits Tatsache ist? Das ist für mich die Schlüsselfrage am 2. Sonntag nach Epiphanias, deren Beantwortung A's Rat in Bildern plastisch werden lässt, an einem Sonntag also, der als Epiphaniassonntag dem Licht gewidmet ist, das Jesus Christus ins Bild rückt.

V Erschließung der Hörersituation: Von Ratgebern, dem magischen Auge und Jesus Christus als Ratgeber in Person

1. Zunächst muss von *Ratgebern* die Rede sein.

Zugegeben: Nicht nur in den Auslagen von Buchhandlungen wimmelt es von Ratgebern. Auch meine Bibliothek ist nicht ratgeberarm. Ratgeber für Rezepte und Reiseziele, Campingplätze, Gesundheitsthemen, Ideen für Gartenfreunde, Verbrauchertipps und Trends für kompetente Leitung; Ratgeber für werdende Eltern und für Diät. Von jeder Sorte habe ich oftmals gleich mehrere Ratgeber. Sie faszinieren mich, weil sie orientieren und das Leben so klar erscheinen lassen. Da wird blühendes Elternglück verheißen. De facto aber erliegen die Beete den Folgen eines ungrünen Daumens, Kollegen zicken herum und ich ernte Erkältungen. Und dann diese Widersprüche: Der eine Ratgeber empfiehlt, dass Kindern der Nachtschlaf in den ersten Wochen beigebracht werden soll, der andere warnt vor frühkindlichen Schädigungen und bittet darum, das Kind am besten auf dem eigenen Bauch unter säuselndem Summen von Melodien sanft und ganz eigenständig einlullen zu lassen.

Trotz aller Widersprüche wirken Ratgeber ermüdend gleichförmig. Immer wieder werden dieselben Figuren aufgerufen. Dennoch lockt der Rat, weil er erstrebte Ziele verheißt. Ratgeber werden wohl deshalb immer wieder gern gekauft, weil der Rat brillant erscheint, aber eigentlich nie wirksam Früchte zeigt. Das beste Beispiel dafür sind Diätratgeber. Sie schüren erfolgreich Hoffnung, das Leben zu bewältigen. Das Blöde und Entscheidende aber ist: Sie nehmen einem selbst diese Bewältigung nicht ab. Kurz: Ratgeber tun gut. Aber sie helfen nicht. Sie verheißen Ziele, lösen sie jedoch nicht ein.

Was unterscheidet die Ratgeber dieser Welt von Jesus Christus, der selbst in der Form eines Rates im Predigttext angepriesen wird?

2. Sodann muss vom magischen Auge die Rede sein. Sie kennen vielleicht diese vor ungefähr 20 Jahren Furore machenden Bücher mit genau diesem Titel: »*Das magische Auge*«. Es waren reine Bilderbücher ohne jeden Text. Worin lag ihr Zauber? Beim ersten Durchblättern zeigten sich verwirrende und diffuse flächige Ornamente und Muster unterschiedlichster Couleur. Jedoch mit einiger Geduld und Konzentration auf die Motive ergaben sich dem Auge dreidimensionale Figuren, Rehe, Bären, Fische, Häuser, Engel, Gärten ... Dasselbe Blatt zeigte einmal verwirrende Oberflächen und enthielt klare Figuren mit Tiefgang. Es war fast ein wenig so wie in Schillers Wilhelm Tell: »Die Zeit bringt Rat. Erwartet's in Geduld! Man muss dem Augenblick auch was vertrauen!« Faszinierendes ist inmitten der Lebensoberfläche schon da, kann sich zeigen, setzt Bilder ganz anderer Qualität und Tiefenschärfe frei. Es kommt nur auf die Betrachtungsweise, auf den Rat der Geduld an.

3. Schließlich muss von einem Ratgeber die Rede sein, der das von A skizzierte, im Blick auf den zweiten Teil des Predigttextes entworfene Bilderspiel des Lebensglücks freisetzt: *Jesus Christus*. Es ist kein Ratgeber, der da geschrieben steht. Es sind zwar Bücher über ihn geschrieben worden, Ratgeber der Frömmigkeit, voller Widersprüche, mit oftmals denselben fast stereotypen Wiederholungen, Bücher, die immer wieder gekauft worden sind und gekauft werden, weil von ihnen eine Faszination ausgeht. Es mögen Bücher sein, die manch einem müde gewordenen religiösen Gemüt auf die Nerven gehen. Aber diese Bücher sind eben nicht er selbst. Jesus Christus, darauf kommt es an, ist ein Ratgeber in Person. Das unterscheidet ihn von den gedruckten Ratgebern dieser Welt. Er verheißt nichts, was er selbst nicht eingelöst hat oder einlöst. Er tut gut, indem er hilft. Oder anders: Er tut nur dann gut, wenn er hilft. Das ist geradezu die Probe auf's Exempel, ob man mit ihm selbst als Ratgeber in Person zu tun bekommt oder nur in einem ihn im frommen Zitat verbergenden Ratgeber.

4. Außerdem sei zur Anregung von einem Gedicht die Rede, passend zur Jahreszeit um Epiphanias. *Georg Trakl* hat, zugegebenermaßen mit einer allerdings sehr behutsamen Anspielung auf die Wegemetapher, die mit diesem Ratgeber gefasste Person auf weltlich sakramentale Weise so unaufdringlich ins Bild gesetzt, das von ihr direkt nicht die Rede ist. Vielleicht kann es in die Liturgie als literarische Lesung integriert werden.

Ein Winterabend

Wenn der Schnee ans Fenster fällt
Lang die Abendglocke läutet,
Vielen ist der Tisch bereitet
Und das Haus ist wohlbestellt.

Mancher auf der Wanderschaft
Kommt ans Tor auf dunklen Pfaden.
Golden blüht der Baum der Gnaden
Aus der Erde kühlem Saft.

Wanderer tritt still herein;
Schmerz versteinerte die Schwelle.
Da erglänzt in reiner Helle
Auf dem Tische Brot und Wein.

(Echtermeyer/von Wiese, 589)

VI Predigtschritte: Ins Bild des eigenen Lebens gesetzt werden

Meine Predigt setzt ein mit dem Motiv der Ratgeberliteratur, inspiriert durch A 1 und B V:

»Wie halten Sie es mit Ratgeberliteratur? Machen Sie einen klugen aufgeklärten Bogen um Bücher dieser Art? Geben Sie vor, sie natürlich nicht zu kaufen, Sie zu verachten? Oder schleichen Sie in den Auslagen von Buchhandlungen um sie herum, greifen verstohlen zu, um heimlich darin herumzublättern? Ratgeber sind verlockend. Sie entwirren das Leben, ordnen es, sortieren es auf ein ersehntes Ziel hin, auf einen blühenden Garten vor der Tür, auf klares Verhalten im Beruf, auf eine geniale Kindererziehung, auf einen schlanken Körper …«

Im Folgenden wird die Dialektik der Ratgeber entwickelt, die aus den skizzierten Gründen nicht einzuhalten vermögen, was sie versprechen. Es folgt die Ankündigung eines biblischen Ratgebers in Form eines Predigttextes. Hier können bei der Hinführung Bemerkungen aus A II weiter helfen. Auf die Lesung reagiert die Predigt, indem sie kurz sortiert, etwa, wie folgt:

»Am Anfang stehen Appelle. Müde Hände und wankende Knie sollen gestärkt werden. Sichere Schritte sollen mit den Füßen gesetzt werden. Das tönt wie eine Art frommer Frühsport. Eingeprägt wird, wem die Hörer des Briefes nachjagen sollen …«

Die Gegenüberstellung der Verse 15–17 und 18–24 kann gut mit den Hinweisen aus A II sortiert werden. Sodann kann kritisch die Wegmetapher aufgegriffen (vgl. IV) und die Schlüsselfrage ins Zentrum gerückt werden, wie Menschen, wie »wir« schon im Leben angekommen sind, obwohl wir noch alle zum durch trostlose Lebenssituationen eingetrübten Aufbruch ins Leben aufgefordert werden. Diese Gleichzeitigkeit kann am Motiv des »magischen Auges« entwickelt werden (V,2). Das muss dann an einer konkreten Figur aus dem Alltagsleben durchbuchstabiert werden, allerdings mit einem offenen Ende:

»Das Leben in concreto hält allerdings keine magischen Augen bereit. Da mag dann noch so geduldig ein Blick durch die verwirrende Flächigkeit des Lebens hindurch versucht werden. Es zeigen sich keine dreidimensional bezaubernden springenden Rehe oder Engel. Fern scheint das vom Hebräerbrief beschworene himmlische Jerusalem, obwohl doch behauptet wird, wir seien dort angekommen.«

Hier ist der vom Hebräerbrief entfaltete Ratgeber in Person, Jesus Christus ins Bild zu führen (vgl. VI,3). So von ihm ins Bild des eigenen Lebens gesetzt zu werden, wirft ein neues Licht auf's Leben und erzeugt Aufbruchstimmung.

Literatur: *Theodor Echtermeyer/Benno von Wiese*, Deutsche Gedichte. Von den Anfängen bis zur Gegenwart. Auswahl für Schulen, Berlin 1993.

3. Sonntag nach Epiphanias

A

Apostelgeschichte 10,21–35: Grenzen überwinden

Dirk von Jutrczenka

I Eröffnung: Erste Eindrücke

Warum habe ich noch nie über die Geschichte von Petrus und Kornelius gepredigt? Ein Blick in den Kalender verrät, dass die Kombination des 3. Sonntags nach Epiphanias mit der Predigtreihe VI zuletzt 1996 vorkam. Der unmittelbar anschließende Abschnitt der Geschichte, die Predigt des Petrus (36–43), ist der Reihe VI am Ostermontag zugeordnet.

Die Abgrenzung der Perikope zur Gesamterzählung (Apg 10,1–11,18) ist pragmatisch nachvollziehbar; so wird die Redundanz vermieden, die durch die Perspektivwechsel und die damit verknüpften Doppelungen entsteht. Allerdings sind die verschiedenen Ebenen der Erzählung so stark miteinander verbunden, dass eine zusammenfassende Nacherzählung mindestens der Vorgeschichte (10,1–20) unumgänglich ist.

Auch wenn die Lutherbibel das Kapitel 10 mit »Der Hauptmann Kornelius« überschreibt, geht es weniger um den römischen Centurio oder gar dessen »Bekehrung« als um Petrus, der in der Begegnung mit Kornelius seine Rolle als Missionar auch der Heiden annimmt. Das Hauptthema des Textes: Petrus wird »gegen seinen Widerstand zur Überschreitung der trennenden Schranke zwischen Juden und Heiden geführt« (Pesch, 333). Die Grenzüberschreitung verdankt sich einer Reihe von göttlichen Interventionen, die erzähltechnisch miteinander verschränkt sind: Kornelius hat eine Engelserscheinung (V. 3), über die er später berichtet (V. 30), Petrus erlebt in Ekstase Visionen und Auditionen (VV. 10–16), er wird vom Geist angesprochen (V. 19) und legt dies als göttliche Botschaft aus (V. 28 und 11,5–18). Besonders spannend ist, auf welche Weise die Vermittlung der göttlichen Anstiftung zur Grenzüberschreitung geschieht und wie hier noch ganz andere Grenzen verwischt werden. Da kommt Interessantes zutage: Ekel, Angst, Lust, Begehren. Aber: »Was Gott rein gemacht hat, halte du nicht für gemein.«

II Erschließung des Textes: Blick auf Details

1. Almosen bringen was

Der römische Centurio Kornelius in Cäsarea ist »fromm und gottesfürchtig« (V. 2). Er ist nicht beschnitten und gilt aus jüdischer Perspektive als unreiner Heide, aber er gibt dem »Volk« Almosen und betet zu Gott. Nun hat er eine Engelserscheinung, die ihn erschrecken lässt (V. 4). Sie wird damit begründet, dass seine Gebete und Almosen »hinaufgestiegen sind zum Gedächtnis vor Gott« (V. 4). Damit wird das Absichtsvolle von Gebet und Gabe bestätigt: Ein solches »Opfer« lohnt sich.

2. Zu Gast beim Gerber

Petrus, zu dem Kornelius auf Anweisung des Engels seine Männer schicken soll, ist zu Gast bei Simon, einem Gerber in Joppe (V. 6). »Das Gerberhandwerk wurde zu den verächtlichen Berufen gerechnet.« (Strack/Billerbeck, 695) Gerber verarbeiten Tierhäute, man riecht dort Aasgeruch und Bottiche voll Urin, es stinkt unerträglich. Der Konflikt um Reinheit und Unreinheit hat etwas damit zu tun, inwieweit Menschen aushalten und ertragen, was ihnen widerwärtig und eklig ist.

3. Der Mann auf dem Dach

Petrus steigt auf das Dach des Hauses am Meer, um zu beten (V. 9). Die folgende Vision passt eben nicht in ein enges Zimmer, sondern braucht die ganze Weite des »geöffneten« Himmels über dem flachen Horizont.

4. Beten auf leeren Magen

Das kommt davon, wenn man hungrig betet (V. 10). Die Vision von den zu essenden Tieren steht in unmittelbarem Zusammenhang mit seinem Körperempfinden. Wie ja überhaupt Visionen und Träume oft mit Bedürfnissen und Wünschen korrespondieren. Allerdings sind hier Begehren und Widerwillen gleichermaßen beteiligt. Kein Wunder bei dem Gestank.

5. Alles, was kreucht und fleucht

Petrus sieht ein »Gefäß wie ein großes Leinentuch« vom Himmel herabkommen, darin alle (nicht wie in der Lutherübersetzung »allerlei«) Tiere, die auf der Erde oder im Himmel leben (V. 11f.). Die religiös oder kulturell bedingten Unterscheidungen zwischen rein und unrein, essbar und eklig spielen keine Rolle. Schlachte und iss! Wie im Dschungelcamp.

6. Nimm hin und iss

Der Essbefehl knüpft an die oralen Dimensionen der Prophetenberufungen an. Jesaja wird bei seiner Gottesschau an seine Unreinheit erinnert (»Weh mir, ich vergehe!« Jes 6,5), die durch die Berührung des Mundes mit glühender Kohle gesühnt wird. Jeremia erlebt, dass Gott selbst seine Hand ausstreckt und damit seinen Mund berührt (Jer 1,9). Der Seher Johannes soll das Büchlein des Engels nehmen und verschlingen (Apk 10,9–11).

7. Rein und gemein

Der Aufforderung, die gesehenen Tiere zu essen, widerspricht Petrus mit dem Hinweis auf sein gesetzeskonformes Verhalten. Er kennt den Unterschied zwischen rein und unrein. Doch genau das wird infrage gestellt: »Was Gott rein gemacht hat, halte du nicht für gemein.« (V. 15)

8. Der Besuch der drei Männer

Die Dreizahl der Gesandten des Kornelius erinnert an die Besucher, die Abraham und Sara bei Mamre beherbergen (Gen 18,1–15). Mit der Aufnahme der Männer (V. 23) beginnt die faktische Grenzüberschreitung, die sich im weiteren Verlauf der Geschichte entfaltet.

9. Tanz um den heißen Brei

Die höfliche Verschränkung fällt auf, mit der die Gespächspartner einander den Vortritt lassen: Warum seid ihr hier? (V. 21) – Hören, was du zu sagen hast. (V. 22) – So frage ich euch nun, warum ihr mich habt holen lassen? (V. 29) – Um alles zu hören, was dir vom Herrn befohlen ist. (V 33). Eine abwartende, tastende Kommunikation, die auf wechselseitiges Verstehen angelegt ist. Ein dialektischer Prozess der Selbsterkenntnis: Im anderen kommen die Agierenden zu sich selbst.

10. Ich bin auch nur ein Mensch

Als Petrus in Cäsarea eintrifft, fällt Kornelius ihm zu Füßen und betet ihn an. So wie es Paulus und Barnabas in Lystra ergeht, die dort gar mit Zeus und Hermes identifiziert werden (14,11f.; vgl. auch 28,6). Geht es bei der Zurückweisung der Proskynese nur um die Unterscheidung zwischen Gott und Geschöpf oder wird »die Aufhebung einer Unterscheidung zwischen den Menschen verschiedener Herkunft angedeutet« (Pesch, 341)? Oder geht es um die Dynamik, in die Repräsentanten des Religiösen und seiner Institutionen geraten? Als ich diese Gedanken notiere, hat der soeben gewählte Nachfolger Petri, Papst Franziskus, in seinen ersten Amtstagen einige symbolische Handlungen der Selbsterniedrigung vollzogen, die aufhorchen lassen.

11. Es ist verboten!?

Mit seinem Besuch bei Kornelius hat Petrus eine weitere Entscheidung getroffen. Er setzt sich über die strengen Reinheitsvorschriften hinweg, die ihm den Kontakt zu »Unreinen« verbieten. Er bezieht seine visionäre, ekstatische Erfahrung auf die konkrete Alltagsherausforderung, der er sich jetzt stellen muss (V. 28). Er versteht den symbolischen Gehalt seiner Vision und übersetzt sie sachgerecht: Es geht nicht nur um reine und unreine Speisen, sondern um die Vorstellung, es gäbe reine und unreine Menschen.

12. Und führe uns in Versuchung ...

Bis zu diesem Zeitpunkt war noch unklar, wie Petrus das, was er geschaut und gehört hatte, einschätzt. Er hätte es mit guten Gründen für eine Versuchung halten können, der er sich entschieden zu widersetzen hätte – das tut er ja auch zunächst. Warum versteht er die seiner bisherigen religiösen Praxis widersprechende Eingebung als göttlich? Weil sie für ihn plausibel ist. Sie fügt sich ein in seine Wahrnehmung dessen, worum es Jesus in seiner Botschaft ging. Sie hat einen logisch nachvollziehbaren Grund. Das ist die rationale Seite. Aber sie erschließt sich ihm durch widersprüchliche Gefühle hindurch.

13. Es ist dir gesagt, Mensch

Petrus tut seinen Mund auf (V. 34), er hat etwas als Wahrheit erkannt: Gott richtet sich nicht nach den Grenzen der Reinheitsvorschriften, sondern ihm sind alle »angenehm«, die ihm und ihren Mitmenschen in Ehrfurcht und Liebe begegnen. »Es ist dir gesagt, Mensch, was gut ist und was der Herr von dir fordert, nämlich Gottes Wort halten und Liebe üben und demütig sein vor deinem Gott.« (Mi 6,8)

III Impulse: Wie bei Buñuel

Die gesamte Geschichte ist durch die Rückblenden und Szenenwechsel strukturiert. Das könnte dazu führen, in der Nacherzählung »aufzuräumen« und linear zu erzählen. Ich würde dazu raten, genau das nicht zu tun, sondern die Rückblenden als solche einzubauen. Die Predigthörer und -hörerinnen sollten nicht unterfordert werden, indem alles chronologisch aufgereiht wird.

Mich erinnert der Wechsel von Realem und Imaginärem an den Regisseur Luis Buñuel: Die Verschränkung aus »diskretem Charme« der höflich miteinander kommunizierenden Hauptpersonen (die miteinander essen wollen!) und dem »obskuren Objekt der Begierde«, das den Visionen zugrunde liegt. Wie Buñuel wohl diese Geschichte inszeniert hätte? Vielleicht so: Zuerst Tiere aus der Vision. Drei Männer unterwegs auf einer Straße, sie fragen sich durch. Petrus kommt ihnen vom Dach herab entgegen. Sie erzählen ihm von der Erscheinung ihres Hauptmanns und werden beim Gerber beherbergt. Es stinkt. Am nächsten Tag die Reise nach Cäsarea, die Begegnung. Kornelius erzählt: Rückblende auf den Engel. Petrus erinnert sich an seine Vision. Versuchend und abstoßend: Schweinefilet und Cordon bleu, Spinnen, Ratten, Würmer. *Und jetzt wird es ihm klar.*

Was würden wir heute dort kriechen und krabbeln sehen, B? Welche Grenzen sollen wir überwinden?

Literatur: *Hermann L. Strack/Paul Billerbeck,* Kommentar zum Neuen Testament aus Talmud und Midrasch, Bd. IV/1, München [3]1961; *Rudolf Pesch,* Die Apostelgeschichte (EKK V/1), Zürich/Neukirchen-Vluyn 1994.

B

Martin Kumlehn

IV Entgegnung: So war's nicht!

Starke Bilder, starke Szenen – eine Predigt a la Buñuel scheint in greifbarer Nähe. Ein homiletischer Glücksfall, offensichtlich. A nimmt darum völlig zu Recht die Geschichte als ganze in den Blick, malt vor Augen, was Petrus erlebt – man möchte fast sagen: erlitten – hat, folgt der kunstvoll erzählten Dramatik und hat spürbar Lust am »Wechsel von Realem und Imaginärem« (A III). Vor meinem inneren Ohr nimmt seine Predigt bereits Gestalt an. Ich kann mir gut vorstellen, wie sie die Hörerinnen und Hörer in den Bann schlägt. Zugleich aber rührt sich in mir der Widerstand, dem Erzähler Lukas so einfach auf den Leim zu gehen. Denn ich weiß ja: So war's nicht!

Nach allem, was wir über die frühchristliche Praxis der Thoraobservanz wissen, waren es nämlich die »Hellenisten« und keinesfalls die Apostel, die »Kritik am mosaischen Gesetz und am Tempelkult übten (Apg 6,13f.).« (Conzelmann, 44) Auch dem Verfasser der Apostelgeschichte steht klar vor Augen, dass diese schon früh aufbrechende Problematik – und deren Lösung – die für die Entstehung und den Fortbestand der Kirche Jesu Christi, in der »die Juden zuerst und *ebenso* die Griechen« (Röm 1,16) ihren Ort haben, die alles entscheidende (Überlebens-)Frage ist. »Die Geschichte der urchristlichen Religion ist die Entstehungsgeschichte eines autonomen religiösen Zeichensystems« und beginnt »mit dem Ausscheiden aus der rituellen Zeichensprache des Judentums (durch Aufgabe von Beschneidung und Speisegeboten).« (Theißen, 283) Lukas möchte gerne den Eindruck vermitteln, dieser Prozess sei – vom Heiligen Geist angestoßen (Apg 10,44ff.) – von Jerusalem aus in Gang gesetzt worden. Die Legende von der Bekehrung des heidnischen, aber gottesfürchtigen Centurio hat im Erzählkonzept der Apostelgeschichte erkennbar die Funktion, Petrus als denjenigen erscheinen zu lassen, der geradezu programmatisch (vgl. V. 28) die Heiden als rechtmäßige Adressaten des Evangeliums begreift – und zwar noch bevor die nach Antiochia versprengten »Hellenisten« mit der Heidenmission beginnen (vgl. Apg 11,20ff.) und noch bevor es zur (vorläufigen) Klärung der Streitfrage auf dem Apostelkonzil (vgl. Apg 15) kommt: »In Wirklichkeit gab es einen solchen einmaligen, das Problem ein für alle Mal lösenden Akt nicht.« (Conzelmann, 52)

Das aber ist das Thema des 3. Sonntags nach Epiphanias: »Es werden kommen von Osten und Westen, von Norden und von Süden, die zu Tisch sitzen werden im Reich Gottes.« (Lk 13,29). Wie sie dahin kommen, ist unklar. Wer ihnen sagt, dass sie dazugehören, weiß niemand (nur sie selbst wissen es). Nimm hin und iss – am Tisch des Gottesreiches sitzt, wer glaubt – und zwar so glaubt, dass es er/sie dabei zugleich fühlt und empfindet, nichts dazu tun zu können: »Solchen Glauben habe ich in Israel bei keinem gefunden.« (Mt 8,19)

V Erschließung der Hörersituation: Jetzt wird es ihm klar

Der Predigttext nuanciert das Evangelium, von dem der Sonntag seit jeher sein Thema hat. Zwei Begegnungen, zwei Gespräche, in denen auf je unterschiedliche Weise die jeweils Agierenden im und durch den anderen zu sich selbst kommen (A). Beide Male ein »Tanz um den heißen Brei« (A II) – und das ist durchaus sachgemäß. Denn vom Glauben lässt sich nicht einfach so reden – wer es trotzdem »einfach so« tut, ist (mir jedenfalls) peinlich. Mit dem Glauben fällt man/frau nicht so mit der Tür ins Haus. Da muss zumindest die Vorgeschichte erzählt werden: »Ein Engel hat's ihm befohlen!« (V. 22) Damit Menschen frei von der Leber weg erzählen können, was sie in ihrem Innersten bewegt, braucht es vor allem aber eine Gesprächssituation »auf Augenhöhe«: Niemand hat dem anderen zu Füßen zu fallen (vgl. Apg 10,25f.), keiner muss sich weniger wert fühlen als sein Gegenüber (vgl. Mt 8,8), niemand muss sich schämen (vgl. Röm 1,16) – übrigens taucht auch in der alttestamentlichen Lesung dieses Motiv der (in)adäquaten Gesprächssituation auf (vgl. 2 Kön 5,11.16).

Wer etwas über sich selbst erfahren will, was über das Selbst-Verständliche hinausgeht, muss die Grenzen überwinden, die ihm/ihr durch die je individuellen Perspektiven auf die Welt, auf die anderen und auf das eigene Leben gesetzt sind. Das Evangelium kann sich niemand selbst sagen (vgl. Röm 10,17). Das Wort muss gesprochen – und gehört – werden, damit die Seele gesund wird (vgl. Mt 8,8). In der Lebenswirklichkeit meiner Gottesdienstgemeinde vermute ich solche grenzüberschreitende Hörbereitschaft am ehesten in der Familie und gegenüber engsten Freunden und Freundinnen. Die Frage ist nur, ob deren Perspektive sich durch die Vertrautheit mit dem anderen nicht stets wie ein Diapositiv einfach über dessen Selbstsicht legt und mit ihr gleichsam verschwimmt bzw.

sie überblendet. Anders gesagt: Wo sind Menschen eigentlich »*vor Gott* zugegen, um ... zu hören« (V. 33), was sie noch nicht von sich wussten? Wann kann einer/eine sagen: »Jetzt wird es mir klar?«

Und um es noch konkreter auf den »Gegenstand« religiöser Klarheit (Epiphanias!) zu beziehen: Wie gelangt ein Mensch zu der Erkenntnis: »Ich bin auch nur ein Mensch«, und zwar so, dass dabei das »nur« nicht nur seine Begrenztheit, sondern gerade seine *Entgrenzung* in Glaubensdingen markiert? Denn in der Tat werden wir ja nicht »dadurch Gotteskinder, daß Gott feststellt, wir hätten die Reinheit und Freiheit geisthaften, von allem falschen Wahn und allem irdischen Hoffen gereinigten Glaubens. Wir werden es allein dadurch, daß des Ewigen Liebe in dem unreinen Ahnen und unklaren Sehnen den Ackergrund findet, in welchem er den Samen eines wahrhaften Glaubens senkt.« (Hirsch, 191)

VI Predigtschritte: Raffinierter Kunstgriff

Blumenberg »sprach von Sphärenharfen, Pilgerhymnen, Werdelust des Alls und einer kleinen Meldung aus den Vermischten Nachrichten, derzufolge ein Amerikaner eine Zeithaube erfunden hatte, die ein bißchen wie ein bestickter Kaffeewärmer aussah, gleichwohl sollte sie dem Träger ermöglichen, sich in die Welt vor der Geburt und nach dem Tod hineinzutasten. Dabei kam er so in Schwung, daß er das imaginäre Zeithäubchen des Douglas E. Bickerson mit erhobenen Händen sich auf den Kopf setzte. Um die sich ausbreitenden Heiterkeitswellen zu dämpfen, holte er den nächsten Satz aus der Tiefe seiner gewölbten Brust: Denken Sie an den Zeithaushalt des Menschen, die verwundbarste Stelle seiner Existenz – denken Sie daran, wie schwierig es ist, an die unaufstockbare Endlichkeit und Unwiederbringlichkeit wirksamen Trost heranzuführen. Um etwas gänzlich Unvertrautes ins Vertraute zu ziehen, dazu bedarf es raffinierter Kunstgriffe, und sei's ein Häubchen, das wie ein gestickter Kaffeewärmer aussieht.« (Lewitscharoff, 26)

Auch der Philosoph Hans Blumenberg hat eine Vision – eigentlich ist es eine Erscheinung, eine Epiphanie. Eines Nachts liegt ein Löwe auf dem Teppich seines Arbeitszimmers. »Ein dialektischer Prozess der Selbsterkenntnis« (A II) vollzieht sich für ihn, der »zwar den Glauben verloren« hat, »nicht aber die Liebe zur Kirche« – wie seine »Erfinderin«, Sibylle Lewitscharoff, äußerst präzise formuliert – angesichts (s)eines Löwen, dessen »Witz gerade darin« besteht, »daß er existiert(e), ... ohne Spuren zu hinterlassen, und »es nicht nötig« hat, die Tatzenabdrücke mit dem Quast seines Schwanzes zu verwischen, um die allegorische Christusnähe unter Beweis zu stellen; er mußte nicht aller Welt zeigen, daß er ähnliches tat wie Christus, der seine Göttlichkeit als Mensch immer wieder verborgen hatte.« (Lewitscharoff, 32)

Klar, Blumenberg bekommt einen furchtbaren Schreck, als plötzlich, wie aus dem Nichts, dieser Löwe da ist. Aber nach und nach gewöhnt er sich an ihn: »Natürlich war das Auftauchen des Löwen ein Wunder. Blumenberg lag es fern, Wunder zu belächeln, sich über sie lustig zu machen; im Gegenteil, die Zeige- und Bestätigungskraft der Wunder, die sich zur Zeit der Abfassung der beiden Testamente ereignet hatten und auch noch in der Zeit des Urchristentums, beeindruckten ihn in ihrer Intensität und Verweiskraft, auch wenn er sich nicht dazu bringen konnte, an sie zu glauben. Aber der Löwe verkörperte das Wunder.« (Lewitscharoff, 87)

Mit dem *raffinierten Kunstgriff*, einen Löwen in seinem Arbeitszimmer erscheinen zu lassen, stürzt die Verfasserin ihren Helden in eine – paradoxerweise äußerst produktive – Schaffenskrise:

Er sieht ihn auch während der Vorlesung »den Mittelgang herabtrotten ... ein Staatsexemplar von einem Löwen im Vollbesitz seiner Kräfte und Ansprüche, mit glänzendem, lückenlos geschlossenem Fell. Wenn der Tröster kommt, frohlockte Blumenberg in sich hinein, werden wir ihn womöglich nicht einmal erkennen. Wie unerkannt der Löwe blieb, zeigte sich unzweifelhaft. Die Hörer in den Bänken sahen ihn nicht. Unbeirrt fuhr Blumenberg fort: Die Bewußtseinsprogramme, die wir uns verschrieben haben, die fortwährenden Ansporne, mehr Bewußtsein zu schaffen, sie nötigen uns dazu, unsere Entscheidungen nach Maßgabe des Realismus zu treffen. Das herrische Einfallen der Sachen in die Worte beraubt uns der Fähigkeit, Trost zu spenden, Trost zu empfangen.« (Lewitscharoff, 23)

Vom Löwen beseelt, läuft Blumenberg zu Hochform auf. Die Epiphanie bestärkt ihn in seiner Überzeugung, dass die Macht der Fiktion im Grunde ungebrochen, dass die Metapher das Fluidum wahrer Wirklichkeitserkenntnis ist: »Hatte er es mit einem Fabellöwen zu tun bekommen, dem *abwesenden Löwen*, der nicht zu dem gehörte, was der Fall ist, also nie und nimmer zur Welt? Aber, aber, dachte Blumenberg, dieser ganz andere weltabweisende Löwe kommt doch *in etwas* vor und ist damit auf eine neue und andere Art *der Fall*. Die Sprachspiele der Weltbenenner holen den Löwen ins Dasein und Leben zurück, murmelte er leise vor sich hin. Zufrieden mit dem Wort *Weltbenenner*, welches er umstandslos auf sich münzte, ging Blumenberg zu Bett.« (Lewitscharoff, 19)

»Jesus ist kommen, Grund ewiger Freude« (EG 66) – seine Epiphanie lässt die Bande springen (Strophe 2) und kann Herzen bekehren (Strophe 5). Sagt's aller Welt Enden (Strophe 9) – egal, ob mit den Worten des Lukas oder im Stile Buñuels oder mit dem Löwen von Lewitscharoff: Keinem von uns ist Gott fern (Apg 17,27), denn die allzu eng gesteckten Grenzen unserer Selbst- und Welterfahrung, die uns zum Realismus zu nötigen scheint, werden immer wieder wunderbar überschritten, wenn ein *Weltbenenner* den Sinn, die Kraft, die Macht *in etwas* vorkommen lässt: Dann ist – ohne Ansehen der Person – der Fall, was »kein Aug hat je gespürt (!) / kein Ohr hat mehr gehört« (EG 147,3).

Lied nach der Predigt: »Meine engen Grenzen« (z. B. in: Durch Hohe und Tiefes Nr. 163).

Literatur: *Hans Conzelmann*, Geschichte des Urchristentums (NTD Ergänzungsreihe 5), Göttingen [5]1983; *Emanuel Hirsch*, Predigerfibel, Berlin 1964; *Sibylle Lewitscharoff*, Blumenberg. Roman, Berlin 2011; *Gerd Theißen*, Die Geschichte der ersten Christen, Gütersloh 2000.

A

Lukas 2,22–24(25–35): Prognosen – nein danke, Prognosen – ja bitte?

Albrecht Grözinger

I Eröffnung: Wem gehört das menschliche Leben?

Das Fest der Darstellung des Herrn steht etwas sperrig da im Ganzen des protestantisch-volkskirchlichen Kirchenjahrs. Im katholischen Bereich ist es bekannter als Mariä Lichtmess. Aus meiner Kindheit gebräuchlich ist mir der Spruch ›*Lichtmess, bei Tag ess*‹. In agrarischer Zeit begann an diesem Tag das *Bauernjahr* mit der Feldarbeit. In manchen Gegenden werden an diesem Tag die Weihnachtskrippen weggeräumt. Und für die schwäbisch-alemannische Fasnacht gilt der Tag als Fastnachtsbeginn. In Bayern war der Tag bis zum Jahr 1912 gesetzlicher Feiertag. Und in der Neuen Welt grüßt an diesem Tag das Murmeltier (im gleichnamigen Film grüßt es sogar *täglich* in einer Endlosschleife ...) mit seiner Fähigkeit, das Wetter des gesamten Jahres vorauszusagen. Wir befinden uns also an der Schnittstelle zwischen hoher theologisch-liturgischer Tradition und der Volksfrömmigkeit bis hin zu ihren Säkularisaten. Die genannten Phänomene verweisen auf gelebte Religion in der unübersichtlichen Gemengelage des weltanschaulichen und religiösen Pluralismus unserer Gegenwart. Der Tag der Darstellung des Herrn oder Mariä Lichtmess sind der Postmoderne *fremd* als überständige Relikte einer geordneten und verordneten liturgisch-theologischen Welt und zugleich *nah* in vielerlei geübten und vertrauten Alltagsbräuchen und Alltagsroutinen.

Diesen Ort an der Schnittstelle zwischen Vertrautheit und Fremdheit gilt es, homiletisch zu reflektieren. Es macht sicher keinen Sinn, die alltagsweltlichen Abschleifungen der Tradition zu tadeln, sondern wir sollten sie in ihrem untergründigen Gehalt würdigen. Es geht bei all dem um Lebensvergewisserung (die Tage werden wieder heller; das Wetter wird seiner Unbestimmtheit entrissen; etc.). Und dies ist dann auch die Schnittstelle zwischen der *hohen* theologischen Tradition und dem biblischen Text und den *kleinen* Riten und Gebräuchen des Alltags.

Der Text führt uns in die Welt des Jerusalemer Tempels. Eine ferne Welt für den postsäkularen mitteleuropäischen Menschen unserer Gegenwart – fürwahr. Der Gegensatz von heilig und profan, den der Jerusalemer Tempel wie jeder andere Tempel der Antike markiert, scheint in unserer

Gegenwart überholt. »Stadt ohne Gott?« hieß der deutsche Titel des vielgelesenen Buches von Harvey Cox. Der amerikanische Titel »The secular City« war da etwas zurückhaltender und wohl auch präziser. Aus der säkularen Stadt – so war damals die Botschaft – ist der Tempel und das damit verbundene Lebensgefühl verschwunden.

Wir haben heute Grund – wie übrigens Harvey Cox selbst – an diesen Thesen zu zweifeln. Im »Unbehagen der Postmoderne« (Zygmunt Bauman) ist ein lebensweltliches Gefühl präsent, das zwar mit der antiken Unterscheidung von säkular und profan nicht identisch, wohl aber verwandt ist. Es ist das Gefühl, dass das Leben so gefährdet ist, dass es eines Schutzes bedarf, den die menschliche Gesellschaft nicht aus sich selbst heraus gewährleisten kann. In der Antike steht dafür die Sphäre des Tempels als Lebensschutz, den wir Menschen uns selbst nicht geben können. Wer im Tempel ist, gehört der Welt nicht mehr ganz. Der Tempel setzt der Welt eine Grenze, eröffnet aber mit dieser Grenze zugleich die Welt als Lebensraum aufs Neue. Wem gehört das menschliche Leben? Gehört es allein der Welt mit ihren totalitären Ansprüchen? Oder gibt es da ein Mehr, das diesen Ansprüchen eine Grenze setzt? Dies wäre für mich das Thema einer Predigt zum Tag der Darstellung des Herrn – Lichtmess.

II Erschließung des Textes: Der weite Blick im Tempel

Ich schlage vor, den gesamten Text Lk 2,22–24(25–35) zur Grundlage der Predigt zu machen, also die durch die Klammer angedeutete Kürzungsmöglichkeit nicht in Anspruch zu nehmen. Ohne diese Kürzung wird der Text resonanzenreicher.

Die Perikope steht im Zusammenhang der durch Lukas theologisch reflektiert komponierten Geburtsgeschichten. Die Gesamtkomposition (Lk 1–2) ist durch eine Bipolarität von Orten gekennzeichnet: Bethlehem/ Nazareth als Ort der leiblichen Präsenz des neugeborenen Jesus sowie Jerusalem als Ort des Tempels. Die handelnden Personen agieren in dieser Bipolarität der Orte. Der Zyklus der Geburtsgeschichten siedelt sich in einem räumlichen Dazwischen an, das den Leser, die Leserin in eine beständige Schwingung versetzt, die den Blick weitet. In gleicher Weise sind die beiden Kapitel im Dazwischen des jetzigen Geschehens der Geburt Jesu und der Verheißungsgeschichte der Thora angesiedelt. Die markanten Hymnen der Maria (Lk 1,46–55), des Zacharias (Lk 1,68–79) sowie des Simeon (Lk 2,29–32) spielen dabei eine besondere Rolle. Sie lassen das Geschehen im Lichte der Geschichte Gottes mit Israel erscheinen und öffnen damit den Blick in die Vergangenheit, aber auch nicht minder in die Zukunft. Die Verheißung Gottes kommt aus einer Geschichte her und eröffnet neue Geschichte – und wir stehen im Dazwischen.

Deshalb hat der Tempel eine solche Bedeutung. Er ist der Ort im Dazwischen. Michel Foucault hat dafür den Begriff der Heterotopie geprägt.

Heterotopien sind »wirkliche Orte, wirksame Orte, die in die Einrichtung der Gesellschaft hineingezeichnet sind, sozusagen Gegenplazierungen oder Widerlager, tatsächlich realisierte Utopien, in denen die wirklichen Plätze innerhalb der Kultur gleichzeitig repräsentiert, bestritten und gewendet sind, gewissermaßen Orte außerhalb aller Orte, wiewohl sie tatsächlich geortet werden können«. (Foucault, 39)

Lukas erzählt in unserer Perikope einen Abschnitt der Geburtsgeschichte Jesu als heterotopes Geschehen: Das Jetzt und Heute sowie das Gestern und das Morgen sind im Geschehen der Geburt Jesu aufs Engste miteinander verknüpft. Eine Predigt müsste immer auch ein solches Verknüpfungsgeschehen sein.

III Impulse: Der Tempel als anderer Ort

Der Tempel als Hoffnungsort: Jesus wird in den Tempel gebracht. Der Tempel ist gerade als Kultort ein Hoffnungsort. Die Darbringung des Opfers als Ausdruck der menschlichen Sehnsucht, dass unser Leben gelingen möge. Der Kultort des Jerusalemer Tempels ist verschwunden. Geblieben ist unsere Hoffnung auf ein gelingendes Leben. Wo sind unsere je individuellen Hoffnungsorte, die Hoffnungsorte der Predigerinnen und Prediger sowie der Hörerinnen und Hörer? Vielleicht kann eine Predigt so beginnen. Sie müsste dann Raum lassen, damit die Hörerinnen und Hörer ihren Hoffnungsorten nachspüren können.

Simeon als Erwartungs- und Hoffnungsgestalt: Lukas erzählt die Geburtsgeschichte als Wende-Geschichte. In der Person dieses geborenen Kindes wendet sich das Schicksal der Welt, das Schicksal jedes einzelnen Menschen. Das liegt nicht vor Augen. Das erfordert Glauben, Vertrauen und Zuversicht. Simeon wird als eine solche Erwartungs- und Hoffnungsgestalt gezeichnet. Er sieht mehr als das, was vor Augen liegt. Er kann mehr sehen, weil er einen weiten Blick hat: »Der greise Simeon mit seiner Frömmigkeit blickt mit seinen Augen in die Zeit des NT, sosehr er mit beiden Füßen auf dem Boden des AT steht. Er ist damit Mose vergleichbar, der auf dem Berg Nebo das verheißene Land vor seinem Tod sehen darf.« (Klein, 146) Predigerinnen und Prediger sollten die Menschen im Gottesdienst als solche Erwartungs- und Hoffnungsgestalten ansprechen.

Keine Idylle: Gerade bei heterotopen Geschehen geht es nicht um zeitlose Ereignisse. Lukas legt großen Wert drauf, die Geburt Jesu in der profanen Geschichte zu lokalisieren. Es geht um ein konkretes menschliches Leben. Simeon weist auf das Schicksal dieses neu geborenen Kindes hin. Es wird ein Leben im Konflikt sein, an dessen Ende ein grausamer Tod steht. Die Maria hat einen »Schmerzenssohn« geboren in vielfacher Hinsicht. Wer für das menschliche Leben eintritt, entgeht Konflikten nicht. Simeon verknüpft die Ankündigung des Schmerzes mit dem Segen. Wer gesegnet wird, gehört zu den Seligen. Gäbe es hier nicht eine interessante Verknüpfung zu den Seligpreisungen Jesu? Diese Seligpreisungen Jesu gelten ja nicht den Licht- und Siegergestalten der Geschichte, sondern den Schmerzenskindern. Die Schmerzenskinder der Welt – so das tröstliche Ende unserer Perikope – sind nicht allein gelassen. Gott tritt ihnen mit seiner Segenskraft an die Seite.

Brauchtum und Tradition: Vielleicht kann es einer Predigt gelingen, besondere Aspekte und Bräuche von Lichtmess, wie sie vor Ort bestehen und geübt werden, mit den Grundlinien der Predigt zu verbinden. Der Schritt von der gelebten Religion und des damit verbundenen Brauchtums ist oft kürzer, als es auf den ersten Blick scheint. Auch hier könnte sich eine Predigt als Verknüpfungsgeschehen bewähren.

Literatur: *Harvey Cox*, Stadt ohne Gott?, Stuttgart/Berlin 1966; *Michel Foucault*, Andere Räume (1967), in: Karlheinz Barck (Hg.), Aisthesis. Wahrnehmung heute oder Perspektiven einer anderen Ästhetik, Leipzig [5]1993; *Hans Klein*, Das Lukasevangelium (KEK 1/3), Göttingen [10]2006.

Elisabeth Grözinger

B

IV Entgegnung: Wie »anders« sind Heterotope?

Wie A möchte ich die gesamte Perikope Lk 2,22–35 zur Grundlage der Predigt machen. Der Text löst dann nicht nur Befremden aus, sondern vielleicht sogar Faszination. Mir gefällt die Sensibilisierung für den Tempel als heterotope, Distanz ermöglichende »Bühne« der Geschichte von Simeons Auftritt; ich vermisse aber Anmerkungen zur Genderproblematik in Lk 2,22.

Der Tempel steht zwar im Kontrast zur Alltagswelt, ist ihr jedoch durch Rituale wie etwa die »Reinigung« der Frauen nach einer Geburt (Lev 12,1–8) verbunden. Die »Heterotopie« des Kultorts verdankt sich auch der Ausgrenzung von Frauen, die gerade einen Menschen zur Welt gebracht haben. Warum gilt eine Frau nach einer Geburt als »unrein« und bedarf der »Reinigung«?

Kultorte sind auch Plätze, die durch *extern* wirksame, *intern* unsichtbare Ausgrenzungs-Gewalt definiert sein können. Dies oder Ähnliches galt nicht nur für den jüdischen Kontext. Die Religionswissenschaftlerin Birgit Heller schreibt: »Trotz intensiver Beteiligung von Frauen bei der Entstehung und Tradierung dieser Religionen [universal ausgerichtete Weltreligionen wie Christentum, Buddhismus etc.] ... wurden sie vielfältig diskriminiert. (…) Häufig wurden die weiblichen biologischen Funktionen der Menstruation und Geburt unter dem Verdikt der Unreinheit zum Anlass für den Ausschluss von Frauen von religiösen Rollen und Ämtern.« (Heller, 764)

Die von A betonten Aspekte »Lebensvergewisserung« und »Simeon als Erwartungs- und Hoffnungsgestalt« greife ich gern auf.

V Erschließung der Hörersituation: Sehnsucht nach Vergewisserung?

Ich knüpfe an den mit dem 2.2. merklichen Sprung zu längeren Tagen an. Ich gehe davon aus, dass die Hörenden aufgrund entsprechender Erfahrung dieses Datum gut als Wendezeit verstehen können. Es scheint mir von daher vermittelbar, dass an diesem Tag von Simeon, der noch zum »Winterlichen« gehört, aber ein Gespür für die neue Helligkeit hat, erzählt wird.

Lese ich »winterlich« metaphorisch im Sinn von kalt, erstarrt und aussichtslos, so zählen dazu alle Situationen, in denen es an Sinnerleben mangelt. Zum Potenzial solcher Lebensphasen schreibt Carl Gustav Jung: »Der alte Mann erscheint immer dann, wenn der Held sich in einer aussichtslosen und verzweifelten Situation befindet, aus der ihn nur gründliche Überlegung oder ein Einfall befreien kann … Da der Held aber aus äußeren oder inneren Gründen diese Leistung nicht vollbringen kann, so tritt, den Mangel kompensierend, die nötige Erkenntnis in Form eines personifizierten Gedankens auf, eben in der Gestalt des rat- und hilfebringenden Alten.« (Jung, 233f.)

Ingrid Riedel weist auf die Faszination hin, die bereits 2002 auratisch anmutende Gestalten in Film und Literatur ausübten: »Dass Engel heute wieder belebt werden, auch erlebt werden, bedeutet, dass offenbar ein Bedürfnis da ist, einen Auftrag zu bekommen. (…) Und mit dem Auftrag tritt auch das Thema des Sinns ins Leben. Mit einem Auftrag hätte man einen Sinn und das würde das Leben aus der Endlichkeit und aus der Unverbindlichkeit – gerade der Postmoderne – herausführen, dem Bedürfnis [entsprechend], Teil eines sinnvollen grösseren Ganzen zu sein«. (Riedel, 263)

Die Figur des »Alten Weisen« initiiert auch Reflexionsprozesse. Jung beobachtete: »Öfters stellt der Alte in den Märchen die Frage nach dem Wer, Warum, Woher und Wohin, um damit die Selbstbesinnung … in die Wege zu leiten.« (Jung, 236)

Die Legende von Simeon kann die Sehnsucht nach einer Begegnung aufflammen lassen, durch die man selbst auf überraschende Weise den Mut schöpft, über sich selbst Klarheit zu suchen. Diese Begegnungen sind nicht auf »Kultorte« eingegrenzt. »Heterotope« sind kaum noch eindeutig lokalisiert und durch Rituale definiert. Dazu kann gegenwärtig jeder Raum werden, sofern ihm Alltags-Transzendenz zugeschrieben wird.

»Lebensvergewisserung«, Sinnfindung aufgrund von Übertritten ins »Heterotope« muss nicht unbedingt mit Lust auf einen Blick in die Zukunft verbunden sein. Die wachsende Wertschätzung von Achtsamkeit für das »Hier und Jetzt« mag die Konsequenz daraus sein, dass Prognosen aktuell eher die Gemüter verdüstern. Dagegen ermöglicht die Offenheit für jeden »Kairos«, den das Leben schenkt, Präsenz, Vitalität und Verantwortlichkeit für das »Hic et Nunc«, ohne Demotivierung durch zukünftige Krisen. So gesehen kann die Story von Simeon und Maria auch die Frage danach auslösen, welche Art der »Lebensvergewisserung« tröstet, oder welche Bedeutung man Prognosen im eigenen Leben einräumt.

VI Predigtschritte: Wahrheit kann Zumutung sein und trotzdem trösten

Anknüpfend an den Sprung zu mehr Tageshelle schildere ich Lk 2,21–35 als Wendetext: Ich verweise auf den Kontrast zwischen den Versen Lk 2,21–24, in denen unpersönlich von konventionellen Normen im Vorfeld der Begegnung im Tempel die Rede ist, und den Versen Lk 2,25–35, in denen das Augenmerk auf Simeon, den enthusiastischen Prognostiker, gerichtet wird.

Ich betone den Wechsel von der »Normalität« (Lk 2,21–24) einer jungen Familie hin zu deren »dramatischer Begegnung« mit Simeon, um dieses Elternpaar zur Identifikation anzubieten. In diesem Kontext ist es nötig und möglich, Details zu den damaligen Lebensanfangsriten sowie zur Genderthematik einzubringen (siehe Abschnitt IV). Die Rituale verstehe ich auch als Ausdruck einer Transformation, markieren sie doch den Eintritt in die Familienphase; aber diese »Krise« ist rituell strukturiert und wirkt alltäglich. Die Dramatik der Situation wird erst mit Simeon, dem »Alten Weisen«, deutlich.

Hier würde ich den Hinweis darauf einfügen, dass die Figur des »Alten Weisen« einst oft in den Narrativen von der Geburt prominenter Menschen vorkommt. Material dazu findet sich in Buddha-Legenden:

»Nach der Geburt kommt ein alter Mann, ein Weiser namens Asita. Er schaut das Kind an und beginnt zu weinen. Der König, sein Vater, fragt ihn nach dem Grund. Der heilige Mann antwortet, das Kind werde ein großer Lehrer der Welt, er selber sei aber zu alt, um es noch zu erleben, und deshalb weine er.« (www.west-oestliche-weisheit.de/newsletters/west-oestliche-weisheit-heute/mai-2012/christus-und-buddha.html, abgerufen am 31.5.13)

Im zweiten Teil der Predigt lade ich ein, sich zu fragen, ob wir uns wünschen, dass eine ähnlich »exotische« Situation uns »Normalbürgern« widerfahre. Ich lade ein zu fragen: Brauche, wünsche ich mir einen »Alten Weisen«, der mir Wesentliches zu meinem Weg aufdeckt? Hielte ich seine Worte aus? Was halte ich überhaupt von Prognosen? Ist mir ein Hier und Jetzt nicht wichtig genug? Sehne ich mich nach einem »Alten Weisen«, der mich mit der Einsicht in den Sinn meines Lebens konfrontiert, oder fürchte ich ihn eher?

Die Predigt wird so zu einem Anstoß zu Überlegungen zu eigenen Bewusstwerdungsprozessen. Da gerade solche Überlegungen selber jedoch sorgfältig überlegt sein wollen, können sie doch unnötig das Gleichgewicht zerstören, thematisiere ich abschließend die Voraussetzungen für solche »Selbst-Zuwendung«, »Selbst-Aufklärung« mithilfe des Schweizer Märchens »Aschengrübel«:

Die Eltern sind gestorben und haben ihrer Tochter ein Testament und ein Ballkleid hinterlassen. Das Mädchen verdingt sich in einem wohlhabenden Haus. Ihm wird erlaubt, beim Tanz im Dorf zuzusehen. In ihrem prächtigen Kleid steht sie am Rand des Tanzplatzes. Der Sohn des Hauses klebt an ihrer Seite, ohne sie zu erkennen. Sie verweigert ihm lange Tanz und Kuss. Im Lauf der schrittweisen Annäherung an ihren künftigen Bräutigam und Mann geht das Mädchen immer wieder zu einer Tanne, bei der sie ihr Kleid versteckt. Sie trifft dort auf einen schweigenden Zwerg, der sie von Mal zu Mal gütiger anstrahlt. Kurz vor der Hochzeit gibt er ihr das verschollene Testament ihrer Eltern, das sie zur Erbin macht, und spricht: »Da hast du auch etwas zur Mitgift.« (vgl. Volkmann, 164)

Fazit: Anders als in der Bibel sind im wirklichen Leben »Alte Weise« aus traditionellen »Kultorten« ausgewandert. Stoßen wir mitten im Alltag auf einen, der dem segnenden Simeon ähnelt, oder einem Zwerg mit einem Testament in der Hand, das ja auch eine Bibel sein könnte, dann müssen wir damit rechnen, dass »Wahrheit uns zugemutet wird« (vgl. Bachmann, 275). Wird sie uns zugemutet mit dem Engagement des Simeon oder mit der Güte des Zwerges, dann mag sie sogar tröstlich sein: Die Wahrheit, die Gewissheit schafft, dass unser Leben nicht beliebig ist, sondern Sinn hat und ein Ziel.

Hinweise auf das angstreduzierende Potenzial biblischer Weisheitstexte etwa im Psalter (z. B. Ps 90), bei Mt 5,3–11 oder Mt 6,25–34 könnten die Bereitschaft erhöhen, sich getrost der Sinn- und Selbsterkenntnis zuzuwenden.

Lieder: EG 361 »Befiehl Du Deine Wege«; EG 262 »Sonne der Gerechtigkeit«.

Literatur: *Ingeborg Bachmann*, Die Wahrheit ist dem Menschen zumutbar, in: dies., Werke Bd. 4, München 1978, 275–277; *Birgit Heller*, Gender und Religion, in: Handbuch Religionswissenschaft, hg. von Johann Figl, Innsbruck/Wien/Göttingen 2003, 758–769; *Carl Gustav Jung*, Zur Phänomenologie des Geistes im Märchen, in: ders., GW 9/1, Sonderausgabe Düsseldorf 1995, 221–269; *Ingrid Riedel*, Dinos, Zauberer, Engel – Konstellation des kollektiven Unbewussten und/oder Modetrends?, in: Analytische Psychologie, Basel November 2004, 34/4/03, 251–265; *Helga Volkmann (Hg.)*, Märchen von Spiel und Tanz, Frankfurt am Main 1996.

2 Petrus 1,16–21:

Nur echt mit dem apostolischen Siegel?

A

Sabine Kast-Streib

I Eröffnung: »Wer in der Zukunft lesen will, muss in der Vergangenheit blättern«

Je älter ich werde, desto schwerer fällt es mir, so manche Erinnerung wachzuhalten. Freilich möchte ich nicht an alles erinnert werden. Manchmal ist es auch heilsam, vergessen zu können. Aber viele Erinnerungen helfen, mich meiner Identität zu vergewissern und verschüttet geglaubte Kräfte und Ressourcen zu reaktivieren. Nicht umsonst raten Paartherapeuten, dass ein Paar beim Erzählen seiner Liebesgeschichte an seinen guten Erinnerungen festhalten solle. Um Erinnerungen aufzufrischen, brauche ich Zeuginnen und Zeugen meiner Geschichte: Menschen, Gegenstände, Fotos, Briefe, Tagebücher, Gedenktage etc.

Der Kirche geht es da nicht viel anders. Je älter sie wird, desto mehr drohen die Erinnerungen zu verblassen. Schon im 2. Jahrhundert konnte kaum noch jemand an die baldige Wiederkunft Christi glauben. Die Verheißungen des Anfangs hatten ihre Kraft verloren. Viele spotteten darüber: »Wo bleibt die Verheißung seines Kommens? Denn nachdem die Väter entschlafen sind, bleibt es alles, wie es von Anfang der Schöpfung gewesen ist.« (2 Petr 3,4) Wenn Gott seine Schöpfung sich selbst überlässt, was spielt es dann noch für eine Rolle, wie Menschen leben? Gottes Gebot scheint überholt zu sein. Ungerechtigkeit und Habsucht greifen um sich. Da meldet sich ein unbekannter Briefschreiber zu Wort, der die Gemeinde »durch Erinnerung wachhalten« will (2 Petr 1,13). Mit kraftvollen Worten erinnert er die Gemeinde an die Verheißung, von der sie lebt. Um glaubwürdiger aufzutreten, leiht er sich den Namen einer anerkannten Autorität: Er verfasst den Brief als Testament des Apostels Petrus. Der gilt als Führungspersönlichkeit unter den Jüngern – der Fels, auf dem Jesus seine Kirche baut (vgl. Mt 16,18). Die Erinnerungen des Petrus sind keine »ausgeklügelten Mythen« (2 Petr 1,16), sondern erheben Anspruch auf Echtheit. Petrus selbst hat Jesu »Herrlichkeit geschaut«. Wer sollte es da wagen, Jesu Wiederkommen in Herrlichkeit zu bezweifeln? Unterstützend kann sich die Gemeinde festhalten an den biblischen Weissagungen. »Petrus« erinnert also nicht nur an Vergangenes, sondern damit auch an die verheißene Zukunft. Getreu dem Motto »Wer in der Zukunft lesen will, muss in der Vergangenheit blättern.« (André Malraux) Dadurch will er die Gemeinde motivieren, schon jetzt in der »Liebe zu allen Menschen« (2 Petr 1,7) zu leben.

Am Ende der Epiphaniaszeit kommen wir ebenfalls von einer Erinnerung an die göttliche Herrlichkeit Jesu her: Petrus hat sie bei der Verklärung auf dem Berg geschaut, wir haben sie an Weihnachten wieder gefeiert. Lk 2,14 und 2 Petr 1,17 reden beide von »doxa«, hebräisch »kabod«, was Herrlichkeit und Glanz bedeutet. Zurück vom heiligen Berg der Verklärung, zurück aus dem Glanz von Weihnachten, geht es für Petrus und uns wieder in die Niederungen des Alltags (sofern wir diese überhaupt verlassen und Weihnachten nicht erst recht als »dunklen Ort« für uns erlebt haben). Was kann unsere Hoffnung stärken, dass der Morgenstern aufgehen wird?

II Erschließung des Textes: »Wir werden aktiv, so weit wir hoffen«

Schon in den ersten Jahrhunderten wurden Echtheit und Kanonizität des zweiten Petrusbriefes angezweifelt. Zum Teil lehnt er sich wörtlich an den Judasbrief an. Heutigen Exegeten gilt er als Pseudepigraph und jüngste Schrift des NT (2. Jh.). Luther kritisiert, dass der Brief nicht deutlich »Christum treibe«. Die protestantische Rezeptionslinie sieht ihn als »Dokument des sogenannten Frühkatholizismus«, dessen Ansichten »sowohl mit anderen neutestamentlichen Aussagen als auch mit evangelischen Grundpositionen … konkurrieren« (Balz/Schrage, 118). Für die römisch-katholische Interpretation sei Anton Vögtle zitiert: »Die unter dem Namen des Petrus sich verbergende Lehrerpersönlichkeit beansprucht als Sprecher der rechtgläubigen Kirche durchaus die Fähigkeit zu richtiger, authentischer Schriftauslegung. (…) Insofern kann man von einem Zeugnis für das sich bildende Lehramt sprechen.« (Vögtle, 179) Zwar wird in 2 Petr 1,20f. nicht explizit gesagt, wer sich bei der Auslegung auf den heiligen Geist berufen darf, aber eine Verbindung zur apostolisch autorisierten Tradition zeichnet sich wohl ab.

Die Identifikation des Verfassers mit dem Apostel Petrus weist auf dessen Autorität für die junge Kirche hin. Auf Paulus wird dagegen nur kurz und kritisch Bezug genommen (2 Petr 3,16). Petrus ist einer der »Augenzeugen«, der Jesu göttliche »Kraft« und »Herrlichkeit geschaut« hat (*epoptai* in V. 16 ist Mysteriensprache und meint die Eingeweihten, die in einem Ereignis die Offenbarung Gottes erkennen). Seine Autorität soll Rückendeckung bieten im Kampf gegen Irrlehrer, welche die Parusie Christi leugnen. Demgegenüber hält »Petrus« an einer futurischen Eschatologie fest, die er durch die apostolische Erinnerung (vgl. 2 Petr 1,12 u.ö.) und das »prophetische Wort« (V. 19) legitimiert, das als »Lampe am dunklen Ort« leuchtet (vgl. Ps 119,105). Die verheißene Zukunft hat

Konsequenzen für die Gegenwart: »Petrus« mahnt die Gemeinde, ihre »Berufung und Erwählung festzumachen« (2 Petr 1,10). Er befürchtet, sie könnte »aus ihrem festen Stand fallen« (2 Petr 3,17), wenn sie den Häretikern folgt, nach denen die geschenkte »Erkenntnis« (2 Petr 1,1) keine Auswirkungen auf die Lebensführung haben muss. Es ist ein Verdienst des zweiten Petrusbriefes, auf der Basis jüdisch-christlicher Verheißungen eine Art »Ethik der Hoffnung« zu entwickeln, nach dem Motto: »Wir werden aktiv, so weit wir hoffen.« (Moltmann, 20)

Zugleich stellt sich besonders aus paulinischer Perspektive die Frage nach dem Verhältnis von Werken und Glaube. Der zweite Petrusbrief sagt nichts über die soteriologische Bedeutung von Kreuz und Auferstehung. Dadurch lässt er eine Mitwirkung (Synergismus) der Glaubenden an ihrem Heil als Möglichkeit durchschimmern, die einer Lehre von der Rechtfertigung allein aus Glauben entgegensteht.

Der Brief bewegt sich im Umfeld des hellenistisch gebildeten Judenchristentums. Jüdische Tradition (2 Petr 2,4ff.; 3,3ff.13) geht einher mit hellenistischer Rhetorik, Popularphilosophie und Mysterientheologie, die viele im NT einmalige Wörter (Hapaxlegomenoi) hervorbringen, etwa *epoptai* (s.o.) oder die Bezeichnung Christi als »Morgenstern« (V. 19: *Phosphoros/Lucifer*). Lucifer war Taufname in der frühen Christenheit. Später wurde er mit dem gefallenen Morgenstern (vgl. Jes 14,12–14) und dem gestürzten Engel (vgl. Ez 28,14, Offb 12,3ff.) verbunden. Der zweite Petrusbrief lädt dazu ein, die positive Konnotation des Lichtträgers wiederzuentdecken.

III Impulse: Hoffnung braucht Erinnerung

1. Wie geht es Ihnen mit Erinnerungen? Haben Sie ein gutes Gedächtnis? Oder versuchen Sie sich manchmal vergeblich zu erinnern? Freilich möchte ich mich nicht an alles erinnern, was ich erlebt habe. Manche Erinnerungen jedoch können mich stärken, indem sie mir vor Augen führen, was ich an Gutem empfangen oder was ich schon alles gemeistert habe. Gut, wenn mich dabei »Zeugen« meiner Lebensgeschichte unterstützen können: Freundinnen und Freunde, Familie, Tagebücher, Briefe …

Auch die Kirche braucht Erinnerungen, um sich ihrer Quellen und Verheißungen zu vergewissern. Aber wer erinnerte sich im zweiten Jahrhundert noch an die Verheißung Jesu, dass er wiederkommen wird in Herrlichkeit? Lohnte es sich noch, auf einen neuen Himmel und eine neue Erde zu hoffen (Hinweis auf Irrlehrer)? Der selbsternannte »Petrus« will dieser Hoffnung neue Glaubwürdigkeit verleihen.

2. »Man muss viele Geschichten kennen, um der Hoffnungslosigkeit zu entgehen« (Steffensky, 59): Welche persönlichen und biblischen Hoffnungsgeschichten können wir erzählen (z. B. Verklärung Jesu, Weihnachten, Kreuzigung und Auferstehung)? Manchmal sind es einzelne Bibelworte, an denen ich meine Hoffnung »festmachen« kann (Tauf-, Konfirmations-, Trauspruch) – ein Wort, das ich für mich entdeckt habe, das mir zur »Lampe am dunklen Ort« wurde. Aber gerät meine persönliche Erfahrung mit Bibeltexten nicht in Gefahr, zu einer »Sache eigener Auslegung« zu werden? Nein, ich verstehe dies eher als Mahnung, dass kein Mensch die Bibel letztgültig auslegen kann.

3. Als Christen hoffen wir auf das Wiederkommen des »Lichtträgers« (Morgensterns) Jesus Christus. In der Hoffnung auf ihn können wir selbst zu »kleinen Lichtträger/innen« werden. »Tragt in die Welt nun ein Licht« (z. B. EG Niedersachsen/Bremen 571), singen wir an Weihnachten. Im Vertrauen auf Christus, der Dunkelheit und Tod besiegt hat, können wir schon jetzt Hoffnungslichter setzen »am dunklen Ort«.

Hier kann auf viele Initiativen in Kirche und Gemeinde hingewiesen werden. Als Aktion schlage ich vor, Kerzen auszuteilen, evtl. mit Christussymbol oder aufgedrucktem Bibelwort, und dazu einzuladen, diese gemeinsam mit einem Menschen zu entzünden, der sich über ein Licht (am dunklen Ort) freuen würde.

Lieder: EG Rheinland 591 »Gottes Wort ist wie Licht in der Nacht«; »Christus, dein Licht verklärt unsere Schatten« (Taizé).

Literatur: *Horst Balz/Wolfgang Schrage*, Die »katholischen Briefe«. Die Briefe des Jakobus, Petrus, Johannes und Judas (NTD 10), Göttingen [11]1973; *Jürgen Moltmann*, Ethik der Hoffnung, Gütersloh 2010; *Dorothee Sölle/Fulbert Steffensky*, Wider den Luxus der Hoffnungslosigkeit, Freiburg im Breisgau 1995; *Anton Vögtle*, Der Judasbrief/ Der zweite Petrusbrief (EKK XXII), Solothurn/Neukirchen-Vluyn 1994.

B

Markus Engelhardt

IV Anknüpfung: Von der Ambivalenz des Erinnerns

Dass A »Erinnerung« und »Gedächtnis« ein so starkes Gewicht beimisst, überzeugt, auch wenn diese Begriffe explizit nur in den unserem Text vorangehenden Versen vorkommen. Wie ambivalent es mit der Erinnerung ist, deutet A an: »Freilich möchte ich nicht an alles erinnert werden. Manchmal ist es auch heilsam, vergessen zu können.« Wie wahr! Darüber hätte ich bei A gerne noch mehr gelesen. Deshalb möchte ich zunächst bei der Zwiespältigkeit des Erinnerns verbleiben. Klassisch hat sie Friedrich Nietzsche auf den Punkt gebracht: ›Das habe ich getan‹, sagt mein Gedächtnis. ›Das kann ich nicht getan haben‹, sagt mein Stolz und bleibt unerbittlich. Endlich – gibt das Gedächtnis nach. – »Erinnerung«

ist ein großes Wort. Der Anspruch auf Authentizität, auf etwas Letztgültiges, nicht mehr Hinterfragbares schwingt da mit. »Ich erinnere mich«, das soll heißen: So, und eben nicht anders ist es gewesen! Aber gerade dieser Anspruch macht das Erinnern zu einem so zwiespältigen Unterfangen. Denn wenn mit dem Anspruch auf Wahrhaftigkeit unterschiedliche Erinnerungen an dasselbe Geschehnis aufeinanderprallen, bleibt oft nur noch ein garstiger Graben der Unvermittelbarkeit übrig. Jeder Richter kann ein Lied davon singen. Nüchtern sagt dazu Karl Barth: »Der Mensch mag vom Ganzen seiner Vergangenheit her mancherlei Ansichten, Warnungen, Anleitungen mit sich bringen. Aber was er im Ganzen seiner Vergangenheit eigentlich war, das weiß Gott und nicht er.« (Barth, 697)

Vor wenigen Wochen (März 2013) hat ein Fernseh-Dreiteiler mit dem lakonisch gehaltenen Titel »*Unsere Mütter, unsere Väter*« in beeindruckender Weise die Vieldeutigkeit des Erinnerns ins Bild gebracht. Seine vier jungen Protagonisten sind konsequent zwiespältig gezeichnet. Je und je laden sie zur Identifikation ein, um dies durch ihr Handeln dann wieder zu brechen. Eben darin, als Täter und Opfer zugleich, machen diese Figuren es möglich, dass wir in ihnen »unsere (Groß)Mütter, unsere (Groß) Väter« erkennen. So hat dieser Film in vielen Familien ein »Sprachgeschehen« ausgelöst, indem man einander seine Geschichten erzählt hat. Wichtig und heilsam dabei ist die durch das Erzählen beförderte Einsicht: Erinnerung ist immer subjektiv, persönlich. Sie bleibt dem Bereich des Individuellen vorbehalten, das zu achten, aber nicht unbedingt zu teilen ist. Auf der Basis solchen »Relativismus des Erinnerns« kann eine Erinnerungskultur, wie sie sich seit Richard von Weizsäckers Rede am 8. Mai 1985 mehr und mehr etabliert hat, eine eminent friedens- und gemeinschaftsstiftende Funktion gewinnen.

V Erschließung der Hörersituation: Wie hältst du's mit der Tradition?

»Petrus« hätte das mit der Erinnerung wohl anders gesehen. Er legitimiert seine Autorität mit seiner subjektiven Erinnerung an die »apostolischen Ursprünge«, die für ihn indes ganz und gar objektiv ist. Auch dies macht den »frühkatholischen« Charakter des 2. Petrusbriefs aus. Tatsächlich gehört ja die durch das Petrusamt gewahrte »bruchlose Kontinuität« zu den Ursprüngen zum Nerv des Katholischen. A verweist auf die Pseudoepigraphie des zweiten Petrusbriefs. Dies in einer Predigt beim Namen zu nennen, ist immer noch nicht selbstverständlich. Manche stellen die »Bibeltreue« der Predigt infrage, wenn sie zu hören bekommen, dass Petrus nur »Petrus« ist. Vermutlich wäre es hilfreich, kurz darzulegen, dass das »Namensplagiat« eines eigenen Textes unter fremder Autorenschaft nicht nur weit verbreitet in der Antike war, sondern auch in keiner Weise als anrüchig galt. Es war kein »dirty trick«, um

Gedanken unter die Leute zu bringen, die einem sonst keiner abgenommen hätte, sondern vielmehr ein Ausdruck von Demut, in der die eigene Stimme hinter dem zurücktritt, dessen Wort das gewichtigere ist. Die Pseudoepigraphie spricht nicht gegen Vögtles katholische These vom zweiten Petrusbrief als »Zeugnis für das sich bildende Lehramt« (Vögtle, 179). In Abwandlung des viel zitierten jüdischen Sprichworts ›Das Geheimnis der Erlösung heißt Erinnerung‹ könnte man sich durch unseren Text zur Feststellung anregen lassen: Das Geheimnis des Lehramts heißt Erinnerung! Womit im Licht des unter IV Gesagten deutlich wird, wie ambivalent es auch mit dem »Lehramt« ist.

Denn aus protestantischer Sicht ist diese »Kontinuität zum Ursprung« und die ihr zugrunde liegende vermeintlich »objektive« Erinnerung nur um den Preis gewagter und intellektuell wenig redlicher Konstruktionen zu haben, die einer historischen Prüfung nicht standhalten. Das darf in einer evangelischen Predigt über unseren Abschnitt ruhig erwähnt werden. Redlich ist es dann aber auch, die andere Seite zu benennen, die einen Schatten auf das reformatorische Schriftverständnis wirft: Dass der von den Reformatoren intendierten Wiederanknüpfung an die ursprüngliche Kirche etwas *Ungeschichtliches* innewohnt, weil die »Kirchenspaltung« letztlich ein Ausklinken aus 1.500 Jahren gemeinsamer Christentumsgeschichte zur Folge hatte. Es sind nicht nur erzkonservative katholische Theologen, die uns die kritische Frage stellen, ob der Protestantismus hier nicht manches Kind mit dem Bade ausgeschüttet hat. Ich meine, unsere Kirche täte gut daran, sich diesen Rückfragen ehrlicher zu stellen. Gerade im Blick auf »2017« und die für die katholische Kirche bisher aporetische, aber in der Sache wichtige Frage, was es da zu feiern gibt und wo ein ökumenisches Potenzial des Reformationsjubiläums liegen könnte. *Sola scriptura* in Ehren – aber »Tradition«, so verstehe ich auch A, sollte nicht als katholisches Sondergut gesehen werden! Wo katholischerseits die Gefahr besteht, die Bibel letztlich zum Produkt der Kirche werden zu lassen (gewissermaßen die reformatorische Verhältnisbestimmung umkehrend: *verbum creatura ecclesiae* …), neigen wir dazu, die Kirche, die »Tradition« als pure *creatura verbi* ins Ideelle und unter der Hand ins Ideologische zu verflüchtigen. A führt den klugen Satz von André Malraux an, wer in der Zukunft lesen wolle, müsse in der Vergangenheit blättern. Dies »auf evangelisch« zu buchstabieren, ist uns Protestanten mit unserer Tendenz, uns immer wieder neu erfinden zu müssen, immer noch eher fremd. Unser Predigtext bietet die Chance dazu.

VI Predigtschritte: Ein Wort über das Wort

1. Angelpunkt unseres Textes ist die Licht-Metapher in V. 19. Mit dem letzten Sonntag nach Epiphanias wird die Weihnachtsfestzeit abgeschlossen. Weihnachtszeit ist *Lichtzeit*. Sie ist eine einzige Erinnerung an das eine, ewige *Licht*, von dem die Welt lebt, ob sie es weiß oder nicht. »Das ewig Licht geht da herein, / gibt der Welt ein neuen Schein« (Luther, EG 23,4). Weil das Licht, das im Dunkel der Nacht von Bethlehem aufgeschienen ist, nicht mehr verlöscht, schafft es sich Symbole. Ursprünglichere und lebendigere als die Lichter, die *wir* anzünden. »Petrus« nennt das »prophetische Wort«. Er meint damit die Heilige Schrift des Alten Testaments. Für uns ist es die Bibel insgesamt. Viele trauen dem bibli-

schen Wort nicht mehr viel zu. Durch das Wort allein sei der Mensch von heute nicht mehr erreichbar, heißt es, im Zeitalter von Internet und Videoclips müsse mehr fürs Auge, »für alle Sinne« geboten werden. Wie bei den Katholiken, die es mit dem Bibelwort ja auch nicht so eng sehen. So werden in unserer Kirche, die einmal stolz darauf war, Kirche des Wortes zu sein, Alben angezogen, fantasiebunte Stolen übergeworfen, und man versichert sich augenzwinkernd: ›Man darf über alles predigen, nur nicht über zwölf Minuten‹. Statt Luther – *sola scriptura* – scheint heute in unserer Kirche eher Goethe angesagt: ›Ich kann das Wort allein so hoch unmöglich schätzen‹ (Faust I).

2. Aber bloß kein wehleidiges Lamento über den Niedergang protestantischer Kultur! Über diesen Text predigen heißt, die Bitte des »Petrus« ernst nehmen: »Ihr tut gut daran, euch am prophetischen Wort fest zu machen!« Nutzen wir also diese Predigt, ›ein Wort über das Wort‹ (Vaclav Havel) zu sagen. Nehmen wir einmal an, jemand liest regelmäßig die Herrnhuter Losungen. Nehmen wir weiter an, er hat vor Kurzem einen geliebten Menschen verloren und kann vor Trauer kaum aus den Augen sehen. Und nehmen wir schließlich an, er liest an solch einem bleiernen Tag, an dem er sich wieder nur mühsam aus dem Bett geschleppt hat, als Losung den Satz *»Das geknickte Rohr wird er nicht zerbrechen und den glimmenden Docht wird er nicht auslöschen«* (Jes 42,3). Dieses Jesaja-Wort tritt ihm in seiner Situation als abgrundtief *fremdes* Wort entgegen. Er, seine Gefühle, kommen darin nicht vor. Die würden ihm, wenn überhaupt, nur einen Klagepsalm erlauben. Aber dieses Wort, mit dem er in der Zufälligkeit der täglichen Losungen konfrontiert ist, bewirkt bei dem in seiner Trauer gefangenen Menschen etwas Wichtiges: Es *widerspricht* dem Bild, das er sich in seiner tiefen Traurigkeit von sich und der Welt gemacht hat. Nicht dass er den Satz der fremden Sprache schon glaubt. Aber allein schon indem er ihn liest und vielleicht leise nachspricht, beginnt der Satz seinen Unglauben zu stören. Ein Licht, und sei es nur ein flackerndes kleines Teelicht, beginnt in seine Dunkelheit hineinzuleuchten. Manchmal heißt Glauben ja nichts anderes, als dass wir uns in unserem Unglauben stören und verunsichern lassen. So verhalten, nicht mit überwältigenden Illuminationen, geschieht es, dass »der Morgenstern aufgehe in euren Herzen« (V. 19).

3. Gottes Wort erweist sich gerade in seiner Fremdheit als ein tragfähiges Fundament für unser Leben: Weil es unsere Erfahrungen nicht einfach bestätigt, sondern *neue* Durchblicke aufreißt, Erhellungen ermöglicht, die weiter reichen als das, was wir uns aus unserer Lebenserfahrung sagen können. Sich *»fest machen am Wort«:* das ist kein bedingungs- und gedankenloses Für-wahr-Halten nach dem Motto ›Und die Bibel hat doch Recht‹, sondern es heißt, sich selber von Gott infrage stellen, in den Sicherheiten, in denen wir uns eingerichtet haben, verunsichern lassen,

indem wir entdecken: Wir sind auf weiteren Raum gestellt, als wir es oft erfahren. »Wir kommen aus Licht und wir gehen in Licht. Wir sind geliebter, als wir wissen.« (Gollwitzer, 382) Das entdeckt, wer »Petrus« beim Wort nimmt, sich also festmacht am Wort der Bibel und es als ein Licht ansieht, das ihm in die Dunkelheit scheint.

Lieder: EG 23,4 »Das ewig Licht geht da herein«; EG 193 »Erhalt uns, Herr, bei deinem Wort«; EG 199 »Gott hat das erste Wort«; EG 410 »Christus, das Licht der Welt«; und natürlich: EG 70,1.3.4 »Wie schön leuchtet der Morgenstern«.

Literatur: *Karl Barth*, Kirchliche Dogmatik III/4, Zürich 1951; *Helmut Gollwitzer*, Krummes Holz – Aufrechter Gang. Zur Frage nach dem Sinn des Lebens, München 1970; *Anton Vögtle*, Der Judasbrief/Der zweite Petrusbrief (EKK XXII), Solothurn/Neukirchen-Vluyn 1994.

Septuagesimae (3. Sonntag vor der Passionszeit)

A

Römer 9,14–24: Bedingungslos gnädig – elementar bedürftig

Wilhelm Gräb

I Eröffnung: So geht es nicht

Eine Theologie, die so argumentiert, würden wir heute als unerträglich arrogant zurückweisen: »Wer bist du denn Mensch, mit Gott zu rechten, gar ihm zu widersprechen? Du bist Geschöpf, er ist dein Schöpfer. Wie kannst du es wagen, dich bei Gott zu beklagen, nur weil die Dinge nicht so gehen, wie du dir gedacht hast? Gott ist der souveräne Herr über alle Dinge. Er bestimmt in seiner absoluten Freiheit über die Geschicke dieser Welt. Den einen ist er barmherzig, die anderen lässt er seine Härte spüren.«

Dass Gott tatsächlich so verfahren könnte, ist vielen schon durch den Kopf gegangen. Dann aber auch, dass er somit ein despotischer Willkürgott wäre? Natürlich, die Verhältnisse, sie sind so! Den einen geht es viel besser als den anderen. Aber hat das Gott so gewollt? Zeigt sich darin die Souveränität seiner Freiheit, dass die einen sich des Reichtums seiner Gnade erfreuen und die anderen leer ausgehen? Wenn es stimmen sollte, dass Gott sich so verhält, dann empfinden wir das als zutiefst ungerecht und bestehen darauf, dies auch sagen zu dürfen.

Doch Paulus weist die Fragen zurück. Er macht Gott unendlich groß, rühmt die souveräne Freiheit, in der er seine Gnade erweist oder eben auch verweigert. Das geht nicht nur gegen unsere menschliche Selbstachtung. Ein solcher Gott will uns nicht mehr glaubwürdig erscheinen. In diesem Gott sehen wir alle Ungerechtigkeiten dieser Welt nur noch einmal ins Monströse überhöht und gespiegelt. Es ist ja wahr, die einen leben in gesicherten Verhältnissen oder sogar im Überfluss, die anderen müssen kämpfen und wissen nicht, wie sie überhaupt noch durchkommen können. Den einen gelingt alles, sie eilen von Erfolg zu Erfolg, andere mühen sich genauso oder vielleicht sogar noch mehr, aber die Anerkennung bleibt aus. Die Welt ist nicht gerecht. Kann dies Gottes Wille sein?

Was tun, wenn wir jetzt über diesen Text zu predigen haben? Den Zweifel an der Gerechtigkeit Gottes zurückzuweisen, in diesem Stil, den Paulus hier praktiziert, das geht nicht. So lassen wir in der Tat nicht mehr mit uns reden. Wie wir unsere Erfahrungen, die Ungerechtigkeiten in dieser Welt und im eigenen Leben mit Gott zusammenbringen können, das ist uns aber durchaus ein offenes Problem. An dem müssen wir uns in der Predigt abarbeiten.

II Erschließung des Textes: Ein heilsamer Widerspruch

Alle exegetischen Kommentare heben hervor, dass die Argumentation des Paulus in unserem Textabschnitt im Rahmen des Israelthemas, das er in Röm 9–11 verhandelt, gesehen werden muss. Dadurch kann deutlich werden, dass es Paulus nicht um so etwas wie eine doppelte Prädestination, zum Glück und zum Unglück, geht, auch nicht darum, all die berechtigten Fragen, die sich an Gottes Gerechtigkeit angesichts der Ungerechtigkeiten in dieser Welt richten, zurückzuweisen. Im Gegenteil, es tritt hervor, dass er darauf zielt, klar und unmissverständlich die theologische Position zu formulieren, die es in christlicher Perspektive angesichts der vielfach unerträglichen und ungerechten Zustände in dieser Welt einzunehmen gilt.

Deshalb betont er die Souveränität der Freiheit Gottes, aber zugleich eben auch, dass Gott sich in seiner Freiheit definitiv dafür entschieden habe, letztlich allen barmherzig und gnädig zu sein. Nun verstehe ich V. 22–24: Gott musste sich nicht so entscheiden. Er hätte sich in seinem Zorn auch von seiner Schöpfung und seinem Bundesvolk abwenden können. Aber genau das hat er nicht getan, sondern sich definitiv dazu entschlossen, ein gnädiger und barmherziger Gott sein und bleiben zu wollen. Wenn er ein gnädiger und barmherziger Gott ist, ganz und gar, ausschließlich, bedingungslos, dann ist er es aber nicht nach Maßgabe menschlichen Tuns und Lassens. Dann bemisst er seine Gnade und Barmherzigkeit nicht danach, ob diejenigen, denen er sie erweist, sie auch verdient haben. Dann verhält er sich gerade nicht in Entsprechung zu deren Anstrengungen, nicht nach deren »Wollen und Laufen«. Gott begibt sich nicht in solche Abhängigkeiten.

Paulus will auf das Umgekehrte hinaus: Mit Bezug auf Gott stehen alle Menschen im gleichen Verhältnis der Abhängigkeit, ob sie zu den Erfolgreichen oder den Verlierern gehören, den Reichen oder Armen, den Frommen oder den Gottlosen, den Juden oder den Heiden. Seine Gnade und Barmherzigkeit gilt allen Menschen. Auf die Behauptung der *Universalität der Gnade* läuft die Argumentation des Paulus in unserem Textabschnitt zu. Sie will er zur Anerkenntnis gebracht wissen, damit aber eben auch den Tatbestand, dass Gottes Gnade und Barmherzigkeit die des *Schöpfers* ist, sie auf denjenigen Tatbestand unseres Menschseins sich bezieht, der dieses auf ebenso grundlegende wie unhintergehbare Weise betrifft: Keiner kann sich selbst das Leben geben. Keiner ist des Insgesamts der Bedingungen seines Daseins selbst mächtig. Jeder und jede ist der Gnade und Barmherzigkeit Gottes des Schöpfers auf elementare Weise bedürftig.

Jedem und jeder, wer oder was sie auch sein mögen, lässt Gott die Gnade des Schöpfers aber auch zuteilwerden. Jeden Morgen wieder neu! Dazu hat Gott sich mit der Auferweckung des Gekreuzigten radikal entschieden, dazu, nunmehr Gnade, nichts als Gnade zu sein. So ist er der Gott aller Menschen, souverän all die Unterschiede überschreitend, die Menschen voneinander verschieden machen, insbesondere aufgrund ihrer religiösen, ethnischen und kulturellen Zugehörigkeiten.

Das ist eine unüberbietbar radikale Theologie. Sie widerspricht den Aufteilungen und Zuordnungen, in denen wir die Welt sehen und dann auch mit Gott in Beziehung bringen. Verständlich im Grunde, dass Paulus sich unsicher war, ob er verstanden wird. Deshalb weist er die kritischen Rückfragen so brüsk ab. »Wem ich gnädig bin, dem bin ich gnädig …«; »so liegt es nun nicht an jemandes Wollen oder Laufen, sondern an Gottes Erbarmen«; »so erbarmt er sich nun, wessen er will, und verstockt er, wen er will«. Das klingt nach Willkür. Dennoch möchte ich jetzt darin gerade die Behauptung der Universalität der Gnade erkennen: Die Feststellung, dass Gottes Gnade von keinen Voraussetzungen abhängt, die von menschlicher Seite erst gegeben sein müssten. Er erweist sie unabhängig davon, ob wir Menschen ihrer würdig sind oder nicht. Es ist gerade umgekehrt: Nicht in menschlichen Anerkennungsleistungen, nicht in menschlichen Zuschreibungen, sondern in Gottes universalem Schöpferwillen gründet die Würde, die unantastbare Würde jedes Menschen. Jeder Mensch hat das Recht auf Leben, auf körperliche und seelische Unversehrtheit, auf Anerkennung, unabhängig von seinem Wollen oder Laufen, unabhängig von seinen ethnischen, sozialen, kulturellen Zuschreibungen, unabhängig von seiner Hautfarbe und seinem

Geschlecht. Die Menschenwürde kommt jedem Menschen zu, deshalb, weil jeder Mensch Gottes unendlich geliebtes, in Gnaden angenommenes Geschöpf ist.

Warum redet dann Paulus auch noch von der Verstockung bzw. Verhärtung Gottes? Warum sagt er nicht einfach, dass der gnädige Schöpferwillen allen Menschen gilt, sie alle Gottes geliebte Kinder sind, seien sie Juden oder Heiden oder sonst etwas? Weil er den Menschen als verantwortlichen Partner in diesem göttlichen Anerkennungsgeschehen dabeihaben möchte! Weil diese neue, von ihm in der rechtfertigungstheologischen Interpretation des Christusgeschehens gewonnene Sicht der Dinge dem Menschen nur etwas nützt, wenn er sich auch selbst als von Gott, d.h. im Grunde seines geschöpflichen Dasein anerkannt, geliebt und wertgeschätzt *weiß und versteht*.

Es geht Paulus jedenfalls nicht darum, Gottes Gerechtigkeit angesichts der zum Himmel schreienden Ungerechtigkeiten in dieser Welt zu verteidigen. Im Gegenteil, er sucht nach einem Weg, wie Christen sich im Licht des Evangeliums zur Wirklichkeit dieser Welt mit all ihren Absurditäten und Ungerechtigkeiten stellen können. Er will zeigen, dass von dem Gott Jesu her eine ganz andere Sicht der Dinge möglich ist. Deshalb die Betonung der souveränen Freiheit Gottes. In seiner souveränen Freiheit ist Gott nicht daran gebunden, sich nach den Weltverhältnissen zu richten, sondern er kann sie auf sich ausrichten – wenn da nur Menschen sind, die sich als die Freigelassenen seiner Schöpfung auch wissen.

Darauf will Paulus hinaus, dass wir die Chance sehen, die darin liegt, von einem Gott her, der Gnade, Vergebung, Liebe ist, unser Leben und diese komplizierte Welt zu verstehen. Dann ist Gott da und geht mit, unabhängig von den Voraussetzungen, die wir mitbringen und den Veranlassungen, die wir ihm geben. Dann wissen wir, dass wir uns absolut auf Gott verlassen können – auch dort, wo wir nichts spüren von seiner Macht, wo wir uns von ihm verlassen fühlen, in Not und Elend geraten. Wer darauf setzt, dem wachsen die Kräfte zu, neuen Mut zu gewinnen und gegen die offenkundigen Probleme anzugehen.

Das trotzige *Dennoch* macht die Kraft des Glaubens aus, dennoch nicht zu kapitulieren, sondern auf Gott zu setzen, auch noch angesichts zum Himmel schreiender Ungerechtigkeit. Dennoch an Gottes Gerechtigkeit, gar an die Macht seiner Liebe zu glauben, auf diese Liebe zu vertrauen, das heißt Glauben. Dieser Glaube befähigt zu der *Gewissheit*, die Paulus vor der Erörterung der Israelfrage in Röm 9–11 bekennt, »dass weder Tod noch Leben, weder Engel noch Fürstentümer noch Gewalten, weder Gegenwärtiges noch Zukünftiges, weder Hohes noch Tiefes, noch keine andere Kreatur kann uns scheiden von der Liebe Gottes, die in Christus Jesus ist, unserem Herrn« (Röm 8,38f.).

III Impulse: Letztlich ist alles Gnade

Wir werden zunächst immer wieder gegen die Argumentation des Paulus revoltieren. Aber es ist wahr: Obwohl nichts ohne unser Wollen oder Laufen geht, an ihm liegt es nicht, ob unser Leben gelingt. Wir müssen viel leisten. Dennoch garantiert kein noch so energischer Einsatz den Erfolg. Genauso wenig können wir den Misserfolg als unmittelbaren Ausdruck dafür ansehen, von Gott verlassen zu sein. Paulus plädiert in unserem Textabschnitt dafür, nicht diese Gleichung zu vollziehen, zwischen Gott und Geschichte, Gott und Glück, Gott und Religion.

Das hat sich Paulus im Zeichen des Kreuzes erschlossen: Gott handelt, menschlich gesehen, voraussetzungslos, unabhängig, souverän. Dennoch nicht willkürlich, sondern entschieden zu unserem Besten, zum Wohl aller Menschen. Universal ist seine Barmherzigkeit, unendlich seine Gnade! Dafür sprechen die Weltverhältnisse nicht. Nein, das tun sie nicht. Aber Gott spiegelt auch nicht unsere Weltverhältnisse wieder, sondern er verhilft uns dazu, im Zeichen des Kreuzes sie anders zu sehen. So gibt er uns immer wieder neuen Mut, auf eine verbesserliche Welt zu hoffen.

›Man erringt sich nichts. Alles ist Gnade!‹ – lässt Theodor Fontane den alten Stechlin sagen. Das ist keine Feststellung über den faktischen Gang seines Lebens, über die Mühen und Anstrengungen, die Erfolge und Misserfolge. Der alte Stechlin war sich vollkommen darüber im Klaren, welche Verantwortung er zu tragen hatte. Er war sich dessen bewusst, dass er immer darum bemüht war, den an ihn gesetzten Erwartungen gerecht zu werden. Und dennoch war ihm deutlich bewusst, dass er nie das Gelingen dessen garantieren konnte, was er sich vorgenommen hatte und wofür einzutreten er als seine Pflicht ansah.

B Thorsten Moos

IV Entgegnung: So geht es auch nicht

Ein solcher Theologengestus – ›Halt's Maul, Mensch (vor Gott und vor meiner Argumentation)!‹ – und das korrespondierende Bild despotischer göttlicher Willkür sind heute unerträglich. Da bin ich ganz bei A. Ja, ich will seinen Protest noch verschärfen. Das den Abschnitt tragende Bild vom Töpfer und den Gefäßen zum ehrenhaften oder unehrenhaften Gebrauch empfinde ich als unhaltbar. Nicht nur wäre mir ein Töpfergott zutiefst zuwider, der Menschen nach Gusto zum Prunkpokal oder zur Bettpfanne zurichtete; auch widerstrebt mir das Bild von Menschen als

Instrumenten göttlicher Machtdemonstration. Gott hat Menschen geschaffen *als Menschen*, also als Zwecke an sich selbst, und nicht als Pötte und Pfannen zu welchem Gebrauch auch immer.

Ein Zweites, und auch hier folge ich A: Die Gnade Gottes lässt sich nur universal verstehen, und Paulus Argumentation zielt auf diese Einsicht. Das wird spätestens bei Röm 11,26 deutlich (bei den schwer verständlichen Versen 9,22–24 bin ich mir da nicht ganz so sicher, vgl. Wilckens z.St.). Es liegt im Begriff der Gnade selbst, dass diese nicht konditioniert und damit auch nicht auf bestimmte Adressatengruppen beschränkt sein kann. Ich nehme die Frage von A auf: Wie kann ich von dem Gott, der Gnade ist, diese komplizierte Welt (und ihre komplizierten Menschen) verstehen?

Ein Drittes: Ich zögere, mit A als Thema des Textes die Frage auszumachen, wie die Erfahrung von Ungerechtigkeit in der Welt mit Gott zusammengebracht werden kann. Das scheint mir zu allgemein. In Röm 9–11 geht es um den Umstand, dass längst nicht alle Jüdinnen und Juden an Christus glauben, sondern den Gott Abrahams, Isaaks und Jakobs auf seine Gnadenzusage an Israel behaften. Hier macht die christliche Gemeinde, die sich auf denselben Gott in seiner Gnade beruft, die Erfahrung religiöser Pluralität – tiefer und verstörender als etwa die gegenüber dem römischen Götter- und Kaiserkult. Der ist Abgötterei, schlicht degoutant. Mit den Juden wissen sich die Christen hingegen auf derselben Basis, im Glauben an denselben Gott. Sie wissen sich innerhalb eines *gemeinsamen religiösen Wahrheitsraums*, in dem sich dann jedoch schmerzlich die Wege scheiden. Erst hier kommt den Christinnen und Christen die Kontingenz ihres eigenen religiösen Gebundenseins zu Bewusstsein. Warum wir so und sie so, oder in der Sprache exklusiven Wahrheitsanspruchs: Warum glauben wir, und sie sind verstockt – obwohl wir doch beide *religiös wahrheitsfähig* sind? Hier entsteht das theologische Problem. Gott berief mich – meinen Glauben kann ich nicht anders als verdankt verstehen –, also muss Gott die anderen verstockt haben. Ist Gott also ungerecht? Im Zentrum des Textes steht für mich demnach die Frage nach der Kontingenz religiöser Biografien angesichts einer *nahen* religiösen Pluralität.

V Erschließung der Hörersituation: Warum ich?

Die Kontingenz der eigenen Biografie in der Vielfalt des Religiösen lässt sich auch in der Gegenwart vielfältig erfahren. Die Traurigkeit der Großmutter, die ihrem Enkelkind gerne Taufbesteck geschenkt hätte, allein es wird nicht getauft. Die Verwunderung der atheistisch sozialisierten Eltern über ihr Kind, das qualitätshalber in einen christlichen Kindergarten geht und das nun ein Tischgebet einfordert. Die Verunsicherung der wenigen, die sich fast konspirativ zum Konfirmandenunterricht treffen, weil sie sich nicht trauen, ihren Mitschülern davon zu erzählen. Irritationen in konfessionsverschiedenen und interreligiösen Ehen, Partnerschaften, Familien. Immer ist das Gegenüber, das religiöse »andere«, ein naher Mensch, auf dessen Urteil ich Wert lege, den ich für ebenso wahrheitsfähig halte wie mich. Wenn dieser Mensch nun anders glaubt, kommt die Kontingenz meines eigenen Glaubens zu Bewusstsein.

Mehr noch: Ich selbst kann mein religiöser anderer sein. Phasen von Glauben, Andersglauben und Unglauben können sich biografisch abwechseln. Der Glaube wird zur biografischen Option, so formuliert es der Sozialwissenschaftler Hans Joas (vgl. Joas). Auch kann ich mir selbst als einem begegnen, der glaubt und zweifelt, der sich als religiös uneindeutig erfährt (vgl. Mk 9,24). Angesichts solcher Erfahrungen löst sich die binäre Unterteilung von Glaubenden und Verstockten heilsam in ein protestantisches »simul« auf. Die saubere Unterteilung der Welt in Gläubige und Ungläubige scheitert zuallererst an mir selbst.

Erfahrungen der Kontingenz der eigenen religiösen Biografie müssen keineswegs negativ sein. Sie können mit Stolz einhergehen, mit der Erfahrung von Identitätsvergewisserung und freiwilliger Zugehörigkeit (sie können freilich darin in Borniertheit umschlagen). Sie können aber auch Anfechtungen sein, wenn meine religiösen Überzeugungen in meinem sozialen Nahbereich eben nicht mehr ungefragt gültig sind. Wenn mein Glauben vor anderen oder gar vor mir selbst als fragwürdig, lächerlich, überkommen, *achtziger* erscheint. Oder wenn ich, wie Paulus, darunter leide, dass die, die mir nahe sind, nicht nachvollziehen können, was mir gewiss ist, und meine Erfahrungen erfüllten Glaubens nicht teilen.

Hier kommt mir entgegen, was A als Programm des Paulus liest: die komplizierte Welt von dem Gott, der Gnade ist, her verstehen. Gott hat mit mir etwas vor, und er hat mit den anderen etwas vor (vgl. Röm 11). Dass ich glaube, habe ich nicht selbst gemacht (das meint auch Joas' »Glauben als Option« nicht). Es liegt nicht an meinem Wollen und Laufen. Ich kann es nicht anders als Berufung Gottes verstehen. Dass jedoch andere etwas glauben, was mir als falsch erscheint, ihre »Verstockung«, mag *sub specie Dei* Sinn haben, auch wenn dieser sich mir nicht erschließt – das »Geheimnis« von Röm 11,25.

Das ist mitnichten langweilige Toleranz, als hätten alle irgendwie recht. Dagegen spricht schon die Form des Predigttextes, eine Diatribe, eine religionsgelehrte Untersuchung. Paulus quält sich mit nichts weniger als der Wahrheitsfrage ab. Es gilt, die Pluralität zu verstehen, sich einen Reim zu machen auch auf die Reime der anderen. Paulus will den *gemeinsamen religiösen Wahrheitsraum* von Juden und Christen aufrechterhalten: Wenn beide Gott beim Wort nehmen, was gilt dann? Ähnlich gälte für mich, in meinen Pluralitätserfahrungen andere für religiös wahrheitsfähig zu halten und sie auch daraufhin anzusprechen. Mit den

Atheisten über ihre religiösen Bestreitungen der Religionen zu streiten. Mit dem Atheisten in mir zu streiten! Mit Jüdinnen und Juden, Musliminnen und Muslimen über religiöse Erfahrungen, Wirklichkeitsverständnisse, Deutungen zu sprechen. Selbst auf meine Glaubenswahrheit ansprechbar zu sein.

Es geht also um Reflexion, um theologische Auseinandersetzung. Diese ist wiederum religiös bedeutsam. Paulus ringt sich im Laufe von Röm 9–11 mühsam zu der Einsicht von der Universalität der Gnade Gottes durch. Sein Glaube an den gnädigen Gott kann nicht unberührt geblieben sein von diesem Ringen. Er dürfte sich vertieft haben auf dem Weg von der eigenen, partikularen Glaubensgewissheit, die die Verstockten verworfen sieht, bis hin zu jenem radikal-universalen »pas Israel sothesetai« (11,26), in dem sein Argument gipfelt.

VI Predigtschritte: Kontingenz religiöser Biografien

Die Erfahrung der Kontingenz der eigenen religiösen Biografie im pluralen Umfeld soll mein Predigtthema sein. Wie darüber sprechen? Mit Paulus will ich einen reflektierenden Stil wagen. Ich brauche die Selbstdistanz, die aus der Reflexion kommt. Ich will mich provozieren lassen vom *Gedanken* der Gnade, die nur als Totalitätsbestimmung, eben universal zu denken ist. Dazu hilft mir das Evangelium von den Arbeitern im Weinberg, das alle Bedingungen mit Blick auf die Gnade Gottes sprengt. Mit ihm im Gepäck versuche ich den Reflexionsweg des Paulus nachzugehen von Röm 9 bis Röm 11. Lasse mich verstricken in die Aporien des Versuches, von meinen partikularen Einsichten aus das Ganze der Gnade zu denken. Hole mir Gesprächspartner, etwa Petrus Abaelardus mit seinem »Gespräch eines Philosophen, eines Juden und eines Christen«. Arbeite wie Paulus mit Selbsteinwänden, vielleicht sogar mit verteilten Rollen. Wie Paulus in Röm 11,33–36 ende ich schließlich dort, wo Reflexion in Anbetung übergeht. Das ist nicht dort, wo sie durch Machtspruch abgewürgt wird, sondern dort, wo sie von innen heraus ihre Grenzen erkennt.

Das wird kein Theologenexzess über Gemeindeköpfe hinweg. Ich kann mir gut vorstellen, mit Konfirmandinnen und Konfirmanden an der Frage nach der Kontingenz der eigenen religiösen Biografie zu arbeiten. Warum nicht mit ihnen gemeinsam eine Predigt, einen Dialog zum Thema Berufung und Gnade vorbereiten?

Lieder: EG 354 »Ich habe nun den Grund gefunden«; EG 165 »Gott ist gegenwärtig«.

Literatur: *Petrus Abaelardus,* Gespräch eines Philosophen, eines Juden und eines Christen. Lateinisch-deutsch, Frankfurt am Main 2008; *Hans Joas*, Glaube als Option. Zukunftsmöglichkeiten des Christentums, Freiburg im Breisgau 2012; *Ulrich Wilckens*, Der Brief an die Römer Bd. II (EKK VI/2), Zürich u.a. 1980.

A

Apostelgeschichte 16,9–15:

Ein eigenes Leben

Frank M. Lütze

I Eröffnung: Missionarische Erfolgsbilanzen

Ein Sonntagnachmittag in einer landeskirchlichen Gemeinschaft im Ruhrgebiet, Anfang der 80er-Jahre. Ein Missionar auf Heimaturlaub hält einen Diavortrag über seinen Einsatz. Ich weiß nicht mehr, aus welcher Gegend er berichtet, es muss Lateinamerika gewesen sein, den Bildern zufolge, die ich in Erinnerung habe: ein paar Mitarbeiter, eine Missionsstation im Urwald, zu missionierende Familien, ab und zu ein Bekehrter. Ich, noch Kind, versuche zuzuhören, aber irgendwann verliere ich in den vielen Namen und Orten die Orientierung. Nach dem Vortrag, als der Missionar zusammenpackt, sind wir kurz allein im Raum, und da richtet sich die Frage, die er wohl schon vielen gestellt hat, an mich: »Bist du schon ein Gotteskind?« Ich stottere, teils, weil ich mit meinen Gedanken noch in Lateinamerika bin, teils, weil ich auf die Frage mit einem mir fremden Begriff keine rechte Antwort weiß. »Das *musst* du wissen!«, ruft er mir zu. Dann packt er zügig die Diakästen und den Apparat ins Auto, denn am nächsten Tag wird er woanders einen Missionsvortrag halten.

Es mag respektlos sein, Apg 16,9–15, eine Schlüsselszene des paulinischen Missionswerks, mit einer Erinnerung an einen in seinem Eifer ungewollt komischen Missionar zu verbinden. Immerhin geht es in diesem Text, wie die Kommentare nicht müde werden zu betonen, um den – durch göttliche Initiative und apostolischen Gehorsam gemeinschaftlich ins Werk gesetzten – Überschritt des Christentums auf den europäischen Kontinent sowie um die erste Christin in Europa (wenn auch aus Kleinasien stammend). Die zahlreichen himmlischen Eingriffe in die Reiseroute gerade an dieser Stelle (V. 6.7.9f.) können durchaus als Beleg herangezogen werden, dass der Verfasser in dem Beginn der Mission in Europa eine historische Zäsur sieht (vgl. Elliger, 27). Freilich: Welche Gemeinde braucht eine solche Erinnerung an die Anfänge europäischen Christseins?

Spannender als eine geografische Brücke in die Gegenwart scheint mir die Nähe, die der Text zu jüngeren Missionsberichten aufweist. Die Atemlosigkeit jenes Missionars, der selbst beim Einpacken seiner Diakästen noch im Dienst ist, scheint ein historisches Vorbild zu haben. Vor diesem Hintergrund lässt sich die Einladung der Lydia (V. 15) durchaus als kritische Intervention interpretieren, um einem allzu rastlosen Missionseifer Einhalt zu gebieten.

II Erschließung des Textes: Nötigung zum Innehalten

Die im Folgenden vorgeschlagene Interpretation nimmt bei der Textgattung ihren Ausgangspunkt: Es handelt sich bei Apg 16,9–15 um einen Ausschnitt aus einem Itinerar mit eingeschobenen Sequenzen, durch das in V. 10 einsetzende erzählende »Wir« ausgestaltet als (Missions-)Reisebericht. Die Grundstruktur des Genres hat sich bis zur Gegenwart kaum geändert: Der Reiseverlauf gibt die Erzählstruktur vor, passend zu den Orten werden gelegentlich wissenswerte Informationen (vgl. V. 12) sowie Erzählungen über das unterwegs Erlebte bzw. (bei einer Handels- oder Missionsreise) Erreichte eingestreut; Orte, zu denen es nichts zu berichten gibt, werden hingegen nur beiläufig erwähnt. Durchaus genretypisch scheint die Geschwindigkeit, mit der erzählt wird: In wenigen Sätzen werden zahlreiche Orte, Informationen und Begebenheiten genannt. Damit präsentiert zugleich der Erzähler sich selbst und seine Mitreisenden als solche Menschen, die ungewohnte Situationen souverän meistern und sich in der weiten Welt auskennen.

Es scheint mir nicht ganz abwegig, auch dem Reisebericht Apg 16,9–15 Züge einer Selbstinszenierung der ersten Missionare zu attestieren. Dem steht die demütig angenommene Berufung durch eine nächtliche Vision (V. 9 f.) nur auf den ersten Blick entgegen. Pervo weist in seinem Kommentar darauf hin, dass es für den geschilderten Traum in einer Entscheidungssituation bis in Details vergleichbare Erzählungen von Alexander und Caesar gibt – mit entsprechenden Folgen für das präsentierte Bild des Apostels: »Reader of Acts would unterstand not only that the direction of Paul's mission was determined by God but also that he was an individual of the status of Alexander or Caesar.« (Pervo, 391)

Troas, Samothrake, Neapolis, Philippi (V. 11 f.): Eine nach Apg 20,11 fünftägige Reise wird in einem einzigen Satz zusammengefasst; zwei Komposita mit dem Bestandteil euhthys »geradezu« (eutheos, V. 10; euthudromesamen, V. 11), unterstreichen die Eile, mit der die Reise vor sich geht. Erst in Philippi macht die Gesellschaft für einige Tage Station; korrespondierend dazu verlangsamt sich das Erzähltempo bis hin zu einer wörtlichen Wiedergabe in V. 15. Die Mission wendet sich dort – ob vorzugsweise oder ausschließlich, muss dahingestellt bleiben – den Juden zu. Man geht am Sabbat ans Flussufer, wo (wegen der rituellen Reinigungsmöglichkeiten) eine jüdische Gebetsstätte vermutet wird.

Die Formulierungen lassen eher an eine Open-Air-Gebetsstätte als an eine Synagoge denken, auch wenn die Frage nicht sicher zu entscheiden ist (vgl. dazu Pesch, 104). Auffällig ist, dass ausschließlich Frauen als Hörerinnen erwähnt werden – möglicherweise sind zu wenig jüdische Männer in der Stadt, um einen Minjan zu bilden.

Die anwesenden Frauen werden mit dem Evangelium bekannt gemacht – ob eher in Gesprächsform (»began to converse with the women«: Pervo, 397) oder in Form einer Predigt (»redeten *zu* den versammelten Frauen«: Pesch, 103), ist grammatisch nicht zu entscheiden, da *lalein* als »reden mit« wie als »reden zu« gleichermaßen mit Dativ verbunden wird. Jedenfalls fühlt sich eine zugewanderte Händlerin von der Verkündigung angesprochen – auch das durch Gottes Lenkung, wie wiederum hervorgehoben wird! – und lässt sich samt ihren Hausangehörigen taufen.

Was dann folgt, erscheint in den meisten Kommentaren als eine Handlung frommer Dankbarkeit: Lydia lädt das Missionsteam nach der Taufe ein, bei ihr im Haus Quartier zu beziehen. »She is the Martha of Acts« (Pervo, 404) – oder genauer: Sie hat gehört wie Maria und ist geschäftig wie Martha. Allerdings fügt sich V. 15 nicht nahtlos in die Interpretation als Gegengabe ein. Wohl formuliert die Einladung einen Zusammenhang zwischen Taufe und Gastfreundschaft, doch handelt es sich dabei m. E. nicht um die lutherische Korrespondenz von erfahrener Gnade und anschließender dankbarer Antwort. Vielmehr wird *aufseiten der Missionare* Konsequenz eingefordert: Wenn ihr tatsächlich urteilt, ich sei nun gläubig – dann kehrt auch bei mir ein! Der Zwang, von dem die Rede ist – parebiasato! –, könnte vor diesem Hintergrund mehr sein als bloßer Ausdruck orientalischer Gastfreundschaft. Die an eine Bedingung geknüpfte Einladung lässt sich durchaus verstehen als Verweigerung gegenüber einer vorbeieilenden Mission, die sich darauf beschränkt, Botschaften auszurichten, ohne wirklich dem Menschen zu begegnen. Luthers Übersetzung »wenn ihr *anerkennt*, dass ich an den Herrn glaube«, bringt das Problem pointiert auf den Punkt: Auf dem Spiel steht bei einer vorübereilenden Mission die Anerkennung des anderen, der nicht zu einem Empfänger von Heilsbotschaften verkürzt werden darf.

Offenbar gelingt es Lydia, den hastigen Missionaren Einhalt zu gebieten – eine Verlangsamung, die noch im Erzählduktus spürbar wird. Als erste Christin auf europäischem Boden ist sie eher von historischem Interesse. Als Musterbild frommer Dankbarkeit hat sie lange genug gedient. Anregender und aktueller scheint mir ihre Widerständigkeit gegen einen Evangelisationszauber ohne reale Gemeinschaft. Auch darin könnte sie zum Vorbild taugen.

III Impulse: Das Wort Gottes und die Anerkennung des Menschen

Die Lesungs- und Predigttexte für Sexagesimae handeln in Variationen vom Wort Gottes und seinen Wirkungen: Es verändere die Wirklichkeit, auf die es trifft, es sei lebendig und schärfer als jedes Schwert, es bringe hundertfach Frucht. Der üblichen Lesart zufolge stimmt auch Apg 16 ein in den Hymnus auf jenes *verbum efficax*, das, kaum vom Heiligen

Geist auf europäischen Boden geschickt, Herzen anrührt, ganze Häuser in die Taufe führt und aus einer Geschäftsfrau eine liebenswürdige Gastgeberin macht; die augenfällige Eile des Missionsteams scheint zu dem geschäftigen Gotteswort gut zu passen. Ich schlage demgegenüber vor, die hintersinnige Einladung der Lydia als einen Kontrapunkt in diesem Konzert zu verstehen. Dabei handelt es sich nicht nur um die – erzählerisch eindrücklich umgesetzte – Entschleunigung eines missionarischen Dauerlaufs. Ihr Einspruch erinnert vielmehr daran, dass eine von echter Gemeinschaft losgelöste Verkündigung, die Menschen zu Botschaftsempfängern degradiert, in Wirklichkeit ausgesprochen *respektlos* ist.

Diese Linie kann in mindestens zwei Richtungen weiter ausgezogen werden. Die Verkündigung – nicht nur die missionarische Ansprache, sondern auch die übliche Sonntagspredigt – muss sich die Frage gefallen lassen, wie sie es mit der *Anerkennung* der Hörer hält, ob sie etwa gelebtes Leben nicht nur mit Gnadenaugen ansehen, sondern veritabel würdigen kann. Ein kritischer Blick kann andererseits auf das Nebeneinander von Kirchen geworfen werden, das weithin von einer wechselseitigen Anerkennung des Christseins bei gleichzeitiger Vermeidung konkreter Gemeinschaft gekennzeichnet ist. In besonderer Weise scheint mir das Verhältnis zwischen evangelischen Landes- und Freikirchen von einer solchen, im Licht von Apg 16,15 problematischen Diskrepanz gekennzeichnet.

Literatur: *Winfried Elliger,* Mit Paulus in Griechenland. Philippi – Thessaloniki – Athen – Korinth, Stuttgart 1987; *Richard Pervo,* Acts. A Commentary, Hermeneia, Minneapolis 2009; *Rudolf Pesch,* Die Apostelgeschichte (Apg 13–28), EKK V/2, Neukirchen-Vluyn/Zürich 1986.

Wilfried Engemann

B

IV Anknüpfung: Die Pointe »erfolgreicher« Mission

Die von A unternommene Annäherung an die Predigtaufgabe ist aus meiner Sicht homiletisch »mustergültig«: Trotz dieses – jedenfalls als Basis für eine Predigt am 23. Februar 2014 – in Struktur und Inhalt eher spröden und weithergeholten Berichts über die Missionspraxis der frühen Christenheit ist er nach wenigen Sätzen bei einer brisanten Pointe: Dreh- und Angelpunkt der ganzen Geschichte ist eben nicht die Ausbreitung »des Wortes Gottes damals«. Im Fluchtpunkt der Aussagen steht auch nicht »das Wort Gottes heute« oder eine Botschaft, die »auch heute« gälte, sondern der Text, die darin enthaltene Geschichte, die dort skizzierte Mission, die wiedergegebenen Dialoge (und man darf hoffen: auch die Predigt) finden statt um der je anwesenden Menschen willen – hier vertreten durch die Person der Lydia. A lenkt in seiner Interpretation die Aufmerksamkeit des Lesers bzw. Predigers auf die grundlegende Tatsache, dass Menschen – so interpretiere ich ihn – *grundsätzlich* keine Missionsobjekte sind, sondern, modern gesprochen, Subjekte werden, wenn sie mit der Praxis des Christentums zu tun bekommen. Ich möchte diese (nicht nur für eine Predigt mit Apg 16,9–15 relevante) Grundidee im Sinne von A zuspitzen: Gerade durch »erfolgreiche« Mission werden Menschen darin gestärkt, sich ganz ihrem Leben zuzuwenden und es zu »führen«. Nach allem, was in Teil A recherchiert wurde, war das schon bei der »ersten Christin in Europa« so.

Mustergültig daran ist nicht nur die konsequent anthropologische Zuspitzung der Dynamik des Textes, sondern auch der Weg dorthin, gefunden in der Gleichzeitigkeit von (humorvoller) Distanz zum Text einerseits und wohlüberlegter, dann aber entschlossener Deutung dessen, was in diesem Text das eigentliche Ereignis ist, andererseits. Viele gedruckte Predigten zu diesem Text sind der Versuchung erlegen, (wieder einmal) *über* das Wort Gottes zu predigen, das verbum efficax zu loben und die Hörer dazu aufzufordern, sich ihm häufiger auszusetzen, »es« weiterzusagen usw. Am Ende ahnt man dann immer, dass das Wort Gottes tolle Dinge tun kann – wenn man es nur lässt. Qui bono?

Bei einer Predigt mit diesem Text – in gewisser Weise gilt dies natürlich für jede Predigt (in Acta 16,9–15 wird dies nur explizit zum Thema) – kommt es darauf an, ob die anwesenden Hörer im Mitvollzug der Predigt in ihrem Subjektsein gestärkt werden oder nicht, ob sie sich durch die Predigt veranlasst sehen, sich ihrem Leben mehr als vorher zuzuwenden (für Lydia heißt das z. B., sich als Einladende zu erfahren), und »Nachfolge« nicht etwa als Verabschiedung aus einem selbstbestimmten Leben misszuverstehen.

V Erschließung der Hörersituation: Fremdbestimmung – auch durch Religion?

Gewiss, Menschen werden nicht erst zu Menschen, wenn sie auf irgendeine Art und Weise – und sei es durch eine Predigt – der »Kommunikation des Evangeliums« ausgesetzt werden. Wohl aber kann und soll jegliche (nicht konfessionell gemeinte) »evangelische« Konfrontation, Umwerbung, noch besser: jedweder »christliche« Umgang mit Menschen dazu führen, dass Menschen *als Menschen zum Vorschein kommen*, dass sie etwas von ihrer Freiheit, ihrer Würde, ihrer Liebens-Würdigkeit wiederentdecken in dem, was ihnen widerfährt, wenn sie »missioniert« werden.

A hat auf Basis seiner umsichtigen Exegese auf den »Respekt« hingewiesen, von dem gerade missionarische Bemühungen nicht suspendiert sind. Dieser Respekt drückt sich vor allem darin aus anzuerkennen, dass Menschen, die sich bewusst einer professionell inszenierten kirchlichen Praxis (wie Gottesdienst und Predigt) aussetzen, zu keinem Zeitpunkt als Objekte des Geschehens zu betrachten, sondern als Subjekte eines Lebens aus Glauben anzusprechen sind. In einer Kommunikations-, Medien- und Konsumkultur, die darauf ausgerichtet ist, Menschen *um ganz anderer Zwecke als um ihrer selbst bzw. ihres Lebens willen* anzusprechen, einzubinden, zu organisieren und zu gebrauchen, ist das Christentum nicht zuletzt eine privilegierte Form des Ringens um das Menschsein des Menschen, um seine Würde, um seine Freiheit. Es geht dementsprechend beim Glauben oder bei der »Nachfolge« nie um Selbstzwecke, sondern um deren Funktion für ein erfülltes Leben in der Gegenwart, um ein Leben mit offener Zukunft, das Menschen als ein zu ihnen gehörendes, eigenes, neugierig machendes Leben erfahren. Glaube, Buße und Nachfolge – die üblicherweise erwarteten »Antworten« auf Mission – *dienen* einem solchen Leben.

Dass die Hörerinnen und Hörer damit schon Erfahrungen gemacht haben, liegt auf der Hand und ist eigens »anzuerkennen« (V. 15), und zwar nicht passiv, sondern aktiv. Das ist ja das eigentliche Terrain, auf dem es etwas zu entdecken gilt bzw. das immer wieder neu errungen, bewohnt und verteidigt werden muss. Es bedarf hermeneutischer bzw. homiletischer Anstrengungen, Menschen *sich* (in diesem Sinne) in einer Predigt neu zu verstehen zu geben, sie dazu zu ermutigen, ihren womöglich klein geredeten Glauben neu in die Hände zu nehmen und ihn als Ressource des eigenen Lebens schätzen zu lernen.

Die Situation, die sich für eine Predigt mit diesem Text – nota bene: in einem christlichen Sonntagsgottesdienst – stellt, ist nicht die, dass »immer mehr Menschen vom Glauben abfallen«, sondern dass hier und da der Glaube von Menschen abzufallen droht, nachdem sie auf eine wenig ermutigende, oft genug unzumutbare Weise auf einen Glauben eingestimmt worden sind, in dem sie keine andere Rolle als die des Gott nervenden Sünders spielen können und aus unerfindlichen Gnadengründen jeden Sonntag eine neue Chance bekommen (vgl. Engemann). Wenn Kirchenmitglieder, mit einem bisweilen rigorosen, selbstverachtenden, ihre Würde verletzenden Glaubensbegriff konfrontiert, von sich selbst sagen, dass sie »religiös unmusikalisch« seien und sich *deswegen* nur ungern einem Gottesdienst aussetzten (was zugleich heißt, nicht länger »missioniert werden« zu wollen), dürfte das häufig mit einem Religions- und Glaubensbegriff zusammenhängen, der sie erfahrungsgemäß einfach nicht Mensch sein lässt. Niemand würde sagen, er habe mit »Freiheit« und »Liebe« nichts am Hut, mit jenen Erfahrungen, an die doch der christliche Glaube heranführt, und um deretwillen es immer noch richtig ist, »missionarisch« zu predigen.

Die religiöse Praxis des Christentums ist eine Form des Menschseins bzw. der Menschwerdung des Menschen. Sie ist um des Menschen willen da, nicht umgekehrt. Sie hat keinen Selbstzweck und ist kein Regelwerk zur Bändigung von Heils- und Unheilshysterien. Weil sie jedoch genau diesen Eindruck erwecke, so Max Weber vor etwa 100 Jahren, halte er sich lieber für religiös unmusikalisch, als weitere Übungsstunden zu nehmen (vgl. Kaesler). Wenn nun christliche Religion als eine zutiefst menschengemäße Form der Annäherung an das eigene Leben wahrgenommen würde, das, von den Ressourcen Freiheit und Liebe gespeist, sogar nach Ewigkeit schmeckt – wer wollte sich dann noch für religiös unmusikalisch halten?

Der Wunsch der Lydia, die Gruppe der Missionare bei sich zu Hause zu Gast zu haben, drückt einmal mehr die Relevanz von Zugehörigkeitserfahrungen im Sinne einer Bestätigung und Vergewisserung durch die anderen aus. Um der Erfahrung solcher »Zugehörigkeit« willen nehmen Menschen vieles in Kauf, wie z. B. die Anforderungen an die Mitgliedschaft in bestimmten Sekten zeigen. Die christliche Gemeinde ist eine Gruppe, die als Zugehörigkeitsbedingung ganz gewiss nicht einen rigorosen Umgang mit sich selbst auferlegt, weswegen Predigen auch nicht im Ansatz den Eindruck erwecken sollten, die Hörer stünden vor der grotesken Alternative, entweder ganz Mensch oder religiös zu sein. An diesem Sonntag – mit diesem Text – sollte aufseiten der Hörer das Bewusstsein dafür vertieft werden, wie gut es ist, »dazuzugehören« und an einem Leben zu partizipieren, in dem man einladen und austeilen kann.

VI Predigtschritte: Vom Gelebt-Werden zum Leben aus Glauben

Eine Predigt, die dazu führt, dass Menschen sich durch die »Kommunikation des Evangeliums« neu zu verstehen geben werden, einen Schritt in die Freiheit tun und einen liebevollen Umgang mit sich selbst nicht als Verrat an der radikalen Hingabe Jesu empfinden, ist eine komplexe Angelegenheit und nicht das Ergebnis von drei, vier »Schritten«. M. E. geht es eher um die Beherzigung bestimmter homiletischer Prämissen, die freilich auch explizit in der Predigt zur Sprache kommen können.

1. Sitz im Leben für diese Predigt – als Problemanzeige in der Einleitung zu präzisieren – ist für mich die allen Menschen zugängliche Erfahrung, »gelebt zu werden«. In diesen Zusammenhang gehört auch das (begründete) Klischee von »Mission«, wonach Unternehmungen dieser Art einen penetrant fremdbestimmenden, bisweilen inquisitorischen, die Regie über das eigene Leben infrage stellenden Zug haben.

Ohne jene Fremdheitserfahrungen zu dramatisieren: Es ist eine lähmende Erfahrung, den Eindruck zu haben, nicht mehr Subjekt des eigenen Lebens zu sein, sondern Rädchen in einem großen Getriebe, bald Instrument, bald Objekt. Am besten organisiert ist unser Leben als »Verbraucher«, wodurch wir so »kostbar« und unverzichtbar geworden sind, dass dieser Begriff im sozialpolitischen Diskurs zum häufigsten Synonym für »die Menschen« geworden ist. »Mission«, oft schon die bloße Präsenz religiöser Praxis in der Öffentlichkeit, wird vor diesem Hintergrund von vielen Menschen im Sinne eines lästigen Anspruchs konnotiert: »Hier will man schon wieder etwas von mir.«

2. Demgegenüber wird verdeutlicht: Mission ist – wie das Evangelium selbst – Intervention in solch ein Leben. Wo sie gelingt, schickt sie Menschen auf die Reise in ihr eigenes Leben. Darauf zielt die Praxis Jesu, sein Umgang mit Menschen, bei dem er sie in die Erfahrungen von Freiheit und Liebe verwickelt. Daher geht »Nachfolge« (als »Antwort« auf Mission) nie mit der Preisgabe eines eigenen, leidenschaftlich (d.h. immer auch: als Subjekt) geführten Lebens einher, sondern ist mit Kompromisslosigkeit gerade im Blick auf ein Leben in Freiheit und Liebe verbunden.

3. Eine in diesem Sinne missionarische Predigt schwatzt Menschen nicht einen Glauben auf, der, zu abstrakten Satzwahrheiten verfremdet, sogleich wieder von ihnen abfällt, sondern gibt ihnen den Glauben, den sie schon haben, neu zu verstehen. Die Predigt kommt daher dem unwiderstehlich formulierten Anliegen Lydias zuvor: »Wenn ihr mich in meinem Glauben an den Herrn respektiert, so kommt nun auch in mein Haus und seid meine Gäste.« (V. 15) Dazu gehört es, »Glauben« selbst als Ressource eines Lebens in Freiheit und Liebe zu erschließen, entsprechende Erfahrungen zu vergegenwärtigen, in denen »dein Glaube dir geholfen« hat (was die Betreffenden wie die Umstehenden immer überrascht!), und Menschen dazu zu ermutigen, diesen Weg weiterzugehen.

Literatur: *Wilfried Engemann*, Menschenwürde und Gottesdienst. Erniedrigte und Beleidigte im Kontext liturgischer Praxis?, in: WzM 64 (2012), 239–252; *Dirk Kaesler*, »Religiös unmusikalisch«. Anmerkungen zum Verhältnis von Jürgen Habermas zu Max Weber, in: http://www.literaturkritik.de/public/rezension vom 6. Juni 2009 (abgerufen am 31.5.13).

Estomihi (Sonntag vor der Passionszeit)

A

Jesaja 58,1–9a:

Heil und licht werden

Friedhelm Hartenstein

I Eröffnung: Halbheiten

Ein erster starker Eindruck: Am Ende *leuchtet* der Text. »Dein Licht wird hervorbrechen wie die Morgenröte«. Ich denke an Sonnenaufgänge in den Bergen und an die Leichtigkeit eines neuen Anfangs, Frühjahrsmorgen.

Eine Situation im Konfirmandenunterricht, die mir noch nach Jahren vor Augen steht: In der Gruppe Vorbereitung auf das erste Gemeindeabendmahl. Wir haben Pitabrote gebacken, mit Hackfleisch, dazu Salate und Oliven. Das Essen ist feierlich, der große Tisch ist gedeckt, Kerzen brennen. Wir beginnen mit einer Brotmeditation, lesen Geschichten über das Brot vor. Später, beim Aufräumen, nachdem die Jugendlichen weg sind, finden wir viele Oliven und Brotstückchen am Boden. Offenbar haben sie sich im Halbdunkel damit beworfen. Das folgende Abendmahl am Sonntagmorgen ist intensiv und konzentriert. Halbheiten.

Taizé fällt mir ein, vierzehn Tage Schweigen, lange ist das her – ein Fasten? Näher bei Gott? Damals habe ich das so empfunden. Verzichten, auf Abstand gehen, Ruhe finden, danach sehne ich mich wieder. Andererseits legt der Text den Finger in Wunden: Sein für andere, »Gerechtigkeit, Frieden und Bewahrung der Schöpfung« – große Ideale, und das dauernde Zuwenig. Halbheiten.

Das ist überhaupt das Stichwort für den Text: Menschen halbieren ihr Leben. Die Linke weiß wirklich nicht, was die Rechte tut. Das wird im Text Sünde genannt, die Suche nach Gott scheint aber doch ernsthaft zu sein. Also besser und eindeutiger: Verfehlung. Oder sind es ganz Abgebrühte, die sich wider besseres Wissen religiös zur Schau stellen und im Alltag skrupellos sind? Es ist aber doch »mein Volk« angeredet. Gesetzespredigt mit dem Zeigefinger? Die sozialethische oder weltweite Schiene? Die Grenze zur Ungerechtigkeit im eigenen Alltag?

Irgendwie ist das *so* nicht das Thema. Ich bleibe an den Halbheiten hängen. Im Text gehen der Einspruch dagegen und der Zuspruch überraschend zusammen: »Siehe, hier bin ich!« Am Ende dann die Lichtmetaphern. Da ist mehr, als ich sagen kann.

II Erschließung des Textes: Konnektive Gerechtigkeit

Jes 58,1–9a ist ein Abschnitt des sogenannten »Tritojesaja« (Jes 56–66). Es handelt sich um schriftprophetische Fortschreibungen aus der Endphase der Entstehung des Jesajabuches. Sie entstanden in persischer und hellenistischer Zeit (5.–3. Jh. v. Chr.). Bestimmte Kreise lebten mit den prophetischen Texten und schrieben sie in produktiver Neuinterpretation weiter, um das Wort JHWHs für die eigene Gegenwart aufzudecken. Leider lässt sich der institutionelle Zusammenhang, in dem solche Text- und Sinnpflege stattgefunden hat, bisher nicht genau genug beschreiben. In jedem Fall bezieht Jes 58,1–9a zu aktuellen und brisanten sozialen Problemen Position. Der Text entfaltet einen Gedankengang, der literarisch mit verschiedenen »Redeformen« arbeitet und Teil eines größeren Kontextes ist (V. 9b–12 gehören hinzu und entfalten noch einmal dieselben Gedankenschritte). Am ehesten legt sich eine Gliederung für V. 1–9a nahe, die sich an der Textpragmatik orientiert (also vor allem auf den *Anrede*charakter achtet):

Abschnitt 1 (V. 1–3a): Aufforderung an den Propheten zur Verkündigung: vergebliche Suche des Volkes nach Kontakt mit JHWH aufgrund der mangelnden Einsicht in den umfassenden Charakter der *zedaqa* »Gerechtigkeit/Gemeinschaftstreue« (V. 3a leitet zum Folgenden über: Zitat einer kollektiven Klage über die Gottesferne).

Abschnitt 2 (V. 3b–7):

a) V. 3b–5: Das Auseinanderfallen von vertikaler und horizontaler Solidarität im Leben des Volkes als Grund für die Verborgenheit JHWHs (Klagegottesdienste neben ungerechtem Alltagshandeln: *»Ist das etwa ein Fasten, das ich erwähle?«*).

b) V. 6–7: Das Gegenbild einer Integration des ganzen Lebens in die Ordnung der *zedaqa:* Aufforderung zu einem JHWH entsprechenden Handeln in horizontaler Solidarität (*»Das ist ein Fasten, das ich erwähle.«*).

Abschnitt 3 (V. 8–9a): Gottes Ankündigung erneuter vertikaler Solidarität (seine mitgehende »Herrlichkeit« [*kabod*]) in Entsprechung zur realisierten horizontalen Solidarität des Volkes (*»dann wird deine Gerechtigkeit [zidqäkha] vor dir hergehen«* – ab jetzt wird er auf die Klage des Volkes antworten: *»Siehe, hier bin ich!«*).

In Abschnitt 1 wird der Prophet aufgerufen, seine Stimme ertönen zu lassen (V. 1) wie das Schofarhorn, wenn es zum Kasualgottesdienst ruft. Obwohl die Menschen aufrichtige Gottsucher sind (V. 2), kleben sie am Leistungsprinzip und werfen Gott vor, ihren Bemühungen gegenüber gleichgültig zu bleiben (V. 3a). Gott schweigt aber nicht, sondern sein vernehmlicher Einspruch ertönt: Wer keine Gerechtigkeit übt, kann nicht auf Gottesnähe hoffen. Das kasuelle »Fasten«, ein kollektives Trauerritual, das Gott zum Eingreifen angesichts von Nöten bringen soll, hat keine Kraft aus sich selbst. Es lebt vielmehr vom vorausgehenden Füreinanderhandeln bzw. von »konnektiver Gerechtigkeit« (Assmann, 58ff.). Diese (hebräisch *zedaqa*) zielt stets auf Wechselseitigkeit und hat als »Gemeinschaftstreue« (Koch) eine *vertikale* (Gottesrelation) und eine *horizontale* Seite (Mitmenschlichkeit). Nur wenn beides füreinander offen ist, kann ein lebendiges Miteinander von Gott und den Menschen gelingen.

Abschnitt 2a konkretisiert das Fastenritual als Leerlauf, solange der Alltag anders aussieht. Missstände der persischen/frühhellenistischen Zeit klingen an: Schuldsklaverei, rücksichtslose Geschäftspraktiken, brutale Interessendurchsetzung, auch mit den Fäusten (V. 3b–4). Wo der Mensch andere zum Objekt seiner Wünsche macht, müssen religiöse Orientierungen scheitern. Diese Wahrheit ist konkret, nur eben nicht immer bewusst. Was wir *tatsächlich* tun, bestimmt uns und das Bild, das andere von uns haben. Selbsterniedrigung ohne Selbsterkenntnis hilft aber nicht weiter. Beachtlich ist, dass anders als in früherer Unheilsprophetie der Text nicht beim Fehlverhalten bleibt und auch keine Strafe ankündigt, sondern auf Offenheit und Einsicht baut.

In Abschnitt 2b wird den Adressaten zugetraut, ein anderes »Fasten« zu erproben, auf das Gott unmittelbar antworten wird: Hinter den Bildern der Befreiung (Fesseln lösen, Joch zerbrechen, V. 6) werden vorgängige Erfahrungen des Exodus (aus Ägypten und Babylonien) sichtbar. Mitmenschlichkeit als Antwort darauf zielt auf die Grundbedürfnisse menschlicher Existenz (Nahrung, Kleidung, Wohnung und Familie). Ihre Sicherung ist das neue wirksame »Fasten«, das den Kreislauf der Liebe wiederbelebt (V. 7, im Einklang etwa auch mit der Liste menschlicher Grundfähigkeiten bei Nussbaum, 187ff.). Wem dies zugetraut wird, der verfällt nicht dem Gericht, sondern erlebt sich ganz im Gegenteil als »anfällig« für die solidarische Liebe zum Nächsten und zu Gott.

Dem verleihen in Abschnitt 3 die kosmisch-leiblichen Bilder vom Leuchten der Gerechten und von ihren Selbstheilungskräften einen unerhörten Mehrwert (V. 7). Plötzlich wird Gott wahrnehmbar (»Hier bin ich!«, V. 8). Wo Leerlauf und Kälte herrschten, kündigt sich ein neuer Exodus an, diesmal aus der Selbstbezogenheit: Gott ist erkennbar und anrufbar, wo Menschen aufeinander zugehen und einander als Mitmenschen achten. Was halb und halbherzig war, kann wirklich ganz werden.

III Impulse: Heil und licht werden

In meiner Predigt möchte ich Hörerinnen und Hörern weitersagen, dass Gott uns auch dann nachgeht und anspricht, wenn wir uns aufgrund der *Halbheiten* unseres Glaubens und Lebens von ihm entfernt haben. Wir brauchen seinen Einspruch und seinen Zuspruch, um bewusst mitmenschlich leben und handeln zu können.

Der lange und beim ersten Hören komplizierte Predigttext hat einen klaren argumentativen Aufbau und starke Metaphern. Das soll auch zur Sprache kommen. Dafür bietet sich eine Form an, die bewusst an der gedanklichen Bewegung entlanggeht. Der Text kann in seinen wesentlichen Stücken in der Predigt vorgelesen werden und gliedert dann auch deren Abschnitte. Text und Situation(en) sollen ineinander gespiegelt werden. Als Einstieg möchte ich anhand von Beispielen für (oft unbewusste) Halbheiten unseres privaten und öffentlichen Lebens verdeutlichen, dass es bei Jes 58,1–9a nicht um das »Fasten« als solches geht, sondern um Gottes Unterbrechung von Unheilszusammenhängen. Denkbar, aber nicht notwendig, ist die Benennung christologischer Perspektiven in der Predigt, die ich etwa durch die Einfügung von Mt 25,40 in die Paraphrase zu V. 6f. andeute und zum Schluss im Zusammenhang der Lichtmetaphorik ausdrücklich mache (Entsprechung zur Ostersonne):

»Durch Ungerechtigkeit und Tod hindurch, jenseits unserer Ängste scheint es hell: Ohne die in Jesus Christus für immer bestehende Liebe

Gottes bliebe unser Leben dunkel und in sich verschlossen. Auch wenn wir immer wieder nur halb auf seine Liebe antworten, gibt er sich uns ganz, sodass wir heil und licht werden.«

Literatur: *Jan Assmann*, Ma'at. Gerechtigkeit und Unsterblichkeit im Alten Ägypten, München 1990; *Klaus Koch*, Wesen und Ursprung der »Gemeinschaftstreue« im Israel der Königszeit, in: ZEE 5 (1961), 72–90; *Klaus Koenen*, Ethik und Eschatologie im Tritojesajabuch, Neukirchen-Vluyn 1990; *Martha C. Nussbaum*, Gerechtigkeit oder das gute Leben, Frankfurt am Main 1999.

Hajo Petsch

B

IV Entgegnung: Gott – unser »Fastencoach«

Am Ende mein Licht wie die hervorbrechende Morgenröte, meine voranschreitende Heilung und Gerechtigkeit – eine kleine Karawane, deren Schluss Gottes Herrlichkeit bildet: Bei diesem einzigartigen poetischen Bild (Jes 58,8) setzt A ein. Am Ende wird alles gut. Der Weg des Fastens hat sich bewährt. Dieses Ende ist wie ein Kontrapunkt zu unseren »Halbheiten«, zu unseren ambivalenten, egoistischen Versuchen – setze ich frei nach Adorno – hinzu, das richtige Leben im falschen zu suchen. Trotz allem und trotzdem gehalten und getragen von dem Gott, der uns antwortet, aber so ganz anders, als wir es gern hätten (Jes 58,9a). A hat mich auf diese vom bisherigen Textduktus eher nicht zu erwartende Schlusssequenz in ihrer poetischen Dichte aufmerksam gemacht, die homiletisch gut bedacht sein will und uns von allen Versuchungen »gesetzlicher« Moralisierung und Normierung abhalten kann.

Zugleich haben wir es mit einem ebenso langen wie »beim ersten Hören komplizierten Predigttext« zu tun, der lediglich im Vers sieben etwas vertrauter klingt. Das macht es, wie A betont, erforderlich, den Text immer wieder in der Predigt zu zitieren. Allerdings kann ich die These von A nur bedingt nachvollziehen, »dass es bei Jes 58,1–9a nicht um das ›Fasten‹ als solches geht, sondern um Gottes Unterbrechung von Unheilszusammenhängen«. Das gilt sicher für den Schlussakkord der Perikope. Aber ihm voran steht das Fasten eben doch im Mittelpunkt: die Ratlosigkeit der Fastenden über die ausbleibende Resonanz Gottes, die von Gott seinerseits beobachtete Bigotterie beim Fasten und schließlich Gottes Vorstellung vom wahren, gottgemäßen Fasten (Verse 6 und 7), die in Mt 25,31–45 ihr narratives neutestamentliches Pendant hat. Und als Folge davon: das aufgehende Licht der Morgenröte. Lutherische *correctness* in Ehren, aber unser Fasten in dem sympathisch weit gefassten Sinn des Textes unterbricht das von uns in die Welt gesetzte Unheil. Erst dann, wenn ich dafür sorge, dass die zu Unrecht Gebundenen freikommen, wenn ich mit dem Hungrigen mein Brot breche, erst dann wird gottgemäß gefastet und er, Gott selbst, wird am Schluss des Weges mit uns sein und uns antworten. So gesehen liegt es erst einmal an uns, mit all den trügerischen Halbheiten aufzuhören und die von uns produzierten Unheilszusammenhänge zu unterbrechen und gerechte Verhältnisse zu etablieren. Vielleicht lässt es sich so sagen: Mit seiner Gnade, die es gut mit uns meint, ermutigt uns Gott dazu und gibt uns die Kraft, dieses »Fasten« anzupacken und durchzuhalten. Er will, salopp gesprochen, unser »Coach« bei diesem menschenfreundlichen Fasten sein.

V Erschließung der Hörersituation: Entdecke die Möglichkeiten!

Estomihi? Faschingssonntag ist mehr angesagt. Zumindest in den Faschingshochburgen unserer Republik. Rosenmontag, Faschingsdienstag – und am Aschermittwoch ist bekanntlich »alles vorbei«. Wer dem lautstark organisierten Frohsinn vor Ort entkommen will, nutzt das Faschingswochenende vielleicht für einen Kurzurlaub in den Bergen. Doch ab Aschermittwoch geht alles wieder seinen normalen Gang. Oder auch nicht. Denn die siebenwöchige Fastenzeit eignet sich gut dazu, Winterpfunde abzuspecken und auf Alkohol, Naschereien oder Nikotin zu verzichten. Die Medien greifen dieses Thema gern auf. Kurse und Vorträge machen Fastenvorschläge. Das kann, muss man aber nicht mit den herkömmlichen christlichen Motiven der Passionszeit verbinden. Immerhin: Die EKD- Fastenaktion »Sieben Wochen ohne« leistet einen wichtigen Beitrag, traditionell christliche bzw. spirituelle und zeitgenössische Fastenmotive aufeinander zu beziehen.

Das Fasten stand im Protestantismus weithin unter dem Generalverdacht der »Werkgerechtigkeit«. Deshalb statt »Fastenzeit« die semantische Markierung »Passionszeit«: »Jesu, deine Passion will ich jetzt bedenken …« (EG 88,1) Die Wochen vor Ostern boten mithin eine gute homiletische Gelegenheit, die Gemeinde an die *theologia crucis* zu erinnern. »Gib auch, Jesu, dass ich gern dir das Kreuz nachtrage, dass ich Demut von dir lern.« (EG 88,6) Gut protestantisch war es, diese Demut der Kreuzesnachfolge innerlich zu kultivieren, wobei die äußere Form – etwa als leibhaftige Fastenpraxis – weniger bis gar nicht wichtig war. Solche Äußerlichkeiten überließ man – nicht ohne Überlegenheitsgefühl – den katholischen Mitmenschen.

Dass eine traditionell ritualisierte Fastenpraxis sich möglicherweise auf bloße Äußerlichkeiten reduziert, ist unbestreitbar. Die Kritik daran ist ein traditionell biblischer Topos: von den Propheten Israels bis hin zur Bergpredigt Jesu (Mt 6,16–18). Zwischen dem äußerlich sichtbaren Verhalten und der für Außenstehende nur zu vermutenden inneren, subjektiven Motivation besteht nun einmal eine kaum zu überbrückende Kluft. Mt 7,3–5 erinnert uns daran, mit vorschnellen Urteilen über die

Motive anderer vorsichtig zu sein. Das gilt innerchristlich vor allem für den eiligen Verdacht der Heuchelei, wenn jemand bewusst religiös motiviert fastet.

Tatsache ist: Viele von uns haben kapiert, dass uns nicht alles guttut, was wir uns Gutes gönnen können. Dass wir ab und zu mal bewusst auf die Bremse treten sollten, um nicht dem Übermaß oder gar der Maßlosigkeit zu verfallen. Das fängt beim Essen und Trinken an, dessen Folgen sich auf der Waage oder beim frustrierenden Test der Frühlingsgarderobe zeigen und uns gesundheitlich beeinträchtigen. Und dann all die kleinen und großen Süchte, denen wir scheinbar willenlos ausgeliefert sind. Das betrifft nicht nur die harten, sondern auch die eher weichen Süchte, etwa das überzogene TV-Zappen oder die angeblich unverzichtbare mobile Dauererreichbarkeit.

Gibt es Alternativen? Kann unser Wille, dessen Freiheit uns so wichtig, ja fast heilig ist, hier gegensteuern? Hier kommt das Fasten als Übung unseres Willens in den Blick. Askese (ebenso das Exerzitium) hatte ja ursprünglich die Bedeutung von Übung bzw. Training. Wenn wir uns mit unserer Trägheit, an die wir uns gewöhnt haben, nicht abfinden wollen, dann fordert sie unsere Selbstdisziplinierung heraus. Das kostet Überwindung. Wer auch bei Regen täglich joggt, kennt das. Aber: »Sich selbst zu besiegen, ist der schönste Sieg!« Es ist freilich ein langer Weg zu diesem Sieg. Doch wer auf dem Übungsweg bleibt, lernt, dass es mehr Möglichkeiten gibt, als man zu Beginn zu träumen wagte. Fritz Perls, der Begründer der Gestalttherapie, meinte: »Lernen ist nichts anderes als die Entdeckung, dass etwas möglich ist.« Heute heißt es: »Entdecke die Möglichkeiten!« Fasten ist kein griesgrämiger Verzicht auf alles, was Spaß macht, sondern ein Ausloten von Möglichkeiten und neuen Freiheitsspielräumen. Im Sinne von: »Ich muss dies und das nicht um jeden Preis tun, muss es nicht unbedingt haben, brauche es eigentlich nicht …!«

Aber alles, was wir tun und lassen, hat auch seine Schattenseiten: A's Halbheiten. Zweifellos ist das Fasten in Mode gekommen: vor allem als gesundheitsbewusste Ernährung, deren Feinheiten fast ein Studium der Lebensmittelchemie erfordern. Die tägliche Gewichtskontrolle ist dabei ein unverzichtbares Ritual. Das Überschreiten des Normgewichts wird gern als »Sünde« deklariert, die man/frau durch noch mehr schweißtreibendes Fitness-Training abbüßen muss. Dahinter steht die Nötigung, sich fit zu halten, nicht nur, um attraktiv, sondern auch employabel – beschäftigungsfähig – zu bleiben. Häufig wird daraus ein Fitness- und Gesundheitskult mit dem Credo: »forever young!« Inklusive der Unterstellung: »Wer krank wird, ist doch meist selber schuld!«

Diese besserwisserische und vorwurfsvolle Attitüde ist auch sympathischen Mitmenschen nicht fremd, die sich bewusst ökologisch und nachhaltig ernähren und zugleich Zeitgenossen, die etwa auf Fleisch und Rauchwaren nicht verzichten wollen, ständig zu belehren suchen. Hier verbinden sich nicht selten viele gute Absichten und Ziele mit einem gekonnt getarnten Egoismus: besser sein als die anderen, ihnen zeigen, wie gut man drauf ist und seine Gelüste zügeln kann. Mt 6,16 passt dazu: das demonstrative Show-Fasten verbunden mit missionarischer Gut-Mensch-Attitüde. Fasten als raffinierter Ego-Kult!

Doch Fasten umfasst von Haus aus viel mehr als Praktiken der Fitness und Gesunderhaltung. Es geht über die bloße Ego-Erhaltung hinaus, ist ein ganzheitliches »Training« für Körper, Geist und Seele, lässt uns über das kleine Ich hinaus aufs Ganze schauen. Dieser Blick lässt uns danach fragen, wie wir uns konkret verhalten und was daran schädlich für uns und andere ist. Ferner geht es darum, was wir vom Leben wollen, was es heißt, zusammen mit anderen ein gutes Leben zu führen. Da stoßen wir dann auf die so selbstverständlich gewordene Unersättlichkeit, die Gier, immer mehr und noch mehr haben zu wollen, die uns und den Planeten ruiniert. Ruinöse Unersättlichkeit oder neue Genügsamkeit – das ist die aktuelle Alternative. In jüngster Zeit nehmen die Stimmen zu, die fragen: »Wie viel ist genug?« So der Titel eines lesenswerten Buches von Robert und Edward Skidelsky mit dem Untertitel »Vom Wachstumswahn zu einer Ökonomie des guten Lebens«. Es geht darum, so das Plädoyer der Autoren, »die gesellschaftlichen Einrichtungen so zu gestalten, dass sie das gute Leben begünstigen – dass sie es den Menschen leichter machen, einen eigenen Ausweg aus der Tretmühle zu organisieren, zum Beispiel, indem sie für sich selbst Lebensweisen entdecken, in denen das Geldverdienen nicht im Mittelpunkt steht« (Skidelsky, 294).

VI Predigtschritte: Was brauchen wir?

Mein Einstieg geht von der »fünften Jahreszeit« aus: Fasching auf allen Plätzen und Kanälen. Aber ohne Miesmacherei: Manche mögen Jubel, Trubel, Heiterkeit, andere nicht. Frohsinn lässt sich zwar nicht erzwingen, ist aber allemal gesünder als permanenter Trübsinn. Nach dem christlichen Kalender beginnt mit dem Aschermittwoch die Passions- bzw. die Fastenzeit. In diesem Zusammenhang werde ich die aktuelle EKD-Aktion »Sieben Wochen ohne ...« vorstellen (vielleicht verbunden mit dem gemeindlichen Angebot, sich in kleinen Gruppen wöchentlich über konkrete Fastenerfahrungen auszutauschen und zu ermutigen).

Damit ist die Brücke zum Fasten geschlagen: eine Praxis, die ganz unterschiedlich gewichtet wird. Sie hat uralte religiöse Wurzeln. Vor allem ging es darum, als Mensch das Verhältnis zu den Göttern oder zu dem einen Gott wieder in Ordnung zu bringen, indem man manchmal sehr drastischen Verzicht leistete. Dann werde ich aktuelle, weithin religionsneutrale, säkulare Formen des Fastens ansprechen: vor allem den Kampf gegen die überzähligen Pfunde, die nicht ganz einfache kalorienbewusste Ernährung, den Verzicht auf diverse Gewohnheiten und Süchte. Und natürlich all die »Opfer« andeuten, die wir für unsere körperliche Gesundheit zu bringen bereit sind.

Doch: »Faste ich richtig? Was könnte ich da noch alles tun?« Aber: Was ist »richtiges« Fasten? Im Buch Jesaja hat sich ein Prophet dazu Gedanken gemacht (Jes 58,1–9a verlesen). Es geht mir zunächst um die doppelte Perspektive »damals – heute«. Damals: die menschlich verständliche Frage, warum Gott sich durch die Strapazen des Fastens offenkundig nicht beeindrucken lässt und nicht darauf reagiert. Heute: Warum fällt der Verzicht auf liebgewordene Speisen und Gewohnheiten oft so schwer? Warum bleibt der ersehnte gesundheitliche und persönliche Effekt erst einmal aus? Was ändert sich wirklich? Die Antwort Gottes im Predigttext ist damals wie heute aktuell: Wenn sich deine Einstellung zu Gott, zu dir und deinen Mitmenschen nicht verändert (wenn du also weiterhin anderen das Leben schwer machst, sie unterdrückst und drangsalierst, weiterhin zankst und den Kopf hängen lässt), dann ist dein Fasten nicht in Ordnung! Doch was ist in den Augen Gottes rechtes Fasten? Damals: vor allem die Versklavung und Unterjochung von Mitmenschen. Heute: die eher subtile Instrumentalisierung und Manipulation von Mitmenschen, die geheuchelte Freundlichkeit als Kundenbindung und auch mein eigener Frondienst für angeblich unverzichtbare technische Errungenschaften! Vers 7 bündelt dieses umfassendere, den Lebensstil betreffende Fastenverständnis sehr anschaulich und bedarf m. E. keiner weiteren Kommentierung.

Im Schlussteil meiner Predigt soll es konkret darum gehen, was ganzheitliches Fasten 2014 heißen könnte. Ich möchte dazu einladen, in den kommenden sieben Wochen die eigenen Lebensmöglichkeiten und Lebensmittel (auch im übertragenen Sinne des Wortes) zu überprüfen. Fragen möchte ich anstoßen: Was brauche ich? Was habe ich, was davon ist vielleicht überflüssig und könnte losgelassen, abgegeben werden? Ein guter Anstoß zum Nachdenken ist die ebenso anschauliche wie drastische Kurzgeschichte von Leo Tolstoi: »Wie viel Erde braucht der Mensch?«

Ganz am Schluss die Frage: Was geschieht in und mit uns, wenn wir klären, was wir eigentlich brauchen und was nicht? Vers 8 zeigt uns die Antwortrichtung: Ein klares Morgenlicht geht uns auf und wir werden heil an Leib und Seele.

Liedvorschläge: EG 263 »Sonne der Gerechtigkeit«; EG 420 »Brich mit den Hungrigen dein Brot«.

Literatur: *Robert und Edward Skidelsky*, Wie viel ist genug? Vom Wachstumswahn zu einer Ökonomie des guten Lebens, München 2013.

A

Jakobus 1,12–18: Selig ist der Mensch

Birgit Weyel

1 Eröffnung: Alles Gute kommt von oben?

Der Predigttext enthält ein Sprichwort in V.17f., das möglicherweise ursprünglich gesondert tradiert wurde (vgl. Dibelius, 95). Es ist uns in der Form »Alles Gute kommt von oben« geläufig. Der Zusammenhang in Jak 1 ist wohl heute kaum jemandem präsent. Der Sinnzusammenhang des Textes wirft allerdings neue Perspektiven auf das Sprichwort. Während das Sprichwort vor allem ironisch-kritisch die Hierarchie oder die Topografie anspricht (alles vermeintlich Gute kommt *von oben*), liegt die Pointe nach Jak 1 auf dem Hinweis, dass von Gott nur Gutes kommt.

Der thematische Zusammenhang legt eine Situation nahe, die von Anfechtungen (V. 2 u. 12) geprägt ist. Ausdrücklich werden der Zweifel (V. 6), die Unbeständigkeit (V. 8) und die soziale Ungleichheit (V. 9–11), eines der Lieblingsthemen des Jakobusbriefes, angesprochen. Die Erfahrungen, die im Hintergrund stehen und auf die der Verfasser reagiert, sind »vielgestaltige unliebsame Situationen«, treffender noch »schwierige existentielle Widerfahrnisse« (Popkes, 80), die die Frage nach dem Wesen Gottes aufwerfen. In welcher Beziehung stehen die krisenhaften Erfahrungen zu Gott? Der Verfasser des Briefes nimmt die Vorstellung auf, dass Gott selbst die Ursache der Anfechtungen sei, weist sie aber zurück. Er hält positiv fest, dass Gott der »Vater des Lichts« sei und »alle gute Gabe« von ihm allein komme (V. 17).

Das positive Gottesbild und die Menschenfreundlichkeit Gottes werden gegenüber der Erfahrung der Anfechtung in Schutz genommen. Damit ist ein Thema angesprochen, das in der Seelsorge eine zentrale Rolle spielt: Leiden und Anfechtung sind keine pädagogischen oder gar sadistischen Instrumente, die von Gott eingesetzt würden, um den Menschen etwas zu bedeuten oder sie auf die Probe zu stellen, sondern sie sind Teil unserer menschlichen Lebenswirklichkeit und werden als solche angesprochen.

Durch die liturgische Kontextuierung auf den Beginn der Passionszeit am Sonntag Invokavit wird die Frage nach dem Sinn des Leidens nahegelegt. Einerseits wird die Frage nach dem Sinn des Leidens Jesu gestellt, zum anderen aber auch, und dieser Gedanke drängt sich vor dem Hintergrund des Jakobusbriefes auf, nach dem Sinn bzw. Unsinn von menschlichem Leiden überhaupt und der Bewährung in Situationen der Anfechtung.

II Erschließung des Textes: Eine kleine Theodizee

Der Predigttext (Jak 1,12–18) bietet »eine kleine Theodizee« (Mußner, 85). V. 12 setzt ein mit einem Makarismus, der demjenigen, der sich in den Anfechtungen bewährt, den »Kranz des Lebens« verheißt. Das Leben ist Inhalt der Gabe in eschatologischer Perspektive. Die Metapher legt den Lohngedanken nahe. Die Botschaft des Verfassers ist paränetisch-appellativ: »Harret aus! Es wird sich lohnen!« (Mußner, 86). V. 13–18 argumentiert gegen die Vorstellung, das Böse käme von Gott. Gott ist nicht der Urheber der Anfechtung. Er steht nicht als Ursache hinter den Krisenerfahrungen, die über den Menschen kommen, weil das Böse seinem Wesen nicht entspricht. Jak hält hier die Eindeutigkeit Gottes fest. »Er versucht niemanden zum Bösen […]; er ist nicht launenhaft und ›wetterwendisch‹ wie die heidnischen Götter, von ihm kommen nur gute Gaben.« (Mußner, 97) Der Gedankengang ist parallel zu Sir 15,11–20, wo die Verantwortung des Menschen betont wird: »Du darfst nicht sagen: Bin ich abtrünnig geworden, so hat's Gott getan.« (Sir 15,11)

Gerne nehme ich den Gedanken auf, dass Gott gut ist und dass er verlässlich ist. Die Betonung eines positiven Gottesbildes angesichts der Ambivalenz und Vielfalt menschlicher Erfahrungen ist ein bedeutsames Thema, das Menschen heute beschäftigt und auch theologisch wichtig ist. Es bleibt allerdings die Frage offen, woher das Übel in der Welt kommt. Die Eindeutigkeit, die Jak im Gottesbild schafft, legt die Alternative nahe, den Menschen ebenfalls mit einer starken Eindeutigkeit verantwortlich zu machen. Ursache der Anfechtungen sind die Begierden des Menschen, die wiederum Ausdruck der Sünde und in letzter Konsequenz des Todes sind. Einerseits wird hier die Wirklichkeit des Menschen beschrieben und qualifiziert, andererseits legt Jakobus den Akzent in nicht unproblematischer Weise auf die Paränese. Das zeigt der Brief insgesamt, der sich scharf gegen einen unsozialen Reichtum, gegen Lieblosigkeit, und gegen einen Verzicht auf die Werke der Liebe äußert. Grundsätzlich lässt sich theologisch nichts dagegen einwenden, wenn es denn nicht zu einer Konditionierung des Heils (vgl. Landmesser, 141) führt, für die wir bei Jak durchaus Anhaltspunkte finden. Die Kommentarliteratur tendiert im Gegenzug sehr stark dahin, die Übereinstimmungen zwischen Jesu Verkündigung und paulinischem Gedankengut auf der einen, und den Aussagen des Verfassers des Jak auf der anderen Seite aufzuweisen.

Die Frage nach der Theodizee in wenigen Versen zu thematisieren, lässt nicht auf befriedigende Antworten hoffen. Mein Vorschlag ist daher, Jak nur positiv auf das hin auszulegen, was er zu bieten versucht: die Vereindeutigung Gottes als guten und verlässlichen Gott, der Licht und Leben ist. Hier, in dieser seelsorgerlichen Zuspitzung, und nicht in der philosophischen Spekulation, hat der Text seine Stärke.

III Impulse: Lebensbewältigung

Die zentrale Frage, mit der ich in der Predigt umgehen möchte, ist die nach der Deutung von Leiden. Dabei geht es um Widerfahrnisse, in denen die Reichweite alltäglicher, routinisierter Bewältigungspraxen erschöpft ist. *Major-life-events* können sowohl persönliche, lebensgeschichtliche Ereignisse sein wie zum Beispiel eine schwere Krankheit. Religiöse Krankheitsbewältigung kann in empirischer Perspektive mit Kenneth Pargament verstanden werden als »Suche nach Bedeutung in Beziehung auf das Heilige« (Pargament, 168). Hervorzuheben ist der Aspekt der Suche, dass es sich tatsächlich um unabgeschlossene Prozesse und offene Suchbewegungen handelt. Wilhelm Gräb formuliert treffend: »Religion erfüllt nicht nur mit Sinn. Sie unterbricht Sinnerwartungen und relativiert Sinnfixierungen.« (Gräb, 30)

Gerade im Blick auf schwierige Lebenssituationen lässt sich für uns oft kaum ein Sinn rekonstruieren. Schwierig wird es, wenn einer für den anderen meint, im Leiden einen Sinn entdecken zu wollen. Henning Luther hat von den Lügen der Tröster gesprochen. Die Lügen der Tröster, das sind die Beschwichtigungsversuche derer, die schwierige Lebenssituationen anderer nicht ertragen können, die Sinnlosigkeit nicht aushalten können, die versuchen, dem Leiden der anderen einen Sinn zu geben, das Leiden zu überhöhen und das Leben nicht so zu nehmen, wie es für die Betroffenen in dieser Situation aber offensichtlich gerade ist: sinnlos und chaotisch. Die Lügen der Tröster trösten eben nicht, deshalb sind sie Lügen und die Tröster keine Tröster. Diese Sinngebungsversuche stimmen nicht. Es sind hilflose Versuche, das Leiden der anderen auf Abstand zu halten, um sich selbst der Sinnlosigkeit nicht auszusetzen. Manchmal wird sogar Gott in Anspruch genommen, dass er den Menschen irgendetwas bedeuten wolle durch das Leiden. Wenig hilfreich ist es daher Menschen, deren Biografie in Bruchstücke auseinanderzubrechen droht, vollmundig Sinn zusprechen zu wollen.

Die Fragmenthaftigkeit unseres Lebens, scheinbar sinnlose Episoden, Erfahrungen der Krankheit, der Trauer, der Enttäuschung, des Abbruchs ergeben vielleicht keinen Sinn, den wir selbst suchen und finden könnten. Religiosität kommt insbesondere dann ins Spiel, wenn das Wechselhafte, Unsteuerbare und Zufällige der eigenen Lebensgeschichte und das Selbst als Subjekt dieser Lebensgeschichte in einen übergreifenden Sinnzusammenhang integriert werden. Diese integrative Deutung ist eine konstruktive, interpretative Leistung, die die gesamte Lebensgeschichte begleitet und im Prinzip unabschließbar ist. Mit der Zeit bilden sich bestimmte Muster heraus, etwa in der Gestalt eines Lebensmottos oder eines fest umrissenen Kanons an Erzählungen, denen eine besondere Erschließungskraft zugewiesen wird.

Das Gottesbild ist in diesem Zusammenhang ein wichtiges Thema. Welche Erfahrungen prägen unser Gottesbild? Der Predigttext macht ein Angebot: Von Gott kommt Gutes! Das ist ein Konzept, das wir mit lebensgeschichtlichen Erfahrungen anreichern können. Die Frage nach der Theodizee ist damit nicht beantwortet. Die Narrative der Passion Jesu bieten zwar kein letztgültiges kohärentes System, aber sie geben eine seelsorgerliche Antwort: Gott lässt uns nicht allein, sondern er teilt unser Leben und unsere persönlichen Krisenerfahrungen. Darin erweist er sich als guter Gott.

Literatur: *Martin Dibelius*, Der Brief des Jakobus (KEK), Göttingen [8]1956; *Wilhelm Gräb*, Sinn fürs Unendliche. Religion in der Mediengesellschaft, Gütersloh 2002; *Christof Landmesser*, Jüngerberufung und Zuwendung zu Gott. Ein exegetischer Beitrag zum Konzept der matthäischen Soteriologie im Anschluß an Mt 9,9–13 (WUNT 133), Tübingen 2001; *Henning Luther*, Die Lügen der Tröster. Das Beunruhigende des Glaubens als Herausforderung für die Seelsorge, in: Praktische Theologie 33 (1998), 163–176; *Franz Mußner*, Der Jakobusbrief (HThKNT), Freiburg/Basel/Wien [5]1987; *Kenneth I. Pargament*, The Bitter and the Sweet. An Evaluation of the Cost and Benefits of Religiousness, in: Psychological Inquiry 13, 2002, No 3, 168–181; *Wiard Popkes*, Der Brief des Jakobus (ThHKNT 14), Leipzig 2011.

Jörg Schneider

B

IV Entgegnung: Differenzierungen und »Versprechungen«

A gibt ein Stichwort vor: Theodizee. Mit dieser Vorgabe mache ich ein Spannungsfeld auf anhand der Ergänzung um ein weiteres Stichwort: Anthropodizee. Denn der Jakobusbrief-Autor lässt Gott ganz aus dem Spiel der menschlichen Verquickungen und Verwirrungen. Er vertritt eine Theorie des Bösen, die völlig auf der Menschenseite bleibt. Dennoch kann und muss man Gott fragen, weshalb er die Bedingung der Möglichkeit zum Bösen überhaupt geschaffen hat. Doch das interessiert den Briefschreiber nicht. In seinem weisheitlichen Duktus gibt er Lebensratschläge und spricht Mahnungen aus. Er appelliert ans religiöse Durchhaltevermögen in schwieriger Welt. Aus der Spannung zwischen dem, was er behauptet und dem, was die Hörer des Textes empfinden, zwischen dem Gottesbild und der Glaubenserfahrung, entspringt eine Vorüberlegung zur Predigt.

Die Konstante in der Spannung ist die Güte Gottes, während die Welt ständig neue Situationen schafft. Schier unbeirrbar schickt Gott sein Gutes. Wen erreicht es? Wohl dem, der es würdigt; wohl dem, der langen Atem hat. An dem Punkt treten andere Texte in unseren Predigttextraum, zum Beispiel:

Eine Nähe zu unserem Text stellt der Epheserbrief mit der Unterscheidung vom alten und neuen Menschen her (vgl. Eph 4,17–23). Der Autor geht davon aus, dass man die Begierden ablegen und ein christusgemäßes Leben führen kann. Auch der erste Petrusbrief spricht von einer neuen »Lebensqualität« aus dem Glauben (1 Petr 1,22–25). Andere Texte wirken dagegen als Kontrast, zum Beispiel zur Bitte im Vater Unser: »... und führe uns nicht in Versuchung.« (Mt 6,13) Sehr wohl ist Gott in die Versuchungen und Anfechtungen involviert (vgl. auch Ps 118,18). Dass Gott seine Anfechtungen und Versuchungen wenigstens so reguliert, dass sie erträglich sind, setzt 1 Kor 10,12f. voraus. Auch wirkt der Predigttext wie ein Referenztext samt Kommentar zu den Seligpreisungen der Bergpredigt (wenn auch im Jakobus-Text der Makarismus im Singular steht). Und ein ganz anderer, ein emotionaler Gott tritt uns in prophetischen Texten als der Versucher und Verführer *zum Glauben* entgegen: Hos 2,16; Jer 20,7 (die Lutherübersetzung ist bei letzterem Vers zu zahm).

Und schließlich steht Gott selbst in inkarnierter Form unter den Kräften der Versuchung – im positiven wie im negativen Sinn. Er widersteht den schlechten Versuchungen (vom Geist, also durch Gottes Wirkung, in die Wüste geführt und dort in Gestalt des Teufels getestet, Mt 4,1–11), und gibt der Versuchung der Liebe nach. Der Roman »Die letzte Versuchung Christi« von Nikos Kazantzakis aus dem Jahr 1951 und dessen Verfilmung von Martin Scorsese (1988) spielen diesen Gedanken nach allen Seiten durch. Jesu Jünger und Freunde bestehen die Versuchlichkeit nicht. Judas kostet sie das Leben und den Ruf, die Jünger fliehen bei der Festnahme Jesu am Gründonnerstag, Petrus kehrt erst nach der Verleugnung als Osterzeuge in den Freundeskreis zurück.

Das Verhältnis der Menschen zu ihrem Gott und seines zu ihnen ist also komplexer, als der Autor vorgibt. Gottes Güte ist eine aus der Liebe, und die ist emotionaler als jene kühle Gnadenliebe von oben herab des jakobeischen Gottes. Die inkarnatorische Qualität der Gottespräsenz schafft einen involvierten, keinen distanzierten Gott.

V Erschließung der Hörersituation: Gibt es nicht auch eine dunkle Seite Gottes?

Handelt es sich beim Modell des Jakobus-Textes um Trost oder Vertröstung? Wie soll man ein Leben leben, das ganz auf den Siegeskranz des

Jenseits ausgerichtet ist? Dafür gibt der Autor schon gleich im Anschluss an die Perikope Ratschläge.

A hat bereits darauf hingewiesen, dass der »Sinn und Unsinn von menschlichem Leiden« im Licht des Textes besichtigt werden könnte. Der Predigttext hilft zunächst, nicht alles einfach auf Gott zu schieben – Gutes wie Schlechtes (vgl. dagegen das »Gebet« von Eduard Mörike: »Herr, schicke, was du willst ...«). Er entschuldigt menschliche Schwächen nicht. Er hilft auch nicht, den wirklich barmherzigen und mitleidenden Gott zu erfahren. Der Gott des Jakobus-Briefes bleibt trotz des Guten, das er sendet, distanziert und der Menschenwelt enthoben. Er beschäftigt sich nur mit dem Guten. Und vielleicht nur mit den Guten, den Durchhaltern, den Menschen mit langem Atem. Und wer wegen der Anfechtung auf der Strecke bleibt, gehört nicht zum exklusiven Kreis, den preisgekrönten Kämpfern des Glaubens.

Worin und woraus erhält man Trost? Dadurch, dass Gott es gut meint, jedenfalls mit den Seinen. Niemand kann die menschlichen Mechanismen von Gewalt, Ausbeutung oder Mobbing auf Gott oder seine (unzulängliche) Schöpfung schieben und sich damit »entschuldigen«. Unrecht ist hausgemacht, die anonymen Strukturen der Gewalt personalisieren sich in Akten – im doppelten Sinn.

Eine mögliche Hörersituation ist jedoch auch die, dass man sich von Gott alleine gelassen fühlt. Er ist desinteressiert an den menschlichen Petitessen, die den Menschen selbst doch so groß vorkommen, dass sie sie erleiden. Was nützt einem das Gute Gottes, wenn die Mitmenschen einem schlecht entgegentreten? Wo wird es überhaupt erfahrbar?

Dafür liegt im Text eine große Freiheit – und Verantwortungsübertragung. Der Text legt darüber hinaus den Finger in die Wunde, dass der Mensch weiß, was ihm gesagt ist, er aber es nicht tut. Ob er es überhaupt könnte? Die Nichteinmischung Gottes in die menschlichen Händel ermöglicht Aktionen und Handlungen gegen das, was der Autor »Sünde« nennt, und zwar aus dem heraus, was Gott an Gutem schickt. Dieses Gute bleibt jedoch ziemlich abstrakt (vgl. Jak 3,13–18).

Der Widerstand gegen die scheinbare Selbstverständlichkeit des Sündenzustands der Welt speist sich auch aus einem präsentischen Verständnis: Selig ist *schon jetzt*, der die Anfechtungen erduldet. Es gibt eine hilfreiche Gottespräsenz, auch im Dunkel, auch in seinem Dunkel.

VI Predigtschritte zu der »Seelen Seligkeit« (1 Petr 1,9)

Die Intention des Textes ist eine Ermutigung, trotz aller Anfechtung durchzuhalten, denn es ist ein lohnendes Ziel verheißen. Die Anfechtung hat nichts mit Gott zu tun, sondern ist nur ein innerweltliches, selbst verschuldetes Phänomen. Sie liegt nicht in Gottes Interesse einer Schikanierung des Menschen. Daraus könnte man als Thema der Predigt ableiten: Was stärkt angesichts der komplexen und zerstörerischen Welt und angesichts der Menschen, die Strukturen konstruieren und zuweilen gnadenlos vollstrecken?

Dieses Thema wird durch die kirchenjahreszeitlich ausgezeichnete Position des Sonntags grundiert, denn Invokavit ist die Eröffnung der Passionszeit. In ihr ist Raum für das Nachdenken über das Leiden, das Leiden des Menschen und das Leiden Gottes und eben auch das Leiden an der Anfechtung. Dass dieser Text gerade am Beginn zur Hinführung auf Passion und Ostern steht und damit ein Motto der diesjährigen Bußzeit bilden mag, könnte dazu führen, das Leben als eines in Anfechtung, aber in Richtung auf Ostern hin zu deuten. Das ist der Weg des Textes: durch die Anfechtung zur erfüllten Verheißung. Die Verheißung der Belohnung ist deshalb keine Vertröstung, weil sie jetzt schon wirksam ist. In Anfechtung zu leben, heißt, realistisch zu sein und keine Flucht in Scheinwelten zu unternehmen. In Anfechtung zu leben, heißt auch, sie Gott zu klagen und von ihm eine Reaktion zu erwarten.

Ich stelle mir eine Predigt vor, die beide Seiten zeigt: den unveränderlich gütigen Gott in der unwandelbaren zeitlosen Ewigkeit und den inkarnierten Gott, der in der Veränderlichkeit des Lichts lebte und die Welt aus eigenem Erleben und Anschauen kennt. Er hat die Passion vorgelebt und die gütelose, dunkle, sich ständig wandelnde Welt zur Gänze erfahren müssen. Diese Gottesbilder schaffen keine zwei gegensätzlichen Welten oder getrennte Sphären, sondern eine Spannung, in der Heilsgeschichte stattfindet.

Wenn es heißt: »… erachtet es für lauter Freude, wenn ihr in mancherlei Anfechtungen fallt« (Jak 1,2), dann bedeutet dies auch, sich mit den Realitäten in der Perspektive des Glaubens auseinanderzusetzen. Sollte Gott mit den Anfechtungen nichts zu tun haben, so muss man doch sich mit der persönlichen religiösen Einstellung in den Anfechtungssituationen verhalten und bestehen. Weiß man von der unveränderlichen Güte Gottes, dann ist sie sowohl Quelle des Überstehens als auch Zielpunkt. »Selig ist der Mensch«, der Glaubensbewährung und Glaubensbewahrung zusammenbringt. Selig ist der Mensch, der sich in der Anfechtung die Handlungs- und Deutefähigkeit erhält. Selig ist der Mensch, der die Güte Gottes sichtbar und erfahrbar macht – für sich und für andere, gerade in all den menschlichen Unfähigkeiten. Das ist dann die vorweggenommene Märtyrerkrone, nämlich ein Zeichen der Zeugen der Güte gegen eine Welt, die in der Lebensgier nur Tod hervorbringt.

Lieder: Als Psalm schlage ich den 130. des Landesbußtags vor, obwohl der Wochenpsalm Ps 91 wäre; das Wochenlied EG 347 »Ach bleib mit deiner Gnade« ist stimmig.

Hebräer 11,8–10:

Abrahamswanderschaft

A

Helge Martens

I Eröffnung: Unterwegs sein

»Warum reisen wir? Auch dies, damit wir Menschen begegnen, die nicht meinen, daß sie uns kennen ein für allemal; damit wir noch einmal erfahren, was uns in diesem Leben möglich sei – Es ist ohnehin schon wenig genug.« (Frisch, 32)

Aus demselben Grunde könnte Abraham gereist sein, um zu erfahren, was ihm in diesem Leben (noch) möglich sei. Das ist der Lockruf der Fremde. Denkbar ist aber auch, dass er auswanderte aus schierer Not, weil die alte Heimat keine Lebensgrundlage mehr bot, so wie jetzt, in der Wirtschaftskrise, Menschen aus ärmeren Regionen Europas vermehrt in die reicheren auswandern. Ist es eine Reise ohne Wiederkehr, also mehr als ein Ausflug, dann bedarf es dafür gravierender Gründe, denn wir Menschen sind so konstruiert, dass wir das Vertraute bevorzugen, es gewährleistet Sicherheit. Anders ist es aber, wenn das Alte unerträglich wurde und/oder das Neue (noch) besser scheint.

Abrahams Aufbruch deutet der Hebräerbrief als Glaubensgehorsam gegen Gott. »Gehorsam« (hypakuo) ist abgeleitet von »hören«: Gehorsam gegen Gott ist ein Hinhören auf das, was je als sinnvoll geboten ist; das setzt Achtsamkeit und Wachsamkeit, mithin Geistesgegenwart voraus. Demgemäß zu leben, das ist Glauben, nämlich existenzielles Vertrauen, und das ist ein Wagnis, denn Sicherheit gibt es nicht: »... und er zog aus und wusste nicht, wo er hinkäme.« (V. 8) Insofern ist Leben in gewisser Weise immer Abrahamswanderschaft, wir wissen auch nicht, wo wir mit unserem Leben hinkommen. Das beunruhigt, und deswegen versuchen wir gemeinhin da zu bleiben, wo wir sind. Da wir aber gleichzeitig immer auch auf »Selbsterweiterung« aus sind, auf Neues, auf »mehr als alles«, verlieren wir u. U. im Bleiben jenen existenziellen Spannungsbogen, der uns allererst lebendig sein lässt.

So sind wir unterwegs, und dieses – unsichere – Unterwegssein beschreibt der Text in V. 9 als Leben »wie ein Fremdling« und »in Zelten« im verheißenen Land. Das ist real zu verstehen im Blick auf die Abrahamsüberlieferung und ist zugleich ein Symbol für das Vorläufige allen

Lebens. Zugleich ist da aber auch die Sehnsucht nach Lebenszielen, nach der »Stadt, die einen festen Grund hat, deren Baumeister und Schöpfer Gott ist.« (V. 10) Diese Sehnsucht lässt das »Warten« (ekdechomai) kein passives Abwarten sein, sondern ein »Harren«, das aktive Ausrichten an Lebenszielen, das aus dem Herzen erwächst und dem Lebensweg die Richtung gibt.

Und doch ist es unsere Lebenswirklichkeit, dass nicht – gleichsam automatisch – aus dem Weg das Ziel folgte, oder anders: Lebenspläne auch sicher ans Ziel führten; das Leben ist komplexer und unverfügbarer. Der Hebräerbrief trägt dem Rechnung in der theologischen Aussage, dass Gott der »Baumeister und Schöpfer« der Stadt sei: Die Sehnsucht »nach dem anderen« machen wir nicht, sie ist uns »eingebaut«, ist Werk des Schöpfers.

Die Unverfügbarkeit des Lebens unterstreicht V. 13, der hinzuzunehmen, mindestens hinzuzudenken ist: »Diese alle sind gestorben im Glauben und haben das Verheißene nicht erlangt, sondern es nur von ferne gesehen und gegrüßt und haben bekannt, dass sie Gäste und Fremdlinge auf Erden sind«: Das Grüßen erzählt von der Sehnsucht, und das Bekenntnis zur Fremdlingsschaft erzählt von der Bereitschaft, die »Fragmentarität« des Daseins (Henning Luther) zu akzeptieren. Von der dennoch bleibenden Kraft der Sehnsucht erzählt der Hebräerbrief dann in V. 16: Aus der (unerfüllten) Sehnsucht nach der festen Stadt wird die nach dem – »besseren« – »himmlischen Vaterland«. So transzendiert der »Glaubensgehorsam« unsere immer begrenzten Möglichkeiten. Ich meine aber, man müsse aufpassen, das Bild vom »himmlischen Vaterland« nicht als posthume Belohnung zu deuten – das würde der Ernsthaftigkeit des Erdenlebens nicht gerecht.

II Erschließung des Textes: Exegetische Überprüfungen

Der Hebräerbrief, der nicht eigentlich Brief, sondern vielmehr eine theologisch argumentative und paränetische Abhandlung ist, wurde von einem unbekannten Autor für nicht näher bekannte, aber mutmaßlich heidenchristliche Adressaten zwischen 80 und 90 nach Chr. abgefasst. Er reagiert auf Glaubensermüdungen: Christen waren Verfolgungen ausgesetzt gewesen (vgl. 10,32ff.), und die Wiederkunft Christi lässt auf sich warten, weshalb zunehmend Gläubige der Gemeinde den Rücken kehren (vgl. 10,25). Dem zu wehren argumentiert der Brief theologisch mit dem AT, allegorisch auf Christus ausgelegt, und mit typologischer Exegese. Er benutzt dabei das AT »unbekümmert um den geschichtlichen Sinn des Schriftwortes, ganz darauf bedacht, den tieferen, wahren Sinn zu ergründen.« (Kümmel, 349). Aus den theologischen Darlegungen wird in Hebr. dann wesentlich Ermahnung, am Glauben festzuhalten, und der

Autor bedient sich dabei aller Register der »weißen« und der »schwarzen« Pädagogik, Zuckerbrot und Peitsche: Den Adressaten wird Rückfall in kindliche Denkweisen vorgeworfen (vgl. 5,12f.); sie werden mit Imperativen überhäuft und gar bedroht: »Schrecklich ist's, in die Hände des lebendigen Gottes zu fallen« (10,31); und Buße für nach der Taufe abgefallene Christen ist nicht möglich (vgl. 10,26ff.), weswegen u.a. Martin Luther den Brief nicht sehr schätzte.

Die Adressaten werden aber auch ermutigt, am Glauben festzuhalten. Zu den Ermutigungen gehört das Kapitel unseres Predigtabschnittes, biblische Beispiele von Glaubenstreue. Alle Beispiele entfalten den Obersatz von Kapitel 11: »Es ist aber der Glaube eine feste Zuversicht auf das, was man hofft, und ein Nichtzweifeln an dem, was man nicht sieht.« Alle Beispiele sind solche großer Glaubenstreue, deren Erfüllung die Glaubenden z. T. erlebten, letztendlich aber doch nicht, denn: »Diese alle haben durch den Glauben Gottes Zeugnis empfangen und doch nicht erlangt, was verheißen war, weil Gott etwas Besseres für uns vorgesehen hat; denn sie sollten nicht ohne uns vollendet werden.« (V. 40)

Der Hebräerbrief versteht die Gemeinde als ›wanderndes Gottesvolk‹ (Ernst Käsemann) und lädt es ein, sich an Glaubenszeugen zu orientieren, hier an Abraham, an seiner glaubensgehorsamen Wanderschaft. Abraham erlebte die Erfüllung der Verheißung, er kam in das Land, und erlebte sie doch nicht, denn er lebte im verheißenen Land als »Fremdling« und »in Zelten« (V. 9). Genau so sieht der Brief die Situation der Gemeinde: Das Heil ist durch Christus erschlossen (vgl. 4,15f.), und dennoch steht die Erfüllung der Verheißung noch aus, sie ist gegenwärtig in der Hoffnung, aber noch nicht zu sehen (vgl. 11, 1).

So bleibt das Gottesvolk unterwegs, kommt aus der Verheißung und geht ihrer Erfüllung entgegen. Und einige haben Angst, nicht anzukommen und geben unterwegs auf.

III Impulse: Unterwegs bleiben

Leben ist Abrahamswanderschaft, oder: kann Abrahamswanderschaft sein. Das beginnt mit dem Einüben in das Hinhören, was der »Ruf« an mich sein könnte und welches »Land« mir denn verheißen sei. Diese Gottesstimme ist ein inneres Sprechen, das Hinhören auf die eigene Sehnsucht nach Sinnerfahrung und ist insofern doch Hinhören auf eine Stimme extra me, als mitgeprägt und mit vorgegeben durch meinen jeweiligen existenziellen Kontext, ist also anderes als nur mein willkürliches Vorhaben. Dann nicht zu »bleiben«, sondern sich wirklich auf den Weg zu machen, also etwas zu wagen, bedarf des Glaubens, also des Vertrauens und des Mutes. Ist es Gott, also die Sehnsucht nach Sinn, die mich sendet, so bin doch ich es, der entscheidet und den Weg geht oder sich verweigert. Das zu »erhören« und zu entscheiden ist nicht leicht – wir sind so irrtumsanfällig – aber dennoch notwendig:

Besuch bei einer Frau aus meiner Gemeinde, 86 Jahre alt, sie will Hilfe bei der Überlegung, ob sie ihr Haus verkaufen und in ein Altenheim gehen soll. Sie erzählt von ihren Lebensträumen, die sie aus Verzagtheit alle verriet. »Soll das nun alles gewesen sein, Herr Pastor?« Sie weint.

Leben ist Wanderschaft mit dem verheißenen Ziel im Herzen und dem Wissen, dass angesichts all der Möglichkeiten im Leben deren Verwirklichung immer nur Fragment bleiben kann. Mit der Fähigkeit nicht des Ab- aber des Zu-Wartens und dem Gespür für den richtigen Zeitpunkt – der nicht festliegt. So verstanden passt die Perikope auch zum Sonntag Reminiszere, also in die Passionszeit, ist das doch auch der Weg Jesu: Gott gehorsam sein, d.h., als sinnvoll Vernommenes zu leben – in aller Fragmentarität (Kreuz) und darin von Gott bestätigt zu sein (Ostern). Es gibt keine Sicherheit, nur den Mut des Gottvertrauens, der allererst Geschenk ist, aber auch ergriffen werden will.

Und warum? Um am Ende nicht zu bereuen, das von Gott geschenkte Leben nicht gelebt zu haben, es nicht einmal versucht zu haben. Das wäre Sünde und wird in den Konsequenzen eindrücklich beschrieben von der australischen Palliativpflegerin Bronnie Ware in ihrem Buch: »5 Dinge, die Sterbende am meisten bereuen« (Zusammenfassungen ihrer Beobachtungen lassen sich leicht im Internet finden).

Literatur: *Max Frisch*, Tagebuch 1946–1949, Frankfurt am Main 1979; *Werner Georg Kümmel*, Einleitung in das Neue Testament, Heidelberg 1983; *Bronnie Ware*, 5 Dinge, die Sterbende am meisten bereuen, München 2013.

B

Martin Rößler

IV Anknüpfung: Abrahamswanderschaft

A stellt den Verweis des Hebräerbriefs auf Abraham in den Kontext menschlicher Erfahrung: Die »Abrahamswanderschaft« wird zum »existenziellen Gleichnis« für menschliche Aufbrüche überhaupt. Auf diese Weise zieht A aus dem Text eine Fülle von Bildern, die ihn sowohl erschließen wie Anregungen zum eigenen homiletischen Nachdenken geben. A hat auch darin recht, dass er die paränetische Instrumentalisierung ablehnt, die der Hebräerbrief vornimmt: Zuckerbrot und Peitsche sind heutzutage kein passendes Rezept mehr, Glaubensmüde zu ermuntern (und waren es wohl nie). Eine angemessene Umformung der paränetischen Dimension, die der Verweis auf Abraham haben kann, lautet eher: Höre auf deinen inneren Ruf (der zugleich als ein äußerer vorgestellt wird)!

Über A hinausgehend könnten noch zwei weitere Themen dieser Perikope Interesse verdienen, etwa die Frage, mit welcher Absicht der Hebräerbrief Abraham als Beispiel heranzieht: Abraham und mit ihm die gesamte Ahnenreihe (ein »›Summarium‹ nach dem Muster spätjüdischer Paradigmenreihen«: Michel, 368) haben die Aufgabe, die eingangs (Hebr 11,1) gegebene Glaubensdefinition »historisch« zu veranschaulichen. Damit kann seine Funktion auch als Vorbild verstanden werden, und das finde ich eine sehr aktuelle Vorstellung: Wie jede (lebens-)künstlerische Tätigkeit ist auch der Glaube angewiesen auf Vorbilder.

Und schließlich könnte die von A nur eher gestreifte Unterscheidung zwischen Ab- und Zuwarten (Warten als »waches Abwarten des Kairos«) ergänzt werden: das aktive, auf Hoffnung beruhende Warten kann als wesentliches Element des Glaubensbegriffs vorgestellt werden, der die Dimensionen des Vertrauens und der Hoffnung enthält, und nicht wie im Hebräerbrief auf »Gehorsam« (V. 8) reduziert ist.

V Erschließung der Hörersituation: Leben ist Reisen

»Ach Viktor, nur Reisen ist Leben, wie umgekehrt das Leben Reisen ist.« (Jean Paul) Die menschliche Grunderfahrung, unterwegs zu sein, erhält durch das Bild der Abrahamswanderschaft eine präzisierende Pointe: Das Besondere an Abrahams Art aufzubrechen ist, dass dieser Aufbruch im Glauben geschieht. Abraham ist sich dessen bewusst, dass der Gang ins Ungewisse eine religiöse Dimension besitzt. Damit steht er als Vorbild für alle menschlichen Aufbrüche und Veränderungssituationen, die gewollten wie die ungewollten, die herbeigewünschten und selbst gestalteten wie die unliebsamen und aufgenötigten.

Die Lebensreise, die aus größeren und kleineren Neuanfängen (und entsprechenden Verabschiedungen) besteht, hat an manchen Punkten die Neigung, von selbst über sich hinauszuweisen. Inwiefern und warum sind Veränderungssituationen offen für eine religiöse Deutung? Weil an den Übergängen des Lebens immer das Ganze in den Blick gerät. Es ist die Erfahrung, »dass an den Knotenpunkten und Übergängen eines Lebens mehr in Erscheinung tritt als Singuläres oder Zufälliges, sondern Lebensbestimmendes« (Albrecht, 198). Dies kann als Erfahrung des Mangels, aber auch als »Erfüllltheitserfahrung« (Albrecht, 199) zum Ausdruck kommen.

In religiöser Sprache formuliert, handelt es sich um die Erfahrung, dass wir uns an herausgehobenen Stellen in unserer Lebensgeschichte Gott besonders nahe fühlen. An den Übergängen in unserer Lebensgeschichte, wenn wir von einer Lebensphase in die nächste treten: Dann sind wir offen für Gottes Gegenwart in unserem Leben.

Begleitet sind solche Phasen zumeist von Ambivalenzen und widerstreitenden Gefühlen: Ungewissheit und Vertrauen haben hier beide ihr Recht, die Lust am Neuen und das Festhalten am Alten. Die Sehnsucht nach einer Veränderung, die das Neue als etwas Faszinierendes erscheinen lässt. Und daneben die Gewissheit, dass das Alte verlässlich und gut für mich war. Diese Erfahrungen sind es, die in der Figur Abrahams als des Vaters aller Aufbrüche anschaulich gemacht werden können.

Von Aufbrüchen und biografischen Veränderungen handelt auch die Predigt der damaligen Landesbischöfin Margot Käßmann zu diesem Text aus dem Jahre 2002, die eine Würdigung von biografischen Umbruchsituationen enthält (www.predigten.uni-goettingen.de/archiv-4/020224-lbn.pdf, abgerufen am 31.5.13). Durch Frau Käßmanns eigene biografische Wendepunkte, die sich danach ereignet haben, hat diese Predigt möglicherweise noch einmal an existenzieller Vertiefung und Überzeugungskraft gewonnen.

VI Predigtschritte: Aufbrüche und Vorbilder

Die bisherigen Betrachtungen zum Predigttext wie zu den in seinem Licht gedeuteten Grunderfahrungen bieten eine Fülle von Themen für eine Predigt. Deshalb ist es sicherlich angemessen, hier eine Auswahl zu treffen. Die Anregungen des Textes gehen in ganz unterschiedliche Richtungen und können daher den jeweils eigenen homiletischen Grundentscheidungen gemäß aufgenommen oder verworfen werden.

a) Aufbrüche und Unterwegssein

Mit A kann ein Schwerpunkt der Predigt auf der Deutung der Abrahamswanderschaft liegen. Hilfreiche Anknüpfungspunkte bietet das eingangs genannte Max Frisch-Zitat. Ist es übertrieben zu vermuten, dass in jeder (Urlaubs-)Reise auch eine Sehnsucht nach anderen Lebensmöglichkeiten zum Ausdruck kommt? Neben dem als Erholung empfundenen Kontrast zum Alltag gibt es ein hintergründiges Motiv, das »an existenzielleren Strippen« zieht: »Vielleicht erleben wir Reisen auch als eine Art Versprechen auf ein noch nicht gelebtes Leben. So können wir im Unterwegssein auch die unentdeckten Möglichkeiten unserer selbst erkunden« – so der »Reisephilosoph« Peter Vollbrecht. Was für die Reise im Kleinen gilt, hat für ganze Lebensabschnitte und biografische Entscheidungen eine ungleich größere Bedeutung: Welche unentdeckten Möglichkeiten meiner selbst will ich aktualisieren und mit Leben füllen? Wie wichtig ist hier das »Hinhören auf die eigenen Träume« (A)?

b) Die Stadt als Symbol

Das Ziel der Abrahamsreise ist für den Hebräerbrief die auf Gott als ihren Baumeister und Schöpfer zurückgehende Stadt. Es könnte daher reizvoll sein, diesem Bild – in seiner biblischen Ausführung – einmal ausführlicher nachzugehen. Der EKD-Text »Gott in der Stadt« gibt dafür viele wertvolle Anregungen:

Der ersten biblischen Stadt »Henoch« hat sein Vater Kain den Namen gegeben (Gen 4,17): Sie ist (wie seitdem alle Städte) »zwar geprägt vom Schatten möglicher Gewalttaten, aber auch von Zither- und Flötenspielern (Gen 4,21–22). Kultur und Gewalt, das ist eine Urspannung aller Städte bis auf den heutigen Tag geblieben« (Gott in der Stadt, 14). Im letzten Buch der Bibel wird dann das Bild der neuen Stadt zum Symbol für einen neuen Anfang, eine neue Erde, einen neuen Himmel (Apk 21/22): »In ihr werden nicht nur die Menschen, sondern auch die Natur, die Kultur und die Religion verwandelt. Am Ende der Bibel ist ihr Anfang präsent: das Paradies. Aber es wird nicht einfach wiederholt. Die Utopie des Paradiesgartens wird zwar zitiert, aber der Garten ist in die Stadt hineingewandert. (…) Die Unterscheidung von Fremden und Einheimischen ist aufgehoben. (…) Der Geist Gottes hat sich in die Herzen der Menschen eingeschrieben.« (Gott in der Stadt, 15)

c) Vorbilder

Abraham ist Bestandteil der »Wolke von Zeugen« (Hebr 12,1), in der nach Ansicht des Hebräerbriefes auch die christliche Gemeinde steht. Indem er diese Wolke als Veranschaulichung seiner Glaubensvorstellung anführt, verweist der Hebräerbrief zugleich auf eine grundsätzliche Erfahrung: Wir sind angewiesen auf Vorbilder, die in diesen oder jenen Dingen des Glaubens oder des Lebens ihr Leben so führen, wie wir es selbst auch gern möchten oder gerne könnten. Damit engen sie uns einerseits ein, wenn und weil sie uns suggerieren, genauso werden zu müssen, in vorgezeichnete Lebensbahnen zu treten und erfolgreiche Nachfolger zu werden. Andererseits – und im gelungenen Fall – kann das Vorbild auch einen freiheitlichen Umgang mit ihm ermöglichen: Wenn es sich als *eine* mögliche Realisierungsgestalt präsentiert, die mich ermuntern kann, meine eigene zu finden. Auf diese Weise kann an Vorbildern, auch an Glaubensvorbildern, deutlich werden, »dass der Einzelne das erlebt, was jeder erlebt, aber dass er es auf eigene Weise erlebt« (Albrecht, 201).

d) Warten und Harren

A hat auf den Unterschied hingewiesen zwischen bloßem Warten und dem »Harren«, einer aktiven Sehnsucht, dem wachen Abwarten des Kairos. Das Warten kann völlig entleert sein: Die Zeit wird nicht ausgefüllt, sondern bloß totgeschlagen. Bei einer anderen Form des Wartens ist die Warte-Zeit zwar erfüllt, aber sie ist nicht gefüllt mit Sinn, sondern mit Sinnlosigkeit: Warten auf Godot. Dieses Warten ist ein absurdes Theater, ein endloses Gespräch, das sich im Kreise dreht. Das erfüllte Warten, das Warten der Hoffnung dagegen dreht sich nicht im Kreis, sondern erwartet etwas Neues. Es ist kein resignatives, passives Abwarten, sondern ein aktives, kreatives Erwarten (Harren). Wer so wartet, wirkt mit, wo man ihn oder sie braucht, tritt ein für die Sachlichkeit, für die Vernunft, aber mit Abstand. Auf Gott warten heißt: realistisch das Mögliche tun und zugleich offen sein für das Unverhoffte. Oder mit dem klassischen Diktum von Ernst Bloch: »Gegen das Warten hilft das Hoffen, an dem man nicht nur zu trinken, sondern auch etwas zu kochen hat.« (Bloch, 47)

Lieder: Das inzwischen altbewährte Lied zum Thema (EG 395 »Vertraut den neuen Wegen«) ist in vielen Gemeinden so bekannt, dass hier bereits das Vertraute gegenüber dem Neuen dominiert. Deshalb könnte es angemessen sein, das Unbekannte und Unvertraute, das mit jedem Aufbruch auch verbunden ist, mit klassischen (aber für heutige Ohren fremden) Liedern des Pietismus herauszustellen: EG 392 »Gott rufet noch« oder 393 »Kommt, Kinder, lasst uns gehen« (beide von Gerhard Tersteegen). EG 311 »Abraham, Abraham« besingt den exemplarischen Vertreter des Aufbrechens und könnte sich daher ebenfalls eignen.

Literatur/Internet: *Christian Albrecht*, Kasualtheorie. Geschichte, Bedeutung und Gestaltung kirchlicher Amtshandlungen, Tübingen 2006; *Ernst Bloch*, Spuren, Frankfurt am Main 1969; *Gott in der Stadt*. Perspektiven evangelischer Kirche in der Stadt, EKD-Texte Nr. 93, Hannover 2007 (http://www.ekd.de/download/EKD_Texte_93_neu.pdf, abgerufen 31.5.13); *Otto Michel*, Der Brief an die Hebräer (KEK XIII), Göttingen [12]1966; *Jean Paul*, Das Kampaner Tal (1797), Kapitel 4: http://gutenberg.spiegel.de/buch/3219/4 (abgerufen am 31.5.13); *Peter Vollbrecht*, www.philosophisches-forum.de/In_der_Ferne_sich_selbst_begegnen.pdf (abgerufen am 31.5.13).

Okuli (3. Sonntag der Passionszeit)

A

I Könige 19,1–8(9–13a): Elia – ein »schwacher Mensch wie wir«?

Nils Kiesbye

1 Eröffnung: Es ist genug

Es ist genug, nun reicht's – kein Verzweiflungsschrei, eher die nüchterne Bestandsaufnahme der eigenen seelischen Verfasstheit ist es gewesen, was mich vor einem Jahr ein Fahrrad kaufen ließ, um das erste Mal in meinem Leben alleine Urlaub zu machen. Hamburg-Berlin in fünf Tagen. Die Elbe, Schafe und Störche, fast menschenleere Fahrradwege, ein Gefühl wie hundert Jahre Einsamkeit. Schwelgen im Alleinsein.

Fünf Monate später stehe ich irgendwo im Weserbergland an der Rezeption einer psychosomatischen Klinik und lasse mir den elektronischen Zimmerschlüssel erklären. Erleichtert, fast befreit durch die Erkenntnis, dass ich Hilfe brauche. Dass die innere Traurigkeit und Leere stärker sind als ich, sich durch keinen Urlaub mehr verscheuchen lassen und – hoffentlich! – Gründe haben. Zu Hause wissen alle Bescheid: Familie, Freunde, Kollegen. Selbst die Gemeinde ist informiert. Im Rückblick will mir die dazu in Anspruch genommene innere Freiheit fast wie ein Angeld erscheinen auf das eigentliche, von dieser inneren Freiheit jedoch überhaupt nicht zu trennende Geschenk, um das ich dann die folgenden 90 Tage gekämpft habe: mein Leben zurückzubekommen.

Die Klinik liegt vier Monate hinter mir, heute kam die erste Einladung zum Ehemaligentreffen ins Haus geflattert. Mein Leben habe ich zurückbekommen, aber die Spuren dessen, was mich bewegt, beschäftigt und erschüttert hat im letzten halben Jahr, sind dem, was ich höre, sehe und fühle, noch sehr eingeprägt. Dass ich mir vor diesem Hintergrund die Geschichte von Elias Reise zum Gottesberg nicht anders denn als Projektionsfläche eigener Erfahrungen zu erschließen vermag, liegt auf der Hand. Und doch meine ich, dass mein in diesem Fall maximal subjektiver Zugang doch auch Schneisen des Verstehens schlagen kann, die über eine allzu zielgruppenspezifische Verwertung dieser großartigen Geschichte hinausreichen sollten. Dann nämlich, wenn man bereit ist zuzugestehen, dass all das, was unter den Begriffen »Depression« oder »Burn-out« in unserer Gesellschaft beschrieben und tendenziell noch immer pathologisiert wird, letztlich nur zeitgeistig geprägte Beschreibungen jener existenziellen Erfahrungen sind, die Menschen machen, seit sie denken und fühlen können. Also vermutlich immer schon.

Wenn ich im Folgenden die Perikope dahingehend ausdeute, dass sich in ihr die Erfahrung einer tiefgreifenden Lebenskrise abbildet und auch modellhaft zu einem vorläufigen Abschluss geführt wird, verenge ich damit die Figur des Elia natürlich auf ihre exemplarisch-allgemeingültigen Züge.

Den Begriff der Krise, so nichtssagend er zunächst scheint, gewinnt eine ausgesprochen produktive Dimension, wenn man ihn aus der umgangssprachlichen Verwendung (etwa im Sinne von »ein Tief haben«) löst, um ihn in seiner ursprünglich ambivalenten Bedeutung in den Blick zu nehmen: So beschreibt Erik H. Erikson die Krise als eine der persönlichen Reifung notwendig vorausgehende Erschütterung, an deren Bewältigung es hängt, ob einem Menschen die Integration der krisenauslösenden Erfahrungen und Einsichten über sich selbst und die Welt in die eigene Persönlichkeit gelingt (vgl. dazu Erikson, 60ff.; 118f.). Im Bild gesprochen muss der Einsiedlerkrebs sein Gehäuse verlassen, um in das größere, seinem fortgeschrittenen Wachstum *angemessene* zu gelangen. Der Übergang von einem Gehäuse zum anderen, die kurze Phase schutzloser Unbehaustheit, ist dabei gleichermaßen gefährlich wie ohne echte Alternative.

Gerade dies aber, dass Elia in dem, was ihm seelisch widerfährt, so unmittelbar zur Identifikation einlädt, lässt diese Geschichte für die Predigt ergiebig werden. Denn: Der Prozess, in dem sich die Krisenerfahrung des Propheten vollzieht, betrifft ja nicht allein die Dynamik seines in die Krise geratenen Selbstkonzeptes, sondern hat zugleich ganz wesentliche Konsequenzen für das infrage stehende Gottesbild. Wie so oft in den Geschichten der hebräischen Bibel: Am Ende hat sich Gott oft mehr verändert als der Mensch – oder: Ein anderer Gott muss her, bevor der Mensch gesunden kann.

II Erschließung des Textes: Die Reise von außen nach innen

Der stark existenziell-psychologisierende Zugriff auf den Text provoziert auf methodischer Ebene ein eher narrativ ausgerichtetes exegetisches Vorgehen (und ggf. eine ebensolche Predigt). Neben dem eigentlichen Handlungsverlauf interessieren mich vor allem die zahlreichen Querverweise auf den biblischen Kontext, seien sie symbolischer oder eher motivischer Natur.

Ich bin alles andere als ein Feind historisch-kritischer Bibelkritik. Allerdings meine ich, dass sie bezogen auf die Eliaerzählung (fast) nichts austrägt: Ordnet man diese Erzählungen mit Hermann Gunkel der volkstümlichen Sage zu, treten mögliche historische Bezüge gegenüber der grundlegenderen Absicht, »große religiöse Wahrheiten … in dichterische Form« (Gunkel, 107) zu kleiden, ohnehin in den Hintergrund. Lediglich der Hinweis darauf, dass die stark negative Bewertung des Königs Ahab seiner historisch tatsächlich eher wohlwollenden Einstellung gegenüber dem Jahwedienst nicht standhält, ist mit Blick auf Elias seelische Verfassung von einigem Interesse. Auch für Dorothee Sölle endet die »Realgeschichte« nach dem dritten Vers, es beginnt nun eine »Reise von außen nach innen« (Sölle, 82).

Gliedert man die Perikope entlang ihrer inhaltlichen Dramaturgie, ergeben sich zunächst die folgenden sieben Abschnitte:

1. Auf der Flucht (1–3)
2. Apathie und Todeswunsch (4)
3. In Bewegung kommen (5–7)
4. Die Reise (8)
5. Gott meldet sich zurück (9–10)
6. Gott wird erkennbar (11–14)
7. Elia findet zurück (15–18)

Zu füllende Leerstellen bietet die Erzählung reichlich. Schon der Todeswunsch Elias wirft Fragen auf: Wer um sein Leben fürchten muss, versucht es doch zu retten, anstatt sich seinerseits den Tod zu wünschen. Die Krise, die Elia sich den Tod wünschen (oder ihn sogar aktiv herausfordern) lässt, ist anderen Ursprungs: Elia hat ja alles »richtig« gemacht bisher, die Baalspropheten sind vernichtet. Doch der gerechte Lohn bleibt aus, schlimmer noch, er findet sich, vom Tode bedroht, »*allein übriggeblieben*« (1 Kön 19,10.14) und ohne Aussicht auf Rettung oder Rehabilitation.

Es folgt mit dem Hinweis auf die Wüstenwanderung ein prominentes Motiv existenzieller, in die Grundfesten des Glaubens hinabreichender Anfechtung – und, lässt man sich vom Wacholder aus Vers 5 gedanklich zur Staude aus dem Jonabuch führen: Verstockung. Ausgesprochen spannend finde ich nun, dass die vierzigtägige Wüstenwanderung so etwas wie einen Vorlauf braucht. Zweimal muss der Prophet, der Gottes Stimme nicht mehr hören kann, von einem Engel, einem also, der zu Gott noch in Beziehung steht, ermutigt werden. Nicht zum Losgehen, sondern vorerst nur zum Kräftesammeln – die Zeit der 40 Tage, Symbol der inneren Auseinandersetzung und persönlichen Reifung, bedarf ihrerseits der Vorbereitung und Anstrengung. Was dann passiert auf dem Weg zum Gottesort, wird anders als beispielsweise in der matthäischen Versuchungsgeschichte ausgespart und im Verlauf eines einzigen Verses zusammengefasst. Es lässt sich aber indirekt, vom Ende her, erschließen: Am Ziel angekommen hört Elia plötzlich wieder Gottes Stimme und tritt damit heraus aus dem Solipsismus seiner leidensbedingten Selbstbezogenheit: »*Ich bin allein*!« klagt er ihm. Aber eine Einsamkeit, die sich aussprechen lässt, hat schon wieder einen Boden.

Und so kann er nach vierzig Tagen aus der Höhle tiefster Einsamkeit heraustreten, wie ein Kind nach 40 Wochen den Mutterleib verlässt. Doch zu dem Gott, den er wiedergefunden zu haben meint, führt, das erkennt er draußen, kein Weg mehr zurück. *Der Sturm, das Beben, das Feuer* – das war früher, das war das alte Leben, das alte Denken. Da ist Gott nicht mehr.

III Impulse: Vom Ego zum Selbst

»*Elia war ein schwacher Mensch wie wir.*« Dieses knappe Zeugnis über den Propheten findet sich einigermaßen unvermittelt am Ende des Jakobusbriefes (Jak 5,17f.) und gibt zu denken. Ist *das* unsere Schwäche, dass wir da, wo Gott sich uns entzieht, sich uns verweigert in den gewohnten Bestätigungsstrukturen von Macht, Stärke und Belohntwerden, in uns zusammenfallen, als hätte jemand den Stecker gezogen? Dass es uns so wahnsinnig schwerfällt, Gott als den Verbündeten unseres Egos zu verabschieden zugunsten eines Gottes, der in der Stille ist, im Leisen und kaum Wahrnehmbaren?

Ich sehe Elia so. Ein Eiferer und Rechthaber, der Gott auf seiner Seite glaubte. Und der, als der Erfolg ausbleibt und die heilige Allianz von Gottesbild und Ego in Schieflage gerät, nicht mehr weiß, wer er eigentlich ist. Der sich den Anspruch, *besser sein zu wollen als seine Väter*, als grandiose Selbstüberschätzung eingestehen muss. Um dann in der Suche nach seinem verlorenen Selbst auf etwas zu stoßen, was man in der Hand bergen muss wie einen aus dem Nest gefallenen Vogel.

Da ist jetzt Gott. Er vermag nicht niederzubrennen, durch ihn stürzen keine Mauern ein. »Es ist ein Gott, der immer wieder erfahren und gefunden werden muss, indem wir uns für ihn *entscheiden*« (Sölle, 87). Aber: Gott hilft. Der Weg, der nach innen geführt hatte, führt auch wieder zurück in die Welt. Die Ankündigungen kommender Gemetzel kann man getrost beiseitelassen, die jedenfalls sind tatsächlich sekundär. Wichtig ist, dass Elia nicht mehr allein ist. 7000 Gerechte außer ihm! (Stehen sie ihm plötzlich vor Augen, weil sie jetzt wieder in seine Welt hineinpassen?) Wichtig ist, dass er sein Leben zurückbekommt, seinen Beruf nicht an den Nagel hängen muss, weitermachen kann mit dem, was ihm am Herzen liegt. Weil vielleicht doch ein Sinn darin steckt: »Elia war ein schwacher Mensch wie wir. Und er betete, und der Himmel gab den Regen, und die Erde brachte ihre Frucht.« (Jak 5,17f.)

Literatur: *Erik H. Erikson*, Identität und Lebenszyklus, Frankfurt am Main 1966; *Hermann Gunkel*, Art. Elia, in: RGG[2] Bd. 2 (1928), 107ff.; *Dorothee Sölle*, Die Hinreise, Stuttgart 1975.

B

Kathrin Oxen

IV Entgegnung: Berufsbezogene chronische Erschöpfung – der Fall Elia

Ich bewundere A's offene Identifikation mit dem ausgebrannten Propheten unter dem Wacholderstrauch. Dass A angesichts einer persönlichen Krisenerfahrung eine Seelenverwandtschaft zu Elia konstatiert und sich gleichsam selbst in der Wüste sitzen sah, kann ich gut verstehen. Doch ich spüre auch, dass dieser zutiefst glaubwürdige Zugang seine Grenzen hat.

»Es ist genug«, lässt Felix Mendelssohn-Bartholdy seinen Propheten in der berühmten Arie Nr. 26 im »Elias« singen. Aber das scheint mir doch noch etwas anderes zu sein als das »mir wird alles zu viel, nun reicht's«, mit dem A's Weg in die Krise (und aus der Krise heraus) begonnen hat.

Der subjektive Zugang, den A zunächst wählt, birgt bei aller Anschaulichkeit die Möglichkeit der Distanzierung. Menschen in Krisensituationen stellen Fragen, vor allem an sich selbst, wie A es in einem monatelangen Prozess getan hat. Wie konnte es dazu eigentlich kommen? Und wie schafft man es, da wieder herauszukommen? Nicht-Betroffene stellen vielleicht die gleichen Fragen, geraten dabei aber leicht in eine etwas klinische Beobachterposition.

Burn-out, das ist ja längst eine höchst fragwürdige (und auch von A selbst schon infrage gestellte) Diagnose geworden. Das »erschöpfte

Selbst« (Alain Ehrenberg) wird unter der Hand geradezu zu einem Leitbild aller einigermaßen engagierten und reflektierten Zeitgenossen und zu einer fast schon milieutypischen Befindlichkeit. Ob es daher gelingen kann, mit dieser Selbstoffenbarung die Predigthörerinnen aus der Beobachterposition zu locken? Oder provoziert man – sollte man an eigenen Erfahrungen anknüpfen können – damit doch eher Reaktionen à la Lk 18,11: *Ich danke dir, dass ich nicht so bin wie dieser* da auf der Kanzel?

Die Erschöpfung Elias ist zudem keine existenzielle Krise. Seine Erschöpfung ist eine unmittelbare Folge der zuvor berichteten dramatischen Ereignisse um das sogenannte »Gottesurteil« auf dem Karmel (1 Kön 18). Mit dem feurigen Wunder Gottes dort war es eben für Elia nicht genug. Der Prophet Gottes selbst tötete anschließend die 450 Propheten Baals am Bach Kischon (1 Kön 18,40). Und nun droht ihm die eindrucksvoll auftretende Königin Isebel ihrerseits mit dem Tod. Es ist ein religiös motivierter, höchst zwiespältiger Feuereifer, dem eine berufsbezogene chronische Erschöpfung folgt. Das alles hat Elia in die Wüste getrieben. Ein Fall von Burn-out, in dem der Betroffene mit wenig Verständnis rechnen kann.

»Ein anderer Gott muss her, ehe der Mensch gesunden kann.« Die Spur, die A mit der Frage nach dem Gottesbild des Elia aufwirft, würde ich gerne weiterverfolgen. Welchen Gott haben wir eigentlich? Und was kann dieser Gott, was andere Götter nicht können? Um diese Fragen geht es in der gesamten »Dürre-Komposition« in 1 Kön 17–19. Vor dieser Frage steht auch der Prophet mit dem programmatischen Namen. Elijahu – *Mein Gott ist JHWH!* Da ist Elia sich ganz sicher. Aber was für ein Gott ist dieser JHWH eigentlich?

V Erschließung der Hörersituation: Vom Karmel zum Horeb

Ich nehme die ganze Landschaft in den Blick, in der sich Elias Geschichte abspielt. Zwei Berge, Karmel und Horeb. Und dazwischen ein Mensch in der Tiefe der Verlassenheit, ein Mensch, dem das Selbstkonzept und das Gottesbild zerbrochen sind – und das, obwohl er doch so öffentlich die Überlegenheit seines Gottes demonstrieren konnte. Spott und Hohn hat er auf dem Berg Karmel ausgeschüttet über die Propheten des Baal. Sein gesamtes Auftreten war wie durchtränkt von der Gewissheit, dass JHWH der stärkere Gott ist, so wie der Holzstoß des Brandopfers vom dreimal darüber ausgeschütteten Wasser.

Diese Geschichte wird mit einem ironischen Unterton erzählt. Der Gott Israels begibt sich auf diesem Berg in einen bewusst überzeichneten religiösen Wettbewerb mit dem konkurrierenden Gott Baal. Diese Demonstration der Souveränität Gottes erzeugt aber bei seinem Propheten Elia ein falsches Überlegenheitsgefühl. Es führt zu einer Eigenermächtigung mit schrecklichen Folgen, dem Massaker am Bach Kischon. Da hat einer Gott ganz falsch verstanden. Und vor solchen Menschen kann man wirklich Angst bekommen.

Von derartigem religiösen Fanatismus sind die Hörerinnen und Hörer dieser Geschichte sehr weit entfernt. Aber sie fürchten sich vielleicht davor und sie sind betroffen, wenn Religiosität, auch ihre eigene, per se als Ausgangspunkt von Fanatismus und Gewalt diffamiert wird. Der vielfach diskutierte Zusammenhang von Religion und Gewalt ist ein dankbares Thema auf ganz unterschiedlichen Diskursebenen, für eine religions- und kirchenkritische mediale Berichterstattung wie für universitäre Ringvorlesungen. Ist die Eliageschichte womöglich eine anschauliche Bebilderung der vielzitierten »Monotheismusthese« (Schieder), wie sie insbesondere Jan Assmann ins Gespräch gebracht hat?

Rolf Schieder bemerkt dazu: »Die sogenannten monotheistischen Religionen sind intrinsisch gewalttätig, die sogenannten polytheistischen Religionen intrinsisch friedfertig. Diese These ist falsch, vielfach widerlegt und gefährlich. Warum wird sie trotzdem weiterhin behauptet und von den Medien begierig kolportiert? Die letzten Erfahrungen mit polytheistischer Symbolik haben wir in Deutschland mit den Symbolen der auf germanische Götterwelten zurückgreifenden rassistischen Blut-und-Boden-Religion der Nationalsozialisten gemacht. Ihr sind sechs Millionen Monotheisten zum Opfer gefallen. Glaubt man aber den Erfindern und Verkündern der Monotheismusthese, dann waren es ausgerechnet die Juden, die den Monotheismus erfunden und so religiöse Gewalt in die Welt gebracht haben.« (Schieder)

Die Elia-Geschichte erzählt davon, wie sich die Idee des einen Gottes in Israel durchgesetzt hat. Und sie schärft vom Beginn dieser Geschichte an ein, dass dem ersten Gebot, »Du sollst keine anderen Götter haben neben mir« sogleich das zweite folgt, die unmissverständliche, aber so gerne überhörte »Absage an jegliche Reduktion Gottes auf menschliche Wunschvorstellungen und Eigeninitiativen« (Erklärt, 795). An Elia ist zu sehen, was geschieht, wenn das erste ohne das zweite Gebot beherzigt wird, ganz zu schweigen von den folgenden. Elias Eigeninitiative hat ihn zum Mörder werden lassen. Dieser Gottesmann verdient seinen Namen nicht.

Am Tiefpunkt seines bisherigen Weges mit dem Gott Israels, in der Wüste der Gottesferne unter dem Wacholderstrauch, erfährt Elia, dass Gott ihm dennoch nahe bleibt. Auch sein Todeswunsch ist offenbar nichts anderes als eine Wunschvorstellung, die bitterste Form der Eigeninitiative. Gott überhört diesen Wunsch souverän und unmissverständlich. Schatten, Wasser, Brot, Worte, alles, was die Lebensnot Elias wenden kann, kommt zu ihm. Aber noch hat sich Elia nicht weit genug vom Berg Karmel wegbewegt.

Der Berg, auf den er sich zubewegt, ist der Horeb, der Sinai, der Berg des Bundes, der wahre Gottesberg. Und hier begegnet Elia dem wahren Gott Israels. Gewünscht hat er sich das nicht, Gott zu begegnen, ganz anders, als es von Mose in Ex 33 berichtet wird. Und auch der Ton zwischen Gott und Elia ist anders, weit weniger freundschaftlich, eher knapp: *Was machst du hier? Geh heraus. Tritt hin.*

Die Gotteserscheinung des Elia ist noch einmal mehr als bei Mose dazu geeignet, die Unverfügbarkeit Gottes zu betonen: »ER im Sturme nicht, ER im Beben nicht, ER im Feuer nicht, dreimal Nein, Nein, Nein, ›Nicht hier‹: kein Praesens divinum – theologia negativa. Aber wo dann? Im ›verschwebenden Schweigen‹. Das ist nicht die erbauliche fromme ›Stille‹. Das ist dasselbe, was bei Mose das Hinterdreinschauen war, nur hier, bei Elia nicht optisch erfahren, sondern akustisch. (…) Auch Elia behält, wie Mose, nur ein Nachsehen: verschwebendes Schweigen. Diesen Gott bekommt nie ein Mensch zu fassen.« (Marquardt, 463f.)

Denn es wird ja nicht gesagt, dass Gott in dieser »Stimme verschwebenden Schweigens« (Buber/Rosenzweig), dem »stillen sanften Sausen« (Luther), dem »Flüstern eines sanften Windhauchs« (Zürcher Bibel 2007) sei. Noch nicht einmal dort ist Gott. *Er vermag nicht niederzubrennen, durch ihn stürzt keine Mauer nieder* (vgl. A), aber er ist eben auch nicht in einer wie auch immer gearteten Stille zu finden. »Das sanfte Sausen ist lediglich das Signal, aus der Höhle der eigenen Vorstellungen zu treten und sich der wahren Begegnung zu stellen.« (Küstenmacher, 40).

VI Predigtschritte: Feuer, Glut und Asche

Ein anderer Gott muss her, damit der Mensch gesunden kann. Aber Gott muss nicht erst ein anderer werden. Er ist es immer schon. Elias Weg führt ihn vom Karmel zum Horeb in diese Erkenntnis hinein. Die Stationen auf diesem Weg lassen sich in der Predigt abschreiten und auf eigene Lebens- *und* Gotteserfahrungen übertragen. Die Bilder dafür sind in Elias Geschichte zu finden. Das verzehrende Feuer, die wärmende Glut, auf der das Brot gebacken wurde, das ihn nährt – oder die Asche, die ganz am Ende bleibt, wenn alles ausgebrannt ist? Eifer, Kraft, Ergebung, das sind Aggregatzustände des Glaubens. Auch meines Glaubens.

Soll ich am Ende nicht mehr als Asche sein, die dieser sanfte Windhauch mit sich nehmen kann? Elia zieht sich seinen Mantel vors Gesicht, als er das begreift. Und es ist dieser Mantel, den er weitergeben wird an die, die nach ihm kommen.

Literatur: *Erklärt* – Der Kommentar zur Zürcher Bibel. Band 1, Zürich 2010; *Werner Tiki Küstenmacher*, Die neue 3-Minuten-Bibel, München 2013; *Friedrich-Wilhelm Marquardt*, Eia, wärn wir da – eine theologische Utopie, Gütersloh 1997; *Rolf Schieder*, Sind Religionen gefährlich?, Berlin 2008 (Kap. Monotheismusthese: www.perlentaucher.de/essay/monotheismus-und-gewalt.html, abgerufen am 31.05.13).

A

Jesaja 54,7–10:

Es sollen wohl Berge weichen

Ann-Cathrin Fiß

I Eröffnung: »Tröstet, tröstet ...«

Tröstet, tröstet mein Volk (Jes 40,1) – mit dem Auftrag zu trösten, beginnt die Botschaft Deuterojesajas und mit dem Trost endet sie in der Perikope Jes 54,7–10. Doch handelt es sich nicht um einen billigen Trost oder um ein bloßes Vertrösten, sondern um einen, der das Volk Israel in der schweren Notsituation des Exils berühren und tragen soll. Ein Trostwort, das so mächtig ist, die neue heilvolle Zukunft schon erfahrbar und spürbar zu machen.

Und das macht den Text auch zu einem schwierigen und sperrigen Gebilde, denn um einen solchen Trost zu spenden, muss ein Raum zur Klage eröffnet werden, in dem die Not ausgesprochen und gedeutet werden kann. Dazu gehört auch das Ringen mit einem Gott, der als fern und verborgen, dessen Zorn sogar als Grund der Klage empfunden werden kann. Sich der Erfahrung von gefühlter Gottverlassenheit zu stellen und durch die Klage hindurch einen Weg zu Gott zurückzufinden, ist die große seelsorgerliche und homiletische Aufgabe, die der Text aufgibt. Denn angesichts so starker emotionaler Begriffe wie Verlassenheit und Zorn kann die Rede von der Barmherzigkeit und Gnade Gottes nur dann tragfähig und glaubwürdig sein, wenn sie mit Erfahrungen und Inhalten gefüllt ist, die mit dem eigenen Leben verknüpft werden können.

In dieser Spannung steht auch der Duktus des Sonntags Lätare, das »kleine Osterfest« (Bieritz, 110), der noch immer in der Passionszeit liegt, aber schon Hoffnungszeichen in sich trägt. Wie also können tröstende Hoffnungszeichen in schweren Zeiten gepredigt werden?

II Erschließung des Textes: Von der Klage zum Vertrauen

Einen kurzen Blick auf den historischen Kontext zu werfen, ist zum Verständnis der tief gehenden theologischen Aussagen der Perikope hilfreich. Die Prophetenworte sprechen in die Endzeit des babylonischen Exils hinein und verkünden eine Wende der Not des Volkes zum Heil. Sie beschreiben ein seelsorgerliches Handeln an den Exilierten, die sich ihr Leid nicht anders zu erklären wussten, als es durch den Zorn Gottes und der Trennung von seinem lebensschaffenden Angesicht zu interpretieren. »Am Ende stehen verzweifelte Aufschreie von Menschen, die ihr plötzliches Unglück nicht zu begreifen und sich nicht zu helfen vermögen; die es aber nicht an Gott vorbei verstehen können und es auf seinen Zorn zurückführen.« (Jeremias, 185)

Die beiden Antithesen (V. 7f.), welche in sich die Gewichtung der Handlungsweisen JHWHs zugunsten seiner Gnade festschreiben, erscheinen als Gottesrede, können aber als Klage des Volkes über die von ihnen als solche gedeutete Gottesferne verstanden werden (vgl. Westermann, 216). Der Prophet nimmt die Ängste des Volkes ernst und klagt mit ihnen über den fernen Gott. Allerdings bleibt er nicht in der Klage verhaftet, sondern führt durch sie hindurch und über sie hinaus, indem er durch seine Worte eine Transformation des Klageraumes zum Lebensraum leistet. Dies geschieht im Rückgriff auf den Noahbund (V. 9), in welchem JHWH sich durch einen Schwur an alle Menschen gebunden und versprochen hat, seinen Zorn zurückzuhalten. Hier erweist sich der prophetische Text als äußert kühn und originell aufgrund seiner Aussage über das Handeln JHWHs und die darin liegende Möglichkeit des Menschen. JHWH selbst bindet sich aus seiner göttlichen Freiheit heraus an die Menschen und beschränkt sich damit selbst, indem er schwört, ganze Bereiche seiner Handlungsoptionen nicht mehr auszuführen. »Dieser Gott ist im philosophischen Sinne kein allmächtiger Gott mehr!« (Jeremias, 193) Für den Menschen bedeutet diese Selbstbindung, dass sie ihren Gott auf seinem Schwur behaften und festhalten können. Sie können aufgrund seines Eides mit Recht auf JHWHs Gnade und Barmherzigkeit pochen. Um das Ausmaß der Gnade zu verdeutlichen, welche die Selbstbindung JHWHs nach sich zieht, entwickelt der Prophet das Bild von den weichenden Bergen (V.10). Selbst die massive Ordnung der Welt mag ins Wanken geraten, nicht aber JHWHs Gnade.

In systematischer Hinsicht berühren wir mit Jesaja 54,7–10 die Frage nach dem *deus absconditus* und dem *deus revelatus*. Das großer Not ausgesetzte Volk beklagt einen fernen Gott, der sein Angesicht abwendet und verbirgt, wird aber durch die Prophetenworte dahin geleitet, sich an dem festzuhalten, was es sicher von Gott weiß und ihm unverbrüchlich zugesagt worden ist: JHWH ist ein gnädiger Gott. Der Klage kommt in dieser Art des Erkenntnisweges eine besondere hermeneutische Funktion zu. In der Klage wird aufgrund der Erfahrbarkeit von Kontingenz die grundlegende Situation des Menschen deutlich, den Grund seines Daseins weder selbst bestimmen noch bewahren zu können. So lässt sich das Leben des Menschen als fragmentarisch und bruchstückhaft erkennen und im Angewiesensein auf Gott als angenommen erfahren (vgl. Luther, 262ff.).

Die Klage wird so nicht nur zum Bindeglied zwischen Selbst- und Gottesverborgenheit und Selbst- und Gotteserkenntnis, sondern führt auch im performativen Akt des Klagens, indem geklagt wird, zur heilvollen Gemeinschaft mit Gott. Der seelsorgerische Impuls des Propheten, das Leben nicht an Gott vorbeizuführen, sondern die ganze Vielschichtigkeit gelebten Lebens vor Gott zu bringen, im Vertrauen auf Gottes zugesagtes Erbarmen, ist für mich der Kernpunkt der Perikope, welcher in der Predigt entfaltet werden kann.

III Impulse: Gott hält zusammen, was zerbrochen ist

Methodisch bietet es sich an, den Dreischritt der Perikope (Aufnehmen der Klage und Verlagerung in Gott, Rückgriff auf Noahbund und Selbstbindung Gottes, Explikation der ewigen Gnade) in der Predigt aufzunehmen und den Text in diese drei Teile zu gliedern. Wirkungsvoll ist es auch, die jeweiligen Verse von einer Lektorin/einem Lektor oder einem Gemeindemitglied lesen zu lassen, sodass die biblischen Worte einen eigenen Klang bekommen. So wird es möglich, mit der Gemeinde zusammen den Weg von der Klage zum Vertrauen zu gehen.

Da die Perikope von den starken Kontrasten einer sehr bildreichen Sprache lebt, kann die Predigt durch eine Entfaltung der biblischen Bilder ihre Gestalt gewinnen. Prägend ist z. B. der kurze Augenblick der Verlassenheit und das Gesammelt-Werden in großer Barmherzigkeit. Gott erscheint als ein Sammler, der all die Bruchstücke aufsammelt, die an und in einem Leben entstehen und sie behutsam in seine Hände nimmt, sie zu einem Bild zusammenfügt. Er sorgt dafür, dass all das, was beklagt wird, nicht in tausend Stücke zersplittert und zerfällt, sondern auch im Bruch zusammengehalten wird. Es eröffnet einen Raum von heilvoller Zukunft im Sichtbarsein der Verletzung, der Ganzheit im Gebrochensein. Dieses Bild kann die Gemeinde einladen und ihr Mut machen, dort in einer Art Meditation mit Leitfragen zu verweilen: Was sind die Bruchstücke in unserem Leben? Wann ist etwas verletzt worden? Wann habe ich mich verlassen gefühlt? Was möchte ich Gott in die Hände legen? Was vertraue ich ihm an?

Ein zweites starkes Motiv ist der be-greifbare Gott im wahrsten Sinne des Wortes. Er kann festgehalten werden an den Zusagen, die er allen Menschen im Noahbund gegeben hat. In seiner Bindung an uns Menschen nimmt Gott sich selbst zurück. Er gibt sich dem selbstlos hin, was er geschaffen hat. Und das bedeutet, dass er mit hineingeht in die Brüche, die das Menschsein in sich trägt. Weil er selbst seine Macht gebrochen hat und sich dem aussetzt, was menschlich und zerbrechlich ist. Jesaja zeigt uns einen leidenschaftlich liebenden und mitleidenden – einen passionierten Gott (hier wäre auch ein Anknüpfungspunkt zur Passionszeit).

Da Jes 54,7–10 ein sehr dichter von poetischer Sprache geprägter Text ist, der in sich keine erzählende Handlung (mit Ausnahme von V. 9) trägt, kann die *Person* des Propheten stark gemacht werden als eine, die von ihrem Gott erzählt. Dazu braucht es lediglich eine Form der Dialogstruktur mit einer fiktiven Prophetengestalt, die uns etwas erzählt und die wir etwas fragen können, z. B. warum er so vertrauen konnte usw. Dabei wäre es mir wichtig, den Propheten als exemplarisch Glaubenden darzustellen, der zur Identifikation einlädt und seine Geschichte mit Gott erzählt.

Um die Bewegung einer vom Vertrauen getragenen Klage noch einmal anders nachzuspüren, kann die Predigt z. B. mit dem modernen Passionslied von Ilona Schmitz-Jeromin »Manches Holz« gerahmt werden (Text, Klangbeispiel, Chorsätze usw. finden sich auf www.ekkw.de/kirchenmusik, abgerufen am 31.5.13). »Dieses Lied setzt ganz auf die Kontexte, auf die Erfahrungen, Gefühle, auf ›die Splitter der Erinnerung‹, die diejenigen mitbringen, die es singen (…). Erst indem wir das Eigene mit den Bildern verknüpfen, die die einzelnen Strophen hervorrufen, wird dieses Lied zum Passionslied.« (Stock).

Als Lesung in einem Gottesdienst zu Jes 54,7–10 wäre im Sinne des Noahbundes die Zusage der Bewahrung der Schöpfung (Gen 8,20–22) sinnvoll, um eine Verbindung von Liturgie und Predigttext zu schaffen.

Literatur: *Karl-Heinrich Bieritz,* Das Kirchenjahr. Feste, Gedenk- und Feiertage in Geschichte und Gegenwart, München [7]2005; *Jörg Jeremias,* Der Zorn Gottes im Alten Testament. Das biblische Israel zwischen Verwerfung und Erwählung (BThSt 104), Neukirchen-Vluyn 2009; *Henning Luther,* Leben als Fragment. Der Mythos von der Ganzheit, in: WzM 43 (1991), 262–273; *Eberhard Stock,* Predigtimpuls zu »Manches Holz« unter: www.ekkw.de/kirchenmusik (abgerufen am 31.5.13); *Claus Westermann,* Das Buch Jesaja. Kapitel 40–66 (ATD 19), Göttingen 1976.

Doris Gräb

B

IV Entgegnung: Ein Hauch von Ostern

Trost ist das große Thema in diesen Versen – da kann ich A nichts anderes entgegensetzen. Doch wie lässt sich diese ungemein beeindruckende, ja geradezu anrührende Trost-Poesie herunterbrechen für die Predigt? Wie können wir mit den Hörern über ihre Erfahrungen der Verlassenheit ins Gespräch kommen – und sie den großen Trost spüren lassen, den diese Verse enthalten?

Ich frage mich – und ich möchte A fragen – ob eine entsprechende Befragung der Hörer und eine Meditation über das Fragmentarische allen Lebens mit dem dann folgenden Hinweis auf den großen »Sammler« nicht weit unter der poetischen Kraft der Propheten-Worte bleibt und jenen Resonanzraum, in den die Hörer durch die Predigt ihre eigenen Erfahrungen hineinschreiben sollen, gerade nicht eröffnen kann.

Es wird die – vielleicht kaum zu bewältigende – Leistung der Predigt sein müssen, nicht nur »über« die Erfahrungen des verborgenen Gottes und der eigenen Verlassenheit zu sprechen, sondern diese Erfahrungen so zum Klingen zu bringen, dass der Trost, der immer größer ist als das, was menschliche Worte zu sagen vermögen, ins Herz spricht und spürbar wird.

In Deuterojesajas Bildsprache gesagt: Durch unsere Predigt sollen die Hörer die Kraft finden, zumindest für Augenblicke ihre Harfen von den Weiden zu holen. Und das eben und gerade am Sonntag Lätare. Rosa ist seine Farbe, die Mischung zwischen dem Violett der Passionszeit und dem Weiß des Osterfestes. In unserer katholischen Nachbargemeinde »wagen« es die Altarschmückerinnen – so wurde mir gesagt –, auf den an den übrigen Passions-Sonntagen kahlen Altar einen kleinen rosafarbenen Blumenstrauß zu stellen. Symbol für einen Hauch von österlicher Freude, sinnfälliger Ausdruck einer leisen Erfahrung der verlässlichen Güte Gottes inmitten der Kreuze unseres Lebens. Ob es unserer Predigt gelingt, Worte und das Gehör dafür zu finden?

V Erschließung der Hörersituation: Ein Hauch von Trost

»Es sollen wohl Berge weichen und Hügel hinfallen« – dieses Wort gehört zu den beliebtesten Sprüchen bei Taufen, Konfirmationen und Trauungen. Angesichts der Unwägbarkeiten und Unsicherheiten, die zu jedem Lebensweg gehören und derer man sich gerade an den Lebensschwellen und den dazugehörigen Festen erinnert, tut es gut, von der Verlässlichkeit der Gnade Gottes zu hören und sie sich zusagen zu lassen. Es wird genauso häufig aber auch als Trostwort bei Trauerfeiern verwandt.

In meiner eigenen Biografie hat dieses Wort seinen festen Ort. Über viele Jahre war es bei allen großen Festen in unserem Haus üblich, dass irgendwann im Laufe des Abends zwei unserer Freunde Mendelssohns Arioso aus dem »Elias« gesungen bzw. am Klavier begleitet haben. Dieses so eindringliche Stück Musik: Elias, eben siegreich hervorgegangen im Kampf gegen die Baals-Priester, erinnert sich an Gottes Gnadenzusage, die sich gerade jetzt für ihn als wahr erwiesen hat. Dass diese Erfahrung nicht geradlinig war, sondern durch alle Tiefen und Höhen hindurch erspürt – erlitten – erkämpft werden musste, das bringt Mendelssohn in den gewaltigen Sprüngen seiner Melodieführung zum Ausdruck: Bis zur Dezime muss sich Elias auf und nieder schwingen, bis er dann endlich, begleitet von zarten Oboen-Tönen, zur Ruhe findet. Für alle Gäste war es jedes Mal mehr als nur irgendeine musikalische Einlage, es war ein äußerst willkommenes Innehalten. Ja, auch in den Hoch-Zeiten des Lebens ist es wichtig, sich Gottes Gnade zu vergewissern und sie sich mit solch wunderbarer Musik ins Herz singen zu lassen.

Noch eine andere bleibend-unvergessliche und sehr schmerzliche Erinnerung verbindet sich für mich mit diesem Jesaja-Wort. Während meiner

Zeit als Klinikpfarrerin habe ich es an einem Sonntag Lätare zu predigen versucht, an einem Ort, wo hinter fast allen Türen Menschen sind, die sich von Gott verlassen glauben. Ich habe an jenem Sonntagmorgen noch nicht gewusst, dass ein junger Kollege mit unheilbarem Befund oben im Bettenhaus auf einer der Stationen lag. Unter Tränen hat er mir dann am Montag davon erzählt, wie er meine Predigt gehört habe. Wie der Trost inmitten seiner ganzen Gottverlassenheit dennoch in sein Herz gedrungen sei, sehr wohl darum wissend, dass ihm nicht mehr viel Zeit bleiben würde. – Trost, zumindest für einen Augenblick in das Zerbrechen aller Lebenspläne hinein gesagt – und sogar gehört.

So ähnlich muss es vermutlich auch den damaligen Adressaten ergangen sein. Trost – aller realen Erfahrung zum Trotz. Weitergehen, weitersehen, auch wenn das Herz vor lauter Kummer stillstehen will, weil die Vernichtung absehbar ist. Wie kann es der Predigt gelingen, eben diese Spannung durchzuhalten und auszuhalten, diese sich so widersprechenden Gefühle zur Sprache zu bringen: die unendliche Gottverlassenheit und ein Hauch von Trost; die Spannung zwischen der Erfahrung des Zornes Gottes und der Gewissheit der bleibenden Güte Gottes; das Wahrnehmen dessen, was alles zerbrochen ist, und das Heilsein?

VI Predigtschritte: Trost-Erfahrungen, inmitten von Trümmern

Anhand von Trost-Geschichten, von Trost-Liedern und Trost-Bildern möchte ich den »Sprachraum« eröffnen, in den hinein die Hörer – wenn es denn gelingt – die Geschichten ihres eigenen Lebens hineinschreiben können. Jeder Prediger, jede Predigerin möge sich aussuchen, was ihr am nächsten liegt.

1. An den Wasserflüssen Babylons saßen sie und weinten. Ihre Harfen hatten sie schon lange in die Weiden gehängt. Keine Freude mehr, keine Lieder mehr. Keine Hoffnung mehr. Nur noch verzagte, verschlossene Herzen. So müssen wir uns die Situation der Verzweifelten vorstellen. Und dann doch, auf kaum zu erklärende Weise, ein ganz anderes Wort. Dieses Trost-Wort des Propheten, das alle ihre Gefühle aufnimmt – und doch weiterführt: Verlassensein – und aufgesammelt werden, sich geborgen wissen, allen grausigen Realitäten zum Trotz. Erfahrungen, die gewaltigen Erdbeben gleichen – und dennoch die Gewissheit erspüren, behütet zu bleiben. Der Prophet erinnert noch an eine andere Trost-Geschichte: die Geschichte von der Sintflut, Symbol umfassender Vernichtung – und Noahs Erfahrung von Errettung mit der gewaltigen Zusage: »Solange die Erde steht …« (Gen 8,22).

2. Jakobs Kampf am Jabbok (Gen 32,23ff.): »Ich lasse dich nicht, du segnest mich denn …« Bildreicher, dramatischer kann kaum zum Ausdruck gebracht werden, wie zwiespältig die Gefühle in uns Menschen oft sind.

Welcher Kämpfe es bedarf, um schließlich einen Hauch von Segen, von Gottes behütender Hand, erspüren zu können.

3. Das Arioso im Oratorium Elias von Felix Mendelssohn-Bartholdy: die Sprünge in der Melodieführung. Die Unruhe – und ganz am Ende erst, in den beiden letzten Takten, das Zur-Ruhe-Kommen, ganz zart, ganz leise.

4. »Trost«: ein Bild des Malers Dieter Krieg (zu finden unter Google – Bilder: Dieter Krieg, Trost). Es lässt sich gut kopieren und sollte gleich am Eingang vor Beginn des Gottesdienstes verteilt werden. Dieter Krieg, 1937 geboren, ist Träger vieler Kunstpreise und war bis zu seiner Emeritierung Professor an der Kunstakademie in Düsseldorf:

Trost. Nur diese fünf Buchstaben, auf einer Länge von fast drei Metern und einer Höhe von über einem Meter. Es hängt in den Räumen des Evangelischen Oberkirchenrats in Karlsruhe – für jeden Wohnraum viel zu groß.

Trost – auch auf der kleinen Kopie immer noch vor uns, und noch längst nicht in uns. Ein wunderbares Blau, auch noch in der einfachen Wiedergabe. Und die Buchstaben: Sie wirken unruhig, sie wanken fast ein wenig übers Papier. Mir ist, als wollten sie sich fortbewegen, ein wenig hinauf, dann wieder hinab, schwerfällig, bis hin zu dem »t« am Schluss. Nach dem »s«: wie ein Schnitt, eine Grenze, und ein Farbwechsel hin zu einem helleren Blau. Ob das die Botschaft des Bildes sein könnte, und des Künstlers, von dem wir gar nicht wissen, ob er vom Gott allen Trostes weiß?

Das allerdings scheint er zu wissen: Der Trost kommt selten in klaren und eindeutig-wirksamen Worten daher. Er zögert, er wankt, er strauchelt, er kommt – und geht, bis er irgendwann ankommt, zu seinem Ziel gekommen ist.

Denn: Trost ist nicht machbar. Auch der Gott allen Trostes kann nicht herbeigezwungen und auch nicht herbei gebetet werden. Vergeblich halten wir im Leid manchmal nach dem verborgenen Gott allen Trostes Ausschau. Und dann bleiben diese fünf Buchstaben vor uns, auf unerklärliche, schmerzliche Weise.

Und doch, das wissen wir genauso gut, kann Trost geschehen. Kann uns Trost zuteilwerden. Kann die Seele gesund werden, zunächst vielleicht nur für Augenblicke, und dann doch immer mehr – so, wie es auf Kriegs Bild nach dem unsicheren Weg der Buchstaben dieses letzte hellblaue »t« symbolisiert. Es heißt – und vielleicht klingt es sogar etwas schlicht –, dass die Seele »zu Fuß« gehe. Und doch ist es so wahr: Lange kann es dauern, manchmal viel zu lange, bis eine verwundete Seele Trost erspürt. Bis sie sich gleichsam in diese fünf großen Buchstaben hineinfühlt, sich hineinnehmen lässt.

Eigentlich hat jede Predigt tröstlich zu sein – doch vielleicht können wir uns am Sonntag Lätare den anrührenden Worten des Deuterojesaja noch mehr als sonst annähern.

Lied: EG 398 »In dir ist Freude, in allem Leide«.

Hebräer 13,12–14:

… die zukünftige suchen wir!

A

Ulrike Wagner-Rau

I Eröffnung : Dynamik der Sehnsucht

Der Text lebt von der Dynamik der Bewegung zwischen verschiedenen Orten. Nicht Verharren, sondern Hinausgehen und Aufbrechen ist das Thema. Der Weg führt ins Offene, verheißungsvoll und erschreckend zugleich.

Da ist zunächst das »Lager«, ein geschützter Ort, hier eingeführt in Analogie zum Lager Israels in der Wüste, das von Jahwe bewahrt wird. Aber nicht in jeder Situation liegt eine Verheißung darin, im Sicheren zu bleiben. Darum führt der Text die Lesenden hinaus aus dem Lager vor das Tor. Jenseits von Grenzen und Mauern finden sie sich im Freien wieder. Dieser Ort vor dem Tor – im Textzusammenhang verstanden als ein Verweis auf Golgatha (vgl. Gräßer, Bd. 3, 283) – ist besetzt durch eine Geschichte des Schreckens: Hier hatte Jesus gelitten, war er der Schmach der Kreuzigung ausgesetzt. Hinauszugehen also konfrontiert mit einem Ereignis, dem man lieber ausweicht. Aber gleichzeitig ist der Ort mit einer Verheißung verbunden, denn er ist eine Durchgangsstation zur zukünftigen Stadt. Deren Bild bleibt in der Andeutung, das himmlische Jerusalem ist nicht real vorhanden, sondern versprochen. Es bewahrt seine besondere Qualität darin, dass man es im Hier und Jetzt gerade nicht erreicht. Es ist ein Ort der Sehnsucht, dessen Bild den Alltag transzendiert und hilft, das Vorletzte nicht mit dem Letzten zu verwechseln.

Diese Dynamik der Sehnsucht ist mein Thema mit dem Text. Seine Provokation liegt darin, dass der Weg über eine Identifikation mit dem Leiden und der Schmach Jesu Christi führt. Welche Art von Heil kann darin liegen?

II Erschließung des Textes: Wohin sich wenden auf dem Weg?

Die Verse des Predigttextes stellen eine kleine lehrhafte Partie dar im Zentrum aneinandergereihter Paränesen, die das letzte Kapitel des Briefes prägen. Erich Gräßer kennzeichnet die Verse als die »knappste Zusammenfassung der Hebräerchristologie« (Gräßer, Bd. 3, 384). Christus als der eine und einzige Hohepriester, so der wesentliche Vorstellungsgehalt dieser Christologie, hat durch seinen stellvertretenden Sühnetod am Kreuz den Weg in den Himmel gebahnt. Nun können die Menschen im Glauben ihm, dem Vorläufer, folgen und darin Gott nahekommen (vgl. Gräßer, Bd. 1, 22).

Wer den Hebräerbrief geschrieben hat und an wen dieser sich richtet, bleibt ein Rätsel. Vermutlich entstand er in den 80er- oder 90er-Jahren des ersten Jahrhunderts und spricht Christinnen und Christen an, deren enthusiastische Aufbruchsstimmung verflogen ist. Sie neu für den Glauben zu motivieren ist sein theologisches Ziel (vgl. Gräßer, Bd.1, 18–25).

Der Predigttext setzt das Geschehen am *Jom Kippur* voraus, an dem die Priester das Fleisch der Opfertiere außerhalb des Lagers verbrennen. Die Kreuzigung Jesu wird in Analogie zu diesem Geschehen dargestellt. Wie das Fleisch der geopferten Tiere außerhalb des Lagers den Flammen übergeben wird, so wird Jesus vor den Toren Jerusalems gekreuzigt, ein Opfer, das Gott versöhnt und alle rettet, die ihm folgen und glauben. Durchbrochen ist die Analogie insofern, als bei der Kreuzigung das Opfer selbst vor dem Tor dargebracht wird, nicht nur das Opferfleisch – also die Überreste des eigentlichen Opfers – außerhalb des Lagers vernichtet wird.

Mich beschäftigt an dieser theologischen Gedankenfolge zunächst die Charakterisierung des Volkes Gottes als eine Gemeinschaft auf dem Weg. In der christlichen Vorstellung, so Käsemann, sei das Heil das Ziel einer Wanderschaft, nicht eines Wartestandes (referiert bei Gräßer, Bd. 3, 388). Dem Heil muss man nachlaufen; dann kommt es denen entgegen, die bereit sind, aufzubrechen und unterwegs zu sein. Wer es sich zu gut und dauerhaft einrichtet in warmen Stuben und sicheren Häfen – wie auch immer diese im Einzelnen aussehen können –, findet es nicht. Dieser Gedanke mag Menschen anziehen, die in der Heimatlosigkeit leben, in den gut behausten Sonntagsgemeinden erregt er vermutlich eher Abwehr. Vielleicht ebnet der Hinweis einen Weg, dass wir ja unausweichlich »Vorübergehende« (vgl. EvThomas, Logion 42) sind: genommen von Erde und zurückkehrend zur Erde, am Anfang und am Ende und immer wieder zwischendurch ausgesetzt, angewiesen und ohne bleibende Stadt.

Das Unterwegssein, so ist es das Thema des Textes und der Passionszeit insgesamt, hat eine bestimmte Orientierung: Es weicht dem Leiden nicht aus, sondern wendet sich ihm zu als notwendige Bewegung, um sich Gott zu nähern. Die Wendung zum Leiden und zu den Leidenden ist gleichsam identisch damit, Gott nahe zu sein. Provokation und Verheißung dieser Orientierung im Alltag einer Familie führt ein Fallbeispiel vor Augen, von dem Christoph Morgenthaler erzählt:

»Familie Leuenberger ist gut situiert, die beiden Eltern erfolgreich beruflich tätig, (…). Emmanuel, der Sohn, ist der Inbegriff von cool, trägt modisch abgewetzte Kleider und ein freundliches Kindergesicht. Alles an Mira, der Tochter, ist schwarz, Haare, Make-up, Fingernägel, Kleider, Schuhe. Schwarz ist auch der Blick. Als Schmuck trägt sie ein Gehänge aus stumpfen Rasierklingen (…) Mira fällt auch in der Schule auf.« (Morgenthaler, 367) Die Klassenlehrerin bringt die Familie mit sanftem Druck dazu, eine Beratung zu suchen. Leuenbergers wählen die örtliche Seelsorgerin, die zugleich systemische Therapeutin ist.

Der Anfang der Beratung ist mühsam. Eltern und Bruder äußern, dass eigentlich alles in Ordnung sei – wenn man von den Problemen Miras absehe. Erst im Prozess einer systemischen Familienaufstellung werden Einsamkeit, Traurigkeit und Spannungen hinter der Fassade der Familie offensichtlich. Dem Leiden ist nicht mehr auszuweichen. »Die Seelsorgerin lässt dann die einzelnen ausdrücken, wie sie sich in dieser Familie fühlen. Miras Überleben ist Aggression. Wenn sie vor Wut kocht, schneidet sie sich mit scharfen Gegenständen. Das hören die Eltern zum ersten Mal, und sie erschrecken, als sie die vielen Schnittwunden sehen, die sich Mira an Schenkeln und Armen schon zugefügt hat. Alle verstummen. Die Mutter hat Tränen in den Augen. Mira sagt, so könne sie nicht mehr weiter leben (…). Es war ein langer Weg, den die Familie noch vor sich hatte …« (Morgenthaler, 368).

In einer seelsorgetheoretischen Reflexion des Falles stellt Morgenthaler die Frage, wie das theologische Thema in dieser Geschichte präsent sei. In der liebevollen und kompetenten Zuwendung der Seelsorgerin? Im Glauben an einen verzeihenden Gott? Sicher auch dort, so seine Antwort. Aber ist er nicht »bereits da in Miras Kette mit den stumpfen Rasierklingen, in ihrem Schwarz, ihrer Wut, ihrem unbändigen Drang, der Oberflächlichkeit und dem sozialen Tod etwas entgegenzusetzen? Praying and weeping in the desert? (…) Gott ist bereits da, in der verletzten und sich selbst verletzenden, dem Tode nahen, schwarzen Mira. Gott entäußert sich in ihr in die Beziehungen dieser Familie und setzt damit sein eignes Leben aufs Spiel. Gerade vom schwächsten Glied, das so viel Leiden auf sich nimmt, geht die … Energie aus, welche die Familienidole von Erfolg und Schönheit ins Wanken bringt und einen Prozess der Veränderung in Gang setzt (…) Gott – das Versprechen und die Möglichkeit der Transformation und Erlösung der Welt, in seiner abwesenden Anwesenheit.« (Morgenthaler, 368f.)

Wohin sich wenden? Die Geschichte dieser Familie zeigt, wie ein primärer Impuls dem Leiden ausweichen will und es damit vergrößert. Lebensförderliches entsteht in dem Moment, in dem es mithilfe der Seelsorgerin gelingt, sich aus der vermeintlichen Sicherheit der Verleugnung dem Schwierigen gemeinsam zu nähern, es anzuschauen – und in paradoxer Umkehrung der furchtsamen Erwartung gerade dort die Vorzeichen eines heilsamen Weges zu entdecken.

III Impulse: Mystischer Trotz

Vor das Tor zu gehen, ist also keine Heldentat, sondern Alltagsaufgabe. Sich dem Kreuz zu nähern, ist der Aufbruch aus dem Missverständnis, dass es Leben ohne Leid gäbe. Wer Sehnsucht und Hoffnung nicht fahren lassen will für die dumpfe Sicherheit dessen, was man schon kennt, muss hinschauen, wo man lieber wegsehen möchte. Irritierend und tröstlich zugleich ist dabei die Vorstellung, dass Gott gegenwärtig ist, wo wir ihn als abwesend erfahren: im Leiden, im Sterben, in der Schmach, im Hässlichen und Aggressiven. Dies alles gehört nicht nur zur Wirklichkeit unseres Lebens, sondern auch zur Wirklichkeit Gottes. Das zeigt sich im Bild des leidenden, des wirklichen und wahren Menschen Jesus Christus. An ihm kommt niemand vorbei auf dem Weg in die zukünftige Stadt. Aber umgekehrt gilt auch: Könnte das Leiden nicht auf die himmlische Stadt hin durchsichtig werden, wäre es unerträglich. Dorothee Sölle hat es das Paradox des christlichen Glaubens genannt, im Leiden »mystischen Trotz« zu entwickeln. »Die Einheit von Kreuz und Auferstehung, Scheitern und Sieg, Weinen und Lachen macht die Utopie eines besseren Lebens erst möglich. Wer nicht weint, hat sie nicht nötig, und wer nur weint, dem bleibt Gott stumm.« (Sölle, 202f.)

Literatur: *Erich Gräßer*, An die Hebräer (EKK XVII/1), Zürich/Neukirchen-Vluyn 1990; *ders.*, An die Hebräer (EKK XVII/3), Zürich/Neukirchen-Vluyn 1997; *Christoph Morgenthaler*, »Ach, hätte Gott dies alles noch erleben dürfen ...« Praktische Theologie, Ironie und Poesie, in: PTh 101 (2012), 359–370; *Dorothee Sölle*, Leiden, Stuttgart 1973.

B Klaus Eulenberger

IV Anknüpfung: Ein hohes Risiko, eine irritierende Verheißung

»Dem Heil muss man nachlaufen; dann kommt es denen entgegen, die bereit sind aufzubrechen ...« Diesen Satz lese ich als Leit-Linie für das Verstehen der kargen drei Verse, für Predigt und Gottesdienst. Nicht als etwas Zusätzliches, sondern als Präzisierung verstehe ich den folgenden Hinweis: Was der *draußen vor dem Tor* leidende Jesus bewirkt hat, ist nur die eine Hälfte der Arbeit. Die andere Hälfte müssen diejenigen leisten, die *zu ihm hinausgehen*. Was der eine getan hat, kann erst wirksam werden, wenn die anderen den »geschützten Ort« (A I) aufgeben. Die »Heiligung« hat den genauen Sinn von *Absonderung*. Geheiligt werden jene, die das Lager verlassen und *draußen* die »Schmach« des Gekreuzigten tragen. Die das tun, folgen einem Wissen, für das der Gekreuzigte selbst einsteht: *Wer sein Leben erhalten will, wird es verlieren*. Also suchen sie das Leben, ihr Leben nicht länger in dem relativ geschützten Bereich drinnen, sondern an einem Ort draußen, der mit einer erschreckenden Geschichte verbunden ist. Diese Entscheidung ist mit einem hohen Risiko und einer irritierenden Verheißung verbunden. Verlasst den sicheren Bereich, so werdet ihr leben.

Die systemische Familienaufstellung, von der A mit Morgenthaler erzählt, kann zur Metapher auch für eine Bebilderung des Textes selbst werden. Ich sehe diese Bewegungen: Im Innern des Lagers wenden sich einzelne Gestalten dem Tor zu und gehen darauf zu. Sie öffnen das Tor und passieren es, um es dann hinter sich zu schließen. Dort, wo auf einer kleinen Erhebung ein Kreuz steht, bleiben sie stehen, schauen einander an, manche blicken verunsichert auch noch zum Lager zurück. Ich versuche mir aufrechte Gestalten zu denken, keine Geduckten, Resignierten. Aber dann müsste sich die eher statische Konstellation auflösen. Die hierher Gekommenen werden ja nicht an diesem Ort bleiben. Wohin werden sie sich von hier aus wenden? In welcher Richtung könnte die *zukünftige Stadt* liegen, und wie kommt man dorthin?

V Erschließung der Hörersituation: Segen für jene, die mit leeren Händen vor Gott stehen?

Was sich mit (hölzernen?) Figuren relativ leicht darstellen lässt, differenziert sich in den lebendigen Menschen unendlich. Welches könnten die Situationen sein, die hinter sich zu lassen es gute Gründe gibt? Die Geschichte der Familie Leuenberger (II) gibt Hinweise, die auch auf andere Ensembles zutreffen werden. Ein »eigentlich« doch erträglicher Leidensdruck und der oft überhörte Ruf, sich einer Situation zu stellen, die Traurigkeit und Angst erzeugt. Das Wissen, dass man einen weiten Weg vor sich hat, der den Charakter eines Kreuzweges haben wird. Die Ahnung, auf diesem Weg einem Gott zu begegnen, der angeschlagen, hilflos und mitgenommen ist und von dem kaum zu glauben ist, gerade er werde jene segnen, die mit leeren Händen vor ihm stehen (EG 382).

Wer sind – heute – jene, die sich an die relative Sicherheit des »Lagers« halten, obwohl sie wissen oder ahnen, dass sie dort eher abgeschnitten sind vom wahren Leben, als ihm ins Angesicht zu schauen? Ich lasse den Blick kreisen und sehe: Frauen und Männer, die von Kränkungen gezeichnet sind. Hart und brüchig geworden durch ungelöste, mitgeschleppte Konflikte, die sich in ihnen abgelagert haben. Bestimmt von dem Gefühl, das Leben (das Gute, Schöne) hinter sich zu haben wie Hölderlin, der am Ende des erschütternden Vierzeilers »Das Angenehme dieser Welt« notiert: »Ich bin nichts mehr. Ich lebe nicht mehr gerne.« (Hölderlin, 454) Ich sehe Menschen, die sich abgehängt, verlassen, als nicht mehr Wahrgenommene fühlen. In denen das Bewusstsein, *vorübergehend* zu sein, sich verstärkt, und zwar nicht nur im Grundsätzlichen, sondern konkret, in Erwartung des Alters, des Todes (»Ich werde niemandem fehlen, wenn ich nicht mehr bin«). Gezeichnet (im Sinne des *branding*) von Erwartungslosigkeit, die Resultat vergeblichen, unerfüllt gebliebenen Wartens ist. Oder, noch ärger: vom Zweifel am Sinn dessen, was man getan hat.

Was könnte Menschen wie die hier Genannten dazu bringen, die *Stadt* zu verlassen, von der sie wissen, dass es keine *bleibende* ist (sie merken es ja an sich selbst)? Und wohin könnten sie sich wenden? Was wäre für sie die *zukünftige Stadt*? Geschichten von der Vergeblichkeit solchen Suchens gibt es viele. Ein erschreckendes Beispiel findet sich in Ursula Krechels Roman »Landgericht« von 2012. Aber auch solche Geschichten lassen sich finden, die erzählen, wie das gehen kann: *das Lager* zu verlassen und am Ort der *Schmach* Leben und Sinn zu finden. Eine der siebzig *Episoden* in Christoph Ransmayrs »Atlas eines ängstlichen Mannes« trägt die Überschrift »Die Arbeit der Engel« (Ransmayr, 176ff.). »Ich sah …«, so beginnt – wie jede andere des Buches – auch diese Erzählung, »ich sah eine mannshohe Mauer.« Es ist die Mauer eines Friedhofs in Třebíč, »einer Stadt im Süden jenes Landes, das damals noch als *Tschechoslowakei* auf den Karten Mitteleuropas erschien.« Die Mauer, anderthalb Kilometer lang, umgibt den alten jüdischen Friedhof der Stadt. Nein, sie »umgibt« ihn nicht mehr, sie ist nur noch Fragment und Andeutung. Man kann sehen, dass sie einmal hier war. Aber langsam entsteht sie wieder.

Bohumír Pavlik ist seit sechzehn Jahren damit beschäftigt, sie mit seinen eigenen Händen wieder aufzurichten. Pavlik, ein ehemaliger Lehrer, hat es nicht hinnehmen wollen, dass der Friedhof in der Zeit des kommunistischen Regimes »geschleift und zu Bauland zerstampft werden sollte«, und so hat er den Entschluss gefasst, »sich dieser Wildnis hier anzunehmen, in der niemand mehr begraben worden war, seit die letzten Třebíčer Juden, fast dreihundert Menschen, in Viehwaggons in das Konzentrationslager Theresienstadt verschleppt worden waren.« Jeden Tag treffe man den Alten an »seiner« Mauer, sagen die Leute der Stadt; er werde dort wohl den Rest seines Lebens verbringen.

Pavlik hat damit angefangen, zuerst die umgestürzten Grabsteine wieder aufzurichten, sie von Überwucherungen zu befreien und, der jüdischen Sitte gemäß, ein paar Kiesel auf sie zu legen. »Wenn es schon keine Verwandten und Nachkommen mehr gab, die den Toten Steine aufs Grab legten, um zu zeigen, dass man an sie dachte, sie immer noch liebte oder zumindest noch nicht vergessen hatte, dann sollte im Schutz dieser Mauer zumindest Ruhe herrschen, Geborgenheit, jedenfalls solange er, Pavlik, noch lebte. Er wurde in diesen Tagen achtzig Jahre alt.« Er, der selbst kein Jude ist, aber weiß, dass ein Stück Erde nach jüdischem Gesetz den darin Begrabenen bis ans Ende aller Zeit zusteht, hat begonnen zu tun, was beim Propheten Jesaja geschrieben steht: »Du wirst wieder aufrichten, was vorzeiten gegründet ward.« (Jes 58,12) Und während er die Gräber wiederherstellte, hat er die hebräischen Zeichen und den Sinn der Grabinschriften allmählich zu verstehen gelernt. So »hatten die Toten selbst nach und nach begonnen, zu ihm zu sprechen.« Inzwischen kommt es ihm zuweilen vor, »als seien ihm die hier Begrabenen vertrauter und näher als viele Bürger der Stadt.«

Eines Tages hat Pavlik ein mit Silberfäden besticktes schwarzes Tuch aus dem Schutt gezogen. Es hat lang gedauert, bis er diese Schrift entziffern konnte: *Er hat seinen Engeln befohlen / dich zu behüten / Wohin du auch gehst.* Aber, so hat sich Pavlik gefragt, wo waren diese Engel, als die Třebíčer Juden ins KZ deportiert wurden? Hatten sie »schweigend und tatenlos Spalier gestanden«, als die Wehrlosen weggebracht, hingerichtet und verbrannt wurden? Hatte der Allmächtige vergessen, seinen Engeln zu gebieten, dass sie die Seinen behüteten auf *allen* ihren Wegen? Aber auch »ein anderer allmächtiger Gott«, so erinnert sich der Lehrer, hatte die himmlischen Heerscharen nicht ins Feld geführt »gegen die Verblendung, Bösartigkeit und Grausamkeit seiner Geschöpfe«, als sie seinen eigenen Sohn ans Kreuz nagelten. – Während Pavlik – von Zweifeln gequält angesichts dieses Gottes in den zwei Gestalten, der nicht hatte eingreifen können oder wollen – an seiner Mauer weiterbaute, habe ihm (so der Erzähler) endlich gedämmert, was der Sinn der silbernen Schrift auf dem Bahrentuch sei: »daß es nämlich den Menschen aufgegeben war, den Sterblichen, *dich zu behüten / Wohin du auch gehst*, und so die Arbeit der Engel zu tun.«

In auffallend paradoxer Version erscheint – für mich – die Grundfigur der drei Verse aus Hebr hier wieder. Der alte Lehrer, der *das Lager* – die Stadt, in der er lebt, und die Doktrin der Kommunisten – verlässt, um die Gräber der jüdischen Toten zu rekonstruieren und damit die Toten zu ehren, aber auch: die *Schmach* derer zu tragen, denen die Chance genommen wurde, eines natürlichen Todes zu sterben und an diesem Ort begraben zu werden, mit Wohnrecht für alle Zeit. Er tut das, indem er die zerstörte Mauer wieder aufbaut. Aber er tut es gerade nicht, um sich zurückzuziehen in eine *bleibende Stadt*. Er tut es in der Hoffnung, »daß die Zeiten sich auch in Třebíč allmählich ändern und wieder heller werden ...« Indem er eine Mauer rekonstruiert, legt er den Blick auf eine andere, eine *zukünftige Stadt* frei.

VI Predigtschritte: Aus dem Lager ins Freie

Hebr 13,12–14 reißt einen starken Kontrast zwischen *innen* und *außen* auf. Es muss, natürlich, weder Ransmayrs Episode noch der von A geschilderte Fall der Familie Leuenberger sein, was in der Predigt diesen Kontrast anschaulich macht. Nur: Anschaulich sollte er schon werden, mit dem Anspruch, der in ihm liegt (Menschen »neu für den Glauben zu motivieren, deren enthusiastische Aufbruchsstimmung verflogen ist«, II), und damit auch mit der Öffnung eines Raumes, wo die Würdigung der *Schmach* des Gekreuzigten einhergeht mit der Chance zu konkretem Lebensgewinn. Predigende Menschen sind vertraut mit der Realität von Gemeindegliedern, von Nachbarn und Bewohnern der Stadt oder des Dorfes, von denen, die ihre Zeitgenossen sind. Sie werden jeweils das *individuelle Allgemeine* (Manfred Frank) benennen und darauf eingehen können. Womöglich kann eine Wendung wie *in der Wahrheit leben* leitend sein für das Bemühen, unfruchtbare Konflikte, Verhärtungen und Kränkungen hinter sich zu lassen und so aus dem *Lager* ins Freie zu kommen. Mit der Aussicht, Gott zu begegnen *im Leiden, in der Schmach, im Hässlichen ...*, aber genau damit in der begründeten Erwartung, das Leben und Gott selbst von Angesicht zu Angesicht zu schauen.

Lieder: EG 428 »Komm in unsre stolze Welt«; EG 382 »Ich steh vor dir mit leeren Händen, Herr«; »In einer fernen Zeit«, Text: Otmar Schulz; Melodien von Andreas Brunion und Dieter Kroeker, in: PASSION LIEDER 2010, hg. von der Evangelischen Kirche von Kurhessen-Waldeck.

Literatur: *Manfred Frank*, Das individuelle Allgemeine. Textstrukturierung und -interpretation nach Schleiermacher, Frankfurt am Main 1985; *Friedrich Hölderlin*, Sämtliche Gedichte, Frankfurt am Main 1999; *Ursula Krechel*, Landgericht, Salzburg/Wien ⁵2012; *Christoph Ransmayr*, Atlas eines ängstlichen Mannes, Frankfurt am Main 2012.

A

Hebräer 12,1–3:

Mut zur Ausdauer

Cornelia Richter

I Eröffnung: Wir haben so wenig

Der kurze und knappe Predigttext behandelt den Glauben als ein existenzielles Thema des Lebens. An Gott zu glauben ist nicht einfach, weil wir so wenig haben, an dem wir uns festhalten können. Gott ist nicht direkt sinnlich wahrnehmbar, wir können sein Wesen nicht erfassen, und auch jede Erfahrung, bei der wir sagen: »Das hat Gott gewirkt!« bedarf der Deutung – hat er *so*, wie wir meinen, gewirkt? Was die einen Gott zuschreiben, wird ihm von den anderen gerade abgesprochen. Wo sich die einen Gott ganz nahe fühlen, empfinden ihn andere als abwesend und verborgen. Das gilt für alle Höhen und Tiefen des Lebens, von der Freude über die Geburt eines Kindes bis zum Verlust eines geliebten Menschen; von dem neugierigen Aufbruch in ferne Länder bis zum Verlust der Heimat, weil die Migration erzwungen ist; von der gemeinsamen Gestaltung des Lebens in treuer Partnerschaft oder Ehe bis zu Enttäuschung und Trauer, wenn einstige Hoffnung zerbricht. In welchen Momenten ist Gott eher bei uns? In den schönen Erfahrungen des Lebens oder in den traurigen und entsetzlichen? Für die letzten bräuchten wir ihn dringlicher, aber gerade dann scheint er zu fehlen. Damit lässt sich nicht leicht umgehen, denn in diesen Situationen muss sich der Glaube in besonderer Weise bewähren. Er muss sich bewähren, weil er uns abhanden zu kommen droht. Doch ist das möglich: An Gott glauben im Angesicht des Abgrunds?

Wie das gehen kann, das ist Thema des Predigttextes: Glaube als kontrafaktisches Risiko – damals wie heute. Ein Weg, der uns nicht erspart bleibt: »Er muss gegangen werden« (Domin, Gedichte, 51). Gegangen, vielleicht sogar erkämpft und erstritten. Das freilich können wir nicht alleine tun, zumindest nicht nur. Wir brauchen dafür andere Menschen, die Ähnliches erlebt haben. Die durch Krisen gegangen sind und trotzdem – vielleicht sogar gerade deshalb – in ihrem Zutrauen auf Gott gestärkt worden sind. Das können Zeitgenossen sein, Freunde, Nachbarn und Bekannte. Das können aber auch Vorbilder aus anderen Zeiten sein, wie z. B. jene, von denen die Bibel erzählt. Noah, Abraham, Sara, Isaak, Jakob, Mose oder Rahab werden als solche Vorbilder oft genannt und haben z. B. auch Luther und Melanchthon inspiriert. An ihrem Zeugnis kann man sich orientieren, festhalten und Mut schöpfen für den eigenen Weg im Leben.

II Erschließung des Textes: Kontrafaktisch

Hebr 12,1–3 lässt sich nicht lesen, ohne Hebr 11 in voller Länge zu kennen. Hebr 12,1–3 ist sogar eher das Scharnierstück zwischen Kap. 11 und dem letzten dogmatischen Briefteil in Kap. 12, denn der Verfasser bindet hier den schweren eigenen Weg sowohl ein in die Geschichte Israels als auch in die Geschichte Jesu selbst. Die Parallele ist eindeutig: Für Abraham, Jakob, Isaak, Sara und all die anderen gilt: Sie haben entgegen aller sinnvoll zu erwartenden Perspektiven am Unglaublichen festgehalten, kontrafaktisch und wider besseres Wissen, und durften tatsächlich eine »kontrafaktische Erfahrung« machen – ein Begriff, der per definitionem eigentlich unmöglich ist. Zugleich sind sie allerdings ganz besondere Vorbilder: »Gott selbst hat sie bestätigt« (vgl. Hebr 11,4f.39), »d.h. er hat ihnen ein gutes Zeugnis ausgestellt, wovon das Bibelwort Zeugnis ablegt«; noch mehr, es geht um ein Zeugnis, das der Erwählung gleichkommt – nicht wegen, sondern »*durch* ihren Glauben« (Gräßer, 100f.).

Dass dieser Passus für Palmsonntag vorgesehen ist, macht Sinn. Denn mit ihm stimmen wir uns in die Karwoche ein, die je nach Tradition als »stille Woche« (protestantisch) tituliert wird und den Akzent auf Leid, Trauer und Klage legt (kara heißt im Althochdeutschen: klagen, trauern), oder als »heilige Woche« (katholisch) bezeichnet wird unter akzentuierender Vorwegnahme und Einbeziehung des Ostersonntags. Für beide Varianten ist die dogmatische Hinführung logisch: Denn in beiden Fällen markiert Jesu Einzug in Jerusalem, ungeachtet seines scheinbaren Triumphes, den Anfang vom Ende. Von nun an wird es dramatisch, nun spätestens beginnt der als historisches Faktum verbürgte Leidensweg eines großen Vorbilds. Ein Weg, von dem wir annehmen müssen, dass er in seiner Provokation und damit Riskanz Jesus bewusst war. Mit diesem Motiv ist der *eine* Anschluss zu der in Kap 11 zitierten Wolke von Zeugen hergestellt: Das mutige Fortgehen ins Ungewisse, das Beschreiten eines Weges, der ins Off führt, dessen (gutes) Ende in keiner Weise absehbar ist und von dem doch einfach nur gilt: »Er muss gegangen werden.« »Muss«, weil es keine sinnvolle Alternative gibt und deshalb das Vertrauen ins Offene, Unabsehbare und Bodenlose als einzig mögliche Option erscheint. Vor diesem Hintergrund gilt Hebr 11,1: »Es ist aber der Glaube eine feste Zuversicht auf das, was man hofft, und ein Nichtzweifeln an dem, was man nicht sieht.«

Für den Palmsonntag kommt ein zweites Motiv hinzu, das den *anderen* Anschluss zu der in Kap. 11 zitierten Wolke von Zeugen bietet: Die Leserinnen und Leser des Hebräerbriefes wie die heutige Gemeinde wissen bereits, dass Jesu Geschichte zunächst einmal ganz und gar nicht gut ausgegangen ist, sondern dass der triumphale Einzug in Jerusalem am Kreuz geendet hat. Zwar wissen wir auch, und das in beiden Konfessionen, dass auf Karfreitag der Ostersonntag folgt und die Geschichte zu allerletzt doch ein gutes Ende gefunden hat. Aber wenn wir auf unseren eigenen, innersten Glauben schauen, und um den geht es in Hebr 12,1–3, dann bleibt ein Moment der Unsicherheit bestehen, das uns mit seinen Lesern und Leserinnen verbindet: Das Happy End von Ostern muss sich auch für uns jeweils neu erst erweisen – und es ist vor allem jedes Jahr, jeden neuen Tag aufs Neue kaum zu glauben.

Für die damaligen Leserinnen und Leser des Hebräerbriefes ist das Glaubenszeugnis zudem ein äußeres Risiko, da sie mit Verfolgung rechnen müssen. Dieser Kontext ist mitzulesen, auch wenn der Begriff des Kampfes, den der Autor in Hebr 12,1 verwendet, korrekterweise als »Wettkampf« zu übersetzen ist. Nur bei Homer wird »Agon« als Kampf und Krieg geführt, im NT ist das öffentliche, sportliche Kräftemessen gemeint. Bezogen auf unsere Textstelle geht es zunächst um das virtuelle Gespräch mit den vielen Zeugen, um die eigene Glaubensstärke an den Start zu bringen und zu testen. Doch das Ziel solch eines Wettkampfes ist religionsgeschichtlich gesehen gerade nicht der Sieg über die anderen, sondern der innere Sieg, der Sieg über sich selbst, über die eigene Anfechtung; positiv gesagt: die Vervollkommnung des eigenen Glaubens (vgl. Hutter, 1503). Um für diesen Wettkampf gerüstet zu sein, bedarf es der Stärkung im Glauben. Deshalb werden wir in V. 2 an den großen bekennenden Hymnus in Phil 2,6–11 erinnert und aufgefordert, auf Christus zu blicken, den wir bekennen als den Vollender des Glaubens, der durch Kreuz und Tod nun zur Rechten Gottes sitzt (vgl. Gräßer, 227).

Das gilt noch mehr für unseren mitteleuropäischen Kontext, in dem wir den christlichen Glauben unangefochten leben und praktizieren dürfen. Auch wir sind angewiesen auf die Orientierung an Vorbildern im Glauben, mit denen wir uns vergleichen, an denen wir uns messen und ausrichten können. Vor allem aber bleibt der christliche Glaube für uns ein inneres Risiko. Der Autor des Hebräerbriefes möchte uns deshalb genau dazu ermutigen, uns diesem Risiko der Anfechtung zu stellen. Von Einzelnen wäre das zu viel verlangt, weshalb sie die Gemeinschaft im Glauben braucht brauchen. Zwar wissen wir nicht genau, wer der Autor des Hebräerbriefes ist, aber er war ein Meister des Rhetorischen, hat seinen Rezipienten und Rezipientinnen die in der Schrift bezeugte Heilsgeschichte in elegantem Griechisch vor Augen gestellt und sie zu überzeugen vermocht. Er tritt nicht als Lehrmeister auf, abstrakt philosophierend oder mit dem Rohrstock ermahnend, sondern stellt sich durch die vielen »wir«-Formulierungen an ihre Seite und sagt: »Seht, daran können wir uns halten, so ist es jenen gegangen, so wird es auch uns ergehen.«

Ihr Zeugnis ist in doppelter Richtung gültig: Einerseits bezeugen sie uns das Werk Gottes, andererseits sind sie – weil sie in einem Geist mit uns verbunden sind – Zeugen unseres Glaubens; Zeugen, die uns anspornen und weiterbringen können (vgl. Cockerill, 2 und 602f.). Solche Gemeinschaft also braucht es: In der gegenseitigen Stärkung an den Vorbildern; an denen, die es gewagt haben; an denen, die sich getraut haben, den Weg Jesu von Palmsonntag bis Ostersonntag so nachzuvollziehen, dass am Ende das Pfingstfest stehen kann als jenes Fest, an dem wir wissen, dass auch wir selbst – hier und heute durch alle Zeiten hindurch – mit dem Geist beschenkt sind, in ihm stehen dürfen. Diese Gewissheit ist dem Verfasser des Hebräerbriefes zutiefst eigen, denn das gesamte zwölfte Kapitel ist getragen von der Hoffnung auf das Reich Gottes, an dem wir teilhaben dürfen (vgl. Strobel, 15). Der Palmsonntag ist für all dies der Auftakt und damit ein wichtiger, die Gemeinde für die beherzte Aufnahme des Glaubensrisikos versammelnder Sonntag.

III Impulse: Weg ins Riskante

Für die Predigt selbst sind hervorzuheben: *Erstens* der Gedanke, dass christlicher Glaube eine Anfechtung sein kann, gerade dann, wenn wir (noch) nicht sehen, wo und was unser Ziel sein soll (Anregung dazu: Mascha Kaléko, »Nachts gegen Drei«). *Zweitens* die Überzeugung, dass wir zur Bewältigung solch existenzieller Lebenserfahrung Vorbilder brauchen, die uns nicht einfach als Heroen vor Augen stehen, sondern weil sie der Offenheit des Glaubens ähnlich ausgeliefert waren. Damit verbunden *drittens* das Zutrauen, dass ihr Beispiel zeigt, dass sich der Weg ins Riskante und Bodenlose im Rückblick als richtig erweisen kann; auch dann, wenn er nicht leicht war und nicht ins Leichte hinein verklärt werden kann (Anregung dazu: Hilde Domin, »Die schwersten Wege«). *Viertens,* dass wir für diesen Weg auf die Gemeinschaft mit anderen angewiesen sind, weil die antiken Zeugen uns zwar im Geiste nahestehen, der Geist in Gemeinschaft aber heute und leibhaftig realisiert werden muss. *Fünftens,* dass wir uns in dieser tröstenden und stützenden Gemeinschaft nicht überheblich profilieren müssen, dass es zu keinem Kampf der Glaubensmeinungen kommen darf. Sondern, dass es darum geht, einander aufzubauen – anspornend, erzählend, zuredend und vielleicht auch schweigend (Anregung dazu: Mascha Kaléko, »Mein schönstes Gedicht«) – in jedem Fall aber gemeinsam standhaltend im Vertrauen auf den Geist Gottes.

Gedichte: *Hilde Domin,* Die schwersten Wege, in: *dies.*, Sämtliche Gedichte, Frankfurt am Main [4]2010, 51; *dies.*, Ecce Homo, in: EG Westfalen/Lippe 555 – Zusatz; *Mascha*

Kaléko, Nachts gegen Drei, in: *dies.*, In meinen Träumen läutet es Sturm, München [21]2001, 73; *dies.*, Mein schönstes Gedicht, in: a.a.O., 138.

Lieder: EG 311 »Abraham, Abraham, verlass dein Land und deinen Stamm!«; EG 314 »Jesus zieht in Jerusalem ein«; EG 365 »Von Gott will ich nicht lassen«; EG 603 Westfalen/Lippe »Nun werde still, du kleine Schar«; EG 619 Westfalen/Lippe »Erhör, oh Gott, mein Flehen«.

Literatur: *Gareth Lee Cockerill,* The Epistle to the Hebrews (NiCNT), Grand Rapids 2012; *Erich Gräßer,* An die Hebräer (EKK XVII/3), Zürich/Neukirchen-Vluyn 1997; *Manfred Hutter,* Art. Wettkampf, in: RGG[4], Bd. 8 (2005), 150; *August Strobel,* Der Brief an die Hebräer (NTD 9/2), Göttingen [4]1991.

B Andrea Morgenstern

IV Entgegnung: Kämpfen

Es gefällt mir, wie A den Text, der beim ersten Lesen eher lebensfern scheint, auf existenzielle Lebenserfahrungen zurückbezieht und ausdrücklich die Verunsicherungen, die absoluten Risiken und die Bedeutung von hilfreichen Vorbildern in den Blick nimmt. Vorbilder und kritisch zu bewertende Idole in den Mittelpunkt setzend könnte auch ich predigen. Allerdings gibt es noch eine weitere Spur, die mich zu einer noch anderen Akzentuierung der Predigt führt:

Wichtig sind mir dabei aufschlussreiche Akzente der in der Antike geläufigen Metapher des Kämpfens, die bei unserem Text in jedem Vers mit dem griechischen Wort für »*ausdauernd sein*« verknüpft ist: Es geht hier also nicht um einen kriegerischen Kampf, der gewonnen werden soll, sondern um einen sportlichen Wettkampf (V. 1c); und es geht dabei weniger um den nur von einem zu erringenden Sieg, als um Ausdauer, um Dabeibleiben und Mithalten und Nichtaufgeben.

Es leuchtet ein, dass es dafür nötig ist, das Mitzunehmende zu reduzieren, Lebensballast abzuwerfen, sich frei zu machen von dem, womit man sich selbst im Weg steht (V. 1b). Und so, wie in den antiken griechischen Stadien der Blick der Läufer auf die auf einer Säule stehende Siegesgöttin Nike ausgerichtet war, soll der Blick der um und für ihr Leben Laufenden auf Christus ausgerichtet sein, der als unser größtes Vorbild seinen Lauf letztlich gewonnen hat (V. 2) und uns in Lebenssituationen, in denen das Ziel nahezu unerreichbar scheint, Mut machen kann. Die Alternativen werden im Text zum Schluss angedeutet (V. 3b): Mutlosigkeit, Müdigkeit, Enttäuschung und Lethargie statt leichtfüßigem Lebensmut, zielstrebiger Geduld und dem Wunsch, das eigene Leben vorwärts zu leben.

V Erschließung der Hörersituation: Es ist schwer

»Leben ist verdammt schwer«. Wie ein Stoßseufzer klingt dieser Satz, formuliert als Titel eines Buchs, das gesprächsweise »Antworten auf 13 Fragen unserer Zeit« sucht. Schon die Fragen wirken wie eine Collage gegenwärtigen Lebensgefühls, das von Unsicherheit und der Suche nach Orientierung geprägt ist: »Wie viel Zufall verträgt das Leben?« – »Wie giftig ist der Neid?« – »Wie unterhaltsam muss ich sein?« – »Ist Geld mein Freund oder mein Feind?« – »Wie viel Tod verträgt das Leben?« – »Wie schnell muss man leben?« – »Warum sagen wir nie, was wir wirklich meinen?« – »Wie chaotisch darf das Leben sein?« – »Woher kommen die Bilder in unseren Köpfen?« – »Kann man das Aufhören lernen – und das Anfangen?« ... *und das Durchhalten* möchte ich mit dem Bibeltext ergänzen. Und damit bin ich schon mittendrin in der Verknüpfung von Bibeltext und dem, was unser Leben ausmacht.

Ja, Leben ist immer wieder schön und immer wieder hart. Durchhalten ist per se schwer. Die eigenen Lebensmaximen inmitten der rasanten Veränderungen immer wieder neu zu klären, ist nicht einfach. Menschen, die krank sind, zu begleiten, kann aufreibend sein. Von den Entwicklungen oder Entscheidungen anderer abhängig zu sein, ist ernüchternd. Selbst Entscheidungen fällen zu müssen, ist nicht leicht. Mit mehr oder weniger Perspektiven auf den Schulabschluss zuzugehen, nimmt Lebensmut. Das eigene Leben inmitten der Flut von Idolen und lebensfernen Vorbildern zu finden, gelingt nicht allen. Schlussstriche zu setzen, fällt schwer. Den eigenen Glauben inmitten vieler flacher Religionsangebote lebendig zu erhalten, ist nicht einfach. Den Versuchungen der Unterhaltungs- und Eventindustrie zu widerstehen, ist eine Herausforderung. Anforderungen nicht gerecht zu werden, ist für andere und einen selbst enttäuschend. Sich ungeliebt zu fühlen, zieht zu Boden. Der Familiengeschichte nicht entkommen zu können, ist bitter.

Der medialen Oberflächlichkeit und Schnelllebigkeit steht die bleierne Schwere der Depression und des vielerorts drohenden Burn-outs gegenüber. Und dazwischen stehen wir: Menschen, die in Gottesdiensten und im Glauben ihren Weg suchen. Die Bereitschaft, über das eigene Leben nachzudenken, zeichnet viele Gottesdienstbesucher aus. Sie wollen über Gott und die Welt und nicht zuletzt über sich selbst nachdenken mithilfe der liturgischen Impulse und des Spiegels, den ihnen biblische Texte vorhalten. Deshalb gehen sie gedanklich mit, wenn Predigten Raum lassen für das Erinnern eigener Erfahrungen und für das Finden der eigenen Lebensmaximen. Das gilt auch für Konfirmandinnen und Konfirmanden, die in unseren Predigtvorbereitungen viel zu häufig außen vor bleiben, obwohl sie zu unseren regelmäßigsten Predigthörern gehören und obwohl viele von ihnen nachdenklich nach Orientierung und Glaubensangeboten suchen.

Es ist schwer, konzentriert zu bleiben auf das, was wirklich wichtig ist. Es braucht Hilfestellungen, Erinnerungen, Orte, an denen die eigenen Hoffnungen lebendig gehalten werden, und geschützte Räume und Zeiten, in denen Lebensentscheidungen gefällt und durchdacht werden können. Der Palmsonntag ist ein solcher Tag. Der Predigttext ermutigt dazu, den eigenen Weg weiterzugehen, nicht müde, nicht lebensüberdrüssig zu werden, sondern den Kampf aufzunehmen mit dem, was das Leben zeitweilig schwer macht. Daran, dass wir damit nicht allein sind, erinnert uns der Text. Und der Gottesdienst macht deutlich, dass selbst manche unserer abgrundtiefen Erfahrungen von anderen geteilt oder mitgetragen werden.

VI Predigtschritte: Dabeibleiben

Das Bild des sportlichen Wettkampfs trägt den Skopus des Textes in unterschiedliche gegenwärtige Lebenswelten. Es ist ein Leichtes, damit zu beginnen und auch Jugendlichen einen Zugang zum Predigttext zu eröffnen:

1. »Das Leben als Wettlauf, in dem es darum geht, dabeizubleiben.« Mit dieser Formulierung möchte ich die Predigt beginnen und eine Beschreibung antiker Wettkämpfe und der am Ziel stehenden Säule der Nike (deren Name Konfirmandinnen und Konfirmanden vermutlich durch die »Nike«-Schuhe bekannt ist) anschließen. Unser Ziel freilich ist Christus. Und es stellt sich die – offenbleibende, von jeder und jedem selbst zu beantwortende – Frage, wer Christus für uns ist und auf was für ein Ziel wir mit unserem Leben zulaufen wollen.

2. »Es ist selbstverständlich, vor einem Wettlauf Ballast abzuwerfen.« Ich möchte dazu ermutigen, Lebensballast abzuwerfen, nicht zu klärende Fragen ad acta zu legen, lösbare Konflikte anzugehen, Lebensmüll aufzuräumen und Zeit offenzuhalten für das, was uns am wichtigsten ist.

3. Die Erfahrungen, die den Hebräerbrief prägen, sind bei allen elegant spielerischen Formulierungen abgrundtiefe Erfahrungen. Es geht um Sein oder Nichtsein, um Lebensmöglichkeiten angesichts permanenter Bedrohung, um Orientierungslosigkeit oder inneren Halt, um Souveränität oder Opfersein, um Lebensmut oder Lebensüberdruss (ausdrücklich in V. 3), um Vorbilder, die im Leben und im Sterben standhalten.

4. Ein – exemplarisches – Vorbild, das im vorhergehenden Kapitel genannt wird, ist Rahab. In Hebr 11 wird sie als freundlich beschrieben, in Josua 2 als fremdenfreundlich und mutig und ins politische Geschehen eingreifend. Rahab, die ihrem Wesen treu blieb, als sie eigentlich

hätte Angst haben müssen, und die offenbar größere Zusammenhänge wahrnahm und Einfluss nahm, gilt im Hebräerbrief als Vorbild, das uns helfen kann, den Mut nicht zu verlieren und mit Ausdauer die eigene Lebensaufgabe zu bewältigen (fordernd formuliert), im Spiel des eigenen Lebens am Ball zu bleiben (leichter formuliert) und die Möglichkeiten des eigenen Lebens wahrzunehmen und zu gestalten.

5. Dazu braucht es Mut, Glauben, Ausdauer, Bodenhaftung, Hartnäckigkeit, Lebenstrotz und hoffnungsstarke Bilder vom Leben, wie es sein soll. Wie sieht das Leben aus, auf das ich zulaufen möchte? Und wenn wir ein Leben gewinnen könnten, wenn ich ein Leben gewinnen könnte, wie würde es aussehen, wie sollte es aussehen? Mit dieser Frage möchte ich meine Predigt schließen und das Weiterdenken eröffnen.

Materialvorschlag: *Kerstin Kohlenberg/Stephan Lebert*, Leben ist verdammt schwer. Antworten auf 13 Fragen unserer Zeit, München 2005 (enthält Interviews u.a. mit Iris Berben, Franka Potente, Günther Jauch, Walter Schels, Renate Künast).

Zusätzliche Liedvorschläge: EG 96 »Du schöner Lebensbaum« (bes. Vers 4); EG 81 »Herzliebster Jesu« (Verse 7–11); EG 87 »Du großer Schmerzensmann« (Verse 3 u. 4); EG 135 »Schmückt das Fest mit Maien« (Verse 2 u. 5); EG 391 »Jesu geh voran«; EG 384 »Lasset uns mit Jesus ziehen«.

Gründonnerstag

Hebräer 2,10–18:

Aus Fleisch und Blut

A

Christian Nottmeier

I Eröffnung: Den Himmel erden

Schon im homiletischen Proseminar habe ich gelernt, man könne als Prediger keinen größeren Fehler machen, als die Predigt mit dem Einstieg »als ich unseren Text zum ersten Mal las« zu beginnen. In einer Predigtstudie wie dieser sei es aber einmal gestattet einzugestehen, dass mir beim ersten Lesen dieses Textes doch ein ziemlich deutliches »O je« über die Lippen kam. Nicht weil der Text in seiner geschickten rhetorischen Argumentation uninteressant ist, im Gegenteil. Aber der Gottesdienst am Gründonnerstag ist, abgesehen von der sehr variablen Form, in der er gefeiert wird, bereits mit dem Evangelium (bekanntlich die Fußwaschungsgeschichte Joh 13,1–3), der paulinischen Epistel (1 Kor 11,23–26) oder wahlweise der alttestamentlichen Lesung (das erste Passahmahl Ex

12 in Auswahl) – vorausgesetzt man nimmt diese Zusammenstellung auch theologisch ernst – mit ziemlich unterschiedlichen Konnotationen besetzt. Hinzu kämen dann noch die diversen Interpretationen der Mahlfeier im Allgemeinen und des christlichen Abendmahles im Besonderen. In Rechnung zu stellen wäre dann noch das verständliche Bedürfnis, anlässlich der gottesdienstlichen Vergegenwärtigung des letzten Mahls Jesu mit den Seinen im Gottesdienst am Gründonnerstag die Verheißung unserer Abendmahlsliturgie wahr werden zu lassen: »Kommt her, denn es ist alles bereit, schmecket und seht, wie freundlich der Herr ist!« Dem entspricht in vielen Gemeinden der Wunsch, den Gottesdienst in anderer Form, etwa als Tischabendmahl, zu feiern, zumal oft eher von einer kerngemeindlichen Gemeinde auszugehen ist (aber nicht überall. In meiner jetzigen Gemeinde in Pretoria/Südafrika ist es mit 400 Besuchern einer der am besten besuchten Gottesdienste des Kirchenjahres. Tischabendmahl wäre unverstellbar, zu sehr ist man mit der lutherischen Abendmahlsliturgie vertraut). Und dazu also jetzt noch eine Auslegung ausgerechnet der hohenpriesterlichen Christusvorstellungen des Hebräerbriefes! Schon die Lesung des Textes mit seinen zahlreichen Zitaten aus dem AT erfordert einen gut geschulten Lektor, soll die Gemeinde ihn beim Hören wenigsten einigermaßen nachvollziehen können.

Natürlich ist das zunächst nur ein erster Eindruck. Aber er nötigt schon früh zur Entscheidung, wo eigentlich der Schwerpunkt des Gottesdienstes an diesem »Christfest« liegen soll. Eine kritische Auseinandersetzung mit der auch in diesem Text vertretenen Vorstellung vom Sühnopfer (Hebr 2,17), besonders geeignet für die Jörns-Leser unter Theologen und Gemeindegliedern? Vielleicht auch eine Einführung in die Grundgedanken des Hebräerbriefes unter besonderer Berücksichtigung des Verhältnisses von Christus und den Engeln, was ja zumindest auf den ersten Blick, v.a. von Hebr 1,1ff. an, das Thema dieses Abschnittes ist, der als Predigtperikope mit Hebr 2,10 recht unvermittelt beginnt? Oder Überlegungen über das priesterliche Amt Christi oder die alttestamentlichen Wurzeln des christlichen Abendmahls?

Die Reihe ließe sich fortsetzen. Egal, welche Entscheidung man treffen will, es kommt gerade bei diesem Kasus darauf an, sich auf *einen* Gedanken zu konzentrieren und von hier aus sowohl die verschiedenen anderen Texte des Gottesdienstes wie auch seine Gesamtgestalt zu durchdenken. Konzentration auf das Wesentliche ist gefragt. Immerhin, schon beim ersten Lesen fällt auf, dass uns hier etwas auch biblisch eher seltenes gewährt wird: ein Blick in den Himmel, dem sich eine Abhandlung über das Verhältnis Jesu zu den Engeln ableitet. Bemerkenswert ist dabei, dass die Erhöhung Christi über die himmlischen Mächte in seiner irdischen Wirklichkeit zu suchen ist. Christus ist gerade dadurch erhöht, dass er Mensch geworden ist. Der Himmel mit seinem Panorama aus Mächten und Engeln ist dadurch gewissermaßen geerdet und so wird er auch irdischen »Söhnen der Herrlichkeit« zugänglich. Den Himmel am Gründonnerstag zu erden, das könnte ein lohnendes Ziel der Predigt sein.

II Erschließung des Textes: Ein Christus aus Fleisch und Blut

Unter diesem Eindruck sind es für mich folgende Stichworte, die mit Blick auf den Gottesdienst am Gründonnerstag mein Interesse wecken: »Anfänger des Heils« (V. 10), »Kinder von Fleisch und Blut« (V. 14) und Erlösung von Furcht und Knechtschaft (V. 15). Zentral ist: Jesus wird in V. 10 als Anfänger des Heils seiner »Brüder« (in einer älteren Übersetzung heißt es »Herzog ihres Heils«) bezeichnet. Der Weg dieses »Herzogs« wird dann mit weiteren Stichworten beschrieben: Christus kann die Seinen Brüder nennen, offensichtlich gerade unter Berufung auf ein Zitat aus Psalm 22, den Jesus laut Mk 15,34 vor seinem Tod am Kreuz noch rezitiert hat (V. 11f.). Weil nun diese Brüder, die Jesus zugleich durch sich in die Kindschaft mit Gott geführt hat, Menschen aus Fleisch und Blut sind, muss auch der Christus zu Fleisch und Blut werden. Nur so kann er die Seinen aus der Macht des Todes entreißen. Diese Erlösung hat nicht nur den Zielpunkt, die Sünden des Volkes zu sühnen (V. 18), sondern sie führt ebenso auch in die Freiheit, wie in V. 15 betont wird. Christus erlöst nämlich nicht nur von dem Tod an sich, sondern er befreit die Erlösten aus der sie im Leben hemmenden, ja lähmenden Frucht vor dem Tod, die sie in Knechtschaft hält. Das ewige Leben, das er so erschließt, beginnt also mitten in der Zeit. V. 16 betont noch einmal ausdrücklich, dass Jesus gerade nicht an den Engeln interessiert ist, sondern an wirklichen Menschen, eben den Kindern Abrahams. Gerade weil er selbst versucht worden ist wie sie und gelitten hat wie sie, kann er ihnen die Erlösung bringen. V. 18 bringt auch den für Hebr so charakteristischen Gedanken der Hohepriesterschaft Jesu ein, verbindet ihn aber zugleich mit dem Zusatz, dass die Menschwerdung Christi ebenso ein Werk der Barmherzigkeit sei.

Ein kurzer Blick auf den Kontext: Hebr 2,10–18 gehört in den ersten großen Hauptteil des Hebräerbriefes 1,1–4,13, der die Überlegenheit der Christusoffenbarung gegenüber anderen Offenbarungen darlegen soll. 1,1–3,6 ist dabei ein insgesamt kohärenter Abschnitt, der die Erhabenheit des Sohnes und seiner Sendung zum Thema hat. Ihm folgt ein längerer paränetischer Teil 3,7–4,13, der mit Zitaten aus Psalm 95,7–11 das eigentliche Ziel der Sendung des Sohnes wie der durch ihn vermittelten Kindschaft schildert: »Es ist also noch eine Ruhe vorhanden für das Volk Gottes.« (Hebr 4,9)

Vielfach erörtert worden ist die Frage, inwieweit der Hebräerbrief einem gnostischen Erlösermythos verhaftet ist. Diese These ist v.a. von *Ernst Käsemann* mit Nachdruck und unter besonderem Bezug auf Hebr 2,11 vertreten worden. Gegen die gnostische Interpretation scheint mir aber die Betonung des Menschseins Jesu zu sprechen, der sogar der Versuchung ausgesetzt worden ist. Zumindest Vorsicht im Zusammenhang unserer Perikope ist auch gegenüber einer Interpretation geboten, die 2,10–18 *nur* unter dem Aspekt der kultischen Kategorien von Hohepriester, Opfer und Tempel betrachtet. Es scheint mir nicht ratsam und vom Text her auch nicht zwingend, das Für und Wider des Sühnopfergedankens zu thematisieren. In diesem Text wird die Menschwerdung neben der Sühnopfervorstellung auch vom Gedanken der Barmherzigkeit begründet. Diese Barmherzigkeit bedeutet nicht nur das Ende aller Opfer, sondern sie führt aus der Knechtschaft in die Freiheit, indem sie die einengenden und fesselnden Grenzen der Todesfurcht überwindet. Genau das vermag gerade keine gnostische Erlösergestalt, sondern nur ein Mensch aus Fleisch und Blut. Die Menschwerdung ereignet sich zudem in einer konkreten Geschichte, in der Gott zugleich die Treue gegenüber seinen Verheißungen beweist. Nicht zufällig verwendet der Hebräerbrief erheblichen Aufwand auf die Interpretation alttestamentlicher Zitate.

III Impulse: Lebenserhalt und Gottesverhältnis

Im Abendmahl verdichtet sich das menschliche Schicksal Jesu. Im Abendmahl verweist Jesus in der darstellenden Handlung des Teilens von Brot und Wein aber zugleich über diese Welt hinaus in einen Raum der Freiheit, der als Zeichen der Hoffnung die ganze Passionsgeschichte begleitet. Gerade im Kontext der Passionsgeschichte wird deutlich, wie bedroht unser Leben ist: durch Verrat, Verleugnung, Schuld und Tod. Jesus trinkt diesen Kelch bis zum bitteren Ende aus, er durchschreitet die tiefste Verlassenheit menschlicher Existenz. Er ist ein Erlöser aus »Fleisch und Blut«, kein mythologisches Engelwesen, ganz dem Menschen zugewandt. Gerade dadurch erweist er nicht nur seine Menschlichkeit, sondern seine Göttlichkeit. Das Paradox der Passion ist dieses: dass Gott noch im Tod und tiefsten Gotterleiden die Liebe ist. Jesus stellt sich damit auf die Seite der Opfer, ist solidarisch mit denen, die an Verrat, an Schuld und Tod zugrunde gehen. Aber es ist noch hinzuzufügen: Jesus vermag den Schmerz des Leidens auszuhalten – bis in den einsamen Tod hinein. Er lässt die Hoffnung auf seinen Gott nicht fahren.

Das Abendmahl thematisiert so beides: die grundsätzliche Problematik unseres Lebenserhalts, der stets bedroht ist; aber in den Einsetzungsworten Jesu und im Medium des gemeinsamen Essens und Trinkens wird zugleich deutlich, dass unser Lebenserhalt ganz in den Bezugsrahmen des Gottesverhältnisses gestellt wird. Jesus wird für uns in diesem Mahl zum »Anführer unseres Heils« (Hebr 2,10). Die Bedrohnung durch den Tod – »Mitten wir im Leben sind, mit dem Tod umfangen« (EG 518) – wird im Abendmahl mit dem Erhalt und der Fortdauer des Lebens bei Gott verbunden (vgl. den Gedanken der Heiligung in Hebr 2,11). Das ist die Hoffnung und Verheißung des Abendmahls, mit der zugleich die erlöst werden, »die durch Furcht vor dem Tod im ganzen Leben Knechte sein mussten« (Hebr 2,15). Damit empfangen wir im Abendmahl die Gabe der Freiheit – eine Freiheit, die sich in beständigem Neuwerden immer wieder erst realisieren muss (vgl. dazu die Überlegungen von *Dietrich Korsch*).

Ich möchte diese Einsichten allerdings narrativ gestalten. So ließe sich die Geschichte des letzten Abendmahls erzählen mit den als Schwerpunkten genannten Begrifflichkeiten des Predigttextes.

Als Anregung in Auszügen ein Gedicht von Hilde Domin mit dem Titel »Salva nos«, das die hier ausgedrückte Ambivalenz von Lebensbedrohung und der Hoffnung auf Lebensbewahrung zum Ausdruck bringt (Domin, 239f., im Internet: http://andreaswissmann.wordpress.com/2013/05/04/salva-nos-ex-ore-leonis, abgerufen am 31.5.13)

Literatur: *Hilde Domin*, Gesammelte Gedichte, Frankfurt am Main 1987; *Ernst Käsemann*, Das wandernde Gottesvolk, Göttingen [2]1957; *Traugott Koch*, Jesus von Nazareth. Der Mensch Gottes, Tübingen 2004; *Dietrich Korsch*, Das Opfer des Lebens, in: Christoph Bizer/Jochen Cornelius-Bundschuh/Hans-Martin Gutmann (Hgg.), Theologisches geschenkt. FS für Manfred Josuttis, Bovenden 1996, 319–327.

Hans-Martin Gutmann

B

IV Anknüpfung: Kein Mythos

Christus »ist ein Erlöser aus ›Fleisch und Blut‹, kein mythologisches Engelwesen« (A) – daran kann ich gut anknüpfen. Mir leuchtet nämlich im Blick auf die Christologie des Hebräerbriefes die Argumentation des Neutestamentlers William Loader sehr ein, der zufolge es dem Verfasser des Briefes in diesem Abschnitt, der für das Verständnis seiner Christologie grundlegend ist, *nicht* um eine Deutung der Christusgeschichte nach dem gnostische Mythos gehe; Jesus wäre dann der Erlöser, der die Menschen, seine himmlischen Geschwister, die ebenso präexistent sind wie er selber, in ihre himmlische Heimat zurückholt (durch seine Menschwerdung, sein Leiden, seine Begegnung mit ihnen auf Erden). Im Zentrum steht *auch nicht* die Deutung des Leidens und der Kreuzigung Jesu als Sühnopfer: »Nicht der Sühnegedanke steht im Vordergrund der Argumentation des Vf., sondern das Treusein und die Barmherzigkeit.« (Loader, 136)

Im Zentrum steht die bedingungslose und rückhaltlose Solidarität zwischen dem, der heiligt, und denen, die geheiligt werden (V. 11). Die Inkarnation des Sohnes dient der Realisierung genau dieser Beziehung. Sie geschieht um dieser Beziehung willen: Die Menschwerdung, die Erniedrigung des Sohnes unter die himmlischen Mächte, hat ihren Grund

und ihr Ziel in dieser Solidaritätsbeziehung zu den Menschen. Um uns zu helfen, hat er Fleisch und Blut angenommen. Sein eigenes Leiden und seine Versuchung dienen dazu, die Situation seiner Geschwister zu teilen und auf diese Weise überhaupt zur Hilfe werden zu können: »Denn worin er selber gelitten hat und versucht worden ist, kann er helfen denen, die versucht werden.« (V. 18) Genau durch diesen Akt der vorbehaltlosen Solidarisierung wird er zum Bruder und macht die Menschen zu seinen Geschwistern – und öffnet so den Weg des Gottesvolkes raus aus der Zerstörtheit des Lebens. Durch diesen Akt restloser und vollständiger Solidarisierung nimmt Christus den Mächten ihre Macht, die für die Zerstörtheit des Lebens verantwortlich sind (hierfür steht die Metapher des »Teufels«). Er nimmt dem Tod seine Macht und dem Lebensgefühl die Todesfurcht, die Menschen an die Macht des Todes versklavt hat.

Es geht im Weg des »Sohnes« durch Menschwerdung und Leiden also nicht um die Heimführung der menschlichen Geschwister in ihr vor allem irdischen Leben schon immer mit ihm gemeinsam bewohntes himmlisches Zuhause, sondern darum, sich der *Realität des irdischen Lebens* bis in die letzte Konsequenz zu stellen, deshalb Leid und Tod der Geschwister zu teilen, die Wirklichkeit ihres Lebens auf diese Weise überhaupt erst zu realisieren und so eine innige und zugleich realitätstüchtige Beziehung zu öffnen, durch die all dem die Macht genommen ist, was das Leben zerstört.

Gegen Tod und Teufel. Um diese Beziehungsintensität vorstellbar zu machen, baut der Verfasser des Hebräerbriefes eine ganze Serie von Texterinnerungen aus der Heiligen Schrift in seine Predigt ein, aus Schriften und Propheten: Im Machtbereich des Namens Gottes werden Geschwisterlichkeit, Gemeinde/Gemeinschaft und Fest (Gott preisen/lobsingen) zu möglichen Lebensführungskonzepten (Psalm 22,23), zugleich Vertrauen in Gott (Jesaja 8,17) und Gemeinschaft des Sohnes mit den anderen Gotteskindern, die Gott in diese Beziehung hineingegeben hat (V. 18).

V Erschließung der Hörersituation: Lebenschancen intensiver Beziehungen

Beziehungen zwischen Liebenden haben manchmal eine solch heilsame Macht, dass für das Lebensgefühl der Liebenden schlechthin alles seine zerstörerische Macht verliert, was das Leben bedroht – eine schwere Krankheit, selbst eine Krankheit zum Tode, oder miserable Lebensbedingungen im sozialen oder politischen Kontext. Durch die Intensität der Beziehung ist nicht die Krankheit weg, auch nicht z.B. Armut oder Erwerbslosigkeit oder politische Unterdrückung – aber Lebensmut und Lebenszugewandtheit werden nicht mehr zerstört. So etwas gibt es. Eine junge Frau, die ich gut kenne, hat sich als Medizinerin vermutlich in der Klinik mit offener Tbc infiziert. Sie übersteht die Monate der Quarantäne und schweren Medikamentierung auch deshalb – mit einigen Krisen – halbwegs lebensfroh, weil ihre Freundinnen und ihr Freund fraglos zu ihr halten, sie umschichtig besuchen, den Kontakt zum Studium weiterhin ermöglichen. So etwas gibt es – aber eine Liebesbeziehung kann auch überfrachtet werden von der Fantasie, der/die andere müsste doch für die Harmonie der Beziehung eigene Lebenswünsche vollständig hintanstellen. Oft sind es Frauen, die sich dieser Erwartungshaltung ausgesetzt sehen. Kolleginnen aus der feministischen Theologie haben diese Anfrage mit Scharfsinn und Dringlichkeit auch gegenüber der Christologie des Hebräerbriefes immer wieder gestellt (z.B. Ulrike Wagener).

Ein anderes Beziehungsfeld: Menschen in helfenden Berufen werden – in ganz unterschiedlicher Weise als Arzt oder Ärztin, als Sozialarbeiter/in oder als Seelsorger/in – dann größere Chancen haben, für die ihnen anvertrauten Menschen in heilsamer Weise zu arbeiten, wenn sie sich auf deren Lebensrealität einlassen, sich in sie einfühlen können, manchmal sogar sich in ihre Situation hineinbegeben. Zugleich kann eine helfende Beziehung, die auf Beziehungsintensität ausgerichtet ist, Lebensenergie und Selbsttätigkeit behindern und lähmen, auf beiden Seiten: Helfer und Helferinnen können so in die Gefahr geraten, eigene Sehnsüchte nach Macht und Liebe auszuagieren (noch immer lesenwert: Schmidbauer – das Problem wird heutzutage durch zunehmende Zeitnot und Überarbeitung der Helferinnen und Helfer etwa in Pflegeberufen eher noch verstärkt), und die betroffenen Opfer ihres Helfens können behindert werden, ihre eigene Lebensmacht wahrzunehmen. Ohne professionelle und – gut reflektierte – emotionale Distanz können helfende Beziehungen zu zerstörerischen Beziehungen geraten.

Ein letztes Beispiel: Einer der eindrücklichsten Filme meiner Konfirmandenzeit in den 60er-Jahren war Elia Kazans »Viva Zapata« (mit Marlon Brando, USA 1952). Er geht für den Revolutionshelden schlecht, genauer gesagt, tödlich aus, Zapata wird von seinen Leuten verraten usw., usf.; was mich aber eigentlich mehr beschäftigt hat: Der Anführer der revolutionären mexikanischen Bauern, der zu Beginn einer von ihnen ist, ihre Situation teilt, ihr Leben genau kennt und deshalb ihre notwendigsten Lebensbedürfnisse durch die Veränderung der Verhältnisse durchsetzen will, entfernt sich von ihnen, sobald er an der Macht ist. Er kann sich nicht mehr einfühlen, verliert den Kontakt zu den Leuten, für die er doch angetreten ist und da sein wollte. Das Schicksal vieler Revolutionen und ihrer Helden ist in dieser Filmerzählung meines Erachtens wunderbar eingefangen worden: Nach dem ekstatischen Aufbruch, in dem für eine wie immer kurze Zeit »alles in allem ist«, bilden sich schnell und rasant verkrustende neue Herrschaftsbeziehungen heraus, die für die abhängigen Menschen oft zerstörerischer sind als der alte Zustand, den sie sich vom Hals geschafft zu haben hofften.

Eine evangelische Predigt im Gründonnerstagsgottesdienst, die den Predigttext Hebr 2,10–18 als Verheißungszusage hörbar machen will, kann Hoffnungen und Lebenschancen solch intensiver Beziehungen dann zum Klingen bringen, wenn sie auch die damit verbundenen Ambivalenzen nicht ausblendet. Die Christusgeschichte und die Beziehungswirklichkeit, die ihr Wieder-Erzählen anbietet, ist für viele Hörerinnen und Hörer von anderen intensiven Beziehungsgeschichten und ihren Ambivalenzen tangiert – von Harmoniewünschen an eine Liebesbeziehung, dem Schicksal von hilflosen Helferinnen und Helfern und ihren Opfern, von der Traurigkeit des Fortgangs vieler gesellschaftlicher Befreiungsunternehmungen. Und zugleich soll eine Predigt am Gründonnerstag, unmittelbar vor dem Höhepunkt der Passionsgeschichte des Jesus von Nazareth, die Sehnsüchte aufnehmen, die sich auf das bedingungs- und rückhaltlose Dasein dieses Sohnes für seine Geschwister knüpfen können.

VI Predigtschritte: Mahl-Gemeinschaft

Ich stelle mir vor, dass die Gründonnerstagspredigt die Szene des letzten gemeinsamen Essens Jesu und seiner Freundinnen und Freunde ausmalt. Zu den am Mahl Beteiligten gehören auch die an Tbc erkrankte Medizinstudentin, ihre Freundinnen und ihr Freund, eine Mitarbeiterin im Pflegedienst, die in ihrem Lebensgefühl zwischen beruflicher Kompetenz und Nähewünschen, Ohnmachtserfahrungen und Größenfantasien hin- und hergerissen ist, vielleicht auch ein Mitglied des Seniorenkreises der Gemeinde, der darüber nachdenken muss, was aus den wilden Zeiten seines Lebens in den 1968er-Jahren dann später geworden ist und der in der Filmgestalt des Zapata sein eigenes Lebensschicksal, vielleicht auch seine Wahrnehmung der Entwicklung verschiedener »Frühlinge« jüngerer gesellschaftlicher Aufbruchsbewegungen gespiegelt sehen kann. Alle können miterleben, wie Jesus dieses Fest in der Situation höchster Gefahr so feiert, dass er dabeibleibt, dass er die Realität zerbrechender Solidarität unter seinen Freunden und Freundinnen nicht ausblendet – Judas sitzt auch mit am Tisch. Dass er standhält, ohne die Situation zu verklären und zu harmonisieren, und alle in ihren Hoffnungen und Sehnsüchten, ihren Gebrochenheiten und Ambivalenzen dazu einlädt, sich im gemeinsamen Essen mit ihm und seinem Weg zu vereinen. Mit am Tisch sitzt auch ein Intellektueller, der sich über das, was gerade passiert und in den nächsten Tagen geschehen wird, kluge theologische Gedanken macht. »Weil nun die Kinder von Fleisch und Blut sind, hat auch er's gleichermaßen angenommen, damit er durch seinen Tod die Macht nähme dem, der Gewalt über den Tod hatte, nämlich dem Teufel und die erlöste, die durch Furcht vor dem Tod im ganzen Leben Knechte sein mussten.« (V. 14f.) Vielleicht können alle, die hier zusammen essen und die auch gleich nach der Predigt in der Gemeinde vor Ort zusammen Abendmahl feiern werden, so oder so spüren, wie durch das, was sie hier erleben, die Angst vor dem Tod ihre Macht verliert.

Ich schlage vor, als traditionelles Passionslied EG 85 »O Haupt voll Blut und Wunden« (Strophen 1–6+9–10) zu singen; die Opfer- und Hingabemetaphorik in diesem Paul-Gerhard-Lied kann durch die weiteren Lieder des Gottesdienstes in ein Konzert weiterer Deutungsmöglichkeiten eingehüllt werden: EG 95 »Seht hin, er ist allein im Garten«; EG 97 »Holz auf Jesu Schulter«; EG 98 »Korn, das in die Erde«.

Literatur: *William R.G. Loader*, Sohn und Hohepriester. Eine traditionsgeschichtliche Untersuchung zur Christologie des Hebräerbriefes, Neukirchen-Vluyn 1981, 126–137; *Wolfgang Schmidbauer*, Die hilflosen Helfer. Über die seelische Problematik der helfenden Berufe, Reinbek bei Hamburg 1978; *Ulrike Wagener*, Der Brief an die HebräerInnen, in: Luise Schottroff u.a. (Hg.), Kompendium Feministische Bibelauslegung, Gütersloh 1998, 683–693.

Karfreitag

Jesaja (52,13–15)53,1–12:

Im Scheitern Leben

A

Henning Theurich

I Eröffnung: ... und was glaube ich?

Soweit ich mich erinnern kann, wurde das »Lied vom Gottesknecht« an jedem Karfreitag im Gottesdienst wie selbstverständlich auf Jesus bezogen: *Er trug unsere Krankheit und lud auf sich unsere Schmerzen. Er ist um unserer Missetat willen verwundet und um unserer Sünde willen zerschlagen. Die Strafe liegt auf ihm, auf dass wir Frieden hätten, und durch seine Wunden sind wir geheilt.* Allerdings blieben dabei Aussagen unbedeutend, die sich mit Jesus kaum vereinbaren lassen: z.B.: *Nicht mehr menschlich war sein Aussehen* (Jes 52,14; Neue Zürcher Übersetzung), oder: *Er soll die Starken zum Raube haben* (Jes 53,12, Luther). Heute aber kann gerade die Fremdheit solcher Aussagen dem »Lied vom Gottesknecht« zu einem Gebrauch verhelfen, der sich nicht darin erschöpft, früher Zeuge für Stellvertretung und Sühne durch Jesus zu sein. Es gilt, den Tod Jesu am Kreuz zu deuten, ohne sich »an die Satisfaktionstheorie des Anselm von Canterbury zu binden« (Schröer, 163), auch nicht mithilfe dieses prominenten Textes, der allein schon durch sein Alter für diese Theorie unverdächtig ist.

In einem neuen Passionslied heißt es:

In der Theorie ganz schön, da hab ich es verstanden:
Einer ist am Kreuz gestorben, weil die ganze Welt verdorben,
zur Vergebung meiner Sünden, doch wie lässt sich das begründen,
und was glaube ich?

(Lothar Veit, Text 2011/Carsten Zündorf, Melodie, Osnabrück 2013)

Auch wer die Theorie nicht (mehr) versteht, für den bleibt doch die Frage: »... und was glaube ich?«

II Erschließung des Textes: Eine unbekannte Person

Der Predigttext ist das letzte der vier Lieder vom sogenannten Gottesknecht (Ebed Jahwe). Seit Bernhard Duhms Entdeckung (1892) werden sie als eigene Textgruppe angesehen, die nachexilisch (wohl vor 539 v. Chr.) an verschiedenen Stellen in das Buch von Deuterojesaja eingefügt wurde (Jes 42,1–9; 49,1–6; 50,4–11), eine Sammlung »stiller, tiefer, wenig blendender Gedichte« (Duhm) – Lieder im Sinne von Psalmen.

»Siehe, meinem Knecht wird's gelingen.« Das ist Thema des 4. Liedes. Es benennt zugleich Gottes Ziel mit seinem Knecht: Er wird Gottes Recht aufrichten (Jes 42,4), er wird die »Erlösung der Menschen« (Luther) bringen – nicht nur für Israel, sondern für die Völker »bis an die Enden der Erde« (Jes 49,6f.). Das Lied wird gerahmt von einer Jahwerede (Jes 52,13–15; 53,11f.): Gott behält die Deutungshoheit über das Geschick seines Knechts. Den Hauptteil bildet das Bußlied einer Gruppe von Menschen (wohl Israeliten), die bekennen und beklagen, dieses Geschick völlig missverstanden zu haben: »Wir aber hielten ihn für einen Gezeichneten.« (V. 4) Es bleibt offen, wodurch sie zu der Einsicht gekommen sind: »Er tat es für uns und statt unser.« Sie selber sind zwar keine Augenzeugen dieses unerhörten Geschehens, aber sie berichten nach ihrem Hörensagen und werben jetzt um Glauben für ihre Verkündigung (V. 1). »Das 4. Lied hat also die Form einer Liturgie.« (Michel, 525)

Unbekannt wie der oder die Verfasser der Lieder ist vor allem der Gottesknecht selber. Es hat immer wieder Versuche gegeben, diese Gestalt historisch zu identifizieren, sei es als ein Individuum (z.B. Jojachin, Jeremia, Moses, Kyros oder Deuterojesaja selber) oder als ein Kollektiv (z.B. Israel oder eine Gruppe in Israel). Aber alle diese Versuche sind nur mehr oder weniger ansprechende Vermutungen. Letztlich bleibt es dabei: Wir wissen nicht, wer sich hinter dem Gottesknecht verbirgt. Die Gestalt des Ebed Jahwe ist vermutlich überhaupt nicht historisch, sondern eine literarische Fiktion – als Projektionsfläche offen für individuelle oder kollektive Deutungen.

In dieser Person wird das Verhältnis von Herr und Knecht thematisiert und zugleich revolutioniert.

»Das Alte Testament kennt die volle Schärfe des Gegensatzes zwischen Herrschern und Beherrschten, Ausbeutern und Unterdrückten. Die Reichen und vor allem die Könige gelten als die frei verfügenden Besitzer ihrer Untergebenen. (...) Israel lebt in diesem Gegensatz wie in der Luft seiner Umwelt. Doch begegnet ihm schon in den älteren Überlieferungen des Alten Testaments heftige Kritik. Sie wird durch die klassische Prophetie verschärft und zu einem grundsätzlichen Umdenken weitergeführt. Man kann von einer Revolution in der Zuordnung von Herren und Knechten sprechen.« (Wolff, 279) Zu dieser revolutionären Kritik zählt Hans-Walter Wolff auch die Gottesknechtslieder: »In ihnen zeigt sich der wahre Herrscher als der, der selbst seinen Rücken den Schlagenden darbietet, seine Wange den Raufenden (50,8), der verachtet ist, von Menschen gemieden, ein Mann der Schmerzen, leiderfahren (53,3), durch Gewalt und Gericht ergriffen, um dessen Rechtsfall sich keiner kümmert (53,8), dem man ein Grab unter Verbrechern gibt (9). Er schleppt die Schmerzen für die anderen (53,4f.).« Der Gottesknecht »vollzieht den Rollentausch: er tritt an die Stelle der anderen, er trägt die Strafe und Not, und sie kommen frei.« (Wolff, 287)

Das Fazit lautet: »Der als Knecht nicht sein eigenes Recht suchte, den hat Gott zum Herrn gemacht und wird ihn als Herrn erweisen.« (Wolff, 288) Die neutestamentliche Gemeinde hat den »großen Text« Jes 53 »zum besseren Verständnis des Todes Jesu und seiner Auferstehung herangezogen« (Wolff, 176).

Neuere Übersetzungen (besonders die Einheitsübersetzung) sind im Vergleich mit der Luther-Übersetzung (1984) besser verständlich: die Bibel in gerechter Sprache (BigS, 2006) und die Zürcher Bibel (2007). Allerdings reden sie nicht mehr von »meinem Knecht«, sondern von »meinem Diener« (Zürcher) bzw. vom »Menschen in meinem Dienst« (BigS). Mit diesem Terminuswechsel wird das Paradigma von Herr und Knecht verlassen und damit auch eine notwendige Herrschaftskritik (»auch Könige«, V. 15), wie sie im Begriff vom Gottesknecht angelegt ist. Fatal wäre es, wenn dabei auch der »Rollentausch« (Wolff, 287) verloren ginge, der ja auch für »Stellvertretung« und für »stellvertretendes Leiden« am Karfreitag steht.

Die Übersetzung der BigS ist noch in anderer Hinsicht bemerkenswert. Hier ist der Gottesknecht die »metaphorische Gestalt eines Menschen, der in besonderer Weise in den Dienst Gottes berufen ist« (BigS 659). Die unbekannte »Gestalt« oder »Person« wird durchgängig mit weiblichem Personalpronomen versehen: ... *wir achteten diese Gestalt nicht. Doch in Wahrheit trug sie unsere Krankheiten ... durch ihre Wunden sind wir geheilt* (VV. 3–5). Das wird die Karfreitagsgemeinde provozieren (etwa eine »Gottesmagd« wie Maria? Lk 1,8); denn diese Übersetzung erschwert eine fraglose Identifikation vom leidenden Gottesknecht mit der Passion Jesu. Stellvertretendes Leiden ist offensichtlich kein »Alleinstellungsmerkmal« der Passion Jesu. Auch bleibt zu fragen, für welche »Metaphorik« denn diese Gestalt steht und inwiefern sie eine Verstehenshilfe für das Geschick Jesu sein kann.

Ursula Früchtel hat im Verstummen des Gottesknechts (V. 7) ein Symbol für »das sich immer wieder wiederholende Schicksal vieler, die zum Verstummen gebracht werden«, gesehen. Auf das Geschick Jesu angewandt: »Der gewaltsame Tod Jesu bliebe nur dann sinnlos, wenn sich nicht im Namen des Mundtotgemachten Munde öffneten und für jene sprächen, die ihres Mundes und ihrer Sprache beraubt werden.« (Früchtel, 231)

III Impulse: Vom Gelingen im Scheitern

Es scheint, dass jede Zeit in der Figur vom »Gottesknecht« ihre eigene Deutung wie für die Passion Jesu, so für sich selbst entdeckt. War es in den Siebziger- und Achtzigerjahren die Kritik an herrschendem Unrecht – vgl. Kurt Martis »Das könnte den Herren der Welt ja so passen« –, war es in den Neunzigerjahren das Eintreten für Entrechtete – »Tu deinen Mund auf für die Stummen« (Spr 31,8) –, so ist es heute die leidvolle Erfahrung, im Leben zu scheitern. Eine Erfahrung, die für den Gottesknecht so augenscheinlich ist wie für Jesus. Allerdings ist deren Scheitern qualitativ anders als die »Kunst des Scheiterns«, wie sie von Lebensberatern gelehrt wird: »Wahrscheinlich ist nicht das Gelingen, sondern das Scheitern des Lebens bedeutendster Lehrer.« (Tarr, 38) Im Scheitern des Gottesknechts dagegen steht Gottes »Wille und Werk, das er im Sinn hat, nämlich die Erlösung der Menschen« (Luther, zu Jes 53,10, Biblia Germania, 1545) auf dem Spiel. Aber gegen dieses endgültige Scheitern behauptet das Lied vom Gottesknecht dem Augenschein zum Trotz: »Siehe, meinem Knecht wird's gelingen.« Gott bleibt im Scheitern »ins Gelingen verliebt« (Ernst Bloch). Das zeigt der Gottesknecht. Das gilt es am Karfreitag auch für Jesus zu behaupten – und zu glauben.

Literatur: *Ursula Früchtel*, Mit der Bibel Symbole entdecken, Göttingen 1991; *Diethelm Michel*, Art.: Deuterojesaja, in: TRE 8 (1981), 510–530; *Henning Schröer*, Karfreitagsfrömmigkeit, in: Frömmigkeit und Freiheit, hg. v. Friedrich Wintzer, Henning Schröer und Johannes Heide, Rheinbach-Merzbach 1995, 159–173; *Irmtraud Tarr*, Das Donald Duck Prinzip. Scheitern als Chance für ein neues Leben, Gütersloh 2006; *Hans-Walter Wolff*, Anthropologie des Alten Testaments, München [3]1977.

IV Anknüpfung: »In Stücke brechen«

Das Leid des Gottesknechts als »Scheitern« zu bezeichnen, bedarf der Radikalisierung: Nicht nur der Wille Gottes und die Endgültigkeit qualifizieren das Scheitern des Gottesknechts. Der Knecht Gottes scheitert bis zur Selbstauflösung und Nicht-Mehr-Erkennbarkeit. Hier wird »scheitern« an seine etymologischen Wurzeln zurückgeführt: in »Scheiter«, »in Stücke brechen« (Kluge, 797). Ich kann mir solche Selbst-Aufgabe nur vorstellen aus tiefstem Vertrauen, dass die eigene Person immer schon mehr ist als das Vorfindliche und bei Gott überzeitlich unzerstört bewahrt.

Die Bewegung aus tiefster Erniedrigung (»der Allerverachtetste und Unwerteste«, Jes 53,3) in höchste Höhe (»er wird erhöht und sehr hoch erhaben sein«, Jes 52,13b) kommt auch in anderen Liedern der Bibel vor. Ob Hanna (1 Sam 2,1–10) oder Maria (Lk 1,46–54), beide besingen die Verwandlung von Niedrigkeit in persönliche Aufrichtung und eine Umkehr gesellschaftlicher Machtverhältnisse. Vielleicht lässt sich eine solche »Umdrehung« (lat.: Revolution) in der Tat am besten in Liedform zum Ausdruck bringen. Beide von A angeführten Texte zur Unrechtskritik, »Das könnte den Herren der Welt ja so passen« von Kurt Marti und »Tu deinen Mund auf für die Stummen« (Spr 31,8) wurden als Lieder vertont.

Ich folge A in den Machtbereich von Herren und Knechten im Horizont der »Stellvertretung«. Das stellvertretende Leiden des Gottesknechts wie es im vierten Lied beschrieben wird, ist im Alten Testament »einmalig«, ein »singulärer Text« (Spieckermann, 136f.). Zugleich setzt das Gottesknechtslied ein entscheidendes Vorzeichen (A: kein Alleinstellungsmerkmal) vor das stellvertretende Leiden Jesu Christi. Die Frage, wie »exklusiv« oder »inklusiv« dieses zu verstehen sei, ist theologisch umstritten (vgl. Gestrich/Hüttenberger, 149f.). Exklusiv kann für mich nur der persönliche Zugang zur Annahme stellvertretenden Leidens durch, in und mit Christus sein, den ein Mensch für sich wählt bzw. in den ein Mensch sich berufen sieht. Die Grenze des Kreises derer, die im Sinne Gottes stellvertretend leiden, kennt der Herr allein. Ich gehe davon aus, dass es solche Menschen gab und gibt (mit christlichem Bekenntnis und ohne). Mit A maximal inklusiv sehe ich die Zielgruppe der Botschaft: alle Völker.

Die Aussagen Gottes und der Zeugen über den Gottesknecht erscheinen faktisch (so ist es; auch gedeckt durch den Wechsel von der ersten in die dritte Person gegenüber den ersten drei Gottesknechtliedern) und nicht satisfaktorisch (mit einer Forderung Gottes verbunden).

V Erschließung der Hörersituation: »Sperr-Holz«

»Sperrig ist der Karfreitag schon immer – und das wird auch so bleiben.« (Dressler, Kap. 2) Das gesellschaftliche Verständnis für die Würdigung dieser Sperrigkeit allerdings nimmt ab. 2013 hinterfragten u.a. Bild, Spiegel und die taz (s.u. Internetlinks) die Berechtigung der »Feierverbote« (taz) an Karfreitag. Überschriften wie »Alle müssen mitleiden« (taz) oder »Ich lass dich beten, lass du mich tanzen« (Spiegel) zeigen, dass der gesetzlich sogenannte »stille Tag« keine allgemeine selbstverständliche Praxis mehr ist (A meldet mir beim Lesen zurück: »Das Kreuz als Sperr-Holz an Karfreitag«). So schwer manchen die Akzeptanz des kirchlich »verordneten« Karfreitags fällt, der Dienst der Kirche wird andererseits wertgeschätzt an »Kar-Tagen« (althochdeutsch: kara = Trauer, Klage) anderer Art. Wenn Hiobsbotschaften eintreffen und großes Leid geschieht, dann vertrauen nicht nur kirchennahe Menschen auf die Kompetenz kirchlicher Kräfte zur Begleitung und in hilfreichen Ritualen.

Das Leid der einen ist oft bedingt durch die Schuld der anderen und deren Schuld wiederum oft nicht frei von Einflüssen aus Versäumnissen der ganzen Gesellschaft. Auf diese Verstrickung aus Leid und Schuld antwortet der Gottesknecht »voller Schmerzen und Krankheit« (V. 3), der die Schuld seiner Zeugen trägt und deren (Seelen-)Frieden ermöglicht. Seine Hingabe an Schuld und Leid ermöglicht ihm, für beide Seiten, die »Opfer«, denen er gleicht, und die schuldigen »Täter«, die er – selbst schuldlos – stellvertretend repräsentiert, eine Identifikationsfigur zu sein. Der Gottesknecht ist ein Konvergenzpunkt für die Gebrochenheit von Menschen im Sinne ihrer Verletzlichkeit und ihrer Sündhaftigkeit. Er bietet die Chance, Schuld, die ich auf mich geladen habe, Leid, das ich anderen zugefügt habe, eingestehen zu können. Mein Scheitern an den eigenen Maßstäben, mein Bild von mir selbst, das in die Brüche geht: mit ihm/ihr wird's gelingen, das auszuhalten und Konsequenzen zu ziehen. Das wäre eine »Kunst des Scheiterns«, die ihren Namen verdient und an der es mangelt.

VI Predigtschritte: Stellvertretung für viele

Ich will die Perikope als Lied, als das sie bezeichnet wird, ernst nehmen und predigen. Damit bietet sich eine Möglichkeit, den schwierigen Text in »Strophen« zu unterteilen und aufzuschließen. Zusätzlich kann ich »liturgischen« und »dramatischen« Aspekten bei Deuterojesaja gerecht werden (vgl. Berges, 64–73). Ein/e Lektor/in liest jeweils einen Abschnitt des Gottesknechtlieds und ich predige entsprechend fraktioniert. Denkbar ist ein musikalisches Signal zu jedem Abschnitt. Bei der Einteilung orientiere ich mich an Gottesrede und Zeugenaussagen. Letztere gliedere ich nach thematischen Gesichtspunkten; eine gewisse Restwillkür nehme ich in Kauf. Die Perikope wird als erste Lesung in der Lutherübersetzung, bei der Predigt in einer alternativen, zeitnäher verfassten Übersetzung (Beispiele bei A) vorgetragen.

1. (52,13) »Siehe, meinem Knecht wird's gelingen«: Die gute Nachricht steht – als Gottesrede – vorweg. Sie hat drei Aspekte. Alles, was folgt, steht unter dem Vorzeichen des Gelingens. Der Knecht leidet nicht grundlos im leeren Raum, sondern als Erwählter in Gottes Herrschaftsbereich (mögliche Betonung des Aspekts Erwählung mit dem Kapitel »Die Buße« in Thomas Manns Roman »Der Erwählte«). Eine Umkehr gewohnter Verhältnisse kündigt sich an (mögliche Akzentuierung der Umkehr von Herr und Knecht mit »Mägde und Knechte« von Xavier Naidoo).

2. (52,14–53,3): Die Erscheinung des Gottesknechts überfordert unser Erkenntnispotenzial. Ein von Gott Berufener, der so erniedrigt, dürftig, verachtet und gezeichnet erscheint, ist undenkbar, verschlägt sogar Königen die Sprache und sorgt für entsetztes Staunen.

3. (53,4–7): Es kommt noch schlimmer: Der Gottesknecht leidet an unserer statt. Er leidet wegen unserer Missetat, Schuld, Verfehlungen, Abtrünnigkeiten und wegen unseres Ungehorsams, je nach Übersetzung. Aus deren Reichtum zu schöpfen, ist hier wichtig, denn es geht um mehr als eine falsche Tat. Es geht um das Sünder-Sein des Menschen, seine Abkehr von Gott, sein Scheitern an sich selbst, seine Gebrochenheit. Die Folgen nimmt der Gottesknecht »willig« auf sich. Wollen wir das? Das spielt keine Rolle; mit einer solchen Entscheidung wären wir völlig überfordert. Eine Forderung Gottes nach Stellvertretung durch den Gottesknecht ist nicht zu entdecken. Der Einzige, der hier etwas »wollen« kann, ist der Gottesknecht selbst. Die Zeugnisse von Menschen, die stellvertretend mit anderen, für andere oder für die Sache der Humanität gelitten haben, geben Einblick in solche zutiefst persönlichen Entscheidungen (z.B. Martin Luther King, Friedensnobelpreis vor 50 Jahren).

4. (53,8–11a): Die Hingabe des Gottesknechts geht bis in den Tod und darüber hinaus in Schmach und Schande seines Angedenkens. Die Motivation der Selbstaufgabe liegt in seinem Vertrauen, dass er im Licht Gottes nicht auslöschbar ist. Für Christen wird der Weg in dieses unbedingte Gottvertrauen durch Christi Stellvertretung zugänglich.

5. (53,11b–12): Der Gottesknecht gibt sich hin »für viele«, nicht für einen exklusiven Zirkel. Das Ziel ist eine mögliche Rettung für alle und eine Umkehr der Verhältnisse, die eine Würde des Scheiterns und eine Offenheit für persönliche Schuldübernahme beinhaltet.

In der Liturgie bietet der Wegfall der »Jubelstücke« Raum für eine stärkere Entfaltung von Psalm 22 (z.B. in der Übertragung von Arnold Stadler) und des Kyrie. Nach einem gesprochenen Kyrie (s.u.) singt die Gemeinde »Ich steh vor dir mit leeren Händen, Herr« (EG 382), das den Aspekt der »Fremdheit« Gottes anspricht. Als Glaubensbekenntnis eignet sich Dietrich Bonhoeffers Text über Handeln und Hingabe (EG Rheinland 813).

Kyrie

Mit leeren Händen, Gott, stehe ich vor Dir.
Wie willst du mir helfen, Sohn Gottes?
Ich sehe dich in deinem Leid am Kreuz.
Hilf mir hoffen,
gegen allen Augenschein.
Lass aus Schwäche Kraft erwachsen,
die sanft ist und mutig zugleich,
mächtig und gerecht.
Begegne unserm Scheitern
an uns selbst und an anderen Menschen
mit deiner Nähe und Gnade. Amen.

Literatur: *Ulrich Berges*, Jesaja 40–48 (HThKAT), Leipzig 2008; *Bernhard Dressler*, Karfreitag – ein sperriger Feiertag aus evangelischer Sicht, http://www.rpi-loccum.de/drekar.html (abgerufen am 31.5.13); *Christof Gestrich/Till Hüttenberger*, Art. Stellvertretung V. Kirchengeschichtlich und systematisch-theologisch, in: TRE 32, (2001), 145–153; *Friedrich Kluge*, Etymologisches Wörterbuch der deutschen Sprache, Berlin/New York [24]2002; *Hermann Spieckermann*, Art. Stellvertretung II. Altes Testament, in: TRE 32 (2001), 135–137; *Arnold Stadler*, »Die Menschen lügen. Alle« und andere Psalmen, Frankfurt am Main 1999.

Zur Kritik des »Tanzverbots« an Karfreitag vgl.: http://www.taz.de/!113616/ (abgerufen am 31.5.13); http://www.spiegel.de/unispiegel/wunderbar/studenten-protestieren-gegen-tanzverbot-an-karfreitag-a-891420.html (abgerufen am 31.5.13); http://www.bild.de/news/inland/tanzverbot/tanzverbot-karfreitag-ist-das-noch-zeitgemaess-29698292.bild.html (abgerufen am 31.5.13).

Osternacht

A 2 Timotheus 2,8a(8b-13): Vom Dunkel ins Licht

Marcus A. Friedrich

I Eröffnung: Alles predigt

»Halt im Gedächtnis Jesus Christus, der auferstanden ist von den Toten.« (2 Tim 2,8a) Nicht einmal einen ganzen Vers umfasst der sogenannte »Predigttext« der sechsten Reihe für die Osternacht. Das ist gut so, denn die Osternacht ist mehr noch als die Christnacht, der andere Nachtgottesdienst im evangelischen Gottesdienstkalender, eine liturgische Feier. Statt eines Predigtgottesdienstes besteht die Osternacht im Wesentlichen aus Lesungen, Gesängen und Gesten, in den Sakramenten oder im Taufgedächtnis. So sprach ein Gemeindeglied aus der Mitte des Geschehens, als es sich an der Kirchentür nach der Osternacht beim Pfarrer mit den Worten verabschiedete: »Danke Ihnen für die Predigt, die Sie nicht gehalten haben!« Was also tun mit dem Predigttext? Ich schlage vor, ihn wie eine Leitmelodie, einen cantus firmus, über dem osternächtlichen Geschehen zu begreifen und zu gebrauchen und davon auszugehen, dass alles in der Osternacht predigt, eine Predigt der Erinnerung an das Wesentliche im Gang durch die Heilsgeschichte, die auf Christus, den Auferstandenen, zuläuft.

Gegenüber der Christnacht ist die Bewegung in der Osternacht vom Dunkel ins Licht von anderer Kraft. Das Licht der sich ausbreitenden Osterkerzen in der Kirche, das Licht des Ostermorgens erhellt die Welt. Das Licht der Krippe ist, wiewohl schon Licht der Welt, erst am Anfang. An Ostern greift das neue Licht hingegen auf alle und alles über. Um dies feierlich nachzuvollziehen, kommt die Gemeinde in erster Linie – und nicht, um eine inspirierende Predigt als Höhepunkt des Gottesdienstes zu hören.

II Erschließung des Textes: Wir haben die Geschichten

Nicht nur therapeutisch Engagierte wissen heute, wie sehr die Stabilität einer Beziehung davon abhängt, ob man die gemeinsame Beziehung erzählen kann als überwiegend gute Geschichte mit einem roten Faden, der nicht abreißt. Auch der Glaube ist ein Beziehungsgeschehen, das nicht immer nur von Erfüllung und Zufriedenheit getragen ist – in den Kollektiverzählungen ebenso wie in den persönlichen. Er kennt auch Durststrecken, vage Zeiten, Brüche und Einsamkeit und dann wieder tiefe Verbindung. In der Osternacht wird die Geschichte der Beziehung Gottes zu den Menschen durch Erzählen ins Gedächtnis gerufen. Die alttestamentlichen Texte geben der Auferstehung guten Grund, indem sie von der Schöpfung über die Sintflut und den Exodus bis zum Osterevangelium Gottes Geschichte mit seinem Volk als eine Treue-Geschichte lebendig werden lassen.

In diesem Zusammenhang ist der Kontext im Anschluss an den Predigt-Vers beinahe als Metaerzählung auf die Heilsgeschichte zu lesen: »Wenn wir mit Christus sterben, werden wir auch mit ihm leben, wenn wir alles geduldig ertragen, werden wir mit ihm regieren. Wenn wir ihn verleugnen, wird er uns verleugnen. Doch in einem Punkt gilt die Entsprechung nicht: Wenn wir untreu werden, so bleibt er doch treu, denn er kann sich nicht selbst aufgeben. Und das gibt uns Grund zum Vertrauen.« So übersetzt Klaus Berger die Verse 11–13 in 2 Tim. In Christus setzt sich fort, was im Ersten Testament immer wieder zu erfassen ist, die einseitige, gnädige Erneuerung des Bundes: Gott ist treu, allerdings nun als ein begleitender Gott in Menschengestalt, der ganz irdische Wege beschreitet: dulden, verleugnet werden, sterben.

»Halt im Gedächtnis!« Wer so auffordert, spürt und vermutet, dass Beziehung und gemeinsame Orientierung zu schwinden drohen. Das gilt sicher auch für den Erfahrungshintergrund der Timotheusbriefe. Der Autor weiß, dass da um den Timotheus herum eine nach wie vor polytheistische Welt Einfluss auf das Leben der Gemeinde ausübt und die Kraft des Evangeliums, wie sie der Autor versteht, relativiert. Reichlich sind im ersten und zweiten Timotheusbrief die Probleme beschrieben, die sogenannte Irrlehren auslösen, im weiteren Kontext des Verses auch dadurch, dass man behauptete, die Glaubenden seien bereits als irdische durch die Auferstehung gegangen: Die Irrlehrer »sind von Gottes Wirklichkeit abgeirrt, wenn sie behaupten, dass Auferstehung schon geschehen sei.« (2 Tim 2,18 nach Klaus Berger)

Neue, andere Interpretationen der Heilsbotschaft konnten sich auch ausbreiten, weil Paulus selbst schon länger tot war und damit eine entscheidende theologische Vermittlungsfigur entfiel. Die einende Autorität war abhandengekommen. Da könnte es auch Sinn gemacht haben, einen Paulus herbeizuschreiben, auch wenn man nicht Paulus war. Der Verfasser begegnet der Führungskrise der Gemeinde im ersten Brief vor allem mit ordnungstheologischen und amtsethischen Weisungen. Weil die Parusie ausblieb, fiel jetzt stärker das Augenmerk darauf, sich gut zu organisieren. »Die theologischen Identifikationsfragen sind weitgehend geklärt«, schreibt Klaus Berger dazu. Der zweite Timotheusbrief gibt eher das Bemühen wieder, den Empfänger des Briefes persönlich weiter im Glauben an ein gutes Ende der Wiederkunft Christi zu binden und zugleich, in gemeinsamer Identifikation im Leiden unter den Verhältnissen, für ausreichende »Bodenhaftung« zu sorgen. »Halt im Gedächtnis!« Das ist im Gegenüber zu Schwärmerischem nicht viel, aber auch nicht wenig. Wer im Gedächtnis hält, hat die Botschaft noch nicht begraben.

Der Vers, der als Predigt-Wort ausgewählt ist, konzentriert den Text auf das Wesentliche, die Überwindung des Todes durch die Auferstehung Jesu Christi. Man hat den Eindruck, der Zusammenhang des Timotheusbriefes werde bewusst in den Hintergrund gedrängt. So schneiden die Hüter evangelischer Predigttradition selbst den B-Teil des Verses, die unmittelbar folgende Besitzanzeige »nach meinem Evangelium« kurzerhand ab; es widerspricht der Heilsuniversalität in der Verkündigung der Osternacht, ein »Evangelium« in Mein und Dein zu unterscheiden. Das ist theologisch nachvollziehbar. Evangelium ist für alle da. Wenn nicht in der Osternacht, wann dann?

Hermeneutischer Dreh- und Angelpunkt des Leitverses wird im so reduzierten biblischen Wort der Imperativ des Verbs *mnemoneuo* – erinnern, im Gedächtnis halten, bezogen auf die beinahe doxologische Wendung »Jesus Christus, der auferweckt ist von den Toten«. *Mneme*, Erinnerung, Gedächtnis ist einer der zentralen Begriffe der altgriechischen und hellenistisch griechischen Religionen, Kulte und religionsphilosophischen Systeme. Das Gedächtnis ist mit dem Leben verknüpft. Die Bewohner des Hades, des Totenreiches, bei Homer beispielsweise vergessen und schweigen. Demgegenüber bewirken Gedenken und Reden Leben. Die Parallelität von Erinnerung und Belebung lässt sich auch bis in die indoeuropäische Wurzel *men* zurückverfolgen. Sie bedeutet nicht nur »denken«, sondern auch »erregt sein«. Das Memorieren und die Manie, das Gedächtnis und die ekstatische Verzückung kommen aus demselben Wortstamm. Damit ist im Verb auch die Spannung gebunden zwischen der Vergegenwärtigung des Auferstehungsgeschehens einerseits und der geschichtlichen Distanzierung andererseits. Die Osternacht kann unter diesem Leitvers gleichsam ein Hin- und Herwandern zwischen aktueller Auferstehungsfreude und nüchterner Erinnerung sein. Sind wir also doch schon mit auferstanden? Mindestens können wir von der Auferweckung Jesu Christi von den Toten erzählen. Wir haben zwar nicht die Erfahrung, aber wir haben die Geschichten.

III Impulse: Zur eigenen Sprache kommen

Das ostkirchlich-orthodoxe Verständnis der heiligen Liturgie, insbesondere in der Osternacht, dieser für die Orthodoxie so wichtigen Feier, zeigt die Differenz auf. Gerade im Gegenüber zur Orthodoxie wird klar: Wir sind mehr als nur Mitspieler im kosmischen Spiel Gottes, ausgestattet mit affirmativen Rollen. Wir sind, wie schon Timotheus und seine Zeitgenossen, auch Fragende, Zweifelnde, Suchende, Menschen, die zu vergessen drohen, die nüchtern und unbeteiligt erinnern können, die aber auch das Glück der Auferstehung in aktuelle Freude versetzen kann. Dies alles gegenwärtig spiegelnd, reflektierend, wollen evangelische Christen auch zu ihrer eigenen Sprache kommen, jetzt und nicht nur mit alten Worten. Also doch predigen! Nur wie?

Der Predigttext von der Auferstehung braucht Geschichten des Lebens, biblische und gegenwärtige: Die tanzende Miriam oder »Noli me tangere«, die bewegte, beinahe komödiantische Gärtnerszene, machen Ostern leibhaftig lebendig. Deswegen geht dieser Predigttext so reduziert auch nur in der Osternacht. Die Geschichten, die Evangelium sichtbar machen, sind schon da.

Literatur: *Klaus Berger*, Das Neue Testament und frühchristliche Schriften, Frankfurt und Leipzig 1999; *Bibel in gerechter Sprache (BigS)*, Gütersloh 2006; *Lothar Coenen u.a. (Hg.)*, Begriffslexikon zum Neuen Testament, Wuppertal 1967.

IV Anknüpfung: Es war einmal und wird noch werden …

Dass sich in diesem Gottesdienst in besonders sinnfälliger Weise die Botschaft in der Form abbildet – indem das Fest der Auferstehung im Dunkel der Nacht oder im Zwielicht des anbrechenden Morgens begonnen wird –, leuchtet unmittelbar ein und spiegelt die Erfahrung derer, die diesen Gottesdienst vorbereiten und feiern, wider. Der Predigtvers wird zur Aufführung gebracht, indem die Liturgie mit einer Fülle von Gedächtnisstützen aufwartet, die sich im Laufe des Christentums herausgebildet haben, um die Beziehung im Gedächtnis zu halten, in die sich Gott zu uns allen in der Auferweckung des Einen gestellt hat.

Zu Ostern predigt in unseren Breitengraden die Natur in Erwartung des Frühlings. Aber genauso unmittelbar predigt in diesem Gottesdienst auch die besondere Nacht- bzw. Morgenstimmung. Wie das Dunkel vom Kerzenschein erhellt und durchbrochen wird oder wie sich das Tageslicht mit dem Aufgang der Sonne unaufhaltsam den Weg in den Kirchenraum bahnt, das zieht nicht spurlos an uns vorüber. Voller Sinneseindrücke kehren am Ende heim, die sich zu dieser besonderen Tageszeit in den Gottesdienst locken ließen.

Recht hat A: Die Lesungen, die Feier der Sakramente – was immer wir in dieser Nacht oder an diesem Morgen tun, ruft in dieser Fülle auf einzigartige Weise im Kirchenjahr die Geschichte der Beziehung Gottes zu den Menschen ins Gedächtnis. Wir werden erinnert und bestärkt, ohne dass es dafür allzu vieler Worte seitens der Predigenden bräuchte. A's zitierte Verabschiedungsszene an der Kirchentür spiegelt meine Erfahrungen mit dem Predigen bzw. Nicht-Predigen an diesem Tag wider. Und trotzdem braucht es auch das gedeutete Wort, so froh die meisten sein werden, wenn es nicht über Gebühr in die Länge gezogen wird. Aber dies gilt ja nicht nur für das Osterfest …

So wirkungsvoll die liturgischen Elemente der Feier »predigen«, so gewiss bedarf es auch der Auslegung, warum die Auferstehung Jesu Christi im Gedächtnis zu behalten ist: Warum gehört sie zu den Gründungsdaten unserer Beziehung zu Gott? Warum und was bildet sich in diesem Anfang ab? So wie laut A der beziehungsgeschulte Mensch die Bedeutung der Anfänge für jede Beziehung kennt, so weiß der Trennungsgeprüfte, wie sich rückblickend bereits im Anfang schon das Ende abbilden kann. Entsprechend gehört nach meiner Wahrnehmung der Glaube an die Auferstehung zu den neuralgischen Punkten vieler Menschen, der sie zu diesem Glauben und zu Gott eher in Distanz treten lässt, als dass er ihnen helfen würde, ihre Gottesbeziehung zu festigen.

Der Glaube an die Auferstehung, den es an diesem Morgen wachzurufen gilt, dient keinem Selbstzweck. Vielmehr wird im Kontext des Timotheusbriefes deutlich, dass er eine konkret erfahrbare Kraft im Leben des Einzelnen entfalten kann. Von daher ist bei aller theologisch korrekten Betonung der Allgemeingültigkeit des Evangeliums A's Kritik an der Personalisierung der Botschaft vonseiten des Briefschreibers (»mein Evangelium«) mildernd hinzuzufügen: Wenn doch die Botschaft in unserer eigenen Lebenserfahrung nicht zu »meinem«, »deinem«, »unserem« Evangelium wird, was und wem nützte sie? Im Unterschied zu A gefällt mir, dass der Autor erfrischend »unpaulinisch« schreibt und dadurch anregt, die eigene theologische Überzeugung – Paulus hin oder her – noch einmal selber buchstabieren zu müssen.

Christus ist auferstanden! Dieses Ereignis hat schon jetzt und in diesem Leben handfeste Konsequenzen im Leben derer, die ihm nachfolgen – selbst wenn die eigene Auferstehung noch aussteht. Für den Verfasser des Briefes hat sich in der Auferweckung Jesu die messianische Hoffnung erfüllt, dass sie den Leidenden und Kämpfenden die Fesseln der Angst, der Unterdrückung und Bedrängnis sprengen wird. Sein Aufruf, Christi Auferweckung von den Toten im Gedächtnis zu halten, ist von der Überzeugung getragen, dass dieses Glaubenswissen in den Zeiten helfen wird, in denen wir uns als gebunden und bedrängt erleben.

V Erschließung der Hörersituation: Du sollst dir merken …

Die von A herausgearbeiteten Zusammenhänge und kulturhistorischen Spuren von Erinnern, Gedenken und Erfahren wecken Lust, dieser Spur zu folgen. Was halten wir im Gedächtnis? Und wie tun wir es? Wie funktioniert unser individuelles bzw. kollektives Gedächtnis heute?

In einer Zeit, in der wir uns aufgrund der technischen Möglichkeiten und Innovationen immer mehr daran gewöhnen, Wissen per Touch oder Mausklick aufzurufen, lässt sich fragen, ob dies nicht auch verändert, wie von uns Glaubenssätze im Gedächtnis gehalten werden. Wo müssen Sätze wie die von dem Autor des Predigttextes empfohlenen abgespeichert sein, um dann, wenn wir sie brauchen, ihre Wirkung zu zeigen? Geht es darum, sie auswendig zu können, damit sie inwendig wirken?

Wie unterschiedlich Menschen lernen, das weiß, wer Wissen zu vermitteln sucht. Das hängt nicht allein vom Lernstoff ab, sondern wird mitbestimmt durch individuelle Dispositionen und Vorlieben der Einzelnen, wie durch das äußere Setting oder die Zusammensetzung einer Lerngruppe. Der eine hat ein fotografisches Gedächtnis, die andere ein ausgeprägt räumliches, ein Dritter ein kulinarisches. Eine lernt episodisch, ein anderer vornehmlich autobiografisch.

Entsprechend wird die Zusammensetzung der Gottesdienstgemeinde mit darüber entscheiden, welche Form und welche Auslegung sich nahelegt, um dem Aufruf des Predigttextes zu folgen, die Auferstehung Christi im Gedächtnis zu halten. Förderlich wird sein, wenn in diesem Gottesdienst die Fülle der liturgischen Möglichkeiten ausgeschöpft wird. Dabei hilft die Beobachtung und These von Martin Schmeisser: »Nach welcher liturgischen Ordnung die Osternacht gefeiert wird, ist letztlich zweitrangig. Nur dort, ›wo erkannt wird, dass die Macht des Todes gebrochen ist, wo das Wunder der Auferstehung und des neuen Lebens in die Todesnacht hineinleuchtet‹ (Dietrich Bonhoeffer) –, dort erfüllt eine durchdachte, gut vorbereitete und engagiert gefeierte Liturgie ihren Sinn.« (Schmeisser, 90) – Wem nützt eine Feier der Liturgie wortgetreu nach Agende, wenn die Gemeinde aufgrund ihrer Zusammensetzung keinen Anknüpfungspunkt für sich findet?

Dass Jesus von den Toten auferstanden sei, steht – einfach so dahingesagt, ohne ausgesagt zu werden – leicht in der Gefahr, zu einer Plattitüde zu werden. Damit dieser Satz zu einer Offenbarung werden kann, braucht es die Erfahrung. Als solcher ist der Satz sicher allen, die kommen, schon längst bekannt. Nur muss, was bekannt ist, noch lange nicht auch bereits erfahren sein. Man kann mit einer einfachen Wahrheit jahrzehntelang vertraut sein, bevor sie einem zum ersten Mal in die Knochen fährt.

Wenn dies am Ostermorgen gelingt, dann muss es nicht an der Predigt liegen, aber es *könnte* daran liegen. Es könnte doch auch an diesem Tag der Predigt möglich werden, diesen einen christlichen Gemeinplatz in eine akute Erfahrung zu verwandeln, an eine solche zu erinnern oder sie vorzubereiten. Durch Erinnerungen zuzurüsten für Zeiten, in denen es gilt, bestimmte Erfahrungen selber zu machen, die man eben nicht »trocken« erschwimmen kann.

Für mich persönlich gehört die Predigt an diesem Morgen zu den vielen Brotkrumen, die wir im Laufe des Gottesdienstes Hänsel und Gretel ähnlich auslegen in der Hoffnung, am Ende gemeinsam den Weg zu finden, der uns zurück in die Zukunft des Glauben führt. Situationen und Erfahrungen des Ausgeliefert- und Gefangenseins wachzurufen, in denen sich uns alles wandeln könnte und auch schon konnte durch Gottes Kraft: »Er hat zerstört der Höllen Pfort!« (EG 100,3)

VI Predigtschritte: Denke daran, was der Allmächtige kann …

Die Predigt will ins Gedächtnis rufen, was es für uns bedeutet, dass Christus von den Toten auferstanden ist. In der Pessach-Liturgie stellt das jüngste Kind dem Ältesten die Frage: »Was unterscheidet diese Nacht von allen anderen Nächten?« Auch in der Feier von Pessach gilt es, sich der Treue des befreienden Gottes zu vergewissern und die Geschichte des guten Anfangs im Gedächtnis zu halten. Entsprechend gibt es sogenannte Präfamen für die Osternacht, die sich eignen, die alttestamentlichen Lesungen gemäß der Frage dialogisch einzuleiten: Was unterscheidet diese Nacht von allen anderen Nächten?

»1. Lesung: Genesis 1,1–2,4 in Auswahl

Dialog

L I: Warum ist diese Nacht ganz anders als alle anderen Nächte? Warum hören wir an, was wir schon wussten, und warum gehen wir zurück bis zum Anfang?

L II: Damit wir nicht vergessen, woher wir kommen und wohin wir gehen. Damit wir den Schöpfer lobpreisen, den Ursprung allen Lebens, und sehen, erkennen und glauben, dass wir Menschen sind: Ebenbild Gottes. Hier ist der Bericht von der Schöpfung: Lesung

2. Lesung Genesis 6,1–9.16 in Auswahl

Dialog

L I: Warum ist diese Nacht ganz anders als alle anderen Nächte? Jeden Tag gehen wir unsere eigenen Wege, aber in dieser Nacht sind wir alle an diesem einen Ort versammelt.

L II: Weil wir – wie das Volk Israel – zur Freiheit berufen sind; weil wir gerettet wurden, damit wir zusammengehören; weil wir in dieser Nacht erneut zur Freiheit berufen werden. Hier ist der Bericht unserer Befreiung: Lesung

3. Lesung Ezechiel 37,1–14

Dialog

L I: Warum ist diese Nacht ganz anders als alle anderen Nächte? Und warum lädt sie uns in die Nähe Gottes ein?

L II: Damit wir den Sinn und das Ziel unseres Weges in dem Bund finden, den Gott mit Israel geschlossen und durch Jesus Christus vollendet hat. Hier ist die Ankündigung des neuen, ewigen Bundes: Lesung« (Schmeisser, 88ff.)

Auch die Predigt gäbe dann auf diese Frage eine Antwort, indem sie benennt und entfaltet, was in der Grauzone des Ostermorgens zu entdecken und inwendig zu lernen ist. Sie könnte beginnen, indem sie an die Frage zur Einleitung der biblischen Lesungen anknüpft: Warum ist diese Nacht anders als alle anderen Nächte und dieser Morgen wie kein anderer?

Weil uns dieser Morgen hören, atmen, fühlen und denken hilft, wozu Gott uns kraft der Auferweckung des Einen ruft. Was unsere Hoffnung und unser Glaube sei. Worauf wir vertrauen im Leben wie im Sterben … – An diesem Morgen spüren, wie Gottes »Grünkraft« (Hildegard von Bingen) uns neu ins Leben zieht, die Fesseln unserer Angst sprengt, die Knoten unserer Gedanken löst und die Steine von den Herzen fallen lässt …

Die Kunst wird sein, hierzu in Andeutungen und Bildern zu reden, die in den Hörenden Räume eröffnen, *eigene* Erfahrungen wachzurufen und sie an diesem Morgen mit dem Gedächtnis an Jesu Auferstehung zu verknüpfen.

So umschreibt z.B. die Autorin Susanne Niemeyer die Auferstehung auf einer gleichnamigen Postkarte als »Himmelszeichen«. Als »Sterbensende« und »Mutanfall«. Als »Kräftetausch« und »Weitersehen«. Sie sei

»Allermorgenanfang«. Erlebnismomente wie diese können uns auf offener Straße ereilen genauso wie im stillen Kämmerlein. Ihre Vorlaufzeiten und Wegbereiter sind uns selten bewusst. Wir kommen anderen zu Hilfe oder ergreifen bei Tisch das Wort, wo uns zuvor noch die Hände gebunden schienen oder ein Kloß im Halse steckte. Himmelszeichen, die Gott uns nicht selten in Gestalt von Menschen schickt, die uns den Rücken stärken oder uns auf andere Weise Kraft geben, über uns hinauszuwachsen. Manchmal bekommen wir auch eine Melodie ins Ohr geflüstert, die uns in ungeahnter Weise weiter sehen lässt und einen Kräftetausch befördert, der uns noch einen Moment vorher undenkbar schien.

In den Wortbildern von Susanne Niemeyer stecken Erfahrungen, die sich uns wie Blüten öffnen, sobald wir an ihnen schnuppern. Wann und wo bekam ich denn schon einmal in meinem Leben so einen richtigen Mutanfall? Was waren das für Himmelszeichen, in denen ich Gottes Kraft auf diese Weise spürte? Wann habe ich schon einmal »Sterbensende« erfahren oder einen »Allermorgenanfang« erlebt, der mich ermutigte, einen neuen Anfang zu setzen?

In diesem Gottesdienst zwischen Nacht, Morgengrauen und Sonnenaufgang sollte das Schwanken zwischen Lachen und Weinen, Bibbern und Jubeln noch zu spüren sein. Es ist jetzt noch nicht die Zeit, die gleißende Osterfreude zu predigen. Das Erstaunen und die Freude über die Auferweckung gründen in der Trauer. Die Erinnerung kennt beides und wird auch beides ins Gedenken eintragen.

Lieder: Neben den einschlägigen Osterchorälen wie EG 99 »Christ ist erstanden« und EG 100 »Wir wollen alle fröhlich sein« der Taizé-Gesang »Christus dein Licht«.

Literatur: *Martin Schmeisser*, »O wahrhaft selige Nacht!« Überlegungen und Vorschläge zur Feier der Osternacht, in: Musik und Kirche 2/2004, 88ff.

»Auferstehung« – Postkarte, Text: Susanne Niemeyer, Gestaltung: Andreas Kasparek, zu beziehen über www.sinnobjekte.de (abgerufen am 31.5.13).

I Korinther 15,19–28:

Poetologie der Hoffnung: Gott alles in allem

Bernhard Dressler

I Eröffnung: Ostern verträgt keine Belehrung

An Ostern soll die Predigt im Dienst eines festlich-fröhlichen Gottesdienstes stehen. Abstrakte theologische Belehrungen sind im Blick auf die Sache – die Auferstehungshoffnung – und im Blick auf das Datum – Ostersonntag – mehr als ohnehin schon verboten. Die Erwartung der Gemeinde ist bereits vor der Verlesung des Predigttextes auf sein Thema eingestellt: Man möchte einstimmen können in den Ruf »Der Herr ist auferstanden, er ist wahrhaftig auferstanden« und die fröhlichen Bekenntnisse der Osterchoräle mitsingen können, und ist doch zugleich skeptisch (wenn nicht gar peinlich berührt) gegenüber einem allzu pausbäckigen Verständnis sowohl der Auferstehung Christi als auch der eigenen Auferstehungshoffnung.

Dem stehen nun allerdings Gestus und Gehalt des von der Perikopenordnung vorgesehenen Textes entgegen. Soll man sich dieser Vorgabe überhaupt fügen? Paulus argumentiert hier mit Verweisen auf mythologische Vorstellungen und Psalmenzitate jenseits der für uns moderne Menschen obligatorischen Unterscheidung zwischen Sachverhaltsbehauptungen und Deutungen, zwischen assertorischer und narrativ-poetischer Rede.

Auf keinen Fall darf Paulus in seinem eigenen Duktus – mit dem Anspruch eines Wissens und mit Schriftbeweisen – expliziert werden. Der Prediger ist nicht in der Situation, gegen Irrlehrer aufzutreten, die wie die korinthischen Gegner des Paulus die Entwicklung des Christentums in die Richtung einer platonisch-esoterischen Sekte verbiegen wollen, auch wenn – das macht die Sache nicht einfacher – die an einer präsentischen Erlösung orientierten Vorstellungen der korinthischen Pneumatiker manchen heutigen Gottesdienstbesuchern nachvollziehbarer erscheinen mögen als das eschatologische Szenario des Paulus.

Der Zusammenhang zwischen dem österlichen Auferweckungskerygma und der allgemeinen Totenauferstehung, auf dem Paulus insistiert, gründet nun aber gar nicht auf den von ihm geltend gemachten Argumenten, sondern zu allererst auf einer ihm ereignishaft – vor Damaskus – eingestifteten Gewissheit und Hoffnung. Auch hier ist also zu bedenken, dass Paulus kein Dogmatiker war und die Gelegenheitsinterventionen seiner Briefe nicht ohne die intertextuelle Verbindung mit einem narratologischen Rahmen zu denken sind. Wie aber wird dieser spröde Text zum Anstoß für eine Poetologie der Hoffnung?

Zu bedenken ist zugleich, dass die für die Schöpfung inzwischen zumindest beim gebildeten Publikum anerkannte Entmythologisierung noch nicht ähnlich selbstverständlich auch für die Eschatologie gilt. Wie die Schöpfungszeit ist indes auch die Endzeit keine raum-zeitliche Größe, sondern eine Deutekategorie. So wie die Schöpfungstheologie sich von kosmologischen Spekulationen zu verabschieden hatte, hat die Eschatologie Zukunftsspekulationen zu meiden. Die eschatologischen Verheißungen Gottes sind nicht als realhistorisch vorgestellte Wahrsagungen misszuverstehen. Auch bietet die Bibel insgesamt keine eschatologische Lehre, sondern vielfältige und durchaus spannungsreiche Bilder vom ewigen Leben, Sprachbilder, mit denen Hoffnung ausgedrückt und wachgehalten werden kann. Der eschatologische Vorbehalt wird für eine christliche Selbst- und Weltdeutung gleichsam zum entscheidenden Vorzeichen vor allem Denken und Handeln: Wir können uns unser Heil nicht selbst machen. Es sind die Erfahrungen des jetzt gelebten Lebens im Lichte der Gottesbeziehung, die uns eine Hoffnung im Blick auf unser Leben und das Ende der Welt eröffnen.

II Erschließung des Textes: Die Auferstehung der Toten steht noch aus

Die Gegner des Paulus in Korinth bestreiten wohl weniger die Auferweckung Christi als die Auferstehung der Toten, deren präsentisches *Fortleben* sie stattdessen erhofften (vgl. Merklein/Gielen, 298f.). Paulus nun stellt sowohl die Auferstehung der Toten als auch die zukünftig erwartete Herrschaft Christi unter eschatologischen Vorbehalt. Nur wenn die endgültige Entmachtung des Todes als noch ausstehend gedacht wird, wird der Konflikt plausibel. Die Gegner bestreiten mit der eschatologischen auch die leibliche Dimension der Auferweckung. Da sie den Tod als die Voraussetzung für eine leiblose pneumatische Existenz sehen, können sie seine Überwindung gerade nicht erhoffen. Mit der endzeitlichen Einordnung der Totenauferweckung widerspricht Paulus einer enthusiastischen Vorwegnahme der Erlösung. Die *noch ausstehende* Auferstehung der Toten *bleibt* insofern der Inbegriff christlicher *Hoffnung.* Leiblichkeit zielt dabei nicht auf die Wiederbelebung von Leichen, sondern auf die individuelle Identität der Auferweckten im Gegenüber zu Gott. Wobei die »individuelle(n) transmortale(n) Schicksal(e)« gerade die kosmische und universale Dimension der Erlösung einschließen, die paulinische Eschatologie sich hier also einer »präsentischen« wie einer »existenzialen« Interpretation, sofern sie individuell verengt bleibt, zu versperren scheint (vgl. Schrage, 154). Nun ist der Auferstehungsglaube aber heute nicht mehr anders als im Sinne einer präsentischen Eschatologie und einer existenzialen Interpretation auszubuchstabieren. Wie lässt sich dieser Schwierigkeit begegnen, ohne zugleich den Text als unzumutbar zu verwerfen?

Entscheidend scheint mir, dass Paulus, hierin ganz realistisch, auf dem Feindschaftscharakter des Todes insistiert, ohne dessen Entmachtung die christliche Hoffnung leer bliebe. Bei genauerem Hinsehen hängt seine Argumentation also nicht so sehr an der (im Text durchaus aufscheinenden) Vorstellung eines apokalyptischen Dramas, sondern an der »Einschärfung des eschatologischen Vorbehalts« (Schrage, 153): Es gibt den Tod noch als widergöttliche Macht, und die Auferweckung der Toten lässt sich nur erhoffen.

Der Text mutet also zu, gerade an Ostern den Tod nicht zu beschönigen und nicht im Glauben an die Osterbotschaft die Auferstehung der Toten bereits vorweggenommen zu sehen. Und eine Erlösung, die nicht die gesamte Schöpfung einschließt, wäre keine, weil sie die individuelle Erlösung mit der Unerlöstheit anderer Kreaturen zusammendenken würde. Es geht um die Hoffnung auf die unverkürzte Herrschaft Gottes, von der Paulus auch die Herrschaft Christi nur abgeleitet sieht. Am Ende soll Gott »alles in allem« sein, und nur unter dieser Bedingung lässt sich über den Tod hinaus hoffen.

III Impulse: Erzählbare Hoffnung?

Auch die Osterpredigt soll am Skandal des Todes also nichts ermäßigen. Unser Leben ist vom Nichts, von der Nichtigkeit unserer Existenz bedroht. Hoffnung ist nicht zu bestärken, um die Angst vor dem Tod zu zerstreuen, sondern um ihm begegnen zu können. Es soll *für dieses Leben* einen Unterschied machen, ob der Mensch im Tod vom Nichts begrenzt wird, aus dem er geschaffen wurde, oder von Gott. Dabei kann es gar nicht darum gehen zu leugnen, wie sehr sich die Hoffnung über den Tod hinaus auf so etwas wie *wishful thinking* stützt. Wer das für eine Form der Autosuggestion hält, mag damit sogar recht haben und täuscht sich doch darüber, *wie* recht er hat. Es geht, noch vor allem Glauben, darum, in die sterile Welt purer Faktizität einen offenen Raum der Möglichkeiten hineinzusprengen, in dem dann auch Gottvertrauen gedeihen kann.

Hoffnung gründet weder auf einem Wissen, noch zielt sie auf ein Wissen: »Wohin Gott durch den Tod uns führt, bleibt ein Geheimnis. Mit einem Geheimnis aber kann man leben, wenn man Vertrauen hat.« (Zahrnt, 139). Weder Hoffnung noch Vertrauen gründen auf Argumenten, sondern auf erzählbaren Erfahrungen, mit denen uns Hoffnung und Vertrauen eingestiftet wird. Wie kommt man nun hier im Gegenüber zu diesem Predigttext ins Erzählen?

Der paulinische Text könnte in anderen Texten gespiegelt werden, indem danach gefragt wird, welche Geschichten den Korinthern zusätzlich zum vorgelesenen Brief des Paulus zu erzählen wären, möglicherweise erzählt worden sind (möglicherweise von Paulus selbst): So wären wir dann auf gleichsam reflexivem Umweg doch wieder bei den Ostergeschichten und würden zugleich die Situation des Predigenden und der Gemeinde im Spannungsverhältnis zwischen paulinischer Theologie und narrativem Evangelium reflektieren. Denkbar ist z.B. auch die Inszenierung eines fiktiven Trialogs zwischen Paulus, einem seiner korinthischen Gegner und einem der beiden Emmaus-Jünger: Was bedeutet es für die Auferstehungshoffnung, dass der auferweckte Christus erst erkannt wird, wenn er nicht gesehen wird? Denkbar ist auch die Spiegelung in einem Text der Gegenwart, z.B. – wenn nicht schon in zu vielen Osterpredigten verbraucht – Marie Luise Kaschnitz' berühmtes Gedicht »Haus aus Licht« (http://www.lyrikwelt.de/gedichte/kaschnitzg1.htm, abgerufen am 31.5.13) mit der Frage, was das dort empfundene »Vorweggenommen«-Sein im Lichte des biblischen Textes bedeuten könnte, wenn auch »die Weckuhren nicht auf(hören) zu ticken«. Freilich bleibt die Frage: Warum dann überhaupt der Umweg über den Brief an die Korinther?

Literatur: *Helmut Merklein/Marlis Gielen*, Der erste Brief an die Korinther (ÖTK 7/3), Gütersloh 2005; *Wolfgang Schrage*, Der erste Brief des Paulus an die Korinther (EKK VII/4), Einsiedeln/Neukirchen-Vluyn 1999; *Heinz Zahrnt*, Mutmaßungen über Gott, München 1994.

B

Matthias Lobe

IV Entgegnung: Ostern als Neuentdeckung der Wirklichkeit

Drei methodische Modelle für eine Predigt am Osterfest zu diesem Text, in freundlicher Umgehung desselben, schlägt A vor: a) eine narrative Konkretion, b) eine fiktionale Imagination oder c) eine literarische Paraphrase. Ich frage dagegen: Warum eigentlich nicht die theologischen Möglichkeiten, die in der Perikope selbst liegen, ausnutzen und mit den eigenen Gedanken in einen Zusammenhang bringen?

A's inhaltliche Gesichtspunkte überzeugen mich und lassen sich m.E. erstaunlich gut von der theologisch (im *strikten* Sinne des Wortes) pointierten These des Paulus von Gott als »alles in allem« (V. 28) her entwickeln. A will »die Erfahrungen des jetzt gelebten Lebens im Lichte der Gottesbeziehung« suchen und deuten, damit sie »uns eine Hoffnung im

Blick auf unser Leben und das Ende der Welt eröffnen« (I.). Weiterhin möchte er die christologische Behauptung von der Auferstehung Christi nicht triumphalistisch, sondern als unter dem eschatologischen Vorbehalt stehend zur Geltung bringen (II.). Dieses möchte ich aufnehmen und zugleich methodisch einen anderen Weg beschreiten. Ich möchte versuchen, im Lichte einer Spitzenthese zu Wesen und Wirklichkeit Gottes eigene Erfahrungen zu reflektieren und daraus ein Gesamtbild formen, das die Auferstehungsbotschaft plastisch werden lässt.

V Erschließung der Hörersituation: Verkündigung als Versuch, die rechte Mitte zu treffen

Dabei mag eine Eigentümlichkeit der Kommunikation über religiöse Dinge, die Niklas Luhmann gelegentlich entdeckt hat, aufschlussreich sein: Da Religion über einen nicht-empirisch gegebenen Gegenstand kommuniziere, unterliege dieses Reden auch nicht der Kontrolle durch die Realität. Das habe eine doppelte Konsequenz: Einerseits führe es zu einem erweiterten, hemmungslosen Reden und andererseits – als dessen Korrektiv – zu einem eingeschränkten, künstlich verknappten Reden.

Dieser doppelsinnig-gegensätzlichen Art der Kommunikation über religiöse Dinge nach Luhmann gilt es Rechnung zu tragen. Es soll etwas über die Bedeutung des christlichen Glaubens zu hören sein, gerade weil er sich auf das empirisch nicht Ausweisbare affirmativ bezieht: »Der Herr ist auferstanden!« Und gleichzeitig soll es nicht darum gehen, von Unwahrscheinlichkeiten und ihrer »Widerlegung« durch pure Behauptung des Gegenteils zu reden. Hierzu ist die Perspektive eines »weiten« Verständnisses dessen, was wir meinen, wenn wir »Gott« sagen, auf das Ostereignis erhellend und weiterführend. Versuchen wir es einmal!

VI Predigtschritte: Der österliche Titel Gottes: »alles in allem«

»... damit Gott sei alles in allem« – so endet die kühne Vision des Apostels Paulus. Gott steht *über* allem, überwölbt die Kategorien, Begriffe und Vorstellungen, die wir uns machen. Zu ihnen gehört auch die Vorstellung von Zeitlichkeit. Gott ist auch ihr nicht unterworfen. Er lässt sich nicht in zeitlichen Kategorien bemessen, er altert nicht, er wächst und entwickelt sich auch nicht. Gott steht über der Zeit – er lebt »von Ewigkeit zu Ewigkeit«, außerhalb von deren Einteilung in Sekunden, Minuten, Stunden und Tage. »Tausend Jahre sind bei dir wie der Tag, der gestern vergangen ist, und wie eine Nachtwache.« (Ps 90,4)

Gott ist alles in allem – und dieses »Alles« ist schwer vorzustellen. Denn wir haben niemals das Ganze vor Augen, sondern sehen immer nur einen Ausschnitt vom Ganzen. Und selbst dieser Ausschnitt überfordert uns manches Mal. Das zeigt sich schon daran, dass wir uns selbst niemals in unserer Ganzheit zeigen können. Ich in meiner Vielschichtigkeit, du in deiner ganz anders gearteten Persönlichkeit, die nicht weniger vielschichtig und kompliziert ist – wo begegnen sich Ich und Du ganz unverstellt? Im normalen Leben kennen wir uns nur als Träger bestimmter Rollen. Mal sind wir die Lehrer, mal die Schüler – mal die Kunden, mal die Dienstleistenden – mal die Erfahrenen, mal die Anfänger … Immer ist nur ein Teil von uns beteiligt. Bin ich die nette Großmutter oder der schwierige Nachbar, die freundliche Kollegin oder der genervte Steuerzahler, der brave Staatsbürger oder die widerständige Bürgerinitiativlerin, die gläubige Christin oder der weltaufgeschlossene Zeitgenosse …

Das Leben erfordert von uns einen gewaltigen Spagat, um den teilweise entgegengesetzten Erwartungen zu entsprechen. Wie mich die anderen sehen, ist unterschiedlich, aber auch, wie ich mich in den unterschiedlichen Lebenssituationen gebe. »Wer bin ich?« Eine in sich abgerundete Person mit klarer Identität oder ein Spielball der verschiedenen Menschen und Situationen, die auf mich treffen und an mir zerren. Wer regiert mein Leben? Sind es die, die mich mit ihren Ansprüchen und Erwartungen konfrontieren oder entscheide ich selber über mein Leben und darüber, welche Seiten ich von mir zeige?

»Wer bin ich?« – Dietrich Bonhoeffer meditiert diese Frage: »Bin ich das wirklich, was andere von mir sagen, oder bin ich nur das, was ich selbst von mir weiß? Wer bin ich, der oder jener? Bin ich denn heute dieser und morgen jener? Bin ich beides zugleich?« Der Fragen sind viele, eine klare Antwort ist schwer zu bekommen. Bonhoeffer formuliert am Ende doch eine: »Wer ich auch bin, Du kennst mich, Dein bin ich, o Gott!« (Bonhoeffer, 381f.)

Gott ist alles in allem – bei ihm ist auch mein vielfältiges und zwiespältiges Leben zu Hause: »Von allen Seiten umgibst du mich und hältst deine Hand über mir (…) Am Ende bin ich noch immer bei dir.« (Ps 139,5.18) Es tröstet mich, dass ich nicht auf alle Fragen Antworten zu finden brauche und dass ich, trotz ausstehender Lösungen, beruhigt sein kann: Es gibt einen Horizont, den ich als meine Grenze akzeptieren darf. Denn dahinter steht nicht das Chaos, sondern Gottes Wirklichkeit.

Gott ist alles in allem – zu Ostern wird uns ein solcher theologischer Spitzensatz zum Nachdenken hingehalten. Der Text, als dessen Abschluss er auftritt, *erzählt* nichts, er beleuchtet nicht die Umstände der Auferstehung: keine Geschichte vom leeren Grab, nichts zu hören von den beiden Marien oder von staunenden Jüngern, dafür von Gott. Ein Text, der nicht das Ereignis beschreibt, sondern der die Bedeutung dieses Ereignisses für uns ermessen möchte. Er verkündigt die Auferstehung als eine Wirklichkeit, die mit Christus angefangen hat und die auch uns meint. Christus ist der »Erstling«. Wir sollen folgen. Wohin? Hinein in

Gottes Machtbereich: in diese Wirklichkeit Gottes, in dieses grenzenlose Meer, in dieses Alles, das Gott ist.

Gott ist alles in allem – das ist sein österlicher Titel. Denn Gott steht über dem Tod, diesem letzten Feind, der selbst noch überwunden werden muss. Gott tötet den Tod. Er ist der Tod des Todes. Er ist neues Leben. So gehören auch Tod und Leben, diese Gegensätze, in denen unsere Existenz eingespannt ist, in Gott hinein. Er ist das Ganze, die Fülle des Lebens.

Unsere Erfahrung vom Leben ist eine andere. Wir erleben es in Stücke geteilt, auch geprägt von Bedürftigkeit und Knappheit. Wir möchten mehr als *ein* Stück vom Kuchen … Doch, was ich bekomme, das kriegt ein anderer nicht. Die Luft, die ich atme, atme ich einem anderen weg. Das geht so lange gut, wie genug Luft zum Atmen da ist. Aber wehe, die Luft wird knapp, wehe, die Erdölreserven, wehe, die Nahrung, das Wasser, das Land … Wir wissen: Alles wird knapp!

Gottes Leben ist anders, Leben in der ersten Reihe für alle, aus der Fülle, ein Leben, das Knappheit nicht kennt. Leben, in dem es keinen Kampf gibt und keinen Neid, in dem es sich nicht lohnt, Vergleiche anzustellen und mit eigenem anzugeben, um das andere herabzusetzen. Es ist genug für alle da.

Ostern ist das Fest der Auferstehung, das Fest der Verheißung eines neuen Lebens, das Christus zuerst gewährt wurde.

Es war Athanasius, der Kirchenvater des 4. Jahrhunderts, der den Sinn des christlichen Glaubens in einem prägnanten Satz zusammengefasst hat. In diesem Satz bringt er den Gehalt von Weihnachten und Ostern in einem Gedanken zusammen: »Gott wurde Mensch, damit wir Menschen Gott werden können.«

»Gott wurde Mensch, …« – das feiern wir an Weihnachten, wenn die Engel über dem Jesuskind sagen: »Euch ist heute der Heiland geboren!« – »… damit wir Menschen Gott werden können« – das feiern wir an Ostern, wenn uns der Engel verkündigt: »Ihr sucht Jesus von Nazareth, den Gekreuzigten. Er ist auferstanden, er ist nicht hier.«

Das ist es, was Paulus meint, wenn er Gott als das »Alles in allem« bezeichnet. In dieses Alles, das Gott ist, gehören auch wir und werden wir hineingehören. Wir sollen einmal Teil des Ganzen werden, zu Gottes Wirklichkeit dazugehören, ja wir sollen vergottet werden, wir sollen Gott selbst werden. Das ist die Botschaft von Ostern.

Literatur: *Dietrich Bonhoeffer*, Widerstand und Ergebung. Briefe und Aufzeichnungen aus der Haft, hg. von Eberhard Bethge, Neuausgabe München 1985; *Niklas Luhmann*, Gesellschaftsstruktur und Semantik. Studien zur Wissenssoziologie der modernen Gesellschaft, Bd. 3 (1989), Frankfurt am Main ²1998.

Ostern: … damit wir sehen, dass Gott „alles in allem" ist (offenbar wird)
im Leben
im Tod
überall da für uns
=> darauf können wir hoffen!
so wird das Leben ermöglicht (z. B. Hoffen im Tod)

A Apostelgeschichte 10,34a.36–43: Ostermontag wird Pfingsten

Friedrich Brandi-Hinnrichs

I Eröffnung: Ein Bekenntnis als Vergewisserung

Für den 2. Feiertag des Osterfestes ist Apg 10,34a.36–48 ein lebendiger und auch schöner Text, weil er zu Auferstehungsgedanken anregt, die am fröhlichen Ostersonntag mit Familienbesuch, Eiersuchen und -finden eher keinen Platz hätten. Zudem wird Ostersonntag noch zurück auf Karfreitag geblickt. Am zweiten Feiertag jedoch darf dann mal ein bisschen gegrübelt werden über das Wesen der Auferstehung, über die Wirkung(sgeschichte) der ersten Osterzeugnisse und ihre Relevanz für heute. Weil es zum guten Ton fast jeder Auseinandersetzung mit der sonntäglichen Perikope zu gehören scheint, die Textauswahl zu hinterfragen, sage ich es gleich vorweg: Die Streichung der VV. 34b.35, die als Resümee der vorangegangenen Erzählung über den Hauptmann Kornelius zu verstehen sind, scheint mir sinnvoll. Es sind zwar gehaltvolle und poetische Verse – in der Fassung der Lutherübersetzung von 1984 sogar fett gedruckt –, doch sie sind sowohl in der Diktion als auch inhaltlich eher ein Abschluss des Vorangegangenen als eine Eröffnung für das Kommende. Unter Umständen ließe sich der inhaltliche Gedanke dieser Verse am Ende der Predigt noch einmal aufgreifen. Doch dazu später. Die VV. 36ff. sind ein Glaubensbekenntnis oder besser: eine Art Kompendium frühchristlicher Theologie, mit der Lukas seine Leser im Glauben an den Auferstandenen mehr bestärken als unterweisen möchte. (V. 37: »Ihr wisst, was in ganz Judäa geschehen ist …«) Doch die VV. 44–48 möchte ich mitbedenken, da sie dem nüchternen Bekenntnis Petri eine sinnstiftende Erzählung anfügen, die sowohl einen formalen als auch inhaltlichen Abschluss des Ganzen bilden und einen schönen Ausblick auf die kommenden Ereignisse und Feste im Kirchenjahr bieten.

Da der moderne Zeitgenosse, vielleicht sogar mancher Kirchenbesucher, nicht ganz genau sagen kann, was Ostern denn nun gefeiert wird und auf welche Weise sich das Fest der Auferstehung verbreitet hat, kann dieser kleine historische Abriss des Geschehens hilfreich sein – vor allem auch weil hier die Betonung auf der »Erscheinung« des Auferweckten liegt (V. 40) und nicht eine Art Wiederbelebung des gekreuzigten Jesus von

Nazareth suggeriert wird, die sich in vielen Köpfen ja immer noch eines weitgehend unbehelligten Daseins erfreut.

II Erschließung des Textes: Die Bekehrung Petri

Die Perikope muss natürlich im Zusammenhang mit Apg 10,1–33, der Erzählung von der Begegnung des Hauptmanns Kornelius mit Petrus, gesehen werden – übrigens die umfangreichste des Neuen Testaments. Mit Daniel Marguerat lässt sich aber sagen, dass wir es hier eigentlich mit einer Erzählung der Bekehrung von Petrus zu tun haben (vgl. Marguerat, 167f.). Petrus begegnet nämlich auf recht wundersame Weise dem frommen, heidenchristlichen Hauptmann, nachdem er eine Erscheinung hatte, die ihn »in Verzückung« geraten (V. 10) und eine Stimme (V. 13) hören lässt. Ob es sich hierbei um die Stimme Gottes handelt, bleibt unklar, aber sie befreit ihn von den strengen Speiseverboten (V. 14f.). Damit wird er, der sich als Jude zu den Gesetzen und Geboten der jüdischen Tradition bekannt hatte, von dem befreit, was ihn bisher von Paulus getrennt und von der Heidenmission abgehalten hatte (vgl. Roloff, 165). Nach einer Vision kommt es zur gottgewollten Begegnung von Kornelius aus dem hellenistischen Caesarea und Petrus aus Jerusalem, die in einem Dank von Kornelius mündet, dass er und Petrus zusammengefunden haben (VV. 30–33). Das lässt sich auch lesen als ein Dank des hellenistisch-christlichen Historikers Lukas, dass griechisches Gedankengut und jüdische Tradition zusammengefunden haben: »Nun sind wir alle hier vor Gott zugegen, um alles zu hören, was dir (Petrus) vom Herrn befohlen ist.« (V. 33) Oder, wie Eugen Drewermann es sagt: »Als Jude wird man zu einem Mann wie Kornelius erst dann ein positives Verhältnis aufnehmen können, wenn man seine Zugehörigkeit zum Militär Roms als so unwichtig betrachtet wie die eigene Zugehörigkeit zu dem Volk der ›Erwählung‹. (…) Voraussetzung ist, daß Gott wirklich *alle* Menschen ›erwählt‹ hat.« (Drewermann, 486) Damit greift Petrus paulinisches Gedankengut auf, wie es etwa in Röm 2,11 oder 1 Kor 9,21ff. formuliert ist.

Und jetzt erzählt Petrus Kornelius und seinem Gefolge, was wir nun im Gottesdienst auch weiterzugeben haben: ein Glaubensbekenntnis als »innergemeindliche Verkündigung« (Roloff, 168): Auffällig ist zunächst, dass Lukas die Geburtsgeschichte Jesu hier nicht erwähnt, obwohl er sie ja gleich an den Anfang seines Evangeliums stellt und ihr damit einen prominenten Ort zuweist. Für ihn scheint sie aber nicht zentral zum Jesus-Kerygma zu gehören. Entscheidender ist ihm hier die Verkündigung Jesu (Stählin, 155: »Die Verse 37–41 enthalten das kürzeste ›Leben Jesu‹ im Neuen Testament.«) – ein Gedanke, der in der späteren kirchlichen Tradition nicht aufgenommen wurde und im sonntäglich gesprochenen

Apostolikum auch nicht vorkommt: »der ist umhergezogen und hat Gutes getan und alle gesund gemacht, die in der Gewalt des Teufels waren.« (V. 38) »Die Heilung ist wie sonst im Hellenismus mit dem Exorzismus identifiziert.« (Schille, 249) Die Verse 39f. klingen ein wenig nach 1 Kor 15, allerdings fehlt in unserem Text die Erwähnung der Grablegung, während Paulus die Kreuzigung übergeht.

Zentrale Argumentation für den »Beweis« der Auferstehung ist nämlich die Mahlgemeinschaft, die zunächst nur einem erwählten Kreis zuteilgeworden ist. Ob Lukas damit das Emmausgeschehen aufgreift, lässt sich nicht eindeutig beantworten, legt sich jedoch nahe, wenn man sich in Erinnerung ruft, dass den beiden Jüngern auf ihrem Weg nach Emmaus die Augen für den Auferstandenen erst mit dem Brotbrechen, also der Mahlgemeinschaft, geöffnet wurden (vgl. Lk 24,31).

In den Versen 44ff. folgt eine Art Rekapitulation des Pfingstwunders – ein Topos, der von Lukas häufiger aufgegriffen wird, vermutlich weil er für ihn von zentraler Bedeutung ist: »Während Petrus noch diese Worte redete, fiel der Heilige Geist auf alle, die dem Wort zuhörten.« (V. 44, vgl. Marguerat, 167) Und zwar ohne Taufe! Diese ist hier der Ausgießung des Heiligen Geistes nachgeordnet, und man könnte durchaus einmal darüber nachdenken, ob mit diesem Text nicht die heutige Taufpraxis einmal überdacht werden könnte. Muss eine Taufunterweisung unbedingt jeder Taufe vorangehen, oder sollten wir Kirchenmenschen den Kircheneintritt nicht auch mal niedrigschwelliger gestalten, so denn der Heilige Geist weht. Petri Bekehrung bzw. seine Zuwendung zu den nichtjüdischen, vom Geist erfüllten Menschen wird noch dadurch unterstrichen, dass alle Juden sich entsetzten, weil Gottes Geist eben auch auf die Nicht-Juden ausgegossen wurde. »Denn alle, die Petri Rede hörten, redeten in Zungen und priesen Gott« in – so wäre zu ergänzen – ihrer eigenen Sprache und mit ihrer spezifischen Tradition, die der der Judenchristen fremd war. Dass Petrus, der die hebräische Bibel gut gekannt haben wird, sich hiermit in guter jüdischer Tradition befindet, ist denen, die sich entsetzten, wohl nicht bewusst gewesen (vgl. Eisen, 180). Man denke nur an Jes 55,5 oder 56,3 und auch die Psalmen 47, 96 oder 113. Schade allerdings, dass für den Ostermontag allerdings ausgerechnet Ps 118 vorgesehen ist, in dem eher die Abgrenzung von den Heiden betont wird, auch wenn das den im EG ausgewählten Versen 14–29 nicht unbedingt herauszulesen ist.

III Impulse: Pfingsten naht

Da es sich bei der Perikope überwiegend um eine wörtliche Rede handelt, könnte ein narrativer Einstieg belebend sein. Zunächst kann die Geschichte von Kornelius erzählt werden. Der fromme, hellenistische

Gottsucher Kornelius ist auf der Suche nach Petrus, nach einem Mann, der in all seinen Anfechtungen ja sehr nahe bei Jesus war – zu Zeiten seines irdischen Wirkens wie auch danach. Er findet ihn und dankt überschwänglich für diese Begegnung, eine Begegnung jüdischer und hellenistischer Tradition.

Im zweiten Schritt sollte dann die »Wandlung« des Petrus thematisiert werden, von seiner Verwurzelung im jüdischen Denken hin zu einem, der die umfassende Botschaft vom Geist Gottes verbreitet, einer Botschaft, die allen Menschen gilt, Juden wie Griechen und darüber hinaus. Ein Rekurs auf das Pfingstwunder (Apg 2) bzw. ein Vorgriff auf das im Kirchenjahr noch kommende Pfingstfest scheint mir sinnvoll und angemessen: Ostern, das Fest der Auferstehung des Gekreuzigten, ein universalistisches Fest, legt den Grund für die Erfahrung von Pfingsten.

Denn schon Ostern ist ein Fest, bei dem Trennendes überwunden wird. Und so hätte es einen gewissen Charme, die Predigt mit V. 34b.35 enden zu lassen. Wenn nicht dem Worte nach, so doch dem Inhalt gemäß: Es kommt nicht auf Herkunft oder (Wohl-)Stand eines Menschen an, sondern darauf, ob sich eine Beziehung zwischen Gott und Mensch entfalten kann – wo auch immer auf Gottes weiter Erde. Der oder die kann sich von Gott angenommen fühlen.

Literatur: *Eugen Drewermann*, Die Apostelgeschichte. Wege zur Menschlichkeit, Ostfildern 2011; *Ute E. Eisen*, Die Poetik der Apostelgeschichte. Eine narratologische Studie, Göttingen 2006; *Daniel Marguerat*, Lukas, der erste christliche Historiker. Eine Studie zur Apostelgeschichte, Zürich 2011; *Jürgen Roloff*, Die Apostelgeschichte (NTD 5), Göttingen 1988; *Gottfried Schille*, Die Apostelgeschichte des Lukas, Berlin [2]1984; *Gustav Stählin*, Die Apostelgeschichte (NTD 5), Göttingen 1975.

Carolyn Decke

B

IV Anknüpfung: Glaubwürdiges Bekennen lockt den Heiligen Geist

Ja, in Apg 10 geht es um eine Begegnung verschiedener religiöser Traditionen und was daraus Heilsames entstehen kann. Hier wird dem nachgegangen, was die Voraussetzung für das Gelingen dieser Begegnung sein könnte: Neben dem Wirken des Heiligen Geistes auch das Hören auf den Ruf Gottes und das glaubwürdige Bekennen.

A nimmt zum vorgegebenen Perikopenumfang noch die Verse 44–48 hinzu. So wird diese Szene wirklich zu einer pfingstlich geprägten Taufgeschichte für den Ostermontag. Die Auslegung der pfingstlichen Seite von Ostern hat seinen Reiz, zumal gerade jetzt in vielen Gemeinden Taufen stattfinden und die Tauferinnerung fest zur Osternacht gehört:

Die Gemeinde vollzieht nach, in Christus immer wieder zu einer neuen Kreatur zu werden und als Getaufte beauftragt zu sein, »dem Volk zu verkündigen« (V. 42).

Am Ende der Begegnung zwischen Petrus und Kornelius in der Apostelgeschichte steht jedenfalls Geisterfüllung mit nachfolgender Taufe des beeindruckten »Ungläubigen«. Diese Art erfolgreicher, menschenfreundlicher und überzeugender christlicher Mission gibt es bis heute immer wieder. Gerade in unserem säkularen Zeitalter sind erstaunlich viele Menschen wie Kornelius auf der Suche nach glaubwürdigen Christen und bereit, sich taufen zu lassen.

Wenn wir eine solche Begegnung allerdings im Rahmen des heutigen interkulturellen und -religiösen Dialogs betrachten, muss nicht zwangsläufig die Taufe am Ende eines solchen Glaubensgespräches stehen. Der wertschätzende Austausch und der Respekt voreinander sind schon allein ein hohes Gut. Schon im Aufeinander-Hören wirkt die göttliche Geistkraft sichtbar zum Heil.

Einander vom Glauben erzählen: Neben »Pfingsten naht« wäre es ebenso spannend, das der Perikope innewohnende Thema »Glaubensbekenntnis« in der Predigt aufzunehmen. Wie fängt man/frau es überhaupt an, einem fremden Neugierigen vom eigenen Glauben zu erzählen, zu vermitteln, was einem heilig ist?

Schön ist, dass hier in Apg 10 der im Apostolicum so ausgeklammerte Bezug auf das »Lebenswerk« Jesu hervorgehoben wird (V. 38f.). Petrus spricht ein eindrucksvolles Credo, bleibt hörernah und ist in seinen Schwerpunktsetzungen beinahe modern, wenn er von »Zeugenschaft« und Bote Sein redet. Sein Bekenntnis fordert uns Moderne auch heraus, indem er Jesus als von Gott bestimmten »Richter über Lebende und Tote« betont – wie und wo wagen wir Heutigen dieses zu denken und zu bekennen, außer in eher fundamentalistischen Kreisen?

V Erschließung der Hörersituation: Bekehrung heute

Während ich diese Studie schreibe, stehe ich noch unter dem Eindruck des Hamburger Evangelischen Kirchentages im Frühjahr 2013: Eines der Schwerpunktthemen, das Thema »Inklusion«, trifft offenbar den Nerv der Zeit, jedenfalls in einer Großstadtmetropole wie Hamburg. Inklusion ist das erstrebenswerte Ethos dieser Epoche: Menschen unterschiedlicher Herkünfte, Kulturen, Wertvorstellungen, Fähigkeiten leben miteinander am gleichen Ort und doch oftmals nur nebeneinander her oder gar in immer stärkerem Maße voneinander geschieden; getrennt in die unterschiedlichen Milieus, in Arm und Reich, als Zugewanderte, Alteingesessene, Angehörige verschiedenster Ethnien. Wo wird in unseren Nachbarschaften deutlich, dass wir alle aufeinander angewiesen sind? Wer tut etwas dafür, dass Mauern abgebaut, Brücken errichtet und Ungerechtigkeiten überwunden werden?

Der Kirchentag hat betont: Es sind doch wir Christen, die den österlichen Auftrag haben, Altes hinter sich zu lassen und Neues zu ermöglichen, Gemeinschaft zu stiften, weil »Gott die Person nicht ansieht« (V. 34). Lukas lässt den griechisch-heidnischen Hauptmann Kornelius und den judenchristlichen Petrus aufeinandertreffen und beide sind am Ende im guten Sinne »bekehrt« im Heiligen Geist. Sie verändern sich und bewegen sich aufeinander zu. Am Schluss sind sie »Brüder im Herrn« und können sich mehr auf ihre Gemeinsamkeit als auf die Unterschiede berufen.

So birgt diese Begegnung in Caesarea viel Übertragbares für die Herausforderungen unserer Zeit. Zum Beispiel, dass wir als Christinnen und Christen zum öffentlichen Bekennen in Wort und Tat in die Nachfolge Jesu gerufen sind, auf dass wir das Evangelium nicht nur bei uns bewahren oder verwalten, sondern es unter die Leute bringen.

Was wäre uns wichtig zu bekennen? Wie gilt es zu reden gegenüber Menschen, die wenig vom christlichen Glauben gehört haben? Wie und wo wäre es zu tun? Petrus ist natürlich unschlagbar authentisch, weil er ein unmittelbarer Zeuge des Geschehens ist und somit eigene Erfahrungen zu bekennen vermag. Seither hat es jedoch unzählige glaubwürdige Zeuginnen und Zeugen gegeben, die mit ihrer Lebensgeschichte für den Glauben einstanden und leidenschaftliche Bekenntnisse abgelegt haben.

Zum Beispiel: In den letzten Jahren wird mehr und mehr die Rolle der Frauen in der Bekennenden Kirche aufgearbeitet. Eindrucksvoll war die Position der Theologin und Historikerin Elisabeth Schmitz, die als Christin in Wort und Tat gegen den Antisemitismus (auch in den Reihen der Bekennenden Kirche) anging (vgl. Gaius).

Persönliche Glaubenserfahrung weiterzugeben, weckt Emotionen und ermöglicht anderen, den eigenen »Spuren im Sand« nachzugehen. Damit aber diese Bekenntnisse nicht in einem romantischen spirituellen Narzissmus münden, brauchen sie das Korrektiv Bibel und Glaubensgemeinschaft, vor allem aber die bewährten Formeln und Texte, die seit Generationen Glaubenskraft weitertragen. Es gibt ja mehr »Wahrheit, als in unser Herz passt«, wie Fulbert Steffensky es ausdrückt. (Steffensky, 55)

Die Apostelgeschichte formuliert bewusst in diese beispielhafte Begegnung von Petrus und Kornelius einen liturgisch geprägten Text hinein, der einen guten Mittelweg darstellt: Er gibt die lebendigen Glaubenssätze der Urgemeinde weiter, die Petrus zu seinem eigenen Erleben in Beziehung setzt. So hat hier das Wort Gewicht und »kehrt nicht leer … zurück« und bewirkt, was Gott will (Jes 55,11).

VI Predigtschritte: »Wie soll man sie durch Überredung leiten?«

A schlägt vor, zu Beginn der Predigt die Verse 1–33 und 34a–35 narrativ wiederzugeben, weil sie das Petrus-Bekenntnis so wunderbar verständlich machen und zum Weiterdenken anregen. Ich finde auch, dass der österlichen Gemeinde das ganze Kapitel 10 vor Augen stehen sollte. Das Wort des Petrus zu Kornelius »Steh auf!« ist ja der Osterruf Gottes an alle, die fragend und demütig zu ihm kommen. Denkbar ist es, die Verse 1–33 als Evangeliumslesung zu nehmen, wenn man auf die vorgesehene Lesung von den Emmausjüngern verzichten mag.

Für die Predigt selbst lade ich ein, dem Gedankengang »Wie erzählen wir vom Glauben?« nachzugehen. Die Osterzeit beginnt mit dem Bekenntnisruf »Christus ist auferstanden – Er ist wahrhaftig auferstanden!« Wie ist dies zu bezeugen? Wem ist das gesagt?

Nun könnte die Spannung zwischen dogmatischen Lehrsätzen und individuellen Erfahrungen zur Sprache kommen. In der Moderne ist es nicht einfach, Altes einfach nachzusprechen. Es wird Authentizität und Glaubwürdigkeit eingefordert. Wo finden wir das heute? Beispiele aus der Gemeinde(geschichte) könnten dies illustrieren.

Die Begegnung zwischen Petrus und Kornelius steht beispielhaft für ein gelungenes Überwinden von Grenzen im Geist des Evangeliums.

Etwas intellektueller angelegt, aber ebenso reizvoll ist ein Predigtimpuls, den ich Horst Gorski verdanke: In Goethes »Faust« gibt in der Osternacht in der Studierstube ein Gespräch zwischen Dr. Faust und seiner Hilfskraft Wagner diese Spannung zwischen emotionaler Erfahrung und aller weltlichen Gelehrsamkeit wieder. Hier nur ein kurzer Ausschnitt, das ganze Gespräch ist lohnenswert zu bedenken, ebenso die Gedanken Fausts während des Ostergeläuts der Kirchen.

Wagner: »… Wie soll man sie (die Gottesdienstgemeinde) durch Überredung leiten?«
Faust: »Wenn ihr's nicht fühlt, ihr werdet's nicht erjagen
Wenn es nicht aus der Seele dringt
Und mit urkräftigem Behagen
Die Herzen aller Hörer zwingt.
Sitzt ihr nur immer! Leimt zusammen,
Braut ein Ragout von andrer Schmaus
Und blast die kümmerlichen Flammen
Aus eurem Aschenhäufchen raus!
Bewunderung von Kindern und Affen,
Wenn euch danach der Gaumen steht,
Doch werdet ihr nie Herz zu Herzen schaffen,
Wenn es euch nicht von Herzen geht.«
…
Wagner: »Allein die Welt! Des Menschen Herz und Geist!
Möcht' jeglicher doch was davon erkennen.«
Faust: »Ja, was man so erkennen heißt.
Wer darf das Kind beim rechten Namen nennen?
Die wenigen, die was davon erkannt,

und töricht g'nug, ihr volles Herz nicht wahrten,
dem Pöbel ihr Gefühl, ihr Schauen offenbarten,
hat man von je gekreuzigt und verbrannt.

Was hätte der bekehrte Hauptmann Kornelius dazu gesagt?

Predigtlied: EG 125 »Komm, Heiliger Geist, Herre Gott« oder EG 132 »Ihr werdet die Kraft des Heiligen Geistes empfangen«.

Literatur: *Manfred Gaius*, Mir aber zerriss es das Herz: Der stille Widerstand der Elisabeth Schmitz, Göttingen 2010; *Johann Wolfgang von Goethe*, Faust I, Ditzingen 1996; *Fulbert Steffensky*, Das Haus, das die Träume verwaltet, Würzburg 1998.

Perikopenverzeichnis

Anschriften

Herausgeber und Herausgeberin

Claussen, Johann Hinrich, PD Dr., Jg. 1964, Propst, Heilwigstr. 22, 20249 Hamburg, E-Mail: j_h_claussen@hotmail.com
Engemann, Wilfried, Prof. Dr., Jg. 1959, Universitätsprofessor, Schenkenstr. 8–10, A-1010 Wien, E-Mail: wilfried.engemann@univie.ac.at
Eulenberger, Klaus, Jg. 1946, Pastor i. R., Gut Daudieck 2, 21640 Horneburg, E-Mail: k.eulenberger@bnew.de
Gräb, Wilhelm, Prof. Dr. (Geschäftsführung), Jg. 1948, Universitätsprofessor, Burgfrauenstr. 79a, 13465 Berlin, E-Mail: wgraeb@t-online.de
Rössler, Dietrich, Prof. em. Dr. Dr., Jg. 1927, Universitätsprofessor i.R., Engelfriedshalde 39, 72076 Tübingen
Roessler, Roman, Dr., Jg. 1938, Oberkirchenrat i. R., Depkenstr. 19, 28213 Bremen, E-Mail: RRoessler@aol.com
Weyel, Birgit, Prof. Dr., Jg. 1964, Universitätsprofessorin, Evangelisch-theologische Fakultät der Universität Tübingen, Liebermeisterstr. 12, 72076 Tübingen, E-Mail: bweyel@t-online.de

Redakteur

Kumlehn, Martin, PD Dr., Jg. 1965, Pastor, Kirchenstr. 7, 18059 Buchholz, E-Mail: Martin.Kumlehn@t-online.de

Mitarbeiterinnen und Mitarbeiter

Bähnk, Wiebke, Dr., Jg. 1965, Pastorin, Erika-Mann-Bogen 17, 22081 Hamburg, E-Mail: w.baehnk@gmx.de
Brandi-Hinnrichs, Friedrich, Dr., Jg. 1952, Pastor, Mentor im Predigerseminar der Nordkirche, Eggerstedtstr. 56, 22765 Hamburg, E-Mail: f-brandi@hamburg.de
Butt, Christian, Dr., Jg. 1964, Pastor, Studienleiter im Predigerseminar der Nordkirche, Domhof 33, 23909 Ratzeburg, E-Mail: Christianbutt@alice-dsl.de
Coenen-Marx, Cornelia, Jg. 1952, Oberkirchenrätin, Robert-Koch-Str. 113d, 30826 Garbsen, E-Mail: coenen-marx@t-online.de
Decke, Carolyn, Jg. 1961, Pröpstin, Vahlenkampffweg 1, 21075 Hamburg, E-Mail: c.decke@kirche-hamburg-ost.de
Dober, Hans Martin, Prof. Dr., Jg. 1959, Pfarrer, Eichhörnchenweg 5, 78532 Tuttlingen, E-Mail: hmdober@gmx.de
Dressler, Bernhard, Prof. Dr., Jg. 1947, Universitätsprofessor, Am Wall 5c, 35041 Marburg, E-Mail: bernhard.dressler@staff.uni-marburg.de

Eddelbüttel, Antje, Jg. 1973, Pastorin, Schleusengraben 5, 25335 Elmshorn, E-Mail: aeddelbuettel@t-online.de
Engelhardt, Markus, Jg. 1961, Dekan, Habsburgerstr. 2, 79104 Freiburg/Br., E-Mail: engelhardtpaulus@aol.com
Engemann, Wilfried, Prof. Dr., Jg. 1959,Universitätsprofessor, Schenkenstr. 8–10, A-1010 Wien, E-Mail: wilfried.engemann@univie.ac.at
Eulenberger, Klaus, Jg. 1946, Pastor i. R., Gut Daudieck 2, 21640 Horneburg, E-Mail: k.eulenberger@bnew.de
Feydt, Sebastian, Jg. 1965, Pfarrer, Stiftung Frauenkirche Dresden, Georg-Treu-Platz 3, 01067 Dresden, E-Mail: sfeydt@frauenkirche-dresden.de
Fiß, Ann-Cathrin, Jg. 1980, Wissenschaftliche Assistentin (Altes Testament), LMU München, Pfarrerin im Ehrenamt, Karwendelstr. 5a, 86926 Greifenberg am Ammersee, E-Mail: Ann-Cathrin.Fiss@evtheol.uni-muenchen.de
Friedrich, Marcus Ansgar, Dr., Jg. 1968, Pastor, Col di Lana Straße 10, I-31900 Bozen/Bolzano, E-Mail: M.A.Friedrich@web.de
Gräb, Doris, Jg. 1948, Pfarrerin, Burgfrauenstraße 79a, 13465 Berlin, E-Mail: dorisgraeb@gmx.de
Gräb, Wilhelm, Prof. Dr., Jg. 1948, Universitätsprofessor, Burgfrauenstr. 79a, 13465 Berlin, E-Mail: wgraeb@t-online.de
Grözinger, Albrecht, Prof. Dr., Jg. 1949, Universitätsprofessor, Theologisches Seminar, Nadelberg 10, CH-4051 Basel, E-Mail: Albrecht.Groezinger@unibas.ch
Grözinger, Elisabeth, Dr., Jg. 1953, Pfarrerin und Psychotherapeutin, Thiersteinerrain 134, CH-4059 Basel, E-Mail: Elisabeth.Groezinger@unibas.ch
Gutmann, Hans-Martin, Prof. Dr., Jg. 1953, Universitätsprofessor, FB Ev. Theologie der Uni Hamburg, Sedanstr. 19, 20146 Hamburg, E-Mail: Hans-Martin.Gutmann@uni-hamburg.de
Hartenstein, Friedhelm, Prof. Dr., Jg. 1960, Universitätsprofessor, Von-Stauffenberg-Straße 45, 82008 Unterhaching, E-Mail: f.hartenstein@lmu.de
Hermelink, Jan, Prof. Dr., Jg. 1958, Universitätsprofessor, Ev.-theol. Fakultät der Universität Göttingen, Platz der Göttinger Sieben, 37073 Göttingen, E-Mail: jan.hermelink@theologie.uni-goettingen.de
Hiller, Doris, PD Dr., Jg. 1968, Pfarrerin, Leiterin des Predigerseminars der Evang. Landeskirche in Baden, Neuenheimer Landstr. 2, 69120 Heidelberg, E-Mail: Doris.Hiller@morata-haus.de
Höner, Alexander, Jg. 1974, Pfarrer an der Christophoruskirche Berlin-Friedrichshagen, Bölschestraße 27–30, 12587 Berlin, E-Mail: hoener@christophorus-kirche.de
Horn, Friedrich Wilhelm, Prof. Dr., Jg. 1953, Universitätsprofessor, Stefan-Zweig-Straße 8, 55122 Mainz, E-Mail: fhorn@uni-mainz.de
Jaeger, Christof, Jg. 1971, Pastor und Dipl.-Psychologe, Referent von Propst Dr. Johann Hinrich Claussen, Heilwigstraße 22, 20249 Hamburg, E-Mail: c.jaeger@hauptkirche-stnikolai.de
Janssen, Wibke, Dr., Jg. 1965, Pfarrerin an der Liebfrauenschule in Bonn, Heinrich-Sauer-Straße 9, 53111 Bonn, E-Mail: wibke.janssen@ekir.de
Jutrczenka, Dirk von, Jg. 1964, Pastor, Freiligrathstraße 70, 28211 Bremen, E-Mail: dvjut@remberti.de
Kast-Streib, Sabine, Jg. 1963, Kirchenrätin, Leitung Abteilung und Zentrum für Seelsorge der Ev. Landeskirche in Baden, Am Steinweg 66, 76297 Stutensee, E-Mail: Sabine.Kast-Streib@ekiba.de
Kiesbye, Nils, Jg. 1972, Pastor, Bei der Johanniskirche 16, 22767 Hamburg, E-Mail: pastor.kiesbye@gemeinde-altona-ost.de

Kleist, Astrid, Jg. 1971, Pastorin, Langelohstraße 119, 22609 Hamburg, E-Mail: kleist@stsimeon.info

Köhler, Wiebke, Dr., Jg. 1963, Pastorin, An der Holter Kirche 3, 49143 Bissendorf-Holte, E-Mail: Wiebke.koehler@email.de

Kubik, Andreas, Prof. Dr., Jg. 1973, Juniorprofessor, Evangelisch-theologische Fakultät der Universität Rostock, Schwaansche Str. 5, 18051 Rostock, E-Mail: andreas_kubik@yahoo.de

Kumlehn, Martin, PD Dr., Jg. 1965, Pastor, Kirchenstr. 7, 18059 Buchholz, E-Mail: Martin.Kumlehn@t-online.de

Kunz, Ralph, Prof. Dr., Jg. 1964, Universitätsprofessor, Theologische Fakultät der Universität Zürich, Kirchgasse 9, CH-8001 Zürich, E-Mail: KunzR@access.uzh.ch

Landmesser, Christof, Prof. Dr., Jg. 1959, Universitätsprofessor, Evangelisch-theologische Fakultät der Universität Tübingen, Liebermeisterstr. 12, 72076 Tübingen, E-Mail: christof.landmesser@uni-tuebingen.de

Lobe, Matthias, Dr., Jg. 1962, Pastor, Bei der Flottbeker Kirche 4a, 22607 Hamburg, E-Mail: matthias_lobe@yahoo.de

Lütze, Frank Michael, PD Dr., Jg. 1970, Hochschulassistent, Moschelesstr. 8, 04109 Leipzig, E-Mail: frank.luetze@theologie.uni-halle.de

Martens, Helge, Jg. 1957, Pastor, Johannes-Böse-Weg 1, 22419 Hamburg, E-Mail: helge.martens@googlemail.com

Martins, Peter, Jg. 1961, Pfarrer, Leiter des Pastoralkollegs der EKBO im Amt für kirchliche Dienste, Burghof 5, 14776 Brandenburg, E-Mail: mail@peter-martins.de

Meister, Ralf, Jg. 1962, Landesbischof der Ev.-Luth. Landeskirche Hannovers, Haarstraße 6, 30169, E-Mail: Silvia.Mustert@evlka.de

Moos, Thorsten, Dr., Jg. 1969, Physiker und Theologe, Leiter des Arbeitsbereichs »Religion, Recht und Kultur« an der Forschungsstätte der Evangelischen Studiengemeinschaft (FEST), Heidelberg, Schmeilweg 5, 69118 Heidelberg, E-Mail: thorsten.moos@fest-heidelberg.de

Morgenstern, Andrea, Dr., Jg. 1962, Pfarrerin am Evangelischen Seminar Blaubeuren, Klosterhof 7, 89143 Blaubeuren, E-Mail: morgenstern@seminar-blaubeuren.de

Nottmeier, Christian, Dr., Jg. 1974, Pastor, Posbus 71592, 0041 Pretoria/ Die Wilgers, Suid-Afrika, E-Mail: pastor@johannesgemeinde.org.za

Oxen, Kathrin, Jg. 1972, Pastorin, Leiterin des Zentrums für evangelische Predigtkultur, Markt 26, 06886 Lutherstadt Wittenberg, E-Mail: kathrin.oxen@ekd.de

Petsch, Hajo, Prof. Dr., Jg. 1945, Universitätsprofessor, Schottenanger 13, 97082 Würzburg, E-Mail: hjpede@yahoo.de

Richter, Cornelia, Prof. Dr., Jg. 1970, Universitätsprofessorin, Lehrstuhl für Systematische Theologie an der Universität Bonn, Am Hof 1, 53113 Bonn, E-Mail: cornelia.richter@uni-bonn.de

Rößler, Martin, Dr., Jg. 1961, Pastor, Theologischer Referent im Kirchenkreis Hamburg-Ost, Tienradestieg 5, 21031 Hamburg, E-Mail: M.Roessler@Kirche-Hamburg-Ost.de

Schaal-Ahlers, Peter, Jg. 1962, Pfarrer für Citykirche und Öffentlichkeitsarbeit im Evangelischen Kirchenbezirk Esslingen, Franziskanergasse 4, 73728 Esslingen, E-Mail: pfarramt.esslingen.city@elk-wue.de

Schaede, Stephan, Dr., Jg. 1963, Akademiedirektor, Ev. Akademie Loccum, Münchehäger Str. 6, 31547 Loccum, E-Mail: stephan.schaede@evlka.de

Schiffer, Barbara, Dr., Jg. 1966, Pastorin, Bei der Paul-Gerhardt-Kirche 2, 22761 Hamburg, E-Mail: schiffer@pgk-altona.de

Schlag, Thomas, Prof. Dr., Jg. 1965, Universitätsprofessor, Theologische Fakultät der Uni Zürich, Kirchgasse 9, CH-8001 Zürich, E-Mail: Thomas.Schlag@access.uzh.ch

Schlund, Christine, Dr., Jg. 1967, Pfarrerin, Reformationsplatz 8, 13597 Berlin, E-Mail: c.schlund@nikolai-spandau.de

Schneider, Jörg, Dr., Jg. 1970, Pfarrer der evangelischen Landeskirche in Württemberg, Wissenschaftlicher Mitarbeiter, Universität Tübingen, Liebermeisterstraße 12, 72076 Tübingen, E-Mail: jg-schneider@t-online.de

Schulz, Dirk, Jg. 1965, Pastor, Kirchstr. 11, 24369 Waabs, E-Mail: Dirk.Schulz@kl.nordkirche.de

Stäblein, Christian, Dr., Jg. 1967, Konventual-Studiendirektor, Im Kloster 2, 31547 Rehburg-Loccum, E-Mail: Christian.Staeblein@evlka.de

Theurich, Henning, Dr., Jg. 1943, Pfarrer i.R., Osloer Str. 101, 53117 Bonn, E-Mail: henning_theurich@web.de

Treutmann, Holger, Jg. 1963, Pfarrer der Frauenkirche Dresden, Geschäftsführer Stiftung Frauenkirche Dresden, Thomas-Müntzer-Platz 10, 01307 Dresden, E-Mail: htreutmann@frauenkirche-dresden.de

Vetter, Martin, Dr., Jg. 1964, Rektor des Pastoralkollegs in Ratzeburg, Domhof 33, 23909 Ratzeburg, E-Mail: m.vetter@pastoralkolleg-rz.de

Vogel, Christoph, Dr., Jg. 1966, Oberkirchenrat, Leiter der Theologischen Aus-, Fort- und Weiterbildung im Konsistorium der EKBO, Georgenkirchstraße 69, 10117 Berlin, E-Mail: c.vogel@ekbo.de

Wagner-Rau, Ulrike, Prof. Dr., Jg. 1952, Universitätsprofessorin, Wilhelm-Roser-Straße 29, 35037 Marburg, E-Mail: wagnerra@staff.uni-marburg.de

Weyel, Birgit, Prof. Dr., Jg. 1964, Universitätsprofessorin, Evangelisch-theologische Fakultät der Universität Tübingen, Liebermeisterstr. 12, 72076 Tübingen, E-Mail: bweyel@t-online.de

Wolf-Withöft, Susanne, Dr., Jg. 1966, Dozentin am Gemeinsamen Pastoralkolleg der EKiR, EKvW, LippLK und ev.-ref. Kirche, Haus Villigst, Iserlohner Straße 25, 58239 Schwerte. E-Mail: s.wolf-withoeft@institut-afw.de

Zerrath, Martin, Dr., Jg. 1974, Pastor, Kirchenstraße 18, 25368 Kiebitzreihe, E-Mail: martin.zerrath@yahoo.de